山口智哉
李宗翰
刘祥光
柳立言 编著

五代在碑志

世变下的五代女性

广西师范大学出版社
GUANGXI NORMAL UNIVERSITY PRESS

·桂林·

世变下的五代女性
SHIBIAN XIA DE WUDAI NÜXING

图书在版编目（CIP）数据

世变下的五代女性 / 柳立言等编著. --桂林：广西师范大学出版社，2021.8（2022.3 重印）
（五代在碑志）
ISBN 978-7-5598-4037-0

Ⅰ．①世… Ⅱ．①柳… Ⅲ．①女性－人物志－中国－五代十国时期 Ⅳ．①K828.5

中国版本图书馆 CIP 数据核字（2021）第 145024 号

广西师范大学出版社出版发行
（广西桂林市五里店路 9 号　邮政编码：541004）
网址：http://www.bbtpress.com
出版人：黄轩庄
全国新华书店经销
湖南省众鑫印务有限公司印刷
（长沙县榔梨镇保家村　邮政编码：410000）
开本：710 mm ×1 010 mm　1/16
印张：27.25　插页：2　字数：280 千
2021 年 8 月第 1 版　2022 年 3 月第 2 次印刷
定价：108.00 元

如发现印装质量问题，影响阅读，请与出版社发行部门联系调换。

编著者简介

山口智哉
大阪市立大学大学院文学研究科博士，现任台北大学历史系助理教授。

代表作

《宋代における紹興新昌縣社會の變容と地域史の紡がれかた——「石家風水」傳承を手がかりとして》，伊原弘、市来津由彦、須江隆（編）《中國宋代の地域像——比較史からみた專制國家と地域》（东京：岩田书院，2013年），111-142页。

《宋代先賢祠考》，《大阪市立大學東洋史論叢》（大阪：大阪市立大学东洋史研究室）第15号（2006年），89-111页。

《宋代鄉飲酒禮考——儀禮空間としてみた人的結合の〈場〉——》，《史学研究》（广岛：广岛史学研究会）241（2003年），66-96页。

李宗翰
美国哈佛大学东亚语言与文明系博士，现任台湾师范大学历史系副教授。

代表作

"Here We Are as Literati: The Chang Family and the Compilation of the 1258 *Ganshui Gazetteer*," *Journal of Song-Yuan Studies*, No.48（2019）。

《马端临之封建论与郡县国家观》，《新史学》，22.4（2011），5-53页。

"Making Moral Decisions: *The Outline and Details of the Comprehensive Mirror for Aid in Government*," *Journal of Sung-Yuan Studies*, No. 39（2009），pp.43-84.

刘祥光
美国哥伦比亚大学东亚系博士，现任台湾政治大学历史系教授。

代表作
《宋元徽州教官》，李达嘉主编《近代史释论：多元探索与思考》（台北：东华书局，2017年），47-87页。
《宋代日常生活中的卜算与鬼怪》，台北：政大出版社，2013年。
《宋代的时文刊本与考试文化》，《台大文史哲学报》45（2010）。

柳立言
美国普林斯顿大学东亚系博士，"中研院"史语所研究员（退休）。

代表作
《人鬼之间：宋代的巫术审判》，上海：中西书局，2020年。
《宋代的宗教、身分与司法》，北京：中华书局，2012年。
《宋代的家庭和法律》，上海：上海古籍出版社，2008年。

写在"五代在碑志"前面

五代历史一直少人研究,一个重要的原因是史料不多。较新的是墓志碑铭,集中出版的有周阿根约 500,000 字的《五代墓志汇考》(2012)和章红梅约 2,316,000 字的《五代石刻校注》(2017),但利用的人既少,成果也有限,如周阿根自己的《五代墓志词汇研究》(2015),就较属文学而非历史领域。

有鉴于此,我们打算以"五代在碑志"为总名,以三个主题撰书三册:《世变下的五代女性》《五代武人之文》《五代的文武僧庶》。这些"五代"人物,指主要生活在五代(907—960),但包括跨越唐末至五代、五代至宋初的人。以平均 60 岁为准,约自唐昭宗即位(889)至宋真宗即位(998)之间,刚好从黄巢乱后进入宋初,但有时为了作出较长时段的历史观察,会稍为延后。各册的架构,都是"提出议题、个案研究、综合讨论",共有两个目的:

第一,针对中、日、西史学界对五代历史研究的缺乏和成见,我们稍作补充,提出一些新的议题和看法。例如过去大都认为五代重武轻文和武人是主要的乱源,我们则研究文武交流和武人的乱与治。过去大都认为五代是社会流动的大好时机,我们则同时探讨"阶级流动"和"阶层流动"，前者主要是从被统治上升至统治阶级，后者是在统治阶级之中从基层上升至高层官员。我们又把两种流动放在"唐宋变革"的脉络里，观察促成流动的条件中，何者是新何者是旧。过去有谓女无外事、百人一面、无事可记、男尊女卑等，我们则探讨世变下的妇女角色。

第二，针对墓志等碑志石刻作为一种特殊的史料，我们试图凸显它们对研究五代史的特色和价值，并增加对碑志本身的研究。例如墓志兼有史学的述说"故事"和文学的表达"情感"，应如何运用于研究才能两者兼顾？墓志的一个缺点是隐恶扬善，不如史传的善恶俱陈，那应如何扬长避短，并让它们胜过官修和私修的传记？

有感于五代史研究青黄不接，我们采用师徒合作的方式进行，希望有所传承。老师一方面以身作则，亲自撰写，以便解说史学方法和写作要点，另方面指导学生下笔，往往四至五稿，最后由指导老师定稿并负文责。两者都在课堂上逐句阅读和修改，冀求文字的一致。

约从2015年开始，山口智哉、李宗翰、刘祥光和柳立言组成读书班，陈韵如也于2018年加入，跟前后十多位同学一起解读五代碑志和探讨五代历史。有谓史无定法，不表示不需要方法或没有较好的办法；条条大路通罗马，不表示每条都是好路。我们尝试用较传统的史学方法去了解史料和进行研究。

所有研究的本质都是回答问题，由此引发三个疑问，回答时可分原理和实践两方面。

先谈原则或理论性的：

其一，谁的问题？研究历史自是回答古人的问题。古人的关怀有些与现代人相同，但不是凡事相通，所以才要明白古今之变。不过直到今天还有人说古代史就是现代史，如是，反过来便是现代史就是古代史，你我都是古人了。

其二，如何发现问题？古人的问题反映在他们的言语、思想和行为上，大都见于史料。除非史料缺乏，否则一再出现的问题，尤其同时出现在不同类别的史料里，便是较为重要的问题。个人认为，不要把不同的史料混合统计，应该分别统计，例如武人的吏治不但在墓志里出现，也在史传、小说和民谣里出现，只要不是互相传抄，便有一定的重要性和可信度。

其三，如何回答问题？必须有合适的切入点，俗称切中要害，与之相反便是答非所问。问题愈大，需要的切入点就愈多，不妨选修口述历史或需要田野调查的学科，学习如何设计问卷。时至今日，即使是全新的问题，也大都有间接相关的二手资料可以参考，阅读时必须注意史学三论：论据+推论＝论点。读书班的方法是列一个表，把作者的论点放右栏，论据和推论放左栏，假如两栏对不起来，除非要写文批或书评，否则不引用便可。

次说实践或方法，亦是如何阅读史料、找出问题、回答问题：

一、阅读史料：文章结构

今日几乎无人不用电子全文数据库检索资料，但十分容易产生"抽离脉络 out of context"的毛病，所以读书班要求同学必须彻底了解某字某句在整篇碑志里的脉络，不要随便引用。说到底，我们必须明白一篇碑志的文章结构，才能了解某字某句的真正意义和作用。

常谓好的著作必然顺理成章，章法就是"理路"或"脉络"，有如一本书的章节。我们倒是占了墓志的便宜，因为无论官撰或私撰，墓志作为一种文体，大都依循一定的文章结构，事类分明，大多是首题、撰者、书者、序言、先世（如得姓由来和历史人物）、祖先、平生事业和品德（多含配偶）、死亡、家人、丧葬、撰志原委，最后是作为盖棺论定的铭文（参本书末附录二）。不单墓志，其他传记类史料，如某人的屏盗碑和官私史传，亦多呈现一定的格套，有点像履历表的基本项目，不会天马行空。

在解构之前，必先了解原来的结构。我们把碑志的内容依其门类加以切割，主要是确定标点、断句和划分段落。如一段之中数事并存，便分行不分段。要分得多细，随个案的主题而定，并不要求前后或全部一致。例如主题是妇女角色，有时便依照她为女、为妻、为媳、为母、为婆等来分行。这似乎是简单的道理和应做之事，但我们读到很多标点本，包括算是权威的中华书局《二十四史》，有时实在不明白为何如此断句和分段，所以我们在分段分行之后或多或少说明原因，方便读者理解和指出错误。

脉络既明，一些疑难字句便可借着文章的内部逻辑来自圆其说，不需要添油加醋东拉西扯也能读通，我曾戏称之为"自在圆满、彼此牵挂"。[1] 即便是阅读杂乱无章的现代论文，态度也应如此。

一事必须自首。一篇墓志有时有不同的版本，偶然会影响内容的判读。例如甲书的"录文"（photographic copy）不如乙书之存真，[2] 丙先生的"释文"不如丁先生之易明，戊先生的标点本不如己先生的准确，傅图的拓片有时不如他图之精良等，但我们不会为了求全而遍索中外群书，更不会赶赴东西两洋。我们不会为考证而考证，只会为回答问题才考证，例如我们要探讨两位女性的妻妾关系，一位"终于洛都洛阳县永泰坊之私第"，另一位"终于洛京□泰里之私第"，后句的"□泰里"有点重要，我们便去查证，结果真的是"上穷碧落下黄泉，两处茫茫皆不见"，但我们并不伤心难过，因为她们的卒处只是证据之一，还有其他证据足以支持论点。总之，如对论点影响不大，我们不执着于辨字或考据。

同理，我们不会为形式而形式，例如生卒时间不一定放在人物首次出现之时，而会置于最能发挥作用之处；书目格式亦以方便和统一为原则，如括号不会一时半角一时全角，外国作者亦如中国作者，一律先姓后名，注释与书目一致。诸如此类根本不会影响研究内容的微枝末节，不值得浪费气力。这与严谨无关，但能反映一个人能否识别本末与轻重，

---

[1] 柳立言：《第十八层地狱的声音：宗教与宋代法律史研究法》，《中西法律传统》11 (2016)，71—120页。

[2] 录文取 Xerox 全都录之意，有如复制件（photocopy），凡经加工，即使只是将异体字变为通用字，我们都视为程度不等的释文（transcription）。

和是否与时俱进或故步自封。以今日信息网络之发达,研究人员制作书目有如图书馆人员编目,令人心悲。

二、找出问题:篇幅最多之处便是主题之所在

分段之后,便数其字数,我戏称之为"数馒头"。我们不能乱点鸳鸯,把不同门类的事情数在一起,这也是必须先行了解文章结构分段分行的原因。一般而言,正如今人的写作,篇幅最多和关键词屡见之处,便是重点所在,所以要抓到一篇碑志的主题其实并不太难。微言大义或一字褒贬都必须建立在详细的论据和推论之上,例如骂人乱臣贼子之前,必须提供跟乱和贼"相关的"和"充足的"证据。证据不相关,自然推不出"乱"与"贼",陷入飞跃的逻辑(missing links)或难以理解的推论;证据不充足,论点就不够坚强,只有盲从的读者才会信之不疑奉若大师。学法律和学历史都讲究证据和逻辑推理,两者的入学分数却相差甚远,值得反省。

历史的创造者是人不是物,墓志的主角既然是人,自然饱含各种议题。毛远明《碑刻文献学通论》第七章《碑刻文献研究的展望》列出十二个研究领域:一历史、二经学、三书法、四文化史、五宗教、六文学、七民族、八语言文字、九利用碑刻整理古籍、十科学技术史、十一艺术、十二军事。每个领域之下再列出大小议题,总计七十八个,如历史研究有十大议题:(一)补旧史之阙;(二)纠旧史之误;(三)历史地理;(四)经济史;(五)政治史;(六)边疆地区史;(七)少数民族历史;(八)中外关系史;(九)教育史;(十)人口迁移。其实,除了这些通论性的议题外,一代有一代的特殊问题,也应反映于墓志。[1]

五代墓志可供研究的议题着实不少,我们只能就个人兴趣和能力所及,拟定九个议题,大都针对五代的特色和墓志的特点。一是社会流动;二是文武交流;三是乱世中的武人业绩,特别留意其民政,也注意文武

---

[1] 毛远明:《碑刻文献学通论》,北京:中华书局,2009年。《唐研究》第十七卷(2011)便是"中古碑志与社会文化"研究专号,共十三篇论文。

之共孽；四是武德或武士之道，如忠和孝等价值观念和行为，亦与文人比较；五是家庭或家族型态，探讨唐型和宋型之间，有无五代型或过渡型；六是婚姻，尤其留意婚姻对仕宦和家庭的作用，比对郝—韩模式（Hartwellian-Hymesian models）中的人际网络说；七是丧葬，观察文人、武人和平民的礼法和风俗有何差异，探讨儒术对武人的同化和对平民的渗透；八是妇女角色；九是墓志笔法和史学方法。这些都是利用墓志进行研究可以胜过官修和私修史传的议题。后来因为个人退休在即，余日无多，乃以一、二、八、九为主，其余为次。有时一篇墓志可用来探讨数个议题，必须分别主次，如利用某篇女性墓志（即墓主是女性）来探讨文武通婚可能胜于用来探讨妇女角色，我们便多写前者。当轻重难分时，便两者都写。有时读到较罕见的内容，如官制、宗教、司法，实在难以割爱，也会写上一笔。此外，墓志介乎史学和文学之间，我们既要研究"事"，也要体会"情"，后者本是墓志的重要目的；利用"设身处地"（historical empathy）的研究法，有时颇能领会。

三、回答问题：史学六问与"五鬼搬运"

有了九个主要议题，便能带着一些"问题意识"到碑志里寻找答案。首先需要切入点，可粗分一般和专门两种。

先说一般或制式。曾有教授公开和坦诚地在报章形容现在的大学生是人形墓碑，我以小人之心猜测谜底是"不死、非活、亥木"，总之就是既不问也不答。学历史的同学如头脑空洞手足无措，不妨乞灵于源自政治学的"5W1H"，可称为史学六问，即时（when）、地（where）、人（who/whom）、事（what/which）、原因/是否（why/whether）、经过（how）。谷歌只花了 0.77 秒便找出约 6,800,000,000 项结果，不曾因为各种新史学和新议题的蹿起而褪色丝毫。

六问有助于思考周延，六答有助于齐备资料、建立架构，但不一定要六者俱陈。现有两事，一是个案的重点是文与武，二是一位武人被供奉在名宦祠，两者如何连接？把名宦祠放入六问，结果如下：

what/which	祀 worship
when	春秋两祭不等，非个案重点，不必为找而找
where	位于山东的名宦祠，官祠，其地点非个案重点，不必为找而找
who	祀者：文人、武人和搢绅
whom	被祀者：五代武人任汉权，是蜀人不是山东人
why	以纪念任汉权的武功和吏治为主，其他原因非个案重点，不必为找而找
how	儒家礼典等，其内容非个案重点，不必为找而找

将表格内容梗概加以组织，发为文字，便是"任汉权在两《五代史》无传，在《旧五代史》和《册府元龟》同留一事，却是败绩，不过在道光《济宁直隶州志》出现三次。首先在名宦祠，虽是外人（蜀人）和武人，仍因武功和吏治被奉为名臣，在官祠里按照儒家典礼，接受文人、武人和搢绅等人的祭祀，但不知他是穿着文臣还是武将的服饰？……"（见第二册《武人在地之光》），读者不妨推想接下去说甚么。

专门的切入点因问题而异，兹举一例，也是教训。有一《后晋振威将军杨光远（？—937）之碑》，在寻找其他版本时，以志文的若干字句如"弱冠称仁"全文检索，竟在"中国历代石刻史料汇编"数据库里，发现它是抄自东晋（317—420）的《建宁太守爨宝子碑》，是一件伪作。本来想藉此训练同学从多方面切入，辨证它不是五代之物，如：1. 五代能否看到《爨宝子碑》的原石、录文或释文来伪造；2. 与另一方《爨龙颜碑》相比，《爨宝子碑》的格套是否五代墓志之主流；3.《杨光远碑》的文本，如其中的人物、官职、地名、典故、内容等，是否适用于后晋，其实也不脱史学六问；4. 书法；5. 做假的痕迹，如裂纹的真伪等。写了又写，最后剩下从书法切入，请教史语所和故宫的艺术史师友，咸谓这是一眼就看得出来的假东西。我蓦然醒觉，辨伪的切入点亦有轻重先后之别，此案自应以书法为主，其他为次，"主"的辨不了才需要"次"的上场。我们研究历史的，这次真的是先后不分了。还有同学认为它是清代伪造来打击某个学派的；但要证明某事或对付某人，都要基于可信的证据，假如证据一看就知为假，它还有利用价值吗？利用者恐怕会自招羞辱而已。

有了切入点，便去找证据，也是先列一个表，左栏是各个大中小的切入点，作用是分门别类，不要把不同的问题混在一起；右栏是史料，作用是集中资料，并随时与左栏对照，检查是否对得起来。接着有两个手续：一是勾出碑志每个段落的关键词，亦即重点，清楚明白它们应归入哪一个或数个切入点；二是我戏称的"五鬼搬运"，把关键词以至文句搬空至右栏为止，分文不剩。搬不空的，表示它们超出我们的设想，应搬入其他或新的议题。近来兴起研究"过程"，我们也选择一二个案清楚呈现撰写的经过，亦即六问中的 how，作为研究的 SOP（Standard Operating Procedure 标准作业程序），在此不赘。

我曾取笑一位年轻的法史学人内化不足，没有把法学院的训练与日常生活打成一片，我则把罪与罚的比例原则恒放心头，对同学们的小过与中过百般容忍。那么史学训练如何内化，如何有助于日后找工作或主持中馈？我想倒过来说。其实做研究和做家务一样，都应分别轻重先后，有一定的条理。宋代法史鼻祖徐道邻先生"对自己所用的东西，都是井井有秩，各有存放的地方。从来没有为眼镜、手杖、钥匙之类，东找西寻。他说治家系统化，既可节省时间，又可免伤脑筋。……书桌之整齐，像是一件摆设"。[1] 我家男有内事，妻烹夫涤，哪个碗用来盛洗洁精，哪个碟用来放筷子刀叉，哪些放在滤水槽的哪一边，哪些叠在哪些的上面，都先行心里盘算，决定清洗次序（order）。我害怕的是积习难改，变不出新花样，而现代的同学女无内事，很少入得厨房，连有利于研究的习惯都未养成。

特别感谢山口、宗翰和祥光。他们风雨无阻，牺牲周六的休息，从早到晚轮番上阵。最长的一次，似乎是早上九点半到晚上九点半，后来

---

[1] 徐道邻遗著：《中国法制史论集》，台北：志文出版社，1975 年，第 435 页。

硬性规定六点前收摊,但几乎每次都违规。对同学之寸进与墓碑化,我一再打算弃船,他们都曲加劝阻,包括引用最近流行的功德论说。当我怒不可遏,痛骂学生"三无"之时,他们如老僧入定,从未提油救火。无奈目力日衰,盛筵将散,深恩厚情,谨志于斯。

最后,必须感谢广西师范大学出版社刘洪胜先生的主动邀稿,使《五代在碑志》得在大陆面世,我们期待广大读者的批评指教。

柳立言
2018.11.02

目　录

本册导读

第一编　不变与变：墓志笔法与史学方法

五鬼搬运夫死从妻（郎氏、刘氏）／5

僧官写命妇（王言、张氏、匡习）／20

妻也！妾耶？（吴蔼、曹氏、李氏）／27

框架乾坤（韩通、董氏）／46

难道是不孝子与负心汉（姚奭、米氏、李氏、邵雍）／64

虚实王妃（王万荣、关氏、后唐明宗、王淑妃、刘鄩）／79

第二编　世变：社会流动与文武交流

冤家聚头文武合（张全义家族及姻亲、李罕之家族及姻亲、杨凝式）／103

文艺沙龙：两位枭雄的子女（李从曮、朱氏、朱友谦、张氏、李茂贞）／201

成功儿子的背后（石金俊、元氏、石仁赟）/ 214

武人何辜（李涛、汪氏）/ 224

杀兄代父枕边人（冯继业、程氏、宋白）/ 230

合三家之力五姓之好（张涤、高氏、张恭胤、阎湘、阎光远）/ 240

妻弟与妾子（吴蔼、曹氏、李氏）/ 249

第三编　世变下的妇女角色

寡母心翰林笔（张涤、高氏、张恭胤、阎湘、阎光远）/ 257

段元妃遇上邰献子（权氏、崔氏）/ 262

从子之荣（王玗、张氏、王筠）/ 271

哭母伤目求免官（梁文献、镡氏、梁鼎）/ 278

法律人妻的欢与愁（姚奭、米氏、李氏、邵雍）/ 292

谁有资格当主角？/ 320

　　子胜于父（王玗、张氏、王筠）/ 321

　　字里行间（石金俊、元氏、石仁赟）/ 323

　　万古千秋兮识兹名氏（李从曮、朱氏、朱友谦、张氏、李茂贞）/ 326

　　梁氏有后夫人之力（梁文献、镡氏、梁鼎）/ 331

总论 / 337

附录一：墓志之篇幅及时地人分析 / 400

附录二：墓志格套一览及分析 / 415

本册导读

依照"提出议题、个案研究、总合讨论"的方式,本册共提出三个议题:墓志笔法与史学方法、社会流动和文武交流、世变下的妇女角色。在每一议题之下,聚集六个以上的个案研究,每一个案都是以相关墓志为出发点,结合其他百种以上的史料一起撰成,一方面提供该墓志较为完备的释文和"解构"(了解它的架构,如分段分行,标明各段的主旨及篇幅等),另一方面就其重要内容作出较为详细的研究,希望能够穷尽其中跟议题相关的信息,甚至兼顾墓志之述说故事(历史)与表达感情(文学)。最后,把所有个案化零为整,合成一体,作出总论。

本册的特点是以女性墓志(墓主是女性)为主角,共挑选了14帧五代、3帧跨越五代至宋代、3帧北宋,加上相关墓志12帧,合计32帧墓志碑文,藉以观察五代至北宋的连续和转变。这些墓志的释文,均曾核对古今中外重要墓志汇编的拓片复制本、断句本或标点本,约有一半曾核对史语所傅斯年图书馆的拓片原本,都一一列明。当然,五代碑志分散各处,很难一网打尽,遗漏之处,识者谅之。

本册的目的有二:一是抛砖引玉,盼望学人投入大有可为的五代女性研究。目前可谓严重不足,原因之一应是两《五代史》的女性传记不超过一万五千字（见本书末附录一），今后惟有大量利用墓志。我们自设的议题是"世变下的妇女角色"，竟写了六万多字。二是指出女性墓志也大可用来研究男性的事，如社会流动和文武交流。墓志尽管隐恶扬善，但对人口、身份、荫补、官职、婚姻和丧葬等很少造假，反让墓志成为研究家庭史和社会史不可或缺的史料。

第一编

不变与变：墓志笔法与史学方法

无论形式或内容，撰写墓志都要遵从传统的格套和价值观念，乍看千篇一律，但有时亦能突破窠臼，呈现墓主之与众不同。如何在不变之中寻找变化，需靠史学方法。

传统史学常以时代先后来画分史料，故五代墓志属原始史料。若按性质来分，不少墓志，一如我们替某人撰写的传记，应属二手资料。它们的史源，尤其是奉诏撰写的墓志和神道碑，既可包括当时的原始史料如官方实录和民间歌谣，也可包含二手资料如官方的国史诸传和私撰的行状、家传和评论等。它们的形式，大多依照墓志作为一种文体（genre）的传统格套（stereotype），通常以首题为始，以墓主平生为本，以铭文作结，今日谓之多数共识。它们的内容，至少决定于七方面的多元因素：1. 参考资料的多寡和优劣。2. 死者的身分，如是上层士大夫，写作重点每在对国家的贡献，中下层士大夫在宦业或家庭，平民百姓在社会事工或家庭等。3. 读者为谁，如子孙、朋友或民众等。4. 撰志的传统规则或所谓墓志笔法，如为尊者和死者讳、隐恶扬善及以虚为实等，也属多数共识。5. 当代比较普遍的价值观念，如忠臣不事二姓、贞妇不事二夫、男尊女卑和重文轻武等，今日谓之大传统或普世价值。6. 客观形势，如政局的改变会影响正统观念和春秋笔法、商业的日益重要会影响对商人的评价、"科举社会"的兴起会影响妇女的角色等。7. 撰者的个人因素，如与死者是否熟悉；撰志是公事（如受命撰写）、私事（如谋生），或半公半私；史学能力，如对资料的判断和取舍；文学能力，如对典故的熟悉；个人的价值观念以至宗教信仰等，如认为大臣可以移忠、寡妇可以再嫁、重男不轻女、重武轻文和佛优于儒等，或可称为小传统。[1]

鉴于各种共识或客观限制，有些学人较为注意墓志的共同面貌或共相，讥之为千篇一律，几无变化可言，如妇女都是贤妻良母，多为男性而活，很少自我。这看法绝对正确，聪明人不会反驳，因为几乎不必研究都可想而知，即使是21世纪，男性和女性的生活较前自由多样，但仍因各种客观条件的限制，绝大多数都是没有"面孔"的平凡人，甚至连成功人士都不乏共同面貌。人文科学的许多理论，也是基于舍小异而取"大同"，墓志若把芸芸众生写成百人百面，反流于夸大做作。不过，我们不赞成把殊相活埋在共相里，例如硬把诸色列女呈现为一式烈女，也反对为了呈现殊相而穿凿附会，例如把家事与外事强加分割，不能自圆其说之时，又强把外事解作家事之延伸，这些都是对史料的扭曲解读，倒不如解作大传统与小传统之共存共荣。所以，我们再次尝试，以传统的史学方法找出史料之真正重点，一起在形式上和在内容上，既揭露墓志的殊相，也表现墓主之不凡。

---

[1] 柳立言：《苏轼乳母任采莲墓志铭所反映的历史变化》，《中国史研究》2007.1，105—118页。

五鬼搬运夫死从妻
（郎氏、刘氏）

柳立言

近来兴起研究事件的"过程"，类似史学六问中的"如何"（how）。对史学研究来说，它最大的好处是可让读者看到一篇论文的幕后，亦即论文是如何按部就班地形成，既知其然，亦知其所以然。以下就先谈我们研究一篇墓志的"过程"，然后再提出研究的"结果"，也让读者了解我们为何将墓志的释文放在前面，研究放在后面。

甲　研究的过程：释文、分门别类与"五鬼搬运"

任何历史研究，即使宏观如史学理论，都不能凭空而出，必须基于一个又一个的个案，而个案研究必须基于史料，所以对史料的正确解读至为重要，其重点如下：

一、释文：解读墓志

方法	目的
1.1 分段	彻底明白墓志的架构和内容，尝试看到它的写法，哪些是格套，哪些是新猷，后者尤要注意。

续表

方法	目的
1.2 找重点：勾出关键词句	找出每个段落的重点，看看能否配合各种议题，如社会流动、文武交流、业绩、品德（含价值观念如忠、孝和礼制等）、婚姻、家庭或家族、丧与葬、妇女角色、墓志笔法与史学方法。
1.3 数字数（戏称"数馒头法"）	找出最重要的段落，亦即墓志的重头戏，不要误中副车。微言大义之"微"，不是指内容，是指褒贬，千万不要把"narrate"与"comment"混为一谈。假如内容不详明而辄加褒贬，读者不会信服的。

现在就执行 1.1—1.3，加下划线者表示关键词句：

后晋武官陇州防御使郎氏之妻北宋彭城郡君刘氏墓志铭

（一）基本资料

1 性质	墓志
2 题名	新题：后晋武官陇州防御使郎氏之妻北宋彭城郡君刘氏墓志铭 首题：□□□□〔彭城郡君〕刘氏□□□〔合附故〕忠力保定功臣光禄大夫检校太保陇州防御使郎公墓志铭
3 时间	死亡、下葬或立石时间 死亡：北宋建隆元年（960）七月 下葬：北宋隆二年（961）闰三月二十七日
4 地点	死亡、下葬或立石地点 死亡：洛阳（河南洛阳）私第 下葬：河南县（河南洛阳）北乡杜泽村之原
5 人物	
墓主	刘氏（886—960）
合葬或祔葬	夫：后晋武官陇州防御使郎氏（？—约938）
求文者	应是刘氏诸子
撰者	前门客：北宋文人姓某，名楷。
6 关键词	社会流动、文武交流、家庭或家族、丧与葬、妇女角色、墓志笔法与史学方法

（责任者：林思吟）

(二) 释文[1]

□□□□〔彭城郡君〕刘氏□□□〔合附故〕忠力保定功臣光禄大夫检校太保陇州防御使郎公墓志铭

(分段,以上是墓志首题)

□夫三才设位,二气分形。厥后乃书契聿兴,英姿间出。云师、火正、鸟纪、龙官,代有其人,事无不济。

(以上是序,37字)

郡君本贯凤翔府阳平县人也。昔刘氏之先宗,即汉皇之苗裔。源深派别,木大枝分,以累世簪裾,遂适于中山郎氏,可谓姬姜大族、钟鼎贵门。

(以上是墓主先世,54字,既无历史名人,也无父祖母三代)

少蕴三从,长怀四德。风云伟量,志性英灵;礼让传芳,义无偏党。洎以太保薨后,主家二十余年。抚恤于幼稚孩童,教诫于曾孙长子;追游豪贵,轸悯孤贫。不失旧规,一如常则。

(以上是为妻及为寡母,66字)

始自太保任官之日,明宗皇帝以忠良贤德,令淑素闻。长兴二年闰五月,

---

[1] 释文原则:为求释文之内容接近原拓,尽量利用傅图之拓片原件,核对较重要之拓片复制本、录文本、断句本及标点本等。具体有以下几种情况:
a 拓片残缺处:一至数字,示以□□□□;多字,示以□□……□□。
b 拓片留空处:示以○○或○○……○○。若不影响文意,不留空,如原文"左右拱○圣军",释文径作"左右拱圣军";若影响文意,留空,如"公讳丰,字○○"。
c 拓片错字或避讳字:示以〔〕,如"检校国子祭酒兼御史中承〔丞〕"。
d 拓片漏字:示以△,如"温良自牧,未见其△"。
e 补字:原拓片漫漶不清的补字,示以〔〕,但不为求备而补。补之无大用,如不影响研究论点,则不补,如"□夫三才设位",无需补上"若"。为增加理解而补充的必要语词,示以()。
f 尽量用通用字以利检索。

特降圣恩，封彭城县君。至天福三年三月，**大晋皇帝**美以矜庄严谨、礼义强明，特荫资勋，封彭城<u>郡君</u>。
（以上是妻凭夫贵，得到后唐明宗及后晋高祖之封赠，67字）
刘氏以<u>大宋</u>建隆元年七月寝疾，累召名医，药饵无征，终于<u>洛京之私第</u>，时年<u>七十五</u>。
（以上是死亡，33字）

　　郡君有子三人：
长曰守迁，前任<u>控鹤散员直指挥使</u>银青光禄大夫检校尚书右仆射。
次曰景友，前任<u>殿直</u>银青光禄大夫检校工部尚书。
小曰守诠，前陇州<u>别驾</u>。
（以上是儿子，62字，<u>不见女、媳、孙等</u>）

　　共以居家继嗣，念乳哺之深恩；嗥逝穹苍，报慈亲之重德。须卜青乌相地，果获睹其牛眠；玄燕衔泥，俄共成于马鬣。以建隆二年闰三月二十七日，合附于河南县北乡杜泽村之△（原），礼也。
（以上是觅新墓并与夫合葬，<u>70字，甚多</u>）
此即<u>重更旧域，再葺新茔</u>。别求福胜之原，安厝窀穸之位。其地也，龙眠龙起，合本音姓利之端；官国巍峨，势涌峰峦之气。沐浴冠带，天柱丰隆。长生位占于始生，榖将与神农并茂。莫不上合乾象，下顺坤元。应蒉里之黄泉，契八音之六律。益见存之眷属，资殁故之尊灵；福厚家荣，保遐昌于万世。
（以上是新墓之风水，<u>112字，甚多</u>）

　　楷披沙学浅，溲瓦才微，<u>久托门墉，叨承顾命</u>。累功积行，虽无愧于称扬；进牍抽毫，虑有惭于漏略。聊陈实录，用纪贞珉，辄效斐然。谨为铭曰：

三从早备，四德名光。如玉含闰，似兰斯香。其一。
伟哉郡君，忠絜无伦，主家之宝，理室之珍。其二。
故乡不返，新穴何图。今之洛汭，古之帝都。龙岗之下，契合青乌。于此葬矣，可为美乎！其三。
牛岗兮势远，此地兮弥长；左原兮右岭，面洛兮背邙。望佳城兮郁郁，睹高木兮苍苍；任陵迁兮谷变，比地久兮天长。其四。

（以上是撰志原委及铭文，169字）

（责任者：林思吟）

（指导者：柳立言）

二、分门别类与五鬼搬运

释文之后，便进行两项工作：一是如何将墓志的内容依照"史学六问"来分门别类，找出篇幅最多之处，亦即主题之所在；二是五鬼搬运，集中资料，主要目的是把墓志掏空，涓滴必用，不要辜负了撰者的苦心造诣。

史学六问是时（when）、地（where）、人（who/whom）、事（what/which）、原因/是否（why/whether）、经过（how），通常先处理前四问，下面表格中的"→"表示一面读史料一面作出初步的推想：

表一：史学六问（加下划线、标灰底、外加框的词句为关键词）

人和时	官职等	事	地
夫郎氏 （？—约938）	忠力保定功臣光禄大夫检校太保陇州（陕西）防御使郎公，似是武人出身，理论上兼治文武。	不见名讳、不见父祖 不见功业，亦不见妻助夫。	籍贯：中山（河北定州）是籍贯还是地望？ 任职：陇州（陕西）
妻刘氏 （886—960）	1 始自太保任官之日，（后唐）明宗皇帝以忠良贤德，令淑素闻。长兴二年（931）闰五月，特降圣恩，封彭城县君。 2 至天福三年（938）三月，大晋皇帝美以矜庄严谨、礼义强明，特荫资勋，封彭城郡君。	1. 少蕴三从，长怀四德。风云伟量，志性英灵；礼让传芳，义无偏党。 2. 洎以太保薨后，主家二十余年（死于960，减20余，夫死于940前）： 2.1 抚恤于幼稚孩童， 2.2 教诫于曾孙长子。 2.3 追游豪贵， 2.4 畛悯孤贫。→自己也如此吧。 不失旧规，一如常则。 铭："主家之宝，理室之珍" 3. 故乡不返，新穴何图。→不是为了自己。 今之洛汭，古之帝都。龙岗之下，契合青乌。于此葬矣，可为美乎！其三。 4. 合附于河南县北乡杜泽村之（原），礼也。此即重更旧域，再葺新茔。别求福胜之原，安厝窀穸之位。→似是另觅福地合葬，既移夫穴，乃详述风水之利后人。	籍：凤翔府（陕西，与夫同）阳平县 封：彭城县君及郡君
刘氏历史名人	不见		
刘氏之父祖母三代	不见	不见。彭城刘，虚矣。	

续表

人和时	官职等	事	地
长曰 守 迁，	前任控鹤散员直指挥使、银青光禄大夫检校尚书右仆射→中央之武职	1 职位有"前"字：一，守丧离职？二，无现职。三人都在23岁以上。 2 共以居家继嗣，念乳哺之深恩；嗥逝穹苍，报慈亲之重德。须卜青鸟相地，果获睹其牛眠	职：中央开封
次曰景友， 无字辈？	前任殿直、银青光禄大夫检校工部尚书→中央之武职		职：中央开封
小曰 守 诠，	前陇州别驾→地方之文职	父子俱陇州，应是子随父仕。	职：陇州（与父同）
不见女、媳、孙等		2.1 抚恤于幼稚孩童， 2.2 教诫于曾孙长子。	
撰者□楷	久托门墉→幕府之内的文人→接近朋友	叨承顾命（妻死之前委托撰志）	

一看便知，最多的篇幅是寡妻之事，其中又以"葬"最为吃重，自然引起 why 这个问题，要回答的话，必须把葬的资料进一步分门别类和尽量集中，结果共得五项：

表二：葬相关资料之分门别类与五鬼搬运

项目	集中资料
1 时间	刘氏以大宋建隆元年（960）七月寝疾，累召名医，药饵无征，终于洛京之私第，时年七十五。……以建隆二年（961）闰三月二十七日，合附于河南县北乡杜泽村之原，礼也。 →似乎是建新坟，故花了接近九个月，如是打开夫之旧墓，似乎不必这样久。

第一编　不变与变：墓志笔法与史学方法

续表

项目	集中资料
2 觅新墓	2.1 共以居家继嗣，念乳哺之深恩；嗟逝穹苍，报慈亲之重德。须卜青乌相地，果获睹其牛眠；玄燕衔泥，俄共成于马鬣。 2.2 此即重更旧域，再葺新茔。别求福胜之原，安厝窀穸之位。
3 风水	3.1 其地也，龙眠龙起，合本音姓利之端；官国巍峨，势涌峰峦之气。沐浴冠带，天柱丰隆。长生位占于始生，毅将与神农并茂。莫不上合乾象，下顺坤元。应荛里之黄泉，契八音之六律。 3.2 平岗兮势远，此地兮弥长；左原兮右岭，面洛兮背邙。望佳城兮郁郁；睹高木兮苍苍。任陵迁兮谷变，比陵久兮天长。
4 目的	4.1 故乡不返，新穴何图。今之洛汭，古之帝都。龙岗之下，契合青乌。于此葬矣，可为美乎！ 4.2 益见存之眷属，资殁故之尊灵；福厚家荣，保遐昌于万世。
5 决定及执行者	5.1 共以居家继嗣，念乳哺之深恩；嗟逝穹苍，报慈亲之重德。须卜…… 5.2 楷……久托门墉，叨承顾命。 →妻本人还是诸子？ →找墓地者是谁？可能就是□楷，墓志多用风水术语。

我们以人物和职官等，到八大数据库（迪志文渊阁四库全书、爱如生中国基本古籍库、中华书局中华经典古籍库、史语所汉籍电子文献数据库、哈佛大学中国历代人物传记数据库［CBDB］、爱如生中国方志库、北京书同文中国历代石刻史料汇编、浙江大学中国历代墓志数据库）检索，都没有发现更多的资料，亦即表一和表二几乎集中了最重要的研究信息了。对着它们，便可依照史学三论（论据+推论=论点）进行个案研究。

乙　研究的结果：个案研究

墓志的主角是寡妻刘氏而非位高权重的亡夫郎氏，事实上连郎氏的名讳和半点具体事迹都没有记下。刘氏在唐亡之时已二十二岁，经历整个五代，在宋朝建立初年死去，活了七十五岁。她来自一个不知何许人也的家庭，在五十二岁获封彭城郡君，是了不起的向上流动。如何维持既得的地位并进一步高升？寡妻选择一块风水极佳的墓地，把亡夫搬过来与她同眠，希望泽及子孙，目前仅此一见。

一、阶级与阶层流动

刘氏（886—960）卒葬于河南，本籍则是陕西凤翔府，铭文也说"故乡不返"，故应是成长之地，也是四战之区。自唐末开始，陕西便是李茂贞（856—924）的地盘，连年征伐，民力疲惫，更因岐蜀交侵而元气大伤（911—916），陇州一度空虚，凤翔几乎陷落。后唐建立，茂贞称臣，继承人李从曮约在六年后（930）被调离根据地，标示陕西的正式内附（参见《文艺沙龙：两位枭雄的子女》），刘氏之夫郎氏（？—约938）即在此后担任陇州防御使。后汉建立，三镇乱起，凤翔曾一度降蜀，随即被汉兵收复（948—949），死伤无数，但刘氏可能已随儿子迁徙开封或洛阳，并在洛阳置产了。

墓志没有提到刘氏任何一代的父母，不管原因为何，结果都是刘氏出嫁时应属被统治阶级。除特殊情况外，根据门当户对的通则，夫家郎氏大抵同一等级。事实上墓志也完全不提丈夫的家世，只称之为河北的"中山"郎氏，与凤翔相隔甚远，也许跟刘氏的"彭城"一样，是发迹之后追加的郡望。他可能也是陕西人，远在陕西内附之前便与刘氏成婚，凭军功进入统治阶级，并在阶级之内层层上升，终至陇州防御使，差两步便成为节度使，又有能力在洛阳买下宅第和墓地，既贵且富。墓志没有记下他的半点功业，自然也看不到成功背后的内助。事实上，除墓志首题提到他的官职外，志文只有三句提到他："适于中山郎氏"、"洎以太保薨后"、"始自太保任官之日,明宗皇帝以忠良贤德……",加封其妻。[1]

刘氏妻凭夫贵,自后唐明宗长兴二年至后晋高祖天福三载的七年之间(931—938),从县君晋升为郡君,也反映郎氏不受改朝换代的影响,继续稳定上升。志文说晋封郡君是因为"特荫资勋",故郎氏应在天福三年(938)前后去世,把维持家世的责任留给刘氏。

五十来岁的寡妻"主家二十余年",成为"主家之宝,理室之珍",虽无具体事例,仍可看到她内外兼顾。内事上,志文说她"抚恤于幼稚孩童,教诫于曾孙长子",可见四代同堂,虽然墓志不曾记下媳妇、女儿和任何孙辈。外事上,志文说她"追游豪贵,轸悯孤贫":跟豪贵往来,表示家境不错;抚恤孤贫,当然是指家外的孤儿和贫民,这可能跟她的出身有关,不一定是虚语。

三位儿子丧父时已超过二十岁,丧母前均曾任官,惟时间不详。长子位至控鹤亲军的散员指挥使,依照愈多细节愈易出错的造假法则,胆敢写下明确的军种和职位,似应属实。次子是殿直,旧称殿前承旨,亦即皇帝跟班。两子能够进入禁卫,也可能因为特荫资勋,反映父亲之余荫尚存,亦表示二子获得皇帝垂青的机会大于其他军人。三子很明显是子凭父贵,随着父亲高升陇州防御使之际,出任陇州别驾,跟长史和司马同属品位最高的文职上佐。其实武职也可以坐领高薪不用做事,现在安插在文职,可能出自父亲或三子的志趣,有意熟悉文事,反映武二代已有人习文和治民,一家之中文武并仕,有文官有武官,也许不会那么重武轻文。墓志作者自称"久托门墉",应是使府重用的门客,也能提供郎氏子孙文教之需。要之,入宋之前,三子或因父亲之荫庇,或因个人之能力,已在中央和地方分别担任中上层的武职和文职,但距离父亲

---

[1] 可比较唐宋和不同地域的异貌,见邓小南《出土材料与唐宋女性研究》(李贞德主编《中国史新论·性别史分册》,台北:"中央研究院"·联经出版公司,2009年),如297—298、312—315、331—332页。

防御使的层级尚属遥远。入宋之后，三人大有可为，一是马上统天下需要武干，二是下马治天下需要文材。

刘氏主家"不失旧规，一如常则"，似乎在她担任大家长的二十多年间，郎家仍是某种程度的同居共财，因为根据唐代至宋代的法律，除非寡母同意，诸子不得分家，否则犯上不孝之罪，要"徒三年"。父亲的遗产虽由诸子继承，但寡母在生之时，按照《父母在子孙不得别籍异财》和《卑幼不得私用财》等法令，凡是典当买卖都要得到寡母的同意和画押。编修《宋刑统》的大臣特别上奏说，"须是家主尊长对钱主或钱主亲信人，当面署押契帖。或妇女难于面对者，须隔帘幕亲闻商量，方成交易"；[1] 重点是亲闻商量和署押契约这个目的，不是隔帘这个手段。在唐宋法律史里，没有"女无外事"这议题，就算是写墓志铭的士大夫，除非胆敢违法准备徒三年，不然还是要请寡母与闻对外交易的。[2]

同居共财有助于维持家世，但之后可能转变。首先，三子的官称都带"前"字，可能表示居丧停职，也可能表示并无现职，而当三人的仕途出现较大的差异时，便可能催化家庭的分裂。其次，长子名守迁，三子名守诠，而二子名景友，可能同父异母，彼此能否像刘氏之"风云伟量……礼让传芳"，实未可知。刘氏如何为子孙计？

---

[1] 窦仪等撰，薛梅卿点校：《宋刑统》（北京：法律出版社，1999年）卷12, 216、221页；卷13, 231页。参邓小南《出土材料与唐宋女性研究》，如300—310页从经济生活、法律事务和宗教活动等多方面"去认识女性实际社会角色丰富而复杂的内涵"，而325—329页的引文和论述同时针对男性和女性，两性各有一片做主的天地，"却并非不可逾越"。

[2] 柳立言：《宋代同居制度下的所谓"共财"》（《"中央研究院"历史语言研究所集刊》65.2 (1994)）及《法律史上的"唐宋变革"》（柳立言主编《第四届国际汉学会议论文集·近世中国之变与不变》，台北："中央研究院"，2013年）。南宋时，甚得朱熹敬佩的程迥（1163年进士）说："母在，子孙不得有私财，借使其母一朝尽费，其子孙亦不得违教令也。"见《宋史》（北京：中华书局，1977年）卷437, 12950页。张介然遗下一妻三子，妻"刘氏康强，兄弟聚居，产业未析，家事悉听从其母刘氏之命"，见不著人编《名公书判清明集》（北京：中华书局，1987年）卷7, 211—212页。

二、夫随妻葬

　　葬地占了墓志的大量篇幅。志文用220字概括刘氏从生到死七十五年，却用112字详述葬地之风水。铭文四则更是不成比例：其一和其二述说刘氏为人妻母，只有32字；其三和其四述说葬地，竟占76字。何以如此？一个可能的答案，是刘氏希望葬在一块更好的福地，把亡夫迁移过来，故要详细交待其正当性。

　　郎氏位至防御使，至死仍得帝王礼遇，可谓富贵双全，应已下葬于福地和已有墓志，这也许是其名讳和功业不见于妻志的一个原因。刘氏墓志两次声称与夫合祔，按理应是妻随夫葬，然而却有明显的证据，指出刘氏另觅新地：

1. 刘氏死于建隆元年（960）七月，葬于次年闰三月，相隔约九个月，不是在择日，而是在择地。墓志说诸子"共以居家继嗣，念乳哺之深恩；嗟逝穹苍，报慈亲之重德。须卜青乌相地，果获睹其牛眠；玄燕衔泥，俄共成于马鬣"，可见不是合葬在亡夫的旧墓，否则不会说"须卜"，也不会有"果获"。

2. 针对新地，墓志共说三事：

2.1 承认是新地和新墓："此即重更旧域，再葺新茔。别求福胜之原，安厝窀穸之位"。所谓"新茔"和"别求"，应指新觅；"重更旧域"应指郎氏旧坟，现在要迁至新地。

2.2 说明刘氏不是为了自己而是为了亡夫和子孙：刘氏死后"故乡不返，新穴何图"，故是"益见存之眷属，资殁故之尊灵；福厚家荣，保遐昌于万世"。

2.3 说明新墓之风水："其地也，龙眠龙起，合本音姓利之端；官国巍峨，势涌峰峦之气。沐浴冠带，天柱丰隆。长生位占于始生，毂将与神农并茂。莫不上合乾象，下顺坤元。应蒉里之黄泉，契八音之六律"；

"牛岗兮势远，此地兮弥长；左原兮右岭，面洛兮背邙。望佳城兮郁郁，睹高木兮苍苍；任陵迁兮谷变，比地久兮天长"。前面一段的用语相当专业，[1] 应非一般士人所能为。墓志撰者说自己"久托门墉，叨承顾命"，应是刘氏交托的，而能写出如此到家的风水文字，大抵本人就是行家。

综合来说，不管是何人建议另觅新坟，做最后决定的应是刘氏，由诸子和墓志撰者负责执行。由于是以夫就妻而非以妻就夫，故详加说明新墓之绝佳风水，以示迁夫的正当性。择地时"合本音姓利之端"与"契八音之六律"，就不知较契合刘氏姓名还是郎氏了。志文称赞刘氏"风云伟量"，铭文又说"伟哉郡君"，似乎相当肯定她的所作所为。

结论

寡妻出身不高，墓志不记其父祖。她主要凭丈夫成为官夫人，但墓志不记亡夫家世、亡夫名讳和半点具体业绩，统统要到亡夫的墓志里寻寻觅觅。她的角色主要是在丈夫死后主家二十多年，对外是"追游豪贵，轸悯孤贫"，当然还有投资买卖签契订约，对内是"不失旧规，一如常则"，负起维持家门的重任，那是一个四代同堂并不好管的大家庭。为了葬在宜子宜孙的福地，寡妻死后不从夫，反要亡夫就己，从原来的福地搬来合葬。假如本篇要选出配角或男主角，应属那位"久托门墉，叨承顾命"的墓志撰者。他不负所托，花了最多的篇幅描述新葬和墓地风水，凸显寡妻作为大家长的领导地位，称呼她"伟哉郡君"，我们千万不要误读为"伟哉郎君"。

研究社会流动应分阶级（class）与阶级之内的阶层（rank）。在唐末五代，要从被统治进入统治阶级，常见的途径是军功。之后，要在统治阶级之内维持既有地位并更上一层，可凭借的方法包括：一，善用恩荫

---

[1] 吴立仁注释：《北宋郎公墓志》，宋代史料研读会，2005.10.29。

的特权；二，谋求接近皇帝的职位；三，文职和武职两途并进；四，中央和地方双向发展；五，有时相当讲究风水。在郎氏的例子里，婚姻对阶级和阶层流动的作用并不明显。不信风水的现代学人可能不把它视为社会流动的因素而不提，那就是自我作古，视古人之思想和行为如无物了。研究历史不能完全凭着"现代史观"或"个人史观"，而应站在古人的立场。

（执笔者：柳立言）

参考资料

一、墓志碑文

1. □楷：《□□□〔彭城郡〕刘氏□□□〔合附故〕忠力保定功臣光禄大夫检校太保陇州防御使郎公墓志铭》，傅斯年图书馆藏拓片（19225）。
2. □楷撰，吴立仁注释：《北宋郎公墓志》，宋代史料研读会，2005.10.29。

二、其他资料

3. 不著人编，中国社会科学院历史研究所宋辽金元史研究室点校：《名公书判清明集》，北京：中华书局，1987年。
4. 柳立言：《宋代同居制度下的所谓"共财"》，《"中央研究院"历史语言研究所集刊》65.2（1994），253—305页。
5. 柳立言：《法律史上的"唐宋变革"》，柳立言主编《第四届国际汉学会议论文集·近世中国之变与不变》，台北："中央研究院"，2013年，367—439页。
6. 脱脱等撰，中华书局点校：《宋史》，北京：中华书局，1977年。
7. 邓小南：《出土材料与唐宋女性研究》，李贞德主编《中国史新论·性别史分册》,台北:"中央研究院"·联经出版公司,2009年,283—332页。

8. 窦仪等撰,薛梅卿点校:《宋刑统》,北京:法律出版社,1999年。

编者注:本书脚注和篇末参考资料中若出现相同的参考文献,只在第一次出现时标明详细版本信息,再次出现时,省略出版地、出版社与出版年。

僧官写命妇

（王言、张氏、匡习）

柳立言

后唐武官右龙武统军王言之妻清河郡君张氏墓志并序

一、基本资料

1 性质	墓志
2 题名	新题：后唐武官右龙武统军王言之妻清河郡君张氏墓志铭并序 首题：故清河郡君张氏墓铭并序
3 时间	死亡、下葬或立石时间 死亡：后唐天成三年（928）七月二十四日 下葬：后唐天成三年（928）十一月十三日
4 地点	死亡、下葬或立石地点 死亡：洛阳（河南洛阳）天门街龙武军内 下葬：不明
5 人物	
墓主	张氏（868—928）
求文者	夫：后唐武官右龙武统军王言
撰者	后唐僧人右街内殿文章应制匡习
书丹者	后唐僧人右街内殿文章应制匡习
6 关键词	文武交流、婚姻、妇女角色、墓志笔法与史学方法

（责任者：陈柏予、张庭瑀）

二、释文

故清河郡君张氏墓铭并序
右街内殿文章应制归真大师赐紫匡习撰并书

　　伏闻西天大囗〔圣〕,光销双树之间;此土宣尼,梦掩两楹之内。废兴二路,皆属有相之门;衰盛两途,俱入无常之境。光阴不驻,寒署[暑]移迁;辰闻歌吹于东邻,囗〔夕〕听哀悲于西舍。庭花正笑,值风雨而凋零;不期灾生于囗〔绣〕户朱门,祸发于画囗香阁。
(以上是序言,90字,感叹生死无常)

　　清河郡君张氏夫人,豪族令望,早彰松竹之贞;骨秀神清,动合宫商之韵。三从迥美,四德昭然。书云君子好求,时称诗人之咏;鸾凤和鸣之美,双桐二剑之欢。
(以上是为女及出嫁,60字)

　　夫君竭忠建策兴复功臣金紫光禄大夫检校司徒守右龙武统军兼御史大夫上柱国琅琊王公名言,辕门上士,明代高贤,怀匡君济国之谟,负佐主安邦之术,累承渥泽,频沐天波,未分烈[列]土之荣,已有擎天之势。
(以上是丈夫功业,82字)

　　比冀年齐鹤算,寿等龟龄,何期日落红楼,珠沉赤水。于唐天成三年七月二十一日忽尔婴疾,至二十四日终于洛阳天门街龙武军内,年六十有一。
哀哉!桐凤半枯,龙囗只在,子泣高柴之泪,夫怀空室之悲,其年岁次戊子十一月壬申朔十三日甲申呈，礼也。

（以上是死亡、夫与子之悲及葬，99字）

　　男有四人：长男名延福，□亡。次男名延美，次男名延寿，次男名延瓃，并乃长立，荣国荣家，文武两全，忠孝双美。
女三人：长女适前守虢州湖城县令会稽郡谢仁规，次女适前守虢州别驾清河郡张承遇，次女未适。并以承慈训，动合女经，妇道昭然，内外□美。
□□〔长孙〕男名大黑，次孙男名小厮儿，并乃神清骨秀，动合珪璋，最钟□□之□，俄失□〔贞〕慈之念。

（以上是子孙辈十一人，133字）

　　匡习久悉司徒煦念，有□〔异〕常伦，既奉言及，敢不遵依，力赴□□，辄为铭曰：
　　清贞清德，如松如筠。似珪绝点，比玉无尘。
　　众美□〔众〕善，能顺能柔。六亲尽仰，九族寡俦。
　　清河淑女，琅琊□□〔君子〕。□〔子〕荣郡号，夫作重臣。
　　□云易散，红日难□。□霁风摆，瑞草□零。
　　□齐鹤算，不尽龟龄。黄泉一□〔扃〕，永别千生。
　　公堂今□〔静〕，虚几空回。寂寂宝镜，重重尘埃。

（以上是撰志原委及铭文，124字）

（责任者：陈柏予、张庭瑀）

（指导者：李宗翰、柳立言）

三、个案研究

　　僧人写女性，是否与别不同？可从两方面观察：其一，女性在墓志里的相对地位，尤其与男性相比；其二，有无宗教意义，例如能否超凡脱俗。

(一) 女性地位

在格套上，俗人墓志大都包括首题、撰者、书者、序言、先世（如得姓和历史人物）、祖先、平生事业和品德（多含配偶）、死亡、家人、丧葬，最后是撰志原委和铭文。本志除祖先之外，一项不缺，未能免俗，也与男性墓志无异，并无性别歧视。

在篇幅上，志文最长的是子孙辈共133字，但共有11人，每人平均不过12字。其次是墓主之卒及葬共99字，再次是序言90字。再次是鳏夫与墓主的事迹，分别是82字与60字，表面上夫胜于妻，实际上妻之官衔只有两字而夫有32字，扣去之后，妻58字夫50字。在石金俊之妻的墓志里，妻子的篇幅合计不如夫或子（见个案《字里行间》），而本志从生前至死亡和丧葬共159字，远远超过他人。铭文作为盖棺论定，亦以墓主为中心。无论志文或铭文，女墓主都是女主角。

在内容上，先看夫妻排名。首题"故清河郡君张氏墓铭并序"只见墓主不见丈夫，可能是因为丈夫尚在世，各种名位未定。丈夫如在首题，必须按照礼法排在妻子之前，但在内文则不一定。在吴蔼之妻墓志里，丈夫事迹排在妻子之前（见个案《妻也！妾耶？》及其篇末附件二），本志则相反，先说妻再说夫。铭文"清河淑女，琅琊君子。子荣郡号，夫作重臣"尤其有趣，前两句之妻前夫后尚可用《关雎》作解，后两句则难辩，因为妻子（"子"非指儿子）之郡号（清河郡君）来自夫之重臣，是妻凭夫贵。合理的解释，可能是因为亡妻来自"豪族令望"，亦可能是因为撰者以墓主为主角，不分性别：在女性墓志，女主男副；在男性墓志，男主女副。

再看夫妻事迹。墓主生前一段，先说出身（豪族令望），次说为女（贞、秀、清），再说为妻（三从四德），最后以夫妻恩爱作结，没有突出助夫。鳏夫王言一段，都是个人功业，为主为国，不易看到妻子，只能说在背后吧。那么是否王言无事可记，不得不礼让妻子？恐怕不是。

一位同名同姓的王言在唐朝末年已在朱温手下为都校，曾与大将牛存节合攻郓州（896—897），虽未立功，[1] 但能够被存节委以重任，应有一定的本领或功绩，大可写入墓志以显其能。即使彼王非此王，后者仍有两事可以大书。首先，王言位至后唐的右龙武统军，该军是天子六军之一，虽在唐末、后梁和后唐已非亲军，但从未退出战场，后唐庄宗且一再临幸，并以皇子判六军事。[2] 统军是首长之一，若无相当军功恐难臻此位。其次，王言让妻子得封郡君，又让女儿从武家嫁入文家，一适县级首长、一适州级上佐，可见王言之地位不比寻常。撰者可大书而不书，或是避免喧宾夺主，抢去亡妻的镜头吧。

要之，妻子作为墓主，即使无事可记，她的女主角地位，至少在形式上受到墓志格式的保障，即使是位高权重有大事可记的丈夫，也不好超过她，甚至在内容上也礼让她。

（二）志铭是出世抑或入世？

可有四个切入点：

1. 官衔：最长的是鳏夫，其次竟是撰者，再次是两位女婿，令人不解的是四子均无。僧人尽显一己之贵盛，诚未能免俗。

2. 地望：俗人都有地望，十位王氏是琅琊、两位张氏是清河、一位谢氏是会稽，以此彰显家世，实在是此虚（假）非彼虚（空）了。

3. 价值观念：先看生死无常，见于序和丧、葬。序言开首说"伏闻西天大圣，光销双树之间；此土宣尼，梦掩两楹之内"，前两句是释，后

---

[1] 欧阳修《新五代史》（北京：中华书局，1974 年）卷 22，229 页："梁兵攻郓，（牛）存节使裨将王言藏船郓西北隅濠中，期以日午渡兵逾濠急攻之。会营中火起，郓人登城望火，言伏不敢动，与存节失期，存节独破郓西瓮城门，夺其濠桥，梁兵得俱进，遂破朱宣。"

[2] 陈尚君：《旧五代史新辑会证》卷 31，861、870 页，上海：复旦大学出版社，2005 年。参考穆静《五代兵制考》（任爽主编《五代典制考》，北京：中华书局，2007 年）。

两句是儒,牟尼对上仲尼,不分上下。接着说"废兴二路,皆属有相之门;衰盛两途,俱入无常之境","有相"(相对)和"无相"(绝对)是明显的释,"无常"则是儒、释、道均有。其他如"双桐二剑"接"之欢","辕门"接"上士"等,都是或儒或释。丧葬一段几乎看不到释,"高柴之泪"更是明显的儒,较难明的是用"呈"不用"葬"。就通篇而言,仍以儒家观念占主要地位,如墓主之三从四德、鳏夫之匡君济国、儿子之忠孝双美、女儿之妇道昭然、孙子之动合珪璋,等等。

4. 信仰:志文说"匡习久忝司徒煦念,有异常伦",又为墓主撰文书丹,似乎墓主夫妇均好佛,但志文无一字提到(请比对《虚实王妃》及《从子之荣》),二孙之乳名亦无神佛相佑之类。

(三)结论

墓志出自一位以文学见长的僧官之手,但无论形式与内容,均与俗人所写无大差异,其价值观念仍以儒为主,反映墓志文化之根深蒂固,或僧官之入世随俗。

单就本志来说,女性作为墓主,其墓志在形式上与男性毫无差别,在内容上也是作为主角,没有因为跟丈夫地位悬殊而受贬抑。也许在一般情况下,女性作为墓主,在形式上便是理所当然的女主角,在内容上则与其他角色(如男主角和男女配角)分担不同的戏份,各有一定的重要性,有时会呈现女性跟男性同样重要,有时还较为重要。学人若利用女性墓志来论证男女平等或女尊男卑,有时就会误导读者,反之亦然。

墓主之夫是武将,诸子号称"文武两全",二婿是中级文官,反映"武二代"可能文武兼习,且已文武通婚,可惜只有孙儿二人而没有媳妇的资料,不知何故。二婿俱在虢州任职,其婚姻或有地缘关系,也可看到人际网络之地理分布。

(执笔者:柳立言)

参考资料

一、墓志碑文

1. 匡习：《故清河郡君张氏墓铭并序》，吴钢主编《全唐文补遗》第一辑，西安：三秦出版社，1994年，843页。

2. 匡习：《故清河郡君张氏墓铭并序》，傅斯年图书馆藏拓片（13413）。

3. 匡习撰，周阿根点校：《王言妻张氏墓志》，周阿根《五代墓志汇考》，合肥：黄山书社，2012年，194—196页。

4. 匡习撰，章红梅点校：《王言妻张氏墓志》，章红梅《五代石刻校注》，南京：凤凰出版社，2017年，205—207页。

5. 匡习撰，陈尚君点校：《故清河郡君张氏墓铭并序》，陈尚君辑校《全唐文补编》，北京：中华书局，2005年，卷97，1205—1206页。

二、其他资料

6. 陈尚君：《旧五代史新辑会证》，上海：复旦大学出版社，2005年。

7. 欧阳修撰，徐无党注，华东师范大学等点校：《新五代史》，北京：中华书局，1974年。

8. 穆静：《五代兵制考》，任爽主编《五代典制考》，北京：中华书局，2007年，199—255页。

妻也！妾耶？
（吴蔼、曹氏、李氏）

林思吟、邱敬、张庭瑀

后梁文官工部尚书吴蔼之妻曹氏墓志铭并序

一、基本资料

1 性质	墓志
2 题名	新题：后梁文官工部尚书吴蔼之妻曹氏墓志铭并序 首题：大唐故赠尚书左仆射长沙吴府君夫人谯郡曹氏墓志铭并序
3 时间	死亡、下葬或立石时间 死亡：后唐同光二年（924）四月十六日 下葬：后唐同光三年（925）正月二十二日
4 地点	死亡、下葬或立石地点 死亡：洛阳（河南洛阳）洛阳县永泰坊之私第 下葬：河南县（河南洛阳）平乐乡朱阳村茔庄
5 人物	
墓主	曹氏（883—924）
合葬或祔葬	夫：后梁文官工部尚书吴蔼（？—917）
撰者	门吏：后唐文官守监察御史崔匡
书丹者	曹氏之弟：后唐文官试秘书省校书郎曹光业
6 关键词	社会流动、文武交流、婚姻、家庭或家族、丧与葬、妇女角色、墓志笔法与史学方法（妾）

（责任者：张庭瑀）

二、释文

大唐故赠尚书左仆射长沙吴府君夫人谯郡曹氏墓志铭并序
门吏将仕郎守监察御史崔匡撰

　　夫人之先，谯郡人也。自周分封，春秋时振铎之后，派远流长，胤绪不绝。
（以上是先世，27字）
曾祖讳珪，祖讳〇，皆历州县官，至有政绩。父不仕，妣安定梁氏。积善余庆，克生令淑，夫人即第三女也。
（以上是曾祖父三代，38字，只有母亲）

　　乾宁初，归于故仆射长沙吴公。
远祖芮，秦为鄱阳县长，至汉封长沙王，五世嗣封，史载其事。
（以上是亡夫及其先世，35字）
祖讳据，父讳毗，皇任江南西道观察推官将仕郎试大理事累赠户部郎中。积学为文，一时知名，虽不跻贵仕，而庆钟于后。妣河东裴氏，累追封河东郡太君。
（以上是亡夫祖父二代，60字，较妻家少一代）
故仆射卓立于代，凤宾时才，历践华省，继登崇显。自工部尚书，乘轺浙水，始泛沧溟，不幸舟楫有风涛之厄，不达钱塘，寻赠尚书左仆射。
（以上是亡夫事迹，52字）

　　夫人才过笄年，迥禀淑质，聪晤殊常，公遂娶焉。所谓凤皇[凰]于飞，和鸣锵锵，叶懿氏之占也。妇功妇容，合于古训，家道益盛，母仪不忒，而不降永年，不待禄养，沉痼积日，良药靡效，以同光二年四月十六日终于洛都洛阳县永泰坊之私第,享年四十有二。

(以上是入门以至死亡,96字)

  有子三人:
长女适彭城刘袭吉,前邠节推朝散大夫检校户部员外郎;
次女婢婢,俟终丧制,求令器以从焉。
男冯七,官名昭嗣,年将志学,令勤肆业,见补右千牛备身,为筮仕之阶。

(以上是子女三人,68字)

  光业爰在髫年,即蒙训育,及至长立,尚难便以归宗。盖诸外甥幼年,未任家事,岂唯骨肉戚兼,幼叨衣食之恩。俟冯七有成立,期胜负荷之道,上兴堂构,渐振宗门。免违顾后之言,可都似绩[续]之望,窃惟血恩,敢离卑心。

(以上是书丹者角色,82字,为何夫家无人?)

  呜呼!日月难停,龟筮叶吉,启厝将举,佳城已开,哀痛衔酸,△词不述。以同光三年岁次乙酉正月甲午朔二十二日乙卯,葬于河○县平乐乡朱阳村茔庄。铭曰:

  邈彼邙山,下见洛川;奄归幽壤,遽起新阡。
  诸孤号殒,季弟哀缠;目断松槚,泪落隧埏。
  岁月咸吉,宅兆不迁;伟欤仆射,厥后兴贤。

(以上是葬与铭,107字,只写诸孤与季弟)

将仕郎试秘书省校书郎弟光业书

           (责任者:张庭瑀)
           (指导者:柳立言)

三、个案研究

墓主是寡妻,而墓志首题的男女地位极不对称,亡夫是"赠尚书左仆射长沙吴府君",寡妻仅是"夫人谯郡曹氏",不见封赠,[1]那么内文中有无出现男尊女卑?

从格套来看,墓志先述曹家先世和上三代;次述夫家先世、上两代和亡夫事迹;然后是曹氏事迹,主要是出嫁、为妻及死亡;再来是子女;接着是书丹者曹氏之弟光业矢言扶助外甥光宗耀祖;最后是葬和铭。有两点值得注意:一是亡夫事迹排在寡妻之前,在形式上确是尊夫,二是曹弟之重要,似替妻家扳回一城。

亡夫之尊贵,从首题可见,但通篇找不到名讳,只知道他"自工部尚书,乘轺浙水,始泛沧溟,不幸身槎有风涛之厄,不达钱塘,寻赠尚书左仆射"。他葬身鱼腹,冢中只有衣冠,但应有本人的墓志,可能是妻志省略其名的一个原因。他究竟是谁?

后梁末帝贞明三年(917)十月,加授吴越王钱镠为天下兵马元帅,"以尚书左丞吴蔼为工部尚书,充两浙官告使",[2]应就是墓主亡夫。在妻志里,他的祖父无官,祖母无踪,可能是平民家庭。父亲是九品的观察推官,因他而累赠户部郎中,母亲亦累封郡太君,反映他官位之高。父亲在唐末乱世以文官起家,且"积学为文",似以文学见长,而儿子飞黄腾达,以文臣为大礼使,可见尚文仍是五代向上流动的重要途径。

不知如何,吴蔼在唐末已出人头地。朱温篡唐建梁(907—923),以崇政院取代枢密院,用心腹文臣敬翔为院使,次年(908)设崇政院直学士两员,"选有政术、文学者为之",分别是尚书吏部郎中吴蔼和兵部

---

[1] 各种对妻之书写,见杨向奎《唐代墓志义例研究》(长沙:岳麓书社,2013年),108—123页。

[2] 陈尚君:《旧五代史新辑会证》卷9,283页。

郎中李珽。[1] 李二十四岁便成为僖宗朝进士，尤工词赋，以掌书记起家。单在《旧五代史》本传便得到朱温四次赞赏：一次因其军谋，一次文学，一次机智（更易节镇兵不血刃），一次博学。[2] 他在《册府元龟》名列"侍讲""称旨""牧守·能政""才学""孝""博识""友悌"等部。[3] 能够被朱温重用，跟敬翔（同州冯翊人）和李珽（陇西敦煌人）共事，吴蔼的政术和文学可想而知。

过了三年（911），吴蔼已是门下省的左散骑常侍，往上便是侍郎和侍中了。[4] 次年，朱温被弑，新君即位，吴蔼自右散骑常侍迁刑部侍郎，再次与宣徽副使左散骑常侍李珽并充侍讲学士。[5] 皇室旋即内哄，李珽死于乱兵（913），吴蔼似乎不受影响。他礼佛，曾上奏替一位高僧住持的庙宇取得赐额，时为尚书左丞（914），在侍郎之上。[6] 此后不再升迁，直到三年后以工部尚书出使吴越。墓志说他"历践华省，继登崇显"，确是半句不假，详情或写在他的墓志，故我们不能因为一时看不到实例，便说墓志是虚词。

曹氏与夫婿相较，出身确显卑微。曾祖和祖父"皆历州县官"，似是文吏，却说不出职位，也没有记下妻子；父母都是平民，且不记父名。最令人奇怪的是弟弟光业"爰在髫年，即蒙训育，及至长立，尚难便以归宗"，又"幼叨衣食之恩"，约七八岁便跟随嫁人的姊姊，依靠吴家成长，不知这是否反映曹氏家道中落，才会让儿子寄人篱下？无论如何，根据门当户对之通则，跟基层文官之子通婚的，也应属文人家庭。

世易时移，在姊夫和姊姊去世后，曹光业大言不惭，要一肩负起照

---

[1] 王溥：《五代会要》卷24《枢密使》，上海：上海古籍出版社，1978年，377页。
[2] 陈尚君：《旧五代史新辑会证》卷24，599—603页。
[3] 分见王钦若《册府元龟》（南京：凤凰出版社，2006年）卷599、653、677、718、756、780、852。
[4] 陈尚君：《旧五代史新辑会证》卷6，227页。
[5] 王钦若：《册府元龟》卷599《学校部三·侍讲》，6913页；陈尚君：《旧五代史新辑会证》卷24，602页。
[6] 赞宁：《宋高僧传》卷28，北京：中华书局，1987年，701—702页。

顾外甥的责任。志文说"盖诸外甥幼年，未任家事"，故必须照料，"俟冯七有成立，期胜负荷之道，上兴堂构，渐振宗门"，明白指出自己的重任是让外甥振兴本家和宗族，亦即其官名"昭嗣"之意。墓志由光业书丹，铭文又说"诸孤号殒，季弟哀缠。……伟欤仆射，厥后兴贤"，一再突出曹弟在丧葬和兴贤的角色，反不见吴氏族人。堂堂尚书之家，怎会让亡媳的弟弟负责照顾嫡子？

答案可能有四：一是曹氏（883—924）在丈夫死后七八年间（917—924），已成为吴家的家长。从墓志看来，公婆已逝，吴家以曹氏一代的辈分最高。曹氏十五岁前（乾宁894—898之初）嫁给吴蔼，约三十四岁守寡、四十二岁去世，在吴家26年以上。墓志明言她是三女，却不指出吴蔼的排行，如是独子，冯七便无叔伯可与舅父竞争。二是曹氏把子女交托弟弟，即"顾后之言"。三是曹弟位至将仕郎，虽未如甥婿朝散大夫刘袭吉之高阶，但辈分较高。四是曹弟有足够的能力栽培冯七。他一直待在吴家，目睹诸甥成长。姊姊死亡时，他年约三十五岁，正值盛年，而冯七未满十五岁。即使曹弟的试秘书省校书郎只是朝衔不是真试，亦不妨推论他在吴家成长时获得一定的文学修养，而冯七年将志学，正好由他就地令勤肆业。

曹氏之丧葬适逢政权交替未几。后梁与后唐是世仇，朱温的陵寝差点被庄宗挖掉，敬翔自杀之后旋被族诛，[1] 吴蔼曾是朱温重臣，家人与墓志撰者恐不免忧谗畏讥，必须斟字酌句。撰者是九品的将仕郎，虽云门吏，志文内容应受曹弟影响。除首题外，尽管亡夫位至尚书，妻子却绝非配角，试比对如下表：

	夫	妻
1 先世	有	有

---

[1] 陈尚君：《旧五代史新辑会证》卷18，487页。

续表

	夫	妻
2 上代	祖、父两代 无祖母 母裴氏有地望河东（案：似为虚，婿刘氏也有地望彭城）	曾、祖、父三代 无曾祖母、祖母 无父名 母梁氏有地望安定（同左）
3 事迹	仕宦与死亡，52 字	出嫁、为妻及死亡，96 字，若扣去最后两句之死亡地点及年寿，仍有 67 字
4 铭	占 8 字	占 40 字

由此可知，除了是否为墓主之外，女性死亡时在家中的相对地位也会影响她在墓志里的主从角色。

吴蔼的女人还有李氏，乍看其墓志，会认为是妻，周阿根也作《吴蔼妻李氏墓志》（见本篇末附件一），[1] 但根据曹氏和李氏之生卒年，她们在吴蔼的生前死后，起码有十年的重叠（917 年之前李氏已生二子，至 924 年曹氏去世），且可能同住一处。在大多数情况下，一夫只能有一妻，二女不是一妻一妾，便是一出妻一新妻，答案应往志里寻：

比较项目	曹氏（883—924）墓志	李氏（898—942）墓志
1 首题	大唐故赠尚书左仆射长沙吴府君夫人谯郡曹氏墓志铭并序	晋故陇西李氏夫人墓志铭并序 志盖又作大晋故陇西郡李夫人墓志铭
2 父家	曹氏家世，38 字	李氏家世，27 字
3 夫家	3.1 记祖及父，60 字 3.2 吴蔼功业，52 字	3.1 不记祖及父 3.2 吴蔼功业，80 字
4 婚姻	4.1 乾宁（894—898）初，归于故仆射长沙吴公 4.2 公遂娶焉	4.1 爰自笄年（如 15 岁，约 913），适聘贤彦。 4.2 没有提及
5 死亡	终于洛都洛阳县永泰坊之私第	终于洛京□泰里之私第

---

[1] 周阿根：《五代墓志汇考》，合肥：黄山书社，2012 年，357—359 页。

续表

比较项目	曹氏（883—924）墓志	李氏（898—942）墓志
6 下葬	6.1 龟筮叶吉，启厝将举，佳城已开 6.2 葬于河南县平乐乡朱阳村茔庄	6.1 卜陶公之吉地，得滕氏之佳城，既定远期，将安幽穸 6.2 归葬于河南县清丰乡杜泽村之茔
7 子女	7.1 男冯七，官名昭嗣。……见补右千牛备身，为筮仕之阶。 7.2 诸外甥幼年，未任家事，岂唯骨肉咸兼，幼叨衣食之恩。	长曰□，……顷自千牛备身，授秘省正字，次任畿邑，复拜宪台（御史台主簿）。

此外，还可从法律方面切入，如曹氏与李氏之嫁妆、财产继承权，以及封赠等差异来观察妻妾之别，可惜墓志均无资料。

既无直接证据如"妻"或"夫"等字眼，退求间接证据，愈多愈好：

1. 就首题言，根据陈尚君提供的19件唐妾墓志和万军杰的25件墓志资料（其中支氏无首题），[1] 可见两点：第一，首题夫妾并列的，必明示或暗示妾之身分，常用的词汇是侧室、别室、细人、如夫人等。（见本篇末附件二）以此观之，曹氏墓志首题"大唐故赠尚书左仆射长沙吴府君夫人谯郡曹氏墓志铭并序"全无妾之痕迹，故曹氏是妻不是妾。既是夫妻并列，说明曹氏也不是出妻。第二，首题有妾无夫的，可粗分两种情形：一是妾只有姓/名而无其他称谓；二是妾有姓和有称谓，如亲属之母或女、配偶之夫人（凡四见）和室人、地名之清河和东海、职业之女道士和妓人。（见本篇末附件三）由是言之，李氏墓志首题"晋故陇西李氏夫人墓志铭并序"虽有地望及"夫人"称谓，尚不足以认定其为妻。

2. 就父家家世言，一般是妻家高于妾家。曹氏曾祖及祖父为县吏，父亲为平民，李氏曾祖为尚书屯田郎中，祖不仕，父为左金吾卫长史。若以父亲一代而论，李氏稍胜，但应比较的不是妻妾，而是男方与女方。娶

---

[1] 陈尚君：《唐代的亡妻与亡妾墓志》，《中华文史论丛》2006.2，78—80页；万军杰：《唐代女性的生前与卒后》，天津：天津古籍出版社，2010年，192—194页。

曹氏时（约898），吴蔼还在力争上游，两家父祖官位相当，尚属门当户对。纳李氏时（约913），吴蔼已任刑部侍郎，远高于李父。如李父是以武人而非文人出任军中之职，便是文武结合。

3. 就夫家上代言：李志不提，是否妾志之格套，待考。

4. 就婚姻言：首先，曹志明白用"娶"字。根据万军杰提供之案例，"娶"字只用于妻不见用于妾，其所引用归仁晦之妾支氏墓志就说："予以开成元年'纳'支氏以备纫针之役……。予□以礼'娶'郑夫人"，妾用"纳"，妻用"娶"。其次，一般是先娶妻再纳妾。如"15岁是唐人所认可的女性初婚年龄"，[1] 曹氏约于898年、李氏约于913年进入吴家，二人相隔约15年。即使把误差算入，亦难以想象以吴蔼之贵盛，会在曹氏入门后十多年才娶李氏为妻，故曹氏应为妻。再次，李志用语模棱两可，首先巧妙地将"爰自笄年，适聘贤彦"放在"故工部尚书赠左仆射吴公讳蔼"之前，最后接上"公情深偕老，志在和鸣，何期鹤算不终，鸾镜云缺"，似乎隐喻夫妻。其实前八字可读作泛论，即待嫁之女合配（适聘）好汉，不一定指嫁为妻，后几句或可反映吴蔼对李氏之情深，对妾亦可，一读万书便知。其实，"归""从""适""聘""配"等字，同时适用于妻和妾，单凭"适""聘"二字，不足以证明李氏是妻；倒是"纳"字，尚未见用于妻。

5. 就卒而言，曹氏与李氏似乎死于同一地点，可见无人被出。

6. 就葬而言：万军杰认为，"妾是绝无可能与所奉之夫合葬"，[2] 而曹志言"启厝将举，佳城已开"，看来是与夫合葬；又谓"葬于河○县平乐乡朱阳村茔庄"，似乎是葬于吴家坟地。然李志言李氏"归葬于河南县清丰乡杜泽村之茔，礼也"，一是所葬地点与曹氏不同，或反映两人身份不同；二是"归葬"，根据万军杰提供之《唐张氏墓志》，张妾随夫四

---

[1] 万军杰：《唐代女性的生前与卒后》，18页。
[2] 万军杰：《唐代女性的生前与卒后》，191页。

处奔波流转，善尽妇道，但碍于妾之身份，最后只能归葬于家乡，[1]李氏的情况可能相同。

7. 就子而言，曹氏和李氏都有一子补右千牛备身，是否同一人？曹子冯七被曹光业唤作外甥，自是曹氏亲子，绝无可能出现在妾志并为其子，否则一位妻生嫡子就沦为妾生庶子了（反之则可）。然而二人之荫补相同，无分嫡庶，自难以反推其母之身份是妻是妾。

李氏在墓志里宛若妻子，实因母凭子贵。假设生于916年，李子在母亲去世时不过27岁上下，已从千牛备身改授文官秘书省正字，然后出任京畿的官吏，目前在中央担任御史台的主簿，主管庶务。李子能够快速向上流动，除了自身能力，也靠他力，墓志提供了三条线索：（一）父荫。得荫千备者多是高官子弟，有两项优势，一是入仕率较高，仕途也较为顺遂，二是较易转为文官。[2]李子便是由武转文，并于短短几年间跃升高位。（二）产业。根据唐代法律，嫡庶之财产继承权并无差别，现在二子同承父荫，也应能共分父产。（三）母家提供两个有利条件，一是品官之家，应能维护女儿在吴家守贞的各种权利；二是家庭教育，李氏"玉树庭前，比兴无惭于赋雪；青绫障下，讨论必解于义围"，又"言叶典经"，看来是读书识字的。她也倾尽全力栽培儿子，如"孟母择邻之志，俾在亲仁；陶家截发之伤，无妨接士"。墓志将之归功于"庭闱之训诲"，亦即娘家的功劳。反之，不见曹光业之教育角色。

唐末五代以枪杆子出政权，武人当道，但尚文仍是社会流动的重要途径，可从上三代之家庭背景、本人一代之仕宦与联婚，及下一代之流动条件等四方面来看：

1. 吴家之父、妾家之曾祖及父均任文官或文职；妻家之曾祖及祖曾任州县官，似亦涉文。

---

[1] 万军杰：《唐代女性的生前与卒后》，185页。
[2] 刘丽琴：《唐代武官选任制度初探》，北京：社会科学文献出版社，2006年，89—96页。

2. 吴蔼与妻弟俱从文。吴蔼维持吴家于统治阶级，妻弟则让妻家重返统治阶级。吴蔼作为天子近臣，经历两次政变，不降反升，可见高级文臣之向上流动未受移忠所碍，关键胜在能力。吴蔼是同时凭借文学与政术攀上统治阶级（class）之高层（rank），反映五代对文人之要求，亦即文人受重视之条件。他们在地方为干吏，于中央为能臣，有些能够兼管文武两政，似与唐宋无异。

3. 吴氏的文文联婚有吴蔼与妻子曹氏，及下一代的曹氏长女与夫婿刘袭吉（朝散大夫前任节度推官）。文武通婚有下一代的曹氏次女（917年约十来岁）与夫婿张继美（890—930，鼎鼎大名的张全义之侄，详见本书《冤家聚头文武合》），继美曾在全义麾下担任衙内管军和都指挥使。[1] 吴蔼之妾父若是以武人担任军中文职，也是文武通婚。无论如何，婚姻让背景多元的人物共聚一堂，从糟糠之妻可念及庶民疾苦，从少妾之父可探知军人消息，未知对政术有无帮助？虽在乱世，仕宦家庭仍有唐代遗风，怀念地望，这种情况要到宋代才逐渐摆脱。

4. 吴蔼骤逝，但二子仍享各种优势：一是充足的教育资源和财富，可维持家学（文学）和家门；二是母家本是仕宦之家，或其成员受父家提携，现在可以回馈；三是恩荫制度，既可延后官宦家庭的向下流动，亦可让高官子弟选择较佳之仕进入口，可文可武，产生文武交流。吴蔼二子均荫武官，一子转为文官，一子不详，一婿为文官。

在一般情况下，高官家庭之统治阶级地位可延及二代至三代。纵有多次政变与易代，但毛汉光指出，从后唐开始，文武官员均大量留任，呈现高度承袭性，[2] 郝若贝亦认为五代至宋初已有较为固定之精英集

---

[1] □延升：《知河阳军州事兼御史大夫张继美墓志》，谢光林编著《洛阳北邙古代家族墓》，郑州：中州古籍出版社，2015年，629—630页。

[2] 毛汉光：《五代的政治延续与政权转移》，《"中央研究院"历史语言研究所集刊》51.2（1980），233—280页。

团，[1]或反映五代之社会流动未如想象之强大。五代的新兴统治阶级虽能部分取代唐末的旧统治阶级，但本身亦难免变旧，成为盘根错节的既得利益者。假如量变不大，质变又如何？文武通婚和文武并仕等能否让武人和文人互相同化，或多或少地产生质的变化，如文人之武质化等，[2]有待研究。

在寡妻的墓志里，亡夫事迹排在寡妻之前，乍看确是男尊女卑，但细究其他内容，如比对志文内夫与妻之先世、上代、本人事迹，以及铭文作为盖棺论定之夫妻字数比例等，则寡妻仍是主角。

在墓志书写里，影响女性地位之因素甚多，较重要者当数其死亡前所拥有的资本，例如本人有无子嗣、是否为家长、夫家的家庭结构、父家是否兴旺、兄弟是否出仕、兄弟之才能是否为夫家所需，等等。当这些因素是多元并峙时，性别考虑不见得是优先，不一定生为女性就注定是配角。女性与男性有无外事或内事，亦当如是观之。

写妾之笔法亦同一道理，与其死前拥有的资本息息相关，例如本人有无子嗣、父家是否兴旺、兄弟是否出息等，其中又似以子女的出处较为重要，如儿子和女婿是否为官。高官之妾，有时有一定的家庭背景，不是寻常的妾。她们的儿子，纵使是庶子，纵无父亲之遗言，也能凭借法律的规定和母方的保护，取得应有的权益，如荫补和均财，再加上个人努力，前途大可胜于嫡子，成为父家之光。既然如此，庶子请人撰写母亲的墓志时，有意抬高母亲的地位，乃至难分妻妾。若要判别，可从墓志书写之格套与内容找寻蛛丝马迹。格套上，首题若夫妾并列，必明示或暗示妾之身份；若有妾无夫，则记妾之姓名或称谓，如配偶之称"夫人"，地望之称"清河"张氏等，凭此均不足以认定为妻。内容上，

---

[1] Hartwell, Robert, "Demographic, Political, and Social Transformation of China, 750–1550,"又见"New Approaches to the Study of Bureaucratic Factionalism in Sung China."

[2] 宋初的例子，见伍伯常《北宋初年的北方文士与豪侠》，《清华学报》36.2（2006），295—344页。

"娶"字似专用于妻,"纳"字专用于妾;妻多与夫合葬,妾多他葬。至于庶子的墓志将如何交代庶子的身份,实在耐人寻味。

(执笔者:林思吟、邱敬、张庭瑀)

(指导者:山根直生、李宗翰、柳立言)

附件一:吴蔼之妾李氏墓志

晋故陇西李氏夫人墓志铭并序
文林郎前□〔守〕河南府长水县主簿崔禹文撰

　　夫轩裳贵胄,礼乐清门,不有令人,孰彰厥德。
　　夫人陇西李氏,家传族望,世袭文儒,或尝列班行,或情高物外,源濬流远,不复具载辉策。
(以上是序,51字)

　　曾祖延叟,皇任尚书屯田郎中。
祖约,皇不仕。
父□□,前左金吾卫长史。
(以上是父祖三代,27字)

　　夫人即长史之女也,挺生柔顺,早著贤能,婉娩令仪,工容雅度,奉上以敬,抚幼以慈。玉树庭前,比兴无惭于赋雪;青绫障下,讨论必解于义围。言叶典经,动依礼教。唯以温恭接物,不将才地□□。□□□珠,宛然至宝,卿云甘露,别是殊祥。
(以上是为女受教,90字)

　　爰自笄年,适聘贤彦。故工部尚书赠左仆射吴公讳蔼,字秀川,昔仕梁室，荐历周行，早以鸿名，寻升显列。联绵省阁，□〔齿〕极摺绅，事虽振于简编，位未登于宰辅，奄辞昭代，遽隔明时。以至中外吁嗟，文武叹咏，苟非□〔才〕行，讵钦嘉声者欤？
公情深偕老，志在和鸣，何期鹤算不终，銮镜云缺。
（以上是入门、丈夫之事迹及死亡，107字）

夫□□□□〔人四德□齐〕，□〔凤〕播清风。梧桐半枯，徒有哀摧之恨；兰荪不改，终全芬馥之名。理内有方，贞节□□。孟□〔母〕择邻之志，俾在亲仁；陶家截发之伤，无妨接士。盖庭闱之训诲也。
（以上是作为寡妇、守贞及教子助子，65字）

有子二人：
长曰□〔绍〕□，任御史台主簿。
次子卢八，方居稚齿，遽逐逝波。
将庆德门，无先令嗣，唯台簿侍御□荫承荣，琢磨有立，时称骥足，咸曰凤毛。顷自千牛备身，授秘书省正字，次任畿邑，复拜宪台，鸿将渐陆之程，鹏俟摩霄之势，比荣彩服，永养慈颜。
（以上是两子及长子之事迹，95字）

於戏！风树难停，隙驷不返，俄终艰疉，莫报劬劳。夫人以天福七年二月六日寝疾终于洛京□泰里之私第，享年四十有五。
时侍御方随銮辂，偶在雀台，请□〔言〕归京，躬侍药饵。景公遇病，已在膏肓，□〔曾〕子发哀，徒伤肝脑，痛深泣血，殆至绝浆，毁不自胜，杖而后起。
卜陶公之吉地，得滕氏之佳城，既定远期，将安幽夃，晋天福七年岁次壬寅十一月辛巳朔二十五日乙巳归葬于河南县清丰乡杜泽村之茔，礼也。

（以上是死亡、葬及长子角色，155字）

词惭浅陋，学谢该通，幸契阶缘，猥蒙请托，直书方志，用纪茔丘，辄抒铭曰：

玉在璞兮，其色含章；珠在川兮，其媚腾光。
蕴兹符彩，惟人是方；厥有贤德，挺生明时。
舜华禀韵，桃李呈姿；祥鸾应瑞，威凤标奇。
月貌花容，何彼秾实；熏灼才行，辉焕轩裳。
芬馥之望，孰可比量；难期寝疾，遘此祸殃。
前旌指路，窆以高岗；千龄万代，惟蕃惟昌。

（以上是撰志原委及铭文，124字，不提夫及子）

附件二：首题同列夫与妾，12件

一、明示为妾

夫	妾	出处
杜陵韦氏	侧室李氏	陈、万
司刑太常伯武安公世子奉冕直长源	侧室赵五娘	万
唐监察御史里行孙君	侧室杜氏	万
唐前申州刺史崔君	故侧室上党樊氏	万
河南府河南县尉李公	别室张氏	陈、万
邠王	故细人渤海郡高氏	陈、万
唐庆国	故细人孙氏	万
仲父故白水县令府君	如夫人南阳邓氏	万

二、暗示为妾

夫	妾	出处
华原县丞王公	故美人李氏	陈、万

续表

夫	妾	出处
前邢州刺史李肱	儿母太仪	陈、万
前长安县尉杨筹	女母王氏	陈
萧国公论	第八女所生（母）夫人	万

附件三：首题有妾无夫，22 件

1. 只有姓/名而无其他称谓

夫	妾	出处
	卢金兰	陈、万
	章四娘	陈、万
	安氏	陈、万
	殷氏	陈、万
	张氏	陈、万

2. 有姓和有称谓

2.1 亲属

夫	妾	出处
	郝氏女	万
	崔揆母林氏	万

2.2 配偶

夫	妾	出处
	故范氏夫人	万
	武威段夫人	万
	濮阳郡夫人吴氏	陈
	故南安郡夫人赠才人仇氏	陈

续表

夫	妾	出处
	室人太原王氏	万
	媵吴氏	万

2.3 地名

夫	妾	出处
	颖川陈氏	陈、万
	东海徐氏	万
	清河张氏	万
	渤海李氏一娘子	万
	渤海严氏	陈、万

2.4 职业

夫	妾	出处
	大燕圣武观故女道士马凌虚	万
	滑州瑶台观女真徐氏	陈
	茅山燕洞宫大洞炼师彭城刘氏	陈
	故妓人清河张氏	陈、万

参考资料

一、墓志碑文：

1. 崔匡：《大唐故赠尚书左仆射长沙吴府君夫人谯郡曹氏墓志铭并序》，傅斯年图书馆藏拓片（08219）。
2. 崔匡撰，周阿根校点：《吴君妻曹氏墓志》，周阿根《五代墓志汇考》，150—151 页。
3. 崔匡撰，陈尚君校点：《大唐故赠尚书左仆射长沙吴府君夫人谯郡曹氏墓志铭并序》，陈尚君辑校《全唐文补编》，卷 95，18—20 页。

4. 崔匡撰，章红梅校点：《吴君妻曹氏墓志》，章红梅《五代石刻校注》，157—159 页。

5. 崔禹文撰，周阿根校点：《吴蔼妻李氏墓志》，周阿根《五代墓志汇考》，357—359 页。

6. 崔禹文撰，章红梅点校：《吴蔼妻李氏墓志》，章红梅《五代石刻校注》，416—417 页。

7. □延升：《知河阳军州事兼御史大夫张继美墓志》，谢光林编著《洛阳北邙古代家族墓》，郑州：中州古籍出版社，2015 年，629—630 页。

8. 崔禹文撰，周阿根点校：《大晋故陇西郡夫人墓志铭》，周阿根《五代墓志汇考》，357—359 页。

二、其他资料

9. Hartwell, Robert, "Demographic, Political, and Social Transformation of China, 750-1550," *Harvard Journal of Asiatic Studies* 42.2 (1982), pp. 365-442. 中译本：郝若贝：《750—1550 年间中国的人口、政治及社会转型》，收入单国钺主编《当代西方汉学研究集萃》中古史卷，上海：上海古籍出版社，2012 年，175—246 页。

10. Hartwell, Robert, "New Approaches to the Study of Bureaucratic Factionalism in Sung China: A Hypothesis," *Bulletin of Sung-Yuan Studies* 18 (1986), pp.33-40.

11. 毛汉光：《五代的政治延续与政权转移》，《"中央研究院"历史语言研究所集刊》51.2（1980），233—280 页。

12. 王钦若等撰，周勋初等校订：《册府元龟》，南京：凤凰出版社，2006 年。

13. 王溥撰，上海古籍出版社标点：《五代会要》，上海：上海古籍出版社，1978 年。

14. 伍伯常：《北宋初年的北方文士与豪侠——以柳开的事功及作风形象为中心》，《清华学报》36.2（2006），295—344 页。
15. 陈尚君：《唐代的亡妻与亡妾墓志》，《中华文史论丛》2006.2，45—81 页。
16. 陈尚君：《旧五代史新辑会证》。
17. 杨向奎：《唐代墓志义例研究》，长沙：岳麓书社，2013 年。
18. 万军杰：《唐代女性的生前与卒后：围绕墓志资料展开的若干探讨》，天津：天津古籍出版社，2010 年。
19. 刘琴丽：《唐代武官选任制度初探》，北京：社会科学文献出版社，2006 年。
20. 赞宁撰，范祥雍点校：《宋高僧传》，北京：中华书局，1987 年。

框架乾坤
（韩通、董氏）

张庭瑀

后周武官彰信军节度使韩通之妻陇西郡夫人董氏墓志铭并序

一、基本资料

1 性质	墓志
2 题名	新题：后周武官彰信军节度使韩通之妻陇西郡夫人董氏墓志铭并序 首题：彰信军节度使曹单等州观察处置等使韩通故陇西郡夫人董氏墓志铭并序
3 时间	死亡、下葬、志文撰写或立石时间 死亡：后周显德二年（955） 下葬：后周显德二年（955）九月七日
4 地点	死亡、下葬或立石地点 死亡：曹南（山东曹县）公衙 下葬：河南府（河南洛阳）河南县平乐乡杜泽里
5 人物	
墓主	董氏（913—955）
撰者	幕僚：后周文官彰信军节度推官王玭
书丹者	后周文官前少府监丞楚光祚
6 关键词	社会流动、文武交流（文儒价值观）、品德、妇女角色、家庭或家族、墓志笔法与史学方法

（责任者：张庭瑀）

二、释文

彰信军节度使曹单等州观察处置等使韩通故陇西郡夫人董氏墓志铭并序
节度推官将仕郎试大理司直兼监察御史王玭撰
前少府监丞将仕郎试秘书省校书郎楚光祚书

　　夫积庆庭闱，腾芳壸奥。未簪笄珥，虔遵圣善之规；载咏鹊巢，独擅肃雍之敬。良由胎教，不坠姆仪，即今太傅故陇西郡夫人其美也。
（以上是序，50字，为女受教）

　　夫人姓董氏，和顺成家，贞专立性，俨中闺而凛若，探内则以焕然。举善进贤，拟樊姬之无妒；地寒寿促，符钟琰之深知。香浓而芝吐六茎，誉美而玉含十德。（为妻不妒与善相）
爰自系缨去室，告庙侍姑，信张家之识陈平，徐氏之归王濬。由是鸾凤比翼，桃李成阴，感明君必敬之文，契君子好求之趣。（入门）
采蘩奉职，睦族含仁，靡渝活淡之容，宛是闺房之秀矣。而又恩流娣媵，礼束筋骸，正人伦之大纲，协公侯之齐体，主烝尝而罔倦，历寒暑以弥勤。（为媳、为妻、为主妇，但提到夫的不多）
（以上是事迹，共161字）

　　方疏命妇之封，是表勋臣之贵，岂期忽萦沉痾，顿促遐龄。鸟过目前，浮生若此；水流川上，逝者如斯。家人泣别于铅华，儿女痛伤于骨髓。
所痛者，值太傅去清边鄙，未复雄藩，辞白日而暗谢忠良，赴夜壑而遥伸诀别。悲哉！
殁于曹南公廨之正寝，享年四十三。

于是太傅遽聆告讣,不觉惨凄。乃曰:"吾履锋恒守于三边,长闻敛枕;跃马将行于千里,谁为牵衣。荀璨悼亡,诚难再得;管宁叹逝,恨不双全。"方营卜宅之仪,未弭挥戈之役,付之爱子,葬彼慈亲。又曰:"吾忧国步未宁,亦私门绝想矣。"
(以上是死亡,185字)

夫人有子二人:
长曰衙内都指挥使守钧,婚李氏。饮月纯精,决云利器,王思远之怀冰度暑,陆惠[慧]晓之抱镜临人。加以有德者亲,非礼勿视。正君臣而资孝行,读周公孔父之书;挫强暴而羡忠勤,猎乐毅相如之传。共钦少贵,偕曰老成。
次曰守素,方处童蒙,良多清秀。
有女二人:长曰八师,次曰九师,偏钟美爱,顿失慈怜,香销一握之兰,泪渧千行之血。
儿女等弥坚尽孝,恸怨闵凶,颜丁尤善于居丧,莱子肯虞于灭性。杯圈不饮,灵物告休,来吊鹤于凶庭,得卧牛之吉地。何殊丹雀,岂辞衔土之劳;尤似神仙,共感设爪[投瓜]之惠。
(以上是子女,198字)

呜呼!宜备送终之礼,永安不待之亲。以显德二年岁次乙卯九月七日卜葬于洛水之北,邙山之东,其实曰河南府河南县平乐乡杜泽里,礼也。
(以上是丧葬,55字)

白杨秋草,萦苦雾以何多;丹旐素幡,摇凄风而不窣。秕叨为幕吏,谬齿文儒,既奉命抽毫,乃直书其事。
(以上是撰志原委,39字)

谨再拜而铭曰：

家传懿范，德备闺房。圣善钟庆，兰杜齐芳。姆仪不坠，妇道从长。天生淑女，宜匹忠良。其一。（为女）

爰自初笄，聘于高国。无怠肃雍，不矜颜色。柔顺肥家，公侯贵德。女史腾芳，千年作则。其二。（入门）

能修榛栗，善侍舅姑。三从规范，百拜楷模。贤一女子，配大丈夫。告虔主祀，不亦宜乎？其三。（为媳）

和顺积中，专贞自顾。命妇因夫，自天垂露。石窌覃恩，金璋延誉。焕烂庭闱，进贤无妒。其四。（为妻）

择乎将相，宜尔室家。生男异宝，有女秾华。无轻侄娣，靡纵骄奢。优游淑善，杜绝回邪。其五。（为母与为伯叔母）

妇既贤兮夫其良，图地久兮与天长。

五神不集于灵府，七魄寻抛于玉房。

辞公侯于白日，痛儿女于寸肠。

游东岱兮逦迤，近北邙兮凄凉。

掩泉台而赴夜壑，卷丹旐而树白杨。

环佩之声寂灭，死生之贵光杨［扬］。

已矣乎！圣贤知命，乃曰是常。

（以上是铭文，265字）

（责任者：张庭瑀）

（指导者：李宗翰）

三、个案研究

董氏是堂堂节度使韩通之正室，墓志却不到一千字，乍看似曾相识，与众多女性墓志同一框架，其实大有文章，但必须与丈夫的墓志合起来读，才能一探乾坤，可同时看到夫妻之互别苗头、墓志之正奇互用，以及文人对武家之期待。

(一) 夫妻相竞

韩通墓志的舞台是政治与战争,韩通独角唱戏,完全看不到妻子与儿女的角色(另一例见《难道是不孝子与负心汉?》),那么把舞台转到家中,妻子的墓志又如何写丈夫?董氏逝世时正值韩通事业达到高峰,墓志会不会重男轻女,让丈夫抢尽妻子的风头?可先比对墓志的形式:

表一:夫妻墓志之比对

项目	韩通(907—960)墓志[1]	寡妻董氏(913—955)墓志
1 首题	本人	夫+本人为郡夫人
2 撰者	乡贡进士	夫之幕僚,节度推官
3 序	28 字	50 字
4 先世	28 字	缺
5 父祖	77 字	缺
6 本人	1. 事迹 879 字,不见妻。 2. 死亡与丧葬 120 字,两妻约占 16 字。 共 999 字,占最多篇幅	1. 事迹 161 字,见夫。 2. 死亡与丧葬 240 字,丈夫约占 131 字。 共 401 字,占最多篇幅
7 家人	子女侄 84 字	子女 198 字,长子有 83 字
8 撰志原委	40 字	39 字
9 铭	197 字,不见妻	265 字,稍见夫
总共	1453 字	953 字

由此视之,除了先世和父祖两项,妻志与夫志并无两样,而这两项即使在夫志里,也均非墓志重点。也许可以说,墓志的格套在一定程度上保

---

[1] 陈保衡撰,罗国威校点:《故检校太尉同中书门下平章事使持节郓济等州观察处置等使兼侍卫亲军马步军副都指挥使仍加食邑五佰户食实封贰佰户赠中书令韩公墓志》,载《全宋文》(上海:上海辞书出版社,2006 年)卷 41,47 页。个案见"五代在碑志"第二册《五代武人之文》之《尽在不言中》。

障了妻子应有的权益，让她们的所作所为得以流传，甚至在某些事情上，如在上表中跟子女的关系上，女子犹胜于丈夫。韩通行伍出身，凭军功攀升至节度使，轰轰烈烈，墓志也不过 1458 字（见"五代在碑志"第二册《五代武人之文》之《尽在不言中》），《宋史》本传亦只有 1137 字，[1] 而董氏平淡无奇的一生却有 953 字，几达夫志的 70%。

再看墓志内容，观察三点：父祖（家世）；夫妻的相对角色，亦即谁的戏分较多；谁是最佳配角。

妻志只见父家而不见父祖名讳，确是出奇，大抵是布衣之家。不过夫志里的父祖 77 字也全是追赠，都是凭韩通之贵（唯缺了祖父之名）："曾祖讳莹，授太子太保；曾祖母京兆郡第五氏，封汧国夫人。祖授左骁卫将军赠太傅；祖母清河郡太君张氏，封卫国夫人。父讳章，授左龙武军大将军，赠太子太师；母谯郡太夫人李氏，封陈国太夫人。"董氏得封陇西郡夫人，"命妇因夫，自天垂露。石窦覃恩，金璋延誉"，也是凭韩通之贵。两种情况都是以贵者为大，与尊卑（父子、母子、夫妻）和性别无关。妻子是金枝玉叶，夫凭妻贵，也扯不上性别。

夫妻的相对角色要同时留意篇幅和场合。在韩通墓志里，董氏只在祔葬出现，仅占数字，连配角都当不上，更非女主角。在董氏墓志里，韩通出现的情况如下：

表二：韩通出现之场合

场合	韩通之出现
1 董氏事迹 161 字	1.1 信张家之识陈平，徐氏之归王濬。 1.2 协公侯之齐体，主烝尝而罔倦。

---

[1]《宋史》卷 484，13968—13970 页。

续表

场合	韩通之出现
2 死亡185字及丧葬55字	2.1 方疏命妇之封,是表勋臣之贵。 2.2 所痛者,值太傅去清边鄙,未复雄藩,辞白日而暗谢忠良,赴夜壑而遥伸诀别。悲哉! 2.3 于是太傅遽聆告讣,不觉惨凄。乃曰:"吾履锋铓恒守于三边,长闻敛枕;跃马将行于千里,谁为牵衣。荀璨悼亡,诚难再得;管宁叹逝,恨不双全。" 2.4 方营卜宅之仪,未弭挥戈之役,付之爱子,葬彼慈亲。又曰:"吾忧国步未宁,亦私门绝想矣。"
3 铭文265字	3.1 爰自初笄,聘于高国。无怠肃雍,不矜颜色。柔顺肥家,公侯贵德。 3.2 贤一女子,配大丈夫。告虔主祀,不亦宜乎? 3.3 命妇因夫,自天垂露。石窌覃恩,金璋延誉。 3.4 辞公侯于白日,痛儿女于寸肠。

不容否认的,一是丈夫本人的功业不见于妻志,二是他跟妻子有关的事情,不成比例地集中在妻子死后而非生前。丈夫几乎到了剧终才露脸,说一些慷慨激昂的话。

若董氏15—20岁(927—932)出嫁,韩通仍是二十来岁的青年,尚未发迹,墓志毫不忌讳用了陈平和王濬两个典故(上表1.1),都有女方"下嫁"男方之意。由此看来,董志虽不记父祖,家世还是胜于韩通。嫁入之后,大抵因为韩通时常征战在外,家中本应由夫妻一起负责的祭祀多由董氏主持(1.2、3.2),墓志为之点出,应是有意抬举。随着韩通的显贵,董氏得封郡君(2.1、3.3),虽然不如丈夫曾祖母、祖母及母亲之封国夫人,但总算是不错的回馈。董氏不久病逝,丈夫不在身边(2.2、3.4),撰志者用"所痛者"形容董氏的心情,又用"悲哉"述说自己的感受(2.2),应有洒下同情之泪。韩通闻之凄惨,说出管宁叹逝,不愿再娶的话(2.3),但因公务在身,不能回家处理私事,只好由儿子办理丧葬(2.4)。韩通作为妻志里的男主角,有多少戏份,就让读者自行判断吧。

主要配角自是主持母丧的儿子，反映母亲教子之成功，占了全志953字的83字，仅次于父亲的131字（见下文）。

复核之后，上表从1.1到3.4共有十项，而上文缺了"柔顺肥家，公侯贵德"（3.1），究竟董氏最可贵的德行是什么？是否有人隐身其中？

（二）墓志里的奇与正

董志有一难明之处，似有隐情。序言之后是董氏之成家，首句"夫人姓董氏，和顺成家，贞专立性，俨中闺而凛若，探内则以焕然"，起着topic sentence"指出重点"的作用，但承接的竟不是入门、为媳、为妻和为主妇之顺序，反是为妻在入门和为媳之前，并以"举善进贤，拟樊姬之无妒"置于句首。纵使把"夫人姓董氏，……誉美而玉含十德"读作一段，与下文的次序仍然不顺，跟铭文一加比对便明显可见：

表三：铭文与志文格套之比对

次序	铭文	志文
1 为女受教	1 家传懿范，德备闺房。圣善钟庆，兰杜齐芳。姆仪不坠，妇道从长。天生淑女，宜足忠良。其一。	1 未簪笄珥，虔遵圣善之规；载咏鹊巢，独擅肃雍之教。良由胎教，不坠姆仪。
		2.0 夫人姓董氏，和顺成家，贞专立性，俨中闺而凛若，探内则以焕然。举善进贤，拟樊姬之无妒；地寒寿促，符钟琰之深知。香浓而芝吐六茎，誉美而玉含十德。
2 入门	2 爰自初笄，聘于高国。无怠肃雍，不矜颜色。柔顺肥家，公侯贵德。女史垂芳，千年作则。其二。	2 爰自系缨去室，告庙侍姑，信张家之识陈平，徐氏之归王溶。由是鸾凤比翼，桃李成阴，感明君必敬之文，契君子好求之趣。

续表

次序	铭文	志文
3 为媳	3 能修榛栗，善待舅姑。三从规范，百拜楷模。贤一女子，配大丈夫。告虔主祀，不亦宜乎？其三。	3 采蘩奉职，睦族含仁。
4 为妻	4 和顺积中，专贞自顾。命妇因夫，自天垂露。石窌覃恩，金璋延誉。焕烂庭闱，进贤无妒。其四。	4 靡渝活淡之容，宛是闺房之秀矣。又见 2.0，尤其"和顺成家，贞专立性"及"举善进贤，拟樊姬之无妒"。
5 为母与主家	5 择乎将相，宜尔室家。生男异宝，有女秾华。无轻侄娣，靡纵骄奢。优游淑善，杜绝回邪。其五。	5 而又恩流娣媵，礼束筋骸，正人伦之大纲，协公侯之齐体，主烝尝而周倦，历寒暑以弥勤。

明显可见，"无妒"出现两次，铭文"进贤无妒"之次序（4）为正，志文之"进贤无妒"（2.0）为奇。董氏有无"不妒"或"可妒"之对象，答案在夫志里。

韩通墓志共记两妻："以陇西董氏、卫国蒋氏二夫人祔之，礼也。"董氏死于955年，蒋氏死于960年，如按照礼法，夫为妻守丧一年，则蒋氏于956年中以后才成为继室，在三四年间，获赠国夫人，居于董氏郡夫人之上，可谓后发先至。不过，从墓志引用樊姬的典故来看，蒋氏似乎早在家中，不是新娶。刘向《古列女传》说："妾（樊姬）执巾栉十一年，遣人之郑卫求美人进于王。今贤于妾者二人，同列者七人，妾岂不欲擅王之爱宠哉。……颂曰：樊姬谦让，靡有嫉妒，荐进美人，与己同处。"[1] 接着的典故"地寒寿促，符钟琰之深知"有些难解，是说王浑的妻子钟琰择婿，儿子荐一佳士，钟琰善于相人，以其寒微和短寿加以否决。不过董氏二女未婚，故一方面可指女儿未婚，慎于择婿；另

---

[1] 刘向：《列女传译注》卷2，北京：人民出版社，2017年，70页；刘向：《列女传今注今译》卷2，台北：台湾商务印书馆，1994年，59—60页。

一方面或指为丈夫选妾，两个典故可能同指一事。

　　成妻之前，蒋氏究竟是妾、婢，还是其他身分，已难查证。按照礼法，妾、婢均不得为妻，亦不得封赠，蒋氏可能与董氏并列为正妻，先例有后晋节度使安重荣同娶二妻，皇帝石敬瑭并加封爵，史臣评论说："重荣立二嫡妻，非礼也，朝廷并命之，亦非制也。"[1] 当然，既不讲礼，妾、婢变妻亦可（比对本书《万古千秋兮识兹名氏》）。无论如何，蒋氏应是董氏最大的情敌，她有无子女作为虎翼？

　　一看子女的数目和年龄，似乎还有其他女人藏身其中。董氏有二子二女，长子守钧已经娶妻，次子守素尚处童蒙，长女八师和次女九师均未出嫁。夫志共记五子四女，但不包括守素，可能早夭，假设四女包括董氏二女，尚有四子二女非董氏所出，其年龄依次是儿子保安11岁、三哥9岁、三小娘子5岁、四小娘子4岁、七哥3岁，守谅不详。如蒋氏是新娶入门，除非是寡妇携带子女再嫁，否则不可能在死亡前三四年间生下四子二女，故必有其他女人；如蒋氏是扶正，除非一连生下5岁、4岁和3岁的子女，否则亦有其他女人。她们有子有女，成为董氏母子的对手。据说守钧幼时病伛，号"韩橐驼"。[2]

　　总之，与铭文对比，志文故意改变董氏入门、为媳、为妻、为主妇之顺序，将为妻置首，并强调无妒，应是撰者对董氏之同情或敬重之墓志笔法，善读者大可体会董氏之情境。

（三）文人对武家的价值观

　　王玭在韩通幕下担任推官，受命撰志，应是韩通相当亲信之人。不计铭文，志文凡688字，约161字述说妻子，约214字提到丈夫和儿子，不仅称颂女性作为将门妻子之德行，也表扬男性作为武士之品性。他自

---

[1] 李昉：《太平御览》卷220，台北：台湾商务印书馆，1975年，1102-2页。
[2] 司马光撰，邓广铭、张希清点校：《涑水记闻》卷1，北京：中华书局，1989年，2页；李焘亦信，见《续资治通鉴长编》（北京：中华书局，1979—1995年）卷1，6页。

谓"文儒",又谓"直书其事",可让读者看到文人对武家的期待。为清眉目,我们继续利用框架,将资料集中和分门别类,但为省篇幅,只搬入关键词句。

1. 武家的女性

表四:对武家女性之要求,与文家何别?

妇女各阶段的事迹与要求	原文要点,可放数处者只放第一次,如为人媳之要求每与为人妻重叠。
1. 为女受教	家传懿范,德备闺房;遵圣善之规,擅肃雍之敬;良由胎教,不坠姆仪。
2. 为媳	2.1 和顺成家,贞专立性,俨中闺而凛若,探内则以焕然。 2.2 善待舅姑 2.3 无轻侄娣 2.4 睦族含仁
3. 为妻	3.1 张家之识陈平,徐氏之归王濬。 3.2 和顺积中,专贞自顾 3.3 柔顺肥家,公侯贵德 3.4 无怠肃雍,不矜颜色 3.5 三从规范,百拜楷模 3.6 所痛者,辞白日而暗谢忠良。
4. 为主母	4.1 告虔主祀 4.2 进贤无妒;恩流娣媵,礼束筋骸,正人伦之大纲,协公侯之齐体。 4.3 靡纵骄奢 4.4 优游淑善,杜绝回邪
5. 为母	5.1 教子忠孝,见下 5.2 符钟琰之深知

简单说,无论是文人或武人家庭,为了女儿嫁得佳婿,从小便要注重家庭教育,其中又以母教为重,而不管是文人或武人,都希望娶得符合一定条件的妻子。她要谨遵《内则》,善事公婆,不能轻视家庭背景不如自己的妯娌和子侄(钟琰的另一典故),对家人以外的族人也要仁爱。

她要容忍丈夫目前的短处，帮助他迈向远大的前程。丈夫重视妻子的品德多于才色，所以妻子要以贞洁自处，雍容肃穆，又要不失和顺。既要三从，就不要忌妒丈夫收媵纳妾，一方面要替他精挑细选，另一方面要用礼法约束她们。丈夫忙于外事不在家里，妻子要懂得主持祭祀，禁止奢侈，预防奸邪。她要有心理准备，与君一别可能就是生离死别，不复相见。家庭的前途在子女，她要教育他们成为忠贞孝顺之人，并慎择媳婿。创业难守业亦不易，能持家才能保业，这是妇女最大有可为之处，其实单做内事就够辛苦了。

2. 武家的男性

表五：对武家男性之要求（五代武士之道）

世代	原文要点
丈夫	1. 吾忧国步未宁，亦私门绝想矣。 2. 赴夜壑而遥伸诀别。 3. 于是太傅遽聆告讣，不觉惨凄。乃曰："吾履锋恒守于三边，长闻敛枕；跃马将行于千里，谁为牵衣。苟璨悼亡，诚难再得；管宁叹逝，恨不双全。" 4. 公侯贵德；举善进贤，拟樊姬之无妒。 5. 方疏命妇之封，是表勋臣之贵。 6. 方营卜宅之仪，未弭挥戈之役，付之爱子，葬彼慈亲。 7. 辞白日而暗谢忠良。
儿子	1. 正君臣而资孝行，读周公孔父之书； 2. 挫强暴而美忠勤，猎乐毅相如之传。 3. 加以有德者亲，非礼勿视。 4. 饮月纯精，决云利器，王思远之怀冰度暑，陆慧晓之抱镜临人。

第一代的武人可能是老粗一个，戎马倥偬，也无暇多读经史，但还是知道国事重于家事，其实这也是国家的要求，即使父母之丧也多夺情守职，何况是妻子呢？不过，丈夫想到"赴夜壑而遥伸诀别"的情境，也悲从中来：自己长驻三边，妻子独守空闺，一直遵照《内则》那些要求来待人处物（"敛枕"）。每次送行，总是依依不舍，今后也看不到如

斯倩影了。又想到病患之时，夫妻拥之而抱，相亲相爱。虽然有时会被妻子埋怨宣王有疾，不过妻子去世时四十三岁，十七年前生下长子，数年前才生下幼子，还有两位女儿，关系还算亲密吧。丈夫欣赏妻子的，主要还是德行啊。妻子以郡夫人的气派回到父族，也算一种回馈吧。爱人的丧事，就交由爱子办理好了。忠臣与良人，多么难以双全，真的不想再娶了，但家中由谁主祀呢？这也是礼法的要求啊。总之，武一代成就社会流动，惠及妻门，情感亦与文人无异。

　　第二代的武人有机会接受最好的教育。他们读周公孔子之书，晓得儒家思想，明白君臣和孝友之道。他们也读乐毅和蔺相如的传记：前者以武功著称，合纵赵、秦、韩、魏、燕，大败齐国；后者以智略闻名，不但完璧归赵，并在对秦外交上维护赵国尊严。他们有充足的资源交结朋友，培养人脉。交往时以王思远之清和陆慧晓之明为榜样，注重德和礼。即使身材短小如慧晓，亦心怀大志，饮酒对月也想着父亲和军国大事，期待有一天能够"挥剑决浮云，诸侯尽西来"，扶助帝王一统天下。总之，武二代的目标是允文允武、出将入相，已非全是旧史框架里的武人。

（四）结论

　　三种框架：墓志的框架（stereotype）、史传的框架、史观的框架，都会影响我们对历史的看法，能否跳脱出来，有赖于史学方法。董氏墓志看似千篇一律，但与丈夫韩通的墓志合起来读，便可看到撰者巧妙地呈现夫妻的相对角色、董氏的家庭生活，以及五代武人的转变。

框架一：男尊女卑、重男轻女（女性仅是配角）

脱框的方法和论据：既是探讨男女之相对地位，主要方法自是比较法

方法	论据
1 与夫志或夫传比较	1 夫志1453字，《宋史》本传1137字，而妻志953字，不见得妻卑女轻。 2 比对夫妻墓志后，重要项目并无大异。（表一） 3 夫志里的曾祖父母和妻志里的妻子都是凭子/夫而贵，跟身份的尊卑和性别的男女无大关系。
2 要看男女角色的相对重要性，即谁的戏份较重：	
2.1 男性	
a 男性在何处出场：分门别类法	表二：1 丈夫本人的功业不见于妻志 2 丈夫跟妻子有关的事情，不成比例地集中在妻子死后而非生前。 3 铭文五则，为妻子只占一则
b 男性占多少戏分：数馒头法	1 与妻比较：妻953字，夫131字 2 与儿子比较：夫131字，子83字
c 留意墓志笔法	陈平和王濬两个典故都有女方"下嫁"男方之意
2.2 女性	
a、b 同上	表三、表四
c 留意墓志笔法	一再强调的事情：因丈夫长年在外，家中本应由夫妻一起负责的祭祀多由妻子主持，反映妻子持家的重要。

论点：

1. 墓志格套保障了女墓主的主角地位。纵使撰者是男性，也不容易重男轻女，因为无论墓主是男或女，撰者都要按照既定格式填写基本资料，男女平等。

2. 撰者或以典故暗示女方优于男方。

3. 丈夫作为男主角，戏份有限，主要作用是显示妻凭夫贵和妻子持家之重要。

4. 妻子作为主家者，享受法律赋予掌管外事与内事之权力（见本书《五鬼搬运夫死从妻》）。究以何者为重，何者值得记下，由死者家人和墓志撰者决定。

5. 能替家庭带来荣耀的人最尊，不分性别之男或女，也不分尊卑之夫或妻、父或子、弟或侄。所谓荣耀，指社会流动——从被统治进入统治阶级和进一步攀升至高层，替父母妻子带来封赠和恩荫。时人既重视家庭的延续，故教养子女光耀门楣是当务之急，父母一人出资一人出力，难分内外。墓志如同史传，大都只记录重要的事，主角也多为他人而忙。

框架二：女不妒男无情
脱框的方法和论据：如何发现"女或妒"和"男有情"？

方法	论据
一、女或妒？	
1 数馒头	志文及铭文各出现一次
2 分门别类（墓志格套）：为女、入门、为媳、为妻、为母之次序	志文与铭文之分类相同，但其次序不同，以后者为正，前者为奇，似有隐情。（表三）
3 与夫志合读	发现一位或以上"可妒"或"不妒"的对象
4. 墓志笔法	志文故意改变格套，表示对妻子之同情或敬重。
二、男有情？	
1 数馒头	丈夫对妻子的追忆，占丈夫篇幅的90%以上，诚属夸张。（表二之2）
2 分门别类	独树一帜，同上
3 与夫志合读	不见
4 墓志笔法	4.1 丈夫：用丈夫第一身口述，追忆妻子的贡献和一世情。 4.2 撰者作为男性：用"所痛者"形容妻子的心情，又用"悲哉"述说自己的感受，应有洒下同情之泪。

论点：要探究情感，主要资料应在文学类而非历史类，墓志介乎其间，在本质上亦以感人为尚，但有学人视之为千篇一律，我们应如何找出

真情?

　　阅读墓志须兼顾大同与小异,前者即所谓千篇一律,后者有时藏于"隐"与"夸",正是重点所在。志文与铭文分述为女、入门、为媳、为妻、为母各阶段所应具备的品德,看似格套,但志文将"进贤无妒"置于入门、为媳与为妻之前,似有隐情。合读夫妻两志之后,根据樊姬之典故,以及子女数目和年龄等信息,几可肯定妻子在世之时,已有其他女性在家内为丈夫生儿育女,其中一人日后得封国夫人,在妻子郡夫人之上,似乎可妒。再根据志文对丈夫追忆亡妻之夸张描述,如不欲再娶之言,似可推论那是丈夫之弥偿心理作怪。读者在争辩多少证据多少推论之时,尤须留意撰者之双重身份:一是"叨为幕吏",奉命撰志,替丈夫立言;二是作为男性,为自己之感受发言,表达对女性的同情与敬重。由此可知,墓志内容有时似多泛辞或虚文,但比对相关墓志或史传后,可发现部分有凭有据,并非只为填满格套。

框架三:五代武人不文,宋代乃重文轻武
脱框的方法和论据:发现五代武人之文

方法	论据
第一代武人事迹:分门别类	表五:阶段性任务成就社会流动
第一代武人妻子事迹:分门别类	表四:与文人之妻无大差异
第二代武人事迹:分门别类	表五:允文允武,期待出将入相
武人的朋僚:墓志撰者	自诩文儒,确无放弃任何传统价值观念,但不知有多少同化作用。

　　五代武人之文应分理论与实际两方面来谈。在理论上,第一代武人跻身统治阶级和位至中上层之后,他们的子女便能享受很好的教育资源和人际关系,与文人交往和缔婚,甚至彼此同化。作为武人亲信,撰志者的"文儒"价值观念或影响武人的思想和行为,如邓小南研究五代文臣群体之转变,曾举唐末朱温与谢瞳,及五代郭威与李琼为例,指出唐

末五代"士人们的自效与被接纳,引起的是双向的改变与调整"。[1]李翔也指出,在五代中后期,君主专制和中央集权逐渐加强,文士地位不断提升,"士之转型"已具雏形;在地方帅府之中,文人幕僚也逐渐胜过武人,逐步向"文官政治"迈进。[2]研究者可进一步以武人的吏治为证。

实际上,不少武人因军功而成为地方首长,兼管军民两政。有些的确为害地方,有些则敛民而不伤民,赢得民谣歌颂,其治绩也成为保存性命的护身符,未必输给文人(见本书《冤家聚头文武合》等)。武家的妻子也不见得不如文家。无论武家或文家,只要稍有地位或能力,都希望嫁进来的媳妇有教养、懂礼法,不仅孝顺公婆,还要仁爱族人,故择媳的标准应是文武无大差异。然而,在战争时期,武家媳妇的责任更重于文家:有些武家男性长期征战在外,妻子便要扛起持家之责,要兼顾主祀、教子与择婿等。战场上的武人较庙堂里的文人更易伤亡,妻女承受之压力可想而知。墓志借丈夫之口提到的"履锋恒守于三边,长闻敛枕;跃马将行于千里,谁为牵衣",是大多数文人妻子难以体验的。研究五代女性,绝不能重文轻武。

(执笔者:张庭瑀)

(指导者:李宗翰)

参考资料:

一、墓志碑文

1. 王玭:《彰信军节度使曹单等州观察处置等使韩通故陇西郡夫人董氏墓志铭并序》,傅斯年图书馆藏拓片(17616)。

---

[1]邓小南:《祖宗之法:北宋前期政治述略》,北京:生活·读书·新知三联书店,2014年,142—143页。

[2]李翔:《中晚唐五代藩镇文职幕僚研究》,天津:南开大学博士论文,2014年,161、168页。

2. 王玭撰，周阿根点校：《韩通妻董氏墓志》，周阿根《五代墓志汇考》，565—568 页。

3. 王玭撰，章红梅点校：《韩通妻董氏墓志》，章红梅《五代石刻校注》，624—626 页。

4. 陈保衡撰，罗国威点校：《故检校太尉同中书门下平章事使持节郓济等州观察处置等使兼侍卫亲军马步军副都指挥使仍加食邑五佰户食实封贰佰户赠中书令韩公墓志》，见曾枣庄、刘琳编《全宋文》（上海：上海辞书出版社，2006 年）卷 41，47 页。

二、其他资料

5. 司马光撰，邓广铭、张希清点校：《涑水记闻》，北京：中华书局，1989 年。

6. 李昉等编：《太平御览》，台北：台湾商务印书馆，1975 年。

7. 李翔：《中晚唐五代藩镇文职幕僚研究》，天津：南开大学博士论文，2014 年。

8. 李焘撰，上海师范大学古籍整理研究所、华东师范大学古籍研究所点校：《续资治通鉴长编》，北京：中华书局，1979—1995 年。

9. 脱脱等撰，中华书局点校：《宋史》，北京：中华书局，1977 年。

10. 刘向撰，张敬注译：《列女传今注今译》，台北：台湾商务印书馆，1994 年。

11. 刘向撰，张涛注译：《列女传译注》，北京：人民出版社，2017 年。

12. 邓小南：《祖宗之法：北宋前期政治述略》，北京：生活·读书·新知三联书店，2014 年。

难道是不孝子与负心汉
（姚奭、米氏、李氏、邵雍）

柳立言

北宋文官简州军事推官姚奭之妻米氏墓志铭

一、基本资料（见《法律人妻的欢与愁》）

二、释文（同上）

三、个案研究

　　人之一生常经历不同的角色，有时还同时扮演多个角色，有主角也有配角。编剧主要有四个：自己、对方（如父母夫妻上司朋友）、新旧社会规范（如教育、礼俗和法律），及客观环境（如战争与和平）。后三者决定了男性和女性有不少共通的地方，例如都扮演孝子孝女、贤夫贤妻、慈父慈母、少子男少子女等，而自己或多或少决定在哪个角色做什么事情。既然如此，在男性墓志中出现的对手如父母妻子，跟在女性墓志中出现的父母丈夫，作用几乎相同，就是让墓主完成他/她作为孝子孝女和贤夫贤妻等角色。妻子在丈夫的墓志里让她演好某个角色，固然是配角；丈夫在妻子的墓志里让他演好某个角色，何尝不是配角。所以，阅读墓志必须先分清一众人等在扮演什么角色,以及这些角色的轻重先后。例如为人母的重要性可能在为人妻之上。假如主从不分,便可能指责只是作为配角的丈夫没有跟作为主角的妻子抢着做家内之事,反之亦然。分清的方法不外是数算一众人等在剧本里如何出场和占去多少篇幅。

姚奭(1015—1071)位至提点刑狱公事,墓志由相交三十年的理学家邵雍撰写,长达2395字(见《法律人妻的欢与愁》附件三),提到家人的只有113字:

> 君曾祖讳旦,祖讳志,考讳德成,皆不仕。考累赠至都官郎中,妣曹氏封寿安县太君。
> 二娶,一米氏一李氏,李氏封崇德县君,皆先亡。
> 四子,炤用补,授卫州共城令、监陈州酒税;焕以进士登第,授陈州宛丘令;辉用补,授太庙斋郎;煜尚幼。
> 二女,长适建雄军节度推官冯孝孙;次尚幼。
> 孙六人,孙女三人。

一共二十一人,十三男八女,其实有九至十女,因为四子煜和次女不是两妻所生。如根据某些研究女性的学人对墓志的解读,没有或很少提到的便是不受重视,那么姚奭不但是负心汉,还是不孝子。我们且看几位女性在姚奭生命中的角色。

先谈母亲曹氏(1000前—1064)。从上面引文可知,姚奭父祖三代都是白身,直到姚奭才凭着中举往上流动,从被统治进入统治阶级,且攀上高层,关键之一正是母亲。她的功劳写在第一位媳妇米氏(1013—1043)的第二份墓志里(1072)(见《法律人妻的欢与愁》附件一),撰者是米氏次子姚焕(1061进士—1072后)。虽然事过境迁三十年以上,他根据个人的回忆和行状之类的家庭历史纪录,让祖母自己发声,以收声色并茂的效果。她说:"吾嫠居素俭,倾赀教子、择师友,以将儒术起家。吾子纯孝,果能发声扬名,可谓养吾志养吾体也。"相信读者都能抓到关键词句:她寡居,不舍得花钱,但为了独子的教育,不惜投下巨资,让儿子拜在名师门下,多方培养人脉,目的是以儒术扬名科场,起身发家,才得谓之尽孝。假如墓里有壁画,可能会描绘她质问夫君:我的县太君是努力回馈得来,您的都官郎中是否寝享其成?夫君则回答:我出钱,您出力,大家都有功,何必分别内外呢。

米氏的功劳也不少。结缡十五年(约 1029—1043),至少有十四年陪着丈夫读书应考(1029—1042 中举)。这笔帐由姚焕替她登录在墓志里,并再次让当事人自己说话:

> 始先君举进士,连上未中第,夫人尝勉之曰:"夫子刻励至矣,困不足以掩,有志者未有不至。姑激昂,待富贵为亲荣,固未晚也。"
>
> 先君厥后以庆历二年登乙科,仕宦扬历,进位于朝,升陟名郎,声光烜赫,为时伟人,亦夫人早辅其志有助焉尔。

第一个"夫人"的作用是在丈夫屡试不第,几乎放弃之时,给予最大的鼓励和支持;第二个"夫人"成就了一位伟人。那个"亦"字,真是可圈可点,抢了第二任妻子的一些功劳。婆婆曹氏能够"养吾志养吾体",不但靠子,也因媳妇,故"其后夫人不幸,(婆婆)寿安夫人哭之不绝,叹曰:'丧吾孝妇'",大抵相当真实,集欲望(望子成龙)、情感(我的孝妇)和情绪(哭之不绝)于一句之中。

米氏还成就了另一位男性,就是姚焕,目前地位最高,所以虽是次子,却至少两次越嫡长子而代庖:一是遵从父命,替父亲撰写的母亲墓志书丹(1066)(见《法律人妻的欢与愁》);二是父亲与母亲合葬时,撰写第二份母亲墓志(1072),篇幅 882 字,是前者的 5.2 倍。提到母子关系，他说："顼焕幼稚，从师就学，夫人教诲曰：'勤治诗书，传业家世。'或嬉戏懈惰，夫人终日默然，不复顾语。至笔札言语少进，则喜见于色，且曰：'童子慎其所习也。'"真可谓音容宛在。姚焕在1061年登科，上距父亲中举不过二十年，一门二代两进士，可谓凤毛麟角，更可喜的是，他实现了母亲"传业家世"的心愿。

丈夫又是如何纪念妻子的？撰写墓志时，妻子已逝世二十三四年（1043—1066），所记下的应是最深刻或最重要的事，只有169字：

> 夫人河南米氏，尚书屯田郎中姚奭之妻。顼从奭之蜀官，庆历三年九月廿日，卒于广汉驿舍，年三十一。
> （以上是事迹，40字，主要是为人妻及死亡）
> 生二男一女。长炳，举进士；次焕，嘉祐六年登进士第，今为庆州司理参军；女嫁建雄军节度推官冯孝孙。孙男三人，孙女三人。
> （以上是子孙及婿，48字，不见媳）
> 呜呼！生不待子之养，既殁而葬，朝廷恩封又不及，嗟尔不幸至是耶！
> 治平三年正月廿七日，葬于洛阳县北邙之原。
> 夫奭为尔作铭以志其墓，子焕书之，聊慰尔魂于泉下。
> （以上是撰志原委及下葬，65字）
> 铭曰：卜日之吉，葬于是，以次先夫人之墓。
> （以上是铭文，16字）

试将关键词句分门别类，五鬼搬运如下：

人物	婚姻	仕宦	遗憾："不幸至是"	弥补："聊慰尔魂于泉下"
丈夫姚奭	米氏	曾为蜀官，现居尚书屯田郎中	米氏从夫仕蜀，卒于驿舍，年仅三十一，死无封赠	作志铭

续表

人物	婚姻	仕宦	遗憾："不幸至是"	弥补："聊慰尔魂于泉下"
长子炳		举进士	生不待养	
次子焕		进士、庆州司理参军	生不待养	书丹
女	冯孝孙	建雄军节度推官	生不待养	
孙			案：生不及见	三男三女共六人

先说客观的事实，集中在左方三栏。最多见的是仕宦，长子尚未中举，可能参加明年（1067）的考试。墓志提到孙男三人和孙女三人，但完全不见媳妇，却见女婿，大抵因为女婿已经出仕，否则可能不记其名只记其姓。丈夫认为亡妻的一个不幸是未得封赠，也属仕宦。所以，帮助丈夫和儿子进入仕途，替女儿嫁入仕宦之家，被视为妻子应该扮演的角色和重要的成就，也充分反映在第二份墓志的母亲曹氏和妻子米氏身上。另一方面，"让妻子得到封赠"这个事情被视为丈夫对妻子非常重要的回馈，也许亦代表丈夫的成功。所谓妻凭夫贵或母从子荣有时不是单向而是双向，妻和母都先行付出，再有回报。举业已成家庭事业，难分男女内外。众所周知，宋代两大家谱学家欧阳修和苏洵的举业都得力于女性，欧靠寡母，苏靠妻子变卖嫁妆。

再说主观的情感，集中在右方两栏。首先，丈夫直言不讳，妻子是随自己出仕而去世，才三十一岁，实在可哀可泣。其次，他明白指出妻子生前得不到子女的奉养，事实上夫妻二人也是共艰难而未能共富贵，对妻子的遗憾感同身受。再次，他主动提到妻子死后不得封赠，责任当然落在自己。其实这份荣耀他是先给了第二任妻子，似乎更增歉意。复次，他告慰妻子说，当年遗下的两位幼子现在已为人父，一人出仕，孙子六人，幼女亦嫁给士大夫，即使媳妇和女婿都不是她挑的，也可以宽心了。最后，凭他和儿子的人脉，不难找到名人撰写墓志，但他亲自执笔，以弥补妻子生前和死后的不幸。假如墓志撰者都能设身处地披露生者的情怀，读者也当能领会字里行间的悲欢离合。很多墓志看来千篇一律，被讥为样板，但人的情感难道有千变万化吗？

米氏死后约七年（约1050），丈夫再娶27岁的李氏（1023—1047父死—1069）。在空窗期间，二子一女应由祖母曹氏抚养长大，可能已经或接近成年（次子1061中举），留下不少一手记忆。对继母的出现，儿子大抵既有期待也有比较：看到她生下三子，两子早夭；看到她步步高升，从县夫人晋封县君，与祖母同等，而母亲落空；也看到新的弟弟娶妻生子，与嫡长子同受父亲恩荫得官。父亲去世，两位妻子合葬，米氏的墓志由其次子姚焕执笔，李氏的墓志由其独子姚辉撰写，两相比对，有趣极了（详见本篇末附件：《前妻 vs 后妻》），足可看到撰者的苦心经营，提醒研究者利用墓志时不可妄下断语。

先看形式上的章节次序和篇幅：

表一：米志与李志之章节次序（1st-8th）和篇幅

	首题	撰、书者	父祖	子孙	逝、葬	业绩	撰志原委	铭文	合计
米志	1st 18字	2nd 6字	3rd 19字	4th 54字	5th 123字	6th 447字	7th 125字	8th 54字	846字
李志	1st 22字	2nd 6字	3rd 96字	6th 28字	5th 131字	4th 295字	7th 11字	8th 41字	630字

就次序言，两者最大的区别，是米志把子孙、逝世及下葬放在业绩之前，目前仅此一见（参见本书附录二），而李志较符合一般墓志的格套，先说业绩，再说逝葬和子孙，例如上引姚奭的米氏妻志，依次也是事迹（含逝世）、子孙、下葬。后者较近常情常理，特别是业绩之中都有墓主奉姑和事夫，祖母和父亲似乎不应落在子孙的后面。米志的颠倒，是无心还是有意？意图为何？

就篇幅言，米志依次是业绩、撰志原委/逝葬、子孙/铭文；李志是业绩、逝葬、父祖、铭文、子孙。两者最大的差别有二：一是米志的撰志原委很长,李志甚短,几乎与铭文难分;二是李志的父祖占了很大的比例。

进一步分析最重要的项目,即墓主业绩,依米志的项目排列先后,下算字数:

表二:米氏与李氏之业绩

	主要品性	为女	为媳奉姑	为妻事夫	母子关系	持家待下	个人志趣	睦族
米志	10字	23字	156字	91字	57字	21字	55字	34字
李志	19字	29字	127字	85字(其中睦族38字)	另见于逝世,41字	不见	35字	见为妻事夫

米志共有八个项目,李志亦步亦趋。首先,排序几乎一样,从为女、为媳、为妻、为母到自身,只是李志把睦族归于事夫,将母子关系合情合理地另放于母亲逝世(见下文)。其次,篇幅的多寡几乎一样,依次是奉姑、事夫、母子关系、个人志趣,跟项目的优先排列几乎一致。这难道不就是千篇一律、依照传统的家庭伦理来形成格套吗?但是,我们应整体来看,把表一和表二的重要项目合并,变化如下:

表三:米志和李志的内容细部和篇幅多寡

	为媳奉姑	撰志原委	逝、葬	为妻事夫	母子关系	个人志趣	子孙	父祖
米志	156字	125字	123字	91字,另睦族34字	57字	55字	54字	19字
李志	127字	11字	131−41=90字	85字(其中睦族38字)	见前41字	35字	28字	96字

所以,从形式进入内容,对米志需要解释两事:一是在章次上为何把子孙和逝葬放在米氏业绩之前;二是在篇幅上为何撰志原委和逝葬所占甚多。其实这是一事之两面。

在姚奭的米氏妻志里,撰志原委是丈夫对妻子的两大不幸表示歉意,篇幅甚长；在姚焕的米氏母志里，撰志原委是儿子对母亲的贡献表达哀敬之意，以较长的篇幅尽情流露幼年丧母的悲痛，希望能够弥补母亲"生不待子之养"的不幸。他说撰志之目的是"尊夫人之志"，那是什么？毫无疑问，根据447字的大段业绩，母亲最大的心志就是完成婆婆的心愿，让丈夫和儿子进入仕途，传业家世，当然也盼望儿女生养不息。子孙和逝葬两段就是针对"是宜获报养"而作，基本上是父亲米氏妻志的更新版。子孙一段补上兄长和自己的官职，俱是前任，可能是持服解官，妹夫则可能仍在待缺。孙男增加两人，儿女子孙合计十一人，还不计媳妇，实现了"儿女妇孙众多"。逝葬一段重复母亲因随父亲仕蜀而死，补充了死因，加上父亲的死亡，最要紧的当然是"先君任度支郎中，提点梓州路刑狱公事"，增加了墓志首题没有的差遣职官，以父亲终成"伟人"来烘托母亲的伟大。就此来说，男性在女性墓志出现，有时也是为了彰显女性。姚焕大胆地改动了父亲写志的次序，把子孙放在父母逝葬之前，可能是因为传家的责任已落在生者身上了。他以"夫人温慈惠和，清约自然"开场，述说母亲的业绩，把睦族放在最后，应是为了引出"用是姻戚宗党，莫不交称其贤"作为结语和总评，似较李志高明。

对李志，需要解释为何父祖的篇幅（96字）虽在奉姑（127字）之下，却在事夫睦族（85字）之上，及李氏的逝世与遗言（90字）有何特出之处。其实两者也是一事之两面。

李志的"阶段性"角色至为明显。"既归"一段，述说母亲照料婆婆的生老病死，随即转入"先君"一段。前妻的贡献是帮助丈夫中举入官，读者自然希望看到后妻如何帮助丈夫做个好官，但有点失望。志文只说丈夫喜欢周济有需要的百姓和宗族（实例见《法律人妻的欢与愁》），这固然是君子义行，但恐怕跟为官之道没有直接关系。李氏的角色只是"见其志尚，虽资用不能至厚，安之无难色，而以节俭自处"，似乎没有积极参与赈施的各种活动。"至厚"其实不薄，"节俭"与贫穷等形容词是相对而非绝对，喊贫而不贫的大有人在，[1] 李氏应不至于吃苦。她至少在一事上较米氏富有，她生前就晋封县君，与婆婆同等。

时间一下子跳到"晚年"；李氏活了四十七岁，晚年应指四十前后。她"笃信事佛，终日斋居，焚香诵其书，颇得清静之旨。故专意淡泊，益厌浮华纷丽也"。墓志在不经意之中透露，女主人不理内事。其实，姚奭为官多年，屡任地方长官，母亲和李氏已获封赠，两子亦得恩荫，李氏逝世前是开封府推官的妻子，在家中有朝廷提供的干人和米氏舍不得答骂的婢仆，李氏是可以诸事莫管的。这可能是许多官太太的情况；既无内事，当然也不会有外事了。米氏的志趣是听到孝女节妇诸传便想到如何实践来持家，与之相比，李氏的居士志趣显得个人多了。吃斋念佛也许跟二子之早夭不无关系，现在既然淡泊，也许对以前先登县君之举觉得无谓，但不知对丈夫跟第三者生下老来子女是否介意。

李氏以孝女的身分，带着已成婚的独子，回到娘家侍奉老母，不久病逝。遗言分两部分：首先是看破生死，"我知命矣"，似乎接受了短寿和生为女性的命运；其次是肯定儿子以孝谨持身立世，"我无恨也"，以儿子感到满足。她没有提到鳏夫，但儿子在不经意之中提到三位舅舅，读者不免纳闷——老母难道有儿子尽孝还不足够，李氏究竟来自何家？

米氏妻志根本不提父祖，米氏母志也只有19字，只有父母一代，直言"不仕"，亦无地望。这固然是事实，但要张罗亦不太难，因为能跟举业之家联婚，米氏的家庭背景应有可谈之处。反观李志，明显是惟恐人不知，所说种种，统统可归入李氏父母的墓志（见本篇末附件右栏3）。李父是判官，气节过人，而姚父和米父都是平民。李氏兄弟仕运亨通，不下姚奭；他们让亡父和寡母都得到封赠，寡母是县太君，跟姚母同等。独子沉思下笔，似乎打算以母亲的家庭背景，弥补她以27岁之高龄嫁入姚家作为继室之不幸，也让母亲之先封县君顺理成章，因为符合

---

[1] 柳立言：《宋代明州士人家族的形态》，《"中央研究院"历史语言研究所集刊》81.2（2010），15页。

她的身世。事实上 602 字的墓志找不到她是继室的任何痕迹，庶出的四弟将来不知如何交代生母的身分。妾耶？婢耶？伎耶？

姚奭、米氏和李氏都要同时扮演几个角色。姚奭是子、夫、父、臣、祖和自己，替他写墓志的邵雍认为臣和自己最重要，于是其他角色只落得惊鸿一瞥，读者能否推论他是一位不孝子与负心汉？在"臣"的角色里，姚奭的对手应以配角的身分发挥绿叶功能，读者能否推论他们不配充当红花？在"自己"的角色里，邵雍告诉读者姚奭的最大特色是一个法律人。

米氏的角色是女、媳、妻、主妇、母和自己，替她撰写第一份墓志的丈夫只挑了"妻"这个角色来写她，读者能否推论她是不称职的女、媳、主妇、母和毫无个性的女人？写第二份墓志的儿子面面俱到，处处着墨，但从章节的安排和篇幅的多寡来看，重点在为媳（156 字）与为妻（91 字），两者的共同点是科举仕宦，她演了十多年，终于完满谢幕。为母（57 字）却有遗憾，来不及看到子女的成年、入仕和出嫁，父亲也强调"生不待子之养"是其一大不幸。儿子为父母完梦：在墓志首页便让母亲知道二子已经出仕，一女嫁给官人，目前合计八个孙儿；接着说父亲也高升至一路监司之提点刑狱，颇符合他的特长和志向；父亲说母亲的另一大不幸是没有得到朝廷封赠，不过长兄因父荫入仕，也算一种补偿；自己进士出身，父子三人两进士，天下能有几家，也是一种补偿；这还是不够的，今后要加倍发奋，为母亲争取封赠，不让旁边那位县君专美于前。

李氏的角色与米氏完全重叠，还多了祖母一职。在儿子笔下，她跟米氏一样，依照家庭伦理，把为媳视为首要任务并完满达成（127 字）。然而，在为女、为妻、为母和做自己之间，她有些踌躇，最后在四者兼顾之中，突出了为女和自我。墓志告诉读者，她的娘家始终显达，母亲生封县太君（96 字），自己在夫家为女居士（35 字），最后以孝女的身分死在娘家，遗言重申她的人生观和肯定儿子，没有提到丈夫，不过终归合葬（131字）。

　　墓志常被讥为"百人一面"和"万众一德"，其实颇符合社会科学理论的要求。理论的形成主要是针对研究的对象，抽取百千样本，舍其小异取其大同。样本愈多、共相愈大，理论便愈有解释和预测的能力。阅读墓志也应兼顾大同与小异，一方面不能夸大了小异，另一方面不能把小异塞进大同，曲加调和（compromised），炮制出"一面一德"。找寻大同与小异不能误打误撞，也不能靠福至心灵，必须借着一定的史学方法。

（执笔者：柳立言）

附件：前妻 vs 后妻

比较项目	前妻米氏	后妻李氏
1 首题	1 宋故度支郎中姚府君夫人米氏墓志铭并序（18字）	1 宋故度支郎中姚府君夫人崇德县君李氏墓志铭并序（22字）
2 撰者及书丹者	2 次男焕撰并书（6字）	2 男辉撰并书丹（6字）
3 墓主父祖	3 夫人姓米氏，父讳文显，不仕，母庞氏。世为河南人。(19字，只有父母一代)	3 夫人姓李氏，家世平原人。父讳浩，任甘陵节度判官。庆历七年，甘陵妖贼叛，据城，众以兵刃劫判官。判官拒逆不从，愤骂曰："凶辈敢尔，诛灭无日矣！"贼党恶其言，遂遇害。朝廷悯其死节，录三子授官。后以子升朝，例赠虞部员外郎，封母贾氏仁寿县太君。(96字，只有父母一代)

续表

比较项目	前妻米氏	后妻李氏
4 子孙	4 归于先君十五年,生二男:长曰炤,前卫州共城令、监陈州酒税;次曰焕,前陈州宛丘令。一女,适前建雄军节度推官冯孝孙。孙五人,孙女三人。(54字)	6 夫人封崇德县君,生三男。煇为长,授太庙斋郎,其次二人早夭。有孙一人。(28字)
5 死亡和夫妻合葬	5 夫人以庆历二年从先君赴官简州。三年,先君沿牒至广汉,夫人感疾不起,九月二十日终于广汉之官舍,享年三十一。 先君秩满代还,夫人之柩归雒。治平四年(1067)正月二十七日,葬于洛阳县尹原里先茔之次。 后五年,先君任度支郎中,提点梓州路刑狱公事。考终命,以熙宁五年(1072)五月初六日开圹,举葬先君与夫人配祔。(123字)	5 夫人事亲孝,一日,忧其母老,思归宁于平原,煇侍行省觐。未几,在平原病,已笃。煇哭泣问夫人所欲言,夫人顾谓煇曰:"死生,百年之常分。或夭或寿,我知命矣。汝孝谨,持身有立,我无恨也。"于熙宁二年正月二十三日奄化,享年四十七岁。(归宁及死亡90字,其中41字交代母子关系) 夫人丧柩归雒后三年,先君终于梓州路提点刑狱。今卜五年五月初六日,合葬洛阳县尹原村先茔之次。 (下葬41字) (合计131字)
6 业绩		
6.1 主要品性	6.1 夫人温慈惠和,清约自然。(10字)	4.1 夫人长厚和裕,动止自得。其言呐然,如不出诸口。(19字)
6.2 为女	6.2 在家事父母至孝,与其昆弟姊妹数人亲膝之下,友于熙熙。(23字,孝友)	4.2 幼习组纴女工,不待姆教而能,其母夫人尤钟爱,□□〔为择〕贤配,得我先君度支。(为女及出嫁,29字)

续表

比较项目	前妻米氏	后妻李氏
6.3 为媳奉姑	6.3 及适先君之室，妇道尽礼。其姑寿安县太君性谨肃，治家有法度，夫人柔色怡声，奉顺无违。晨昏则上服进见，定省问安；及进饮食，左右侍，必取箸执酱，调味膳羞，适意所嗜；见其姑寝甘食美，悦而后退。 姑爱视之如其息女，谓人曰："吾婺居素俭，倾赀教子，择师友以将儒术起家。吾子纯孝，果能发声扬名，可谓养吾志养吾体也。有妇又若此，吾心不亦乐乎？"其后夫人不幸，寿安夫人哭之不绝，叹曰："丧吾孝妇。"(156字)	4.3 既归，事姑寿安县太君恭顺，朝夕不息，奉承雍容，侍侧翼如也。见姑治家事或有不豫之色，磬折周旋，伺有问对，善取事理，勉慰姑心，俟意安色豫乃已。 有馈饮食瓜果，必献于姑。姑食之，又请所欲与，及以余见授，然后始敢尝之。祖妣太君末年被疾，夫人躬进粥饮药剂，服劳不去左右。及祖妣去世，夫人执丧，哭踊尽礼，人皆叹息之。(127字)
6.4 为妻事夫	6.4 始先君举进士，连上未中第，夫人尝勉之曰："夫子刻励至矣，固不足以掩，有志者未有不至。姑激昂，待富贵为亲荣，固未晚也。"先君厥后以庆历二年登乙科，仕宦扬历，进位于朝，升陟名郎，声光炬赫，为时伟人，亦夫人早辅其志有助焉尔。(91字)	4.4 先君内行修而风义高，非其义也，一介不取。自俸禄入家，惟丰旨甘奉亲，称家人衣食费外，其余一用赈施，济患难贫窭者。于亲属散遗，岁有常定，而自养薄甚。夫人见其志尚，虽资用不能至厚，安之无难色，而以节俭自处。 (事夫和睦族，85字)
6.5 母子关系	6.5 项焕幼稚，从师就学，夫人教诲曰："勤治诗书，传业家世。"或嬉戏懒惰，夫人终日默然，不复顾语。至笔札言语少进，则喜见于色，且曰："童子慎其所习也。"(57字，为母训子)	4.5 见 5：煇哭泣问夫人所欲言，夫人顾谓煇曰："死生，百年之常分。或夭或寿，我知命矣。汝孝谨，持身有立，我无恨也。"(41字，不复算)

续表

比较项目	前妻米氏	后妻李氏
6.6 持家待下	6.6 婢使有过,第正其容而视之,使其人意有悔,未尝笞骂。(21字)	不见
6.7 个人志趣	6.7 间闻孝女节妇传记,欣然慕之,自言曰:"幽闲静专,徽柔燕婉者,妇德之先也;睦亲亲之义,致人伦之厚者,家道之本也,敢不夙夜以思从事斯语!"(55字,修德持家)	4.6 夫人晚年笃信事佛,终日斋居,焚香诵其书,颇得清静之旨。故专意淡泊,益厌浮华纷丽也。(个人志趣,35字)
6.8 睦族	6.8 其在族属间有能恭谨就养者,夫人乐之,中心休休不倦。用是姻戚宗党,莫不交称其贤。(34字)	4.7,见 4.4:于亲属散遗,岁有常定,而自养薄甚。夫人见其志尚,虽资用不能至厚,安之无难色,而以节俭自处。(38字,不复算)
	6.1 至 6.8 是墓主一生业绩,合共447字	4.1 至 4.7 是墓主一生业绩,295字
7 撰志原委	呜呼!夫人事亲成家,内外完备,可为人法,是宜福履之盛,卒不享中寿。 劬劳为母,以至儿女妇孙众多,是宜获报养,乃已奄弃而不逮事。 呜呼痛哉!焕是以孤藐之念,怆亡哀慕,终身之丧,愈切无穷。今又先君亦逝,怙恃皆失,方寸之地,尚复何为!然犹感周极之恩,叙平生之事,勒铭长恸,纳于穴壤,庶乎孝思不忘,尊夫人之志也。(125字)	7 煇罪逆,慈养不究,号恸书铭(11字)

第一编 不变与变:墓志笔法与史学方法

续表

比较项目	前妻米氏	后妻李氏
8 铭文	铭曰： 性德肃雍兮，推而行之，宜其家人。 礼容淑慎兮，有显令闻，久而如新。 哀哉天命夭兮，胡为不孚佑其仁！ 宜其懿范兮，幽宫之藏，万世不泯。(54字)	曰： 怡然不见喜愠，恪然不懋法度。 柔嘉而道可尊，祥顺而寿不与。 既选吉良，归其配祔，乃刻沈珉，永其终固。(41字)
合计	822字	630字

参考资料：

柳立言：《宋代明州士人家族的形态》，《"中央研究院"历史语言研究所集刊》81.2（2010），289—364页。

虚实王妃

（王万荣、关氏、后唐明宗、王淑妃、刘鄩）

柳立言

后唐武官前镇国军节度使王万荣之妻后晋陇西郡夫人关氏墓志铭并序

一、基本资料

1 性质	墓志
2 题名	新题：后唐武官前镇国军节度使王万荣之妻后晋陇西郡夫人关氏墓志铭并序 首题：晋故陇西郡夫人关氏墓志铭并序
3 时间	死亡、下葬或立石时间 死亡：约后晋天福七年（942前）六月二十一日 下葬：约后晋天福七年（942前）八月二十二日
4 地点	死亡、下葬或立石地点 死亡：洛京（河南洛阳）思顺坊私第 下葬：河南县（河南洛阳）平乐乡朱阳村
5 人物	
墓主	关氏（约900—942前）
撰者	后晋文官前淄青登莱观察推官守弘文馆校书郎杨敏升
书丹者	后晋僧人延州长兴延庆禅院僧惠进
6 关键词	社会流动、文武交流、业绩、品德、婚姻、家庭或家族、妇女角色、墓志笔法与史学方法

（责任者：林思吟）

二、释文

晋故陇西郡夫人关氏墓志铭并序
前淄青登莱观察推官将仕郎前守弘文馆校书郎杨敏升撰
延州长兴延庆禅院僧惠进书

　　夫二象始分,三才已别。禀气含灵之内,形影相须;迁移寒暑之中,短长斯继。大夜逝川之叹,露华风叶之悲,今古皆然,贤愚岂免?颜子智而周物,算不延长;篯铿性乃颛蒙,寿而遐永。岂非博厚,盖自前修。
(以上是序,77字,述说生死无定)

　　陇西郡夫人关氏,即同州冯翊县人也。其先春秋时未详所出,蜀将镇国大将军荆州都督羽之后也,因徙陇西,乃郡焉。远则龙逢逆鳞,次则云长战勇,其后代生俊哲,世不乏贤,具载简编,此不繁述。
(以上是历史名人,76字)

　　皇考前同州司马,讳○,英奇迈古,朗秀超今,参郡佐之上僚,著州乡之美称。及于罢秩,志乐林泉,厌爵禄之浮华,慕优闲之高逸,不再位事,至于终年。
皇妣太夫人天水赵氏,长自名家,聘于豪族。
德流胤嗣,庆及子孙,即郡夫人司马府君之女也。
(以上是父母,92字,只有一代)

　　郡夫人智因天纵,惠乃神资:五色卿云,自是长空之瑞;九苞灵彩,本为丹穴之祥。皓质无双,浓华独异,生而自秀,长乃不群。洎及笄年,适于前镇国军节度使致仕司徒王公。

（以上是为女及出嫁，66字）

司徒王公匡时振誉，佐国成功。玉殿承恩，贵戚光连于帝室；金门示宠，推诚位列于藩宣。虎节虽持，龙楼每觐，动政声于二华，显惠爱于三峰。公以位望穹崇，恐妨贤路，寻求休退，乃就悬车，则竭力扶天，尽心翊主，凡于著美，悉自家肥。

（以上是丈夫事迹，89字）

郡夫人有女一人，男一人。

女即唐明宗皇帝妃也。皇太妃九天仙态，都苞丽质之中；三洞灵仪，尽统元精之内。贞姿绝代，异貌倾城。夺越水之烟光，容超西子；比晋文之宠侍，美过南威。巫山之空说云飞，洛浦之虚闻雨散，加以智匡邦国，贤赞宫闱，九重之注意偏隆，万乘之安危斯托。

及明宗宴驾，嗣帝承基，首膺礼册之文，实贯古今之盛。

今上自临宝历，圣泽频仍，辉华晋室之联姻，焕耀唐书之史录。

（以上是女儿事迹，153字）

郡夫人有男，任内园使权洛京大内□武德等使金紫光禄大夫检校尚书右仆射兼御史大夫王延福。地灵标秀，天爵垂祥，传诗礼于清门，咸推高格；历班资于紫禁，众仰英材。爰自起家，便升峻秩，琼楼入侍，常亲凤宸之傍；宝殿趋朝，每近龙颜之侧。累迁内职，益厚渥恩，乃忠乃孝之心，不移全节；蕴武蕴文之艺，宁测前途。方庆晨昏，忽兹钟祸。婚陇西县君李氏。

（以上是儿子事迹，139字）

郡夫人理家之要，布惠之余，训子义方，则卜邻截发；穆亲和眷，则匀帛散金。至于厮养之徒仆，使之恩煦如冬日也。梁氏之二门三后，比盛犹亏；王家之同日五侯，方斯未贵。其于内外亲属，悉乃光荣。

（以上是持家，76字）

郡夫人自遘疾已来，日渐一日，药石备至，所患匪瘳，遽至膏肓，奄辞昭代，即以六月二十一日终于洛京思顺坊私第。呜呼！好花易落，秀木先摧，嗟急景以逡巡，叹逝波而迅速，凶问达阙，悲恸宫庭，愁云布而九族哀，泉户深而六亲痛。即选八月二十二日丧于河南县平乐乡朱阳村北囗〔邙〕之囗原囗郡夫人茔也。

郡夫人芳容永榭，素质难窥，芙蓉帐里尚香残，鸾镜台前尘已满。囗夫浮生若梦，囗免如流，桃开柳岸昔追游，孤垄荒郊今掩迹。儿号女哭，添牵素幕之愁；哀挽悲歌，引动丹旌之旟。

（以上是死亡及下葬，188字）

敏升学惭画虎，艺愧雕龙，承重命以须遵，顾拙材而何补。只凭实录，非敢饰词，乃为铭曰：

其一：门族方盛，室乃资贤。庆钟于囗，德实自先。芳容宛美，丽质凝然。抱柔和气，囗〔蕴〕懿范焉。

其二：妇礼生知，母仪囗囗。禀慈顺风，苞坚贞固。松老益青，竹寒弥茂。不俟浮华，唯勤俭素。

其三：姻连帝室，戚俟〔接〕皇闱。贵盛斯极，谦谨不违。礼亲无倦，论道忘疲。遽成世救，盖自家肥。

其四：方正盛年，忽兹遘患。药饵乏征，膏肓遽绊。隙影难停，逝川兴叹。魄往泉台，魂留几案。

其五：光容永榭，形彩宁穷。宝镜尘生兮人不照，金鸭香残兮帐已空。北邙原上兮凄凄夜月，洛水河边兮惨惨朝风。囗〔勒〕石镌铭兮永存斯纪，谷变陵迁兮不泯高踪。

（以上是撰志原委及铭文，231字）

（责任者：林思吟、施天宇）

（指导者：柳立言）

三、个案研究

亡妻不待鳏夫死后才合葬和合志,而是先葬和先有独立的墓志。她在撰者笔下究竟是主角还是配角,与鳏夫相比又如何?她的女儿号称帝妃而无位号,究竟是实是虚?

墓主关氏死于盛年(约 900—942 前),家世难以考究,发迹之后文武兼顾。父家虽号称"豪族",但上三代只记父母一世。如父亲的确曾任同州司马,高居文职,"参郡佐之上僚",便应属统治阶级和习文之家,但任满之后"不再位事,至于终年",有往下流动的危机。墓志不记墓主之兄弟姐妹,不知其仕途与婚姻能否维持既有之地位。丈夫位至节度使,必须兼理民事,故称其"动政声于二华,显惠爱于三峰",惟不知实情如何。独子延福"累迁内职",又"宝殿趋朝,每近龙颜之侧",位至诸司的内园使,属中层武职,又能够"传诗礼于清门"和"蕴武蕴文",不知纯属理想还是也有实践。习文也许是继承母家的风习,故婚姻或有助于文武之交流。

墓主一家的婚和宦都有明显的地域性。父亲是陕西的同州司马,母亲赵氏的"天水",如非追溯的地望,便是甘肃人士。丈夫曾充任陕西的镇国军节度使,墓主生长于同州冯翊县,封赠陇西郡夫人,独子已是中央官,但媳妇是陇西的李氏,连书丹的僧人都来自陕西的延州。地域的局限性,在父亲一代可能是由于地方割据,因为陕西自唐末便由李茂贞把持,直到后唐明宗(926—933)时才正式内附。儿子一代却可能基于同乡之谊。郝—韩理论认为北宋士大夫较多超地域婚姻,南宋则有意识地进行地方性婚姻,未知能否适用于五代?

对妇女的角色,有学人认为缺乏独立自主,大都是为了重要的事件或别人而出场,分属配角。其实,传统史家大多只挑选重要的事情来记,史书里哪一位男性不是因为重要的事件而出场?跟女性有何分别?同样,除了少数的奸贼，大多数的士大夫都以忠臣、良吏、孝子、贤夫和慈父等形象出现，不是为了忠、良、孝、贤、慈等价值观念而活，便是为了君王、百姓、父母、妻子、儿女等他人而忙，这跟寡妻为了贞节而活、为了夫家而忙有何分别？我们一方面希望学人能明确指出"独立自主"的标准，另一方面要从墓志的形式和内容来看主从关系。

论篇幅，志文述墓主为女及出嫁凡66字、理家76字、死亡和丧葬188字，合计330字。其实单是为女、出嫁和理家共142字，便超过父母之92字、丈夫之89字、儿子之139字，而稍逊女儿之153字。铭文作为盖棺论定，原分五则，前四则都是32字：第一则叙出身、容貌和品格，第二则论出嫁之后的妇德，第三则述女儿嫁入皇室和墓主不失本色，第四则论死亡。第五则60字，说丧葬。无论如何数算，墓主都占绝大的篇幅。

论格套，依次是首题、撰者、书者、序、先世、上代、出嫁、丈夫、子女、理家、去世、丧葬、撰志原委，以及作为盖棺论定的铭文，跟男性墓志毫无分别。从头到尾，丈夫的角色都不明显。首题作"晋故陇西郡夫人关氏墓志铭并序"，不列鳏夫。上代记墓主父母，而丈夫连一代都不记，家世不明。父亲的名字未填，但既有"讳"字，理应出现；儿子亦有姓有名，但鳏夫有姓无名。当墓主是妻子时，丈夫何时留名何时无名，跟存殁有无关系，又有无规律可言，尚待探究。母亲排在父亲之后，但墓主排在丈夫之前，女儿也排在儿子之前。墓主排前，自因其为墓志主角，是否也可推论丈夫是为了妻子而出场？女儿排前有两种可能：一为子之姊，二为地位高于子。（见下）

论内容，只看持家。志文说："郡夫人理家之要，布惠之余，训子义方，则卜邻截发；穆亲和眷，则匀帛散金。至于厮养之徒仆，使之恩煦如冬日也。……其于内外亲属，悉乃光荣。"可以清楚看到的人物是子女和仆婢，较模糊的是内外眷属，完全看不到的是丈夫。用匀散金帛来和睦亲眷，似乎有点市侩，大抵兼指取悦和周济吧。铭文说"不侥浮华，唯勤俭素"和"礼亲无倦,论道忘疲。遽成世救,盖自家肥",令人好奇的是论道和世救,既可指儒术亦可指菩萨道,加上书丹者是僧人,可能后者居多。无论如何,济世救人之志向、不务浮华之风习、宗教信仰之倾向等,应属妇女的自由选择。就常识而言,除非男性对家事甚感兴趣,不时干预,否则女性应拥有一定的独立自主权力。外事与内事由男女分主是常见的分工和互助,如说女性因此缺乏自由与自主,那男性难道不一样?顺得妻来失夫意,由谁主内由谁主外,应可就当时的客观环境和个人条件,作出合理的选择,不能简化为某一方没有自由自主。

另一位重要的女性是女儿,号称"唐明宗皇帝妃也",是否为《新五代史》后唐明宗家人传里的淑妃王氏(?—946)?[1] 试比较如下表,可同时探讨王女之身份、研究之方法、墓志之笔法,以及欧阳修笔下之女性特点:

比较项目	墓志	《新五代史》本传,除案语外,均引用原文,详见本篇末附件。
1 家庭		
籍贯		邠州
曾祖父母、祖父母		案:后唐明宗长兴三年(932)诏赠"淑妃王氏曾祖父母已下为太子太保、太傅、太师、国夫人"。[2]
父母	镇国军节度使致仕司徒王公;陇西郡夫人关氏	邠州饼家
兄弟	内园使权洛京大内巡武德等使王延福	

---

[1] 陈尚君:《旧五代史新辑会证》卷49,1659页。
[2] 陈尚君:《旧五代史新辑会证》卷43,1402页。

续表

比较项目	墓志	《新五代史》本传，除案语外，均引用原文，详见本篇末附件。
夫君		少卖梁故将刘鄩（857—920）为侍儿（再为妾），鄩卒，王氏（甚富而）无所归。是时，明宗（李嗣源）夏夫人已卒（约923），方求别室，有言王氏于安重诲者，重诲以告明宗而纳之。案：当时刘鄩和明宗均位至节度使同平章事，王氏是以刘使相前妾的身分，被李使相纳为别室，亦是妾。
	唐明宗皇帝妃也	明宗即位，……立曹氏为皇后，王氏为淑妃。案：曹氏出身亦低微，不见其世家。
子女		初，明宗后宫有生子者，命妃母之，是为许王从益。
2 容貌与能力		
容貌	皇太妃九天仙态，……美过南威。共51字，占最多篇幅。	有美色，号"花见羞"。
能力：入宫之前		王氏素得（刘）鄩金甚多，悉以遗明宗左右及诸子妇，人人皆为王氏称誉，明宗益爱之。而夫人曹氏为人简质，常避事，由是王氏专宠。
能力：入宫之后	贤赞宫闱	妃事（曹）皇后亦甚谨，每帝晨起，盥栉服御，皆妃执事左右。及罢朝，帝与皇后食，妃侍，食彻乃退，未尝少懈，皇后心亦益爱之。然宫中之事，皆主于妃。
	智匡邦国，……九重之注意偏隆，万乘之安危斯托。	明宗病，妃与宦者孟汉琼出纳左右，遂专用事：1 杀安重诲、秦王从荣，皆与焉。2 刘鄩诸子，皆以妃故封拜官爵。

续表

比较项目	墓志	《新五代史》本传,除案语外,均引用原文,详见本篇末附件。
3 位号及待遇等		
后唐明宗时 926—933	唐明宗皇帝妃	淑妃
后唐闵帝(愍帝)时 934	1 及明宗宴驾,嗣帝承基,首膺礼册之文,实贯古今之盛。 2 皇太妃。	愍帝即位(934),册尊皇后为皇太后;妃为皇太妃,……然待之甚薄。
后唐末帝(废帝)时 934—936		废帝入立,……待之颇厚。
后晋高祖时 936—942	今上自临宝历,圣泽频仍,辉华晋室之联姻,焕耀唐书之史录。	1 晋高祖立,……皇后事妃如母。 2 天福四年(939)九月癸未,诏以郇国三千户封唐许王从益为郇国公,以奉唐祀,服色、旌旗一依旧制。太常议立庄宗、明宗、愍帝三室,以至德宫为庙;诏立高祖、太宗,为五庙,使从益岁时主祠。
后晋出帝时 943—946		出帝即位,妃母子俱还洛阳。

1. 可用来判断王女身分之切入点甚多,何者较为优先?如用籍贯之邠州、先世之封赠、父母之经营饼家、兄弟之有无、夫君之多少,以及子女之有无来判其为伪;或用容貌之"花见羞"来断其为真,都未免轻重不分。要确定者既是"妃"之身份,自应以位号最为重要。墓志只言"明宗皇帝妃"而不称淑妃,于当时人看来,妃字当从狭义,其身份不说自明,但在今人看来,妃字可从广义,泛指妃嫔,而根据《五代会要》之《内职》,除了淑妃之外,姓王者还有昭仪一人、尚服一人、司服一人,俱封夫人。[1] 不过,墓志后来明言"皇太妃",就不是泛称而

---

[1] 王溥:《五代会要》卷1,16页。

是专称了。当事人犹在且众，相信王女家人和墓志撰者都不敢伪冒，故王女当是王淑妃。有谓历史学者拥有后见之明的优势，但若在研究时仅以后人之立场理解前人，不能透过前人之眼睛去看和脑筋来想，自己又不能掌握研究之切入点，乱石打鸟，则恐怕不如前人多矣。

2. 王女与刘鄩的关系为何？就现存史料，难以追究欧阳修的史源。他不但在王淑妃传中两次提到王女与刘鄩及其子的关系，在刘鄩传中更清楚地说："子遂凝、遂雍，事唐皆为刺史。鄩妾王氏有美色，鄩卒后，入明宗宫中，是为王淑妃。明宗晚年，淑妃用事，鄩二子皆被恩宠。"可见王氏入宫前已由侍变为妾。[1] 在范延光传中又说："是时，王淑妃用事，遂、凝兄弟与淑妃有旧，方倚以蒙恩宠，所言无不听，而大臣以妃故，多不敢争。"[2] 司马光和胡三省均采欧说，如谓"遂雍，鄩之子也。刘鄩，梁将也，明宗以王淑妃故，遂雍皆蒙引拔"及"统军刘遂凝因淑妃求节钺，刘遂凝以刘鄩旧恩，因王淑妃以求节钺"。[3] 那么，王女与刘鄩何以认识？刘鄩降梁之后，至少两次在陕西任官。第一次是天祐二年（905）左右，"是时，邠、岐之众屡寇其境，鄩御捍备至，（后梁）太祖以其地远，虑失鄩，即令弃郡引军屯于同州"。第二次是开平三年至乾化四年（909—914），"是时，西鄙未宁，密迩寇境，鄩练兵、抚众，独当一面"，位至节度使同平章事（使相）。[4] 综合而言，王女应是陕西邠州人，先卖与刘鄩为侍婢，后得宠而升为妾，不但获赠大量财物，与刘家的关系也由主仆变为有服亲，这大抵是刘鄩二子以她为凭借的由来。她的年龄，即使以刘鄩在陕最后一年（914）回溯，也生在五代之前。

3. 王女与墓主关氏的关系为何？墓志作于后晋"今上"之时，参加丧葬的人不会误认皇帝，今人则不知是高祖还是出帝。根据上表，应是高祖。

---

[1] 欧阳修：《新五代史》卷22，228页。
[2] 欧阳修：《新五代史》卷51，577—578页。
[3] 司马光：《资治通鉴》（北京：中华书局，1956年）卷279，9108页；卷286，9346页。
[4] 陈尚君：《旧五代史新辑会证》卷23，581页。

依此，关氏死在高祖天福年间（936—942），如"方正盛年"，应生于唐末五代之间（907 前后），是王女的继母而非生母，因为王女在刘鄩死亡时（920）已由侍而妾并累积大量私财，至少十多二十岁了。两女的年纪应该差不多。

4. 王女的父亲究竟是饼店经营者还是镇国军节度使？其实两者并不冲突，但有先后。如王女确是王淑妃，父亲便是王万荣。[1] 大抵本是造饼人，女儿虽一度成为使相的妾，但从"无所归"三字看来，万荣似未明显发迹，至少没有从陕西搬到京城。待女儿被明宗"纳之"作为"别室"后，便开始往上流动，并可能娶了关氏，以稍增文墨和改善身世。明宗即位（926），王女先册为德妃（928），父家应继续上升。至长兴四年（933）九月之前，已位至广东的韶州刺史，之后持节陕西华州诸军事华州刺史充镇国军节度使。[2] 末帝清泰元年（934）十一月，被逼致仕，从华州节度使罢为左骁卫上将军，[3] 与墓志吻合。

5. 墓志之隐恶扬善与虚实相生，可分事实（fact）与事件（event）来谈。墓志隐去之事实，只有父亲起身饼家、关氏并非生母、本人曾为刘鄩之侍妾，俱无伤大雅，更称不上恶。墓志对王氏之评述，一无实例，看似虚文，但比对之后，发现无一不有根据，其评述实因事件而生。撰者将事件高度浓缩概括，不管是好是坏，均同样处理，都是略而不提，那么有无隐去之事件？的确有，主要是淑妃的盛极而衰。

在欧公笔下（引文均见本篇末附件《新五代史·王淑妃传》），王氏甚为机智。成为明宗别室之后，利用前任主君之馈赠，上下打点，赢得美名，且因正室曹氏之消极，"由是王氏专宠"。明宗立后之际，王氏推辞后位，这是她一生中至为重要的决定，欧公没有如上表之悭墨如金，反是选择了语录体：

---

[1] 陈尚君：《旧五代史新辑会证》卷 44，1477 页。
[2] 王钦若：《册府元龟》卷 301，3406 页。
[3] 陈尚君：《旧五代史新辑会证》卷 46，1567 页。

曹氏当立，曹氏谓王氏曰："我素多病，而性不耐烦，妹当代我。"

王氏曰："后，帝匹也，至尊之位，谁敢干之！"

这也是王氏首次发声，一则作为一手证据，二则直接有力地让我们感受到她的机智（或识大体）和果断。

成为淑妃后，王氏对明宗和曹后毕恭毕敬，有如侍儿，愈发得宠，"宫中之事，皆主于妃"。她不但专主内宫，且插手外朝，其事必多，但欧公只挑两类，一为杀："杀安重诲、秦王从荣，皆与焉"；二为生："刘鄩诸子，皆以妃故封拜官爵"，事实上还有为谋财害命的泾王从敏求情，仅罚俸而从犯均弃市。[1] 能生杀大臣，故谓"遂专用事"。一手兼顾内外两朝，是全盛时期。重诲专权而横，秦王带兵急谋帝位，都属罪有应得，不算枉杀，但王妃随即因秦王事件而失势。

明宗病殆，秦王李从荣忧虑不得继位，带兵拟入居宫中。枢密使"（朱）弘昭、（冯）赟及宣徽使孟汉琼等入告王淑妃以谋之"，遂杀秦王一家。[2] 明宗命汉琼至邺都召三子愍帝入京，随即驾崩。二十岁的愍帝即位不过数天，便因秦王事件，诛杀王妃养子许王之乳母司衣王氏及司仪康氏，"事连王淑妃，淑妃素厚于从荣，帝由是疑之"，[3] 但仍于两月后同时册封曹氏和王氏为皇太后和皇太妃，[4] 这是墓志隐去不提的。

欧公花了最多的篇幅叙述乳母私通秦王及伺察宫中动静，固然因为这是王妃由盛而衰的转折点，但重点似在乳母"见明宗已老而秦王握兵，心欲自托为后计"，这简直可以直接套用于王妃，大抵也是"淑妃素厚于从荣"的由来。愍帝与秦王同父同母，但素为秦王所忌，"恒忧其

---

[1] 王钦若:《册府元龟》卷58，618页。
[2] 欧阳修:《新五代史》卷15，165—166页。
[3] 司马光:《资治通鉴》卷278，9097页。
[4] 陈尚君:《旧五代史新辑会证》卷45，1491—1492、1499页。

祸",[1] 恐难对王妃释怀。虽然如此，王妃的盟友，宫内仍有曹太后，外朝也有孟汉琼、冯赟及朱弘昭等人。

朱弘昭很快便得罪了五十岁的废帝李从珂。欧公在朱传中说："明宗病甚，大臣稀复进见，而孟汉琼、王淑妃用事，弘昭及赟并掌机务于中，大事皆决此四人。及杀秦王而立愍帝，（弘昭）益自以为功，……（不降制而宣授，命潞王从珂自凤翔节度移为北京留守，）从珂由此遂反",[2] 才两个月便击败讨逆大军，登基为帝，功臣之一还是刘鄩之子，临危倒戈的西京副留守刘遂雍。[3] 愍帝死前曾说："朕幼年嗣位，委政大臣，兄弟之间，必无榛梗。诸公大计见告，朕独难违，事至于此，何方转祸？"史臣也说："盖辅臣无安国之谋，非少主有不君之咎。"[4] 无论是哪一位大臣，恐怕与王妃都脱不了关系。

不但愍帝及一后四子均遇害，废帝早就杀了移忠迎驾的孟汉琼，[5] 即位后立即下诏："枢密使（故）朱弘昭、（故）冯赟、宣徽南院使（故）孟汉琼、西京留守王思同、前邠州节度使药彦稠，共相朋煽，妄举干戈，互兴离间之谋，几构倾亡之祸，宜行显戮，以快群情，仍削夺官爵云"；又为了劳军，要求曹太后和王太妃交出宫中衣服器用。[6] 至是，王妃的外朝重要盟友尽成奸臣，何时罪及己身实难以预测，欧公乃让她第二次发声：

废帝入立，尝置酒妃院，
妃举酒曰："愿辞皇帝为比丘尼。"帝惊问其故，
曰："小儿处偶得命，若大儿不容，则死之日，何面见先帝！"因

---

[1] 陈尚君：《旧五代史新辑会证》卷45，1490页。
[2] 欧阳修：《新五代史》卷27，290页。
[3] 欧阳修：《新五代史》卷7，70页。评论见《资治通鉴》卷280，9151页。
[4] 陈尚君：《旧五代史新辑会证》卷45，1505—1506页、1513页；又见1522页。
[5] 欧阳修：《新五代史》卷38，408页。王淑妃也曾笼络潞王，见《资治通鉴》卷279，9115页。
[6] 陈尚君：《旧五代史新辑会证》卷46，1535、1533页。

泣下。

废帝亦为之凄然，待之颇厚。

既是为养子求活命，何尝不是为自己。欧公用"泣下"与"凄然"，充分表明王妃之处境：可怜。虽云厚待，但也强令王父致仕。墓志不记废帝之厚待，反接近真实面目。

在位不过两年，后唐废帝便被后晋石敬瑭取代。废帝打算聚族自焚，在此危急关头，欧公让王妃第三次发声：

妃谓太后曰："事急矣，宜少回避，以俟姑夫。"

太后曰："我家至此，何忍独生，妹自勉之！"

太后乃与帝俱燔死，而妃与许王从益及其妹匿于毬院以免。

石敬瑭马到功成，内应之一是刘鄩之子泽州刺史刘遂凝，[1] 未晓王妃事前是否知悉。可以肯定的是，石妻是曹太后之女，大抵自少便与出手大方的王妃友善，故废帝虽难逃活命，其他皇族或有生机，正值盛年的王妃自不想死。虽然存活，养子从益且得异母姊石妻照顾和奉承唐祀，[2] 但性命已系于他人一念之间了，这正是关氏死亡和墓志撰写时王家的处境，此等情事实在不忍也无需明言。

假如关氏晚死，墓志更难下笔。契丹灭晋，降臣赵延寿本明宗女婿，要求再娶从益之妹。养母王妃从洛阳到开封主婚，与辽主耶律德光邂逅。契丹流行收继婚，德光盯着徐娘半老的王妃说："明宗与我约为弟兄，尔吾嫂也。"继而靳之曰："今日乃吾妇也。"之后，消息灵通的刘遂凝竟"因王淑妃以求节钺"，而且成功。[3] 德光亦以从益为山东的彰信军节度

---

[1] 司马光：《资治通鉴》卷280，9151页。

[2] 司马光：《资治通鉴》卷282，9207页。

[3] 司马光：《资治通鉴》卷286，9346页。

使,王妃以从益年幼,辞不赴镇,返回洛阳,竟铸成大错。

德光仓猝北归,中原无主,留守开封的辽臣萧翰把王妃母子从洛阳劫来,强逼十七岁的从益登上帝位。祸福难料,欧公再让王妃发声:"吾家子母孤弱,为翰所迫,此岂福邪?祸行至矣。"闻汉高祖起兵,"王淑妃欲以旧恩召之(明宗亲将高行周等人)为卫",不至。[1] 臣下仍欲据城抵抗,王妃说:"吾家亡国之余,安敢与人争天下。"乃差人上书,迎接高祖。高祖以其曾召高行周等人,下令杀之,王妃临死呼曰:"吾家母子何罪?何不留吾儿,使每岁寒食持一盂饭洒明宗坟上。"据云闻者悲之,王淑妃传也于此结束。

要之,无论就篇幅、格套或内容,墓志的主角都是亡妻关氏而非鳏夫王氏。撰者谓关氏"其先,春秋时未详所出",似甚诚实,但随即称其乃关羽之后,又涉牵扯,似乎预告了虚实之相生。墓志写于风雨飘摇之时,墓主家人之生死已不由自主,但撰者还是勇敢地揭露丈夫身为节度使,致仕却不甚寻常,又大力张扬女儿皇太妃在前朝的显赫事绩。看来是虚的文字,如"贤赞宫闱"和"万乘之安危斯托",其实无一不有来历,不惧读者和有司追究。同样,欧阳修撰王淑妃传,每逢关键时刻,都不劳烦旁白,而让王妃走到读者面前,直接发声,清楚表达她原来的机智、决断和后来的求生、乞怜、观望和失机;假如拍成电影,可省去杜撰台词。我们看到一位有血有肉有灵魂的女性,惊叹她的平地崛起,叱咤风云,转而俯仰由人,最后魂断皇陵,实无异于许多大将与名臣。《旧五代史》评论说:"昔三代之兴亡,虽由于帝王,亦系于妃后",而王淑妃等人"无进贤辅佐之德,又何足以道哉",[2] 但她在死后六年(951)便被后周追谥为贤妃。是庸是贤,有待智者。无论如何,墓志中的女性应跟史传里的女性合起来读,才能探讨墓志之笔法,所得出来的

---

[1] 司马光:《资治通鉴》卷287,9363页。
[2] 陈尚君:《旧五代史新辑会证》卷49,1662页。

论点，亦应追问是否也适用于男性，才能避免孤芳自赏、重女轻男。

（执笔者：柳立言）

附件：《新五代史·唐明宗家人传》之《王淑妃传》[1]

重新分段及标点如下：

事项及重点	原文次序
出身及特征	淑妃王氏，邠州饼家子也；有美色，号"花见羞"。
进入刘府为侍妾	少卖梁故将刘鄩为侍儿，鄩卒，王氏无所归。
进入明宗之使相府第作为别室，重点在其机智及"由是王氏专宠"。	1 是时，明宗夏夫人已卒，方求别室；有言王氏于安重诲者，重诲以告明宗而纳之。 2 王氏素得鄩金甚多，悉以遗明宗左右及诸子妇，人人皆为王氏称誉，明宗益爱之。而夫人曹氏为人简质，常避事，由是王氏专宠。
辞后位为淑妃，重点在其机智（或识大体）和果断。欧阳应是故意引用二女之对话，既作为一手证据，又直接诉诸读者之视听。	明宗即位，议立皇后，而曹氏当立，曹氏谓王氏曰："我素多病，而性不耐烦，妹当代我。"王氏曰："后，帝匹也，至尊之位，谁敢干之！"乃立曹氏为皇后，王氏为淑妃。
1 淑妃凭其机智，愈发得宠，专主宫中。 2 淑妃干涉朝政，生杀大臣。重点在淑妃既专内宫，又预外朝，是全盛时期。	1 妃事皇后亦甚谨，每帝晨起，盥栉服御，皆妃执事左右。及罢朝，帝与皇后食，妃侍，食彻乃退，未尝少懈，皇后心亦益爱之。然宫中之事，皆主于妃。 2.1 明宗病，妃与宦者孟汉琼出纳左右，遂专用事，杀安重诲、秦王从荣，皆与焉。 2.2 刘鄩诸子，皆以妃故封拜官爵。

---

[1] 欧阳修：《新五代史》卷15，158—160页。

续表

事项及重点	原文次序
淑妃明升暗降，开始失势。愍帝先杀司衣王氏，后册皇太妃。	愍帝即位，册尊皇后为皇太后，妃为皇太妃。初，明宗后宫有生子者，命妃母之，是为许王从益。从益乳母司衣王氏，见明宗已老而秦王握兵，心欲自托为后计，乃曰："儿思秦王。"是时从益已四岁，又数教从益自言求见秦王。明宗遣乳妪将儿往来秦府，遂与从荣私通，从荣因使王氏伺察宫中动静。从荣已死，司衣王氏以谓秦王实以兵入宫卫天子，而以反见诛，出怨言。愍帝闻之，大怒，赐司衣王氏死，而事连太妃，由是心不悦，欲迁之至德宫，以太后素善妃，惧伤其意而止，然待之甚薄。
淑妃为养子求活，重点在对话、泣下与凄然，让读者感受其可怜。	废帝入立，尝置酒妃院，妃举酒曰："愿辞皇帝为比丘尼。"帝惊问其故，曰："小儿处偶得命，若大儿不容，则死之日，何面见先帝！"因泣下。废帝亦为之凄然，待之颇厚。
明宗女婿石敬瑭反，废帝祸不可免，淑妃既求自生，亦劝曹后观望。	石敬瑭兵犯京师，废帝聚族将自焚。妃谓太后曰："事急矣，宜少回避，以俟姑夫。"太后曰："我家至此，何忍独生，妹自勉之！"太后乃与帝俱燔死，而妃与许王从益及其妹匿于鞠院以免。
1 淑妃受晋高祖皇后礼遇 2 养子亦得继承唐祀，但已是生死系于他人一念之间了。	1.1 晋高祖立，妃自请为尼，不可，乃迁于至德宫。 1.2 晋迁都汴，以妃子母俱东，置于宫中，高祖皇后事妃如母。 2 天福四年九月癸未，诏以郇国三千户封唐许王从益为郇国公，以奉唐祀，服色、旌旗一依旧制。太常议立庄宗、明宗、愍帝三室，以至德宫为庙，诏立高祖、太宗，为五庙，使从益岁时主祠。
	出帝即位，妃母子俱还洛阳。

续表

事项及重点	原文次序
1 淑妃从洛阳至开封与耶律德光见面之原委,应非主动。 2 见面,"靳"一语双关。 3 见面之后	1 契丹犯京师,赵延寿所尚明宗公主已死,耶律德光乃为延寿娶从益妹,是为永安公主。公主不知其母为谁,素亦养于妃,妃至京师主婚礼。 2 德光见明宗画像,焚香再拜,顾妃曰:"明宗与我约为弟兄,尔吾嫂也。"已而靳之曰:"今日乃吾妇也。" 3 乃拜从益为彰信军节度使,从益辞,不之官,与妃俱还洛阳。
1 淑妃母子陷入险境之原委,重点在"迫"字 2 淑妃反对无效,重点自在"迫"字	1 德光北归,留萧翰守汴州。汉高祖起太原,翰欲北去,乃使人召从益,委以中国。从益子母逃于徽陵域中,以避使者,使者迫之以东,遂以从益权知南朝军国事。从益御崇元殿,翰率契丹诸将拜殿上,晋群臣拜殿下。 2 群臣入谒太妃,妃曰:"吾家子母孤弱,为翰所迫,此岂福邪?祸行至矣!"乃以王松、赵上交为左右丞相,李式、翟光邺为枢密使,燕将刘祚为侍卫亲军都指挥使。翰留契丹兵千人属祚而去。
淑妃母子俱死,但在欧阳笔下,淑妃是为他人所累	1 汉高祖拥兵而南,从益遣人召高行周、武行德等为拒,行周等皆不至,乃与王松谋以燕兵闭城自守。 2 妃曰:"吾家亡国之余,安敢与人争天下!"乃遣人上书迎汉高祖。 3 高祖闻其尝召行周而不至,遣郭从义先入京师杀妃母子。妃临死呼曰:"吾家母子何罪?何不留吾儿,使每岁寒食持一盂饭洒明宗坟上。"闻者悲之。从益死时年十七。

参考资料:

一、墓志碑文:

1. 杨敏升撰:《晋故陇西郡夫人关氏墓志铭并序》,傅斯年图书馆藏拓片(12832)。

2. 杨敏升撰，周阿根点校：《王君妻关氏墓志》，周阿根《五代墓志汇考》，279—283 页。

3. 杨敏升撰，章红梅点校：《王君妻关氏墓志》，章红梅《五代石刻校注》，483—485 页。

4. 杨敏升撰，陈尚君点校：《晋故陇西夫郡夫人关氏墓志铭》，陈尚君辑校《全唐文补编》卷 102，1278—1279 页。

二、其他资料

5. 王钦若等撰，周勋初等校订：《册府元龟》。
6. 王溥撰，上海古籍出版社标点：《五代会要》。
7. 司马光等撰，标点资治通鉴小组点校：《资治通鉴》，北京：中华书局，1956 年。
8. 陈尚君：《旧五代史新辑会证》。
9. 欧阳修撰，徐无党注，华东师范大学等点校：《新五代史》。

第二编

世变：社会流动与文武交流

唐末五代有两大变动，一是门第破落所带来的社会流动，是布衣卿相的大好机会，二是武人崛起所引发的文武关系重新调整，可简称文武交流，合称"两流"。旧日流动的条件，如家世、科举、荐举和入幕等，现在被什么新的条件所取代？新的又有多新？盘踞一方的武人，如何进行家族统治？治军非靠自己不可，因为军权不能旁落，但治民须靠文人，为自己盖棺论定撰写墓志也靠文人，最安全的办法，是否让部分子侄习武，部分习文，最好允文允武，把文武二柄紧握家里？这些情况是否反映在墓志里？

研究社会流动的顺口溜是"一人两阶三代"。"一人"指以某人或个案为出发点。"两阶"指阶级（class）和阶层（rank），探讨某人凭什么条件从被统治（ruled）踏入统治阶级（ruling class），及其如何在统治阶级内从基层攀至高层，例如从九品升至一品。在阶层之内又必须分别"职"（差遣）和"官"（寄禄官、阶、品），前者决定权力，如宰执，后者决定俸禄和荫补等特权。同理，向下流动亦分两阶，首先是在阶层之内，应以"官"为准，不能用"职"，例如父亲位至宰相，子孙继世为相的机会甚低，能谓之向下流动吗？又例如任满待缺，一时没有实职，甚至长达多年，却不能说已向下流动。一般而言，六品是分水岭。[1] 其

---

[1] 毛汉光：《唐代统治阶层下降变动之研究》，《国家科学委员会研究汇刊：人文及社会科学》3.1（1993），16—27页。

次便是从品官沦为白身,更为严重,因为失去了经济和法律等诸多特权。"三代"指祖父子,不能只看一人一代的流动,要看多人多代的流动,如是同居的大家庭,还要看旁系亲属。

伴随社会流动而来的是诸色人物的交流和关系调整,重要者如士庶和文武。常谓五代乱世,主要乱源是武人,故宋代拨乱反正,要重文轻武。不过,五代文武交流的情况可能超乎学人想象,可从六方面切入探讨:

1. 文武兼习,应区分个人或一家。个人指同一人兼习文武,一家指父习文而子学武,或兄学武而弟习文等。

2. 文武并仕,亦应区分个人或一家。较大的困难,是判断"职"或"官",如试某官,既可是实职,亦可是官衔。在直接证据不足和不影响主要论点的情况下,我们根据间接证据大胆判断。此外,有时亦不易明确界定某职是文是武,如位至节度使,大都经历作为高层文官的刺史,如曾实任,自可说其一生之中兼任文武。节度使往往兼任本郡刺史和支郡转运和盐铁等使,究竟应以位高之军使为准、当作武职,还是可视为文武兼仕?[1] 情况不一,我们但求统计和分析时前后一致便可。

3. 文武兼治,亦分个人或一家。治理是随入仕而来,如刺史至节度使,若无法认定任职者确有文治或武功,分析时便只说某人或某家曾有文武兼治的机会或二手经验。

4. 文武通婚。

5. 文武朋僚,主要是交往情况。

6. 文武同好,含双方的价值观念、宗教、共孽等。

假如五代武人与文人不时合流,那么两者对成败治乱应负上共同的责任,不能偏怪一方。假如五代武人,尤其是武二代和武三代,已有一定程度的"文质化"或"儒化",那么宋代的重文轻武应作何解?

---

[1] 赖瑞和:《唐代高层文官》,台北:联经出版社,2016年,497—536页。

冤家聚头文武合

（张全义家族及姻亲、李罕之家族及姻亲、杨凝式）

张庭瑀

后晋平民张季宣之妻李氏墓志并序

一、基本资料

1 性质	墓志
2 题名	新题：后晋平民张季宣之妻李氏墓志并序 首题：大晋故陇西李氏夫人墓志铭并序
3 时间	死亡、下葬或立石时间 死亡：后晋天福五年（940）二月七日 下葬：后晋天福五年（940）十一月二十三日
4 地点	死亡、下葬或立石地点 死亡：洛京（河南洛阳）私第 下葬：河南县（河南洛阳）永乐乡徐娄村
5 人物	
墓主	李氏（约910前—940）
合葬或祔葬	公公：后唐武官前河阳军节度留后张继业
撰者	后晋文官前守怀州获嘉县主簿胡熙载
6 关键词	社会流动、文武交流、业绩、品德、婚姻、墓志笔法与史学方法

（责任者：施天宇、张庭瑀）

二、释文

大晋故陇西李氏夫人墓志铭并序
文林郎前守怀州获嘉县主簿胡熙载撰

  清浊既分，阴阳式序，二姓系婚姻之道，三星遵伉俪之期。必冀松桂齐芳，芝兰并秀，何谓半荣半瘁，一升一沉，莫伸偕老之心，遽失宜家之庆。
（以上是序，54字）

  夫人即今检校太傅守右骁卫上将军李○之第三女也。太傅凤彰令德，早蕴贞规，抱公忠而历佐数朝，处重难而久参环卫。曾临剧郡，饮泉之誉弥清；衔命遐方，专对之才首出。经邦之任，绝席之尊，帝泽君恩，方深倚注。
（以上是父亲李○事迹，83字）

  夫人端庄秀出，聪惠生知。抚朱弦而偏熟秦筝，唯疑神助；标丽质而全殊越艳，绰有仙姿。才及簪笄，礼适故大河南尚书令齐王（张全义）之孙季宣，乃故特进检校太保河阳军节度留后讳○〔继〕业之子。太傅以曩岁故交，有金兰不渝之分；先王以昔年际会，保松柏后凋之心。寻缀密亲，早居懿分，后以阶缘志切，倚附情深，续刘范之旧风，同国高之嘉授。叠伸庆美，重叙姻联，当时而众所推称，追古而谅难俦比。含章穆穆，已光柔顺之名；鸣凤喈喈，克叶贤和之德。迓征礼币，则有玉镜台；次列瑰奇，则有合欢扇。选东床之彦士，配南国之妹〔姝〕容，实曰好仇，真为佳偶。
（以上是张李联婚，210字）

先王首佐唐朝，在僖昭之际，逮于鼎革，立浑郭之勋；至庄宗克振宗祧、重光帝室，保厘洛汭，垂四十年，追复本朝，继三百祀。连绵十镇，统冠四方，抚士如伤，爱民若子。每临之地，则去弊除奸；所理之方，则还淳返古。致父慈子孝，兄友弟恭，老安少怀，家肥国泰；尽善尽美，著在策书，此不可备述也。年及寿考，寝疾而薨。

（以上是丈夫祖父张全义事迹，120字）

先太保志气恢弘，宇量沉默，言必稽古，动合机先。厉不测之容，立难犯之令，孝惟直谏，忠乃忘身。爰自牧民淄沂，去虎郑亳，皆敷美政，尽布化条。其后历汶上睢阳，主留怀孟偶，未正节钺，俄叹坏梁。

（以上是丈夫父亲张继业事迹，75字）

季宣即先太保之第六子也。颇亲诗礼，迥著谦恭，秉志不回，操心有节，将俟鸳行之宠，且居鸿渐之资。青史犹新，必复公侯之位；令名积善，克承基构之功。

（以上是丈夫事迹，59字，已无官名，根据父亲继业墓志，曾是千牛备身）合计254字

故夫人绛树腾芳，瑶林挺秀，雅夺飞琼之质，远超弄玉之真。荣自德门，归于茂族，而能和睦娣姒，整肃闺门。每循必请之言，但守不逾之戒，事上榛［榛］栗以敬，怀众婉娩以从。不尚喧华，多务谨静，必觊室家庆赖，琴瑟谐和，永奉蒸尝，不亏绍嗣。

（以上是墓主事迹，91字）

岂谓身萦疾疹，厄在膏肓，药石无痊，殒谢俄迫，以天福五年岁在庚子二月七日变故于洛京私第。六亲哀恸，九族凄凉。念阮氏之迷津，莫逢花貌；想恒娥之奔月，杳隔芳容。所恨者，别鹤同悲，孤鸾易感。庄周垂诫，空慕于昔贤；安仁悼亡，徒吟于清什。情多恻怆，涕若缓么。

即以其年十一月二十三日迁葬于河南县永乐乡徐娄村,附先太保茔,礼也。永辞画阁,积恨难销,长秘玄宫,香魂莫返。

(以上是卒及葬,149字)

  熙载叨居瓜葛,早熟门墙,辄吐芜词,聊叙懿德。谨为铭云:
    桂魄垂精,瑶台降灵。香芬罗幌,莲对云屏。
    芳如兰苣,华如桃李。懿彼淑人,配于君子。
    蕣英易殒,栖凤难留。朝霞夕露,阅水悲秋。
    髣髴红颜,依俙玉步。眇邈追思,贞魂何处。
    银釭欲谢,素月将沉。空堂阒尔,莫忍徽音。
    马鬣封成,牛岗路促,刊纪垂休,以防陵谷。

(以上是撰志原委及铭文,118字)

(责任者:施天宇、张少安、张庭瑀)

(指导者:李宗翰)

三、个案研究

  除了墓主李氏夫人之卒及葬共149字之外,墓志用最多的篇幅210字述说李、张两家之联婚,然后是公公之父故齐王张全义的事迹120字、父亲今检校太傅守右骁卫上将军李某83字、公公故节度留后张继业75字,接下来是丈夫张季宣59字,只及妻子91字的三分之二,且不见官名,更说"必复公侯之位",似乎目前是白身或下僚,令人好奇李张联姻之原委、张家下滑之快速、两家之世代发展、张氏的家族统治,以及五代武人之治乱功过。

(一) 联婚与下滑

  李氏墓志没有填上父亲的名字,亦不记祖先,究竟李家何人?唯一的线索是李父"太傅以曩岁故交,有金兰不渝之分;先王(齐王)以昔年际会,保松柏后凋之心",应指妻子祖父李罕之和丈夫祖父张全义的一段恩怨情仇。

李罕之(842—899)和张全义(852—926)均出身农家,罕之尤其勇猛。二人加入黄巢后,屡建军功,罕之位至首领,全义则是吏部尚书充水运使,似乎早就流露出理财的能力;同在一伙的还有朱温。眼看黄巢的大齐王国(881)无以为继,三人相继降唐(882始),罕之和全义先后投靠河阳诸葛爽。

诸葛爽去世(886),儿子仲方及部下刘经与罕之不和,派全义攻打罕之,反促成二人结盟,却被刘经打败。二人得河东李克用之助,反败为胜,罕之割据河阳,全义占河南(887),也同时向克用的仇人朱温示好。[1]《旧五代史》说李、张"同盟结义",又"患难交契,刻臂为盟,永同休戚,如张耳、陈余之义也";[2]《新五代史》说"罕之与言(全义)皆爽叛将,事已成,乃相与交臂为盟,誓同休戚不相忘",[3] 这应就是墓志所说的金兰之义,但不久便反目"为仇",[4] 一如张、陈从刎颈之交变为断义相攻,充分反映五代武人之反复无常。

全义得河南,"善抚军民,虽贼寇充斥,而劝耕务农,由是仓储殷积",[5] 富甲一方,而罕之据河阳,"贪暴不法,军中乏食,每取给于全义。二人初相得甚欢,而至是求取无厌,动加凌轹,全义苦之",[6] 趁罕之外出拓地时(888),偷夺河阳,并尽俘罕之家族。得李克用之助,罕之反攻,俘获全义之弟全武一家。在生死存亡之交,全义得朱温救解,虽失河阳,仍领河南。

---

[1] 依附朱温,两见于欧阳修《新五代史》卷42,455页及卷45,489页,但不见于《旧五代史》。
[2] 陈尚君:《旧五代史新辑会证》卷15,411页;卷63,1972页。
[3] 欧阳修:《新五代史》卷42,455页。
[4] 陈尚君:《旧五代史新辑会证》卷91,2821页。
[5] 陈尚君:《旧五代史新辑会证》卷63,1973页。
[6] 陈尚君:《旧五代史新辑会证》卷63,1972页。

全义归附朱温后，"由是尽心"，[1] 终身不再移忠，甚至委曲求全。《新五代史》说朱温亲征成德节度使王镕，被晋之援兵大败于蓨县（912），返京途中留宿张家多天，"全义妻女皆迫淫之"。儿子张继祚打算杀死朱温，全义阻止说："吾为李罕之兵围河阳，啖木屑以为食，惟有一马，欲杀以饷军，死在朝夕，而梁兵出之，得至今日，此恩不可忘也。"[2] 此事收入《资治通鉴》，[3] 或有几分可信，因为朱温好色，连其儿媳妇也难幸免。

全义本人及家人曾三次大难临头，第一次竟是朱温有意杀害。两《五代史》都记载，自柏乡大败（911）之后，朱温猜忌宿将，又信谗言，有一次急召全义，怒不可遏。全义次妻储氏出自允文允武的家庭，"明敏有才略"，入宫见朱，厉声说："宗奭（朱温赐全义之名）种田叟尔！守河南三十年，开荒 土，捃拾财赋，助陛下创业，今年齿衰朽，已无能为，而陛下疑之，何也？"朱温乃止，据说反以儿子福王友璋娶全义之女。[4] 张妻的胆色可能是官二代女性难以比肩的。无论如何，张家的免死铁券是吏治，尤其是理财能力，并以庞大的家产贡奉朱家。

李罕之却以翻覆无常著称，被史臣评为"负骁雄之气，蓄向背之谋。武皇比之吕布，斯知人矣"。[5] 原来是失去河阳后，罕之追随李克用，颇建军功，但只为泽州刺史，未得节钺，乃请人说项。克用说："吾于罕之，岂惜一镇。吾有罕之，亦如董卓之有吕布，雄则雄矣，鹰鸟之性，饱则扬去，实惧翻覆毒余也。"[6] 果然言中，潞帅刚死，罕之偷占其地

---

[1] 欧阳修：《新五代史》卷45，490页。又见陈尚君《旧五代史新辑会证》卷63，1972页："全义感梁祖援助之恩，自是依附，皆从其制。"

[2] 欧阳修：《新五代史》卷45，490页。又见陈尚君《旧五代史新辑会证》卷15，411页："城中食尽，备御皆竭，张言（张全义）遣其孥入质，且求救于太祖。"

[3] 司马光：《资治通鉴》卷268，8744页。

[4] 陈尚君：《旧五代史新辑会证》卷63，1975页、1983—1984页；欧阳修：《新五代史》卷45，490页。

[5] 陈尚君：《旧五代史新辑会证》卷15，424页。

[6] 陈尚君：《旧五代史新辑会证》卷15，413页。

（899），克用大怒，攻下泽州，把罕之家属押解太原。罕之也将潞镇重要将吏拘送给朱温，获授河阳节度使，但在赴任途中死去。儿子李顼（颃，871—940）逃抵汴京，朱温"以其父子归己，委遇甚厚"，逐渐付以兵柄。朱温从凤翔迎接昭宗回到长安（903），命侄儿友伦和李顼带兵万人看守。朱温篡唐，李顼"累掌禁兵，倚为肘腋"。朱温被友珪所弑，李顼获授右羽林统军。友珪随即被末帝所杀（913），"顼预其谋"。[1] 昔为仇人之儿子，今为得宠之同僚，不知张全义如何与之相处？

不久，张家第二次大难临头，又再次以财富脱身。更大的宿敌河东李氏灭梁建唐（923—936），贬逐旧相以下十一人，又接受后梁叛将段凝的建议，族诛多人，诏书还特别点名建国元老敬翔和李振。[2] 张全义曾经批评段凝无能，现在赶从洛阳入觐庄宗，泥首待罪，又上《乞雪表》，谓"臣曾栖恶木，曾饮盗泉，实有瑕玷，未蒙昭雪"。[3] 尽管庄宗表示优容，全义"犹不自安"，[4] 陆续以家财多方进奉：一是满足外朝官员和内廷宦官的需索。后梁大内所需本由全义供应，庄宗心腹租庸使"孔谦侵削其权，中官各领内司使务，或豪夺其田园居第，全义乃悉录进纳"。[5] 二是厚赂刘皇后，而庄宗"以皇后故，待之愈厚，数幸其第，命皇后拜全义为父"。[6] 三也是最重要的，讨好庄宗本人。庄宗巡幸洛阳和举行南郊大礼（923—924），张家竭力应付："大则宫庙郊禋之费，羽旄干戚之容，小则玉辂威仪，乘舆服玩，不烦帝力，罄出家财，……使吾皇知天子之尊，时王之力也。"结果全义得以留任为河南尹兼领河阳，并由魏王改封齐王，儿子继业亦得留任为权知河阳留后。继业的墓志说："岂待祁奚之举，雅知羊祜之清，识鱼水之谐和，见君臣之际

---

[1] 陈尚君：《旧五代史新辑会证》卷17，2821—2822页；欧阳修《新五代史》卷42，456页。

[2] 陈尚君：《旧五代史新辑会证》卷30，822—824页。

[3] 陈尚君：《旧五代史新辑会证》卷63，1984页。

[4] 欧阳修：《新五代史》卷45，491页。

[5] 陈尚君：《旧五代史新辑会证》卷63，1976页。

[6] 欧阳修：《新五代史》卷45，491页。

会。"祁奚推举有私人恩怨的解狐,羊祜送药给敌人陆抗而后者照服,重点是不计私怨和信任不疑,以此冀望于今日之君臣。墓志甚至把后梁立国贬为"僭",把继业事梁说成"无砥砺则匪石之心莫展,避罗网则长缨之志不伸",[1] 这当然是张家为了取悦新君而采取的一时权宜,不能用来研究五代的正统观念。如是过了两年(926),全义还是被罢去河南之尹。

李、张联婚可能在此时发生。据李氏(约910—940)墓志,李氏与张季宣成婚之时,李罕之已死而张全义尚在,故应在899年至926年之间。又据李氏公公张继业(873—925)墓志,张"夫人生六男",长男季澄生于898年,季宣是六子,姑以十年加之,约生于908年,如十七岁成婚,便是924年前后,恰在父丧之前,也在庄宗建国的同光(923—926)年间。

后唐代梁,理论上李罕之家族的处境应该更差,事实不然。罕之投奔晋王李克用之后,曾以李顼为人质,"时庄宗(李存勖)未弱冠,因与顼游处,甚相昵狎"。罕之叛晋降梁,克用要杀李顼,存勖密与骏马,让他安然入梁。现在存勖即位,召见故友,"忻然,授卫州刺史,加光禄大夫、检校太保"。[2] 两家联姻也许是张家看上李家的政治行情,李家看中张家的财富实力。史臣说:"全义一逢乱世,十领名藩,而能免梁祖之雄猜,受庄宗之厚遇,虽由恭顺,亦系货财。《传》(《左传》)所谓'货以藩身'者,全义得之矣。"[3] 这未尝不可适用于婚姻。由是观之,理财是五代保存性命和向上流动的重要条件,对文士实属有利。那么,张季宣为何向下流动?

季宣父亲继业和叔父继祚(?—937)的生母分别死于梁亡之前和

---

[1] 见本篇末《附件二:张全义长子张继业墓志》。
[2] 陈尚君:《旧五代史新辑会证》卷17,2821—2822页;《新五代史》卷42,456页。
[3] 陈尚君:《旧五代史新辑会证》卷39,1993页。

之后，故是同父异母。[1] 继祚在长兄和父亲先后去世后应成为家长，例如由他接受明宗颁赐的张全义神道碑。[2] 后晋建国时（936），继祚正在洛阳丁母忧。天雄军节度使范延光反叛（937），高祖石敬瑭派洛阳巡检使张从宾征讨，但从宾反与延光结合，先后杀死河阳节度使皇子重信和权东都留守皇子重义。根据《旧五代史》继祚本传，从宾"发兵迫胁（继祚），取赴河阳，令知留守事"，《资治通鉴》亦作"使上将军张继祚知河阳留后"，似乎继祚较为被动，但《新五代史》张全义传作"（继祚）与张从宾反于河阳"，《宋史》李涛传也作"张从宾以盟津叛，陷洛阳，扼虎牢，故齐王全义子张继祚者实党之"，便是较为主动。[3] 不过一月，从宾败死，继祚被俘。继祚与延光本是旧识，时常以马匹相送，延光反叛，赠马被官兵截获，令高祖深深怀疑，现在下令族诛继祚。

对张家的第三次大难，说情的大臣至少有两位，都是文人。起居舍人李涛上奏说："全义历事累朝，颇著功效。当巢、蔡之乱，京师为墟，全义手披荆棘，再造都邑，垂五十年，洛民赖之。乞以全义之故，止罪继祚妻、子。"[4] 宰相桑维翰也因张全义对其父亲有恩（见下），"奏欲雪之，（乞全活之，）高祖不允，遂止罪继祚一房，不累其族"。[5] 随即颁布《平张从宾赦制》，特别谴责继祚"在丧纪之中，承逆竖之意，显从叛乱，难贷刑章。乃眷先臣（张全义），实有遗德，遽兹乏祀，深所

---

[1] 张全义前妻姜氏与后妻储氏的身分，见本篇末《附件一：张全义前妻姜氏墓志》。姜氏（849—916）二十五岁时（873）生长子继业，或因疾病缠身难理家务，丈夫最晚于887年再娶储氏，应是继祚生母，两人重叠时间至少29年（887—916）。比对《万古千秋兮识兹名氏》，可知若是君主赐婚，或是姜氏无法承担妻子重任，便能娶两妻。张家的情况可能符合后者，姜氏与储氏应是两妻并立。

[2] 王昶：《金石萃编》卷119，收入中国东方文化研究会历史文化分会编《历代碑志丛书》6，南京：江苏古籍出版社，1998年，12页《赠张继祚敕》。

[3] 陈尚君：《旧五代史新辑会证》卷97，2982页；司马光：《资治通鉴》卷281，9175页；欧阳修：《新五代史》卷33，492页；脱脱：《宋史》卷262，9060页。

[4] 脱脱：《宋史》卷262，9060页。

[5] 陈尚君：《旧五代史新辑会证》卷97，2982页；欧阳修：《新五代史》卷33，492页。

轸怀。其一房家业，准法虽已籍没，所有先臣并祖父母坟庄祠堂，并可交付骨肉主张"。[1] 由此看来，所谓"雪之"，应指继祚被逼"承……从"叛乱，所以才会请求"全活之"。高祖虽然不允，但看在全义治洛有功，不应绝祀，乃只诛继祚一房。全义的其他骨肉从鬼门关走了一趟，也得回全义和先祖的坟产，但已被悉数贬为庶民，庞大的家产大抵也被侵渔无多了。事实上要到两年之后（939），高祖才准许家属收葬被处死的叛臣。[2] 墓志所谓"青史犹新，必复公侯之位"，前句当指"洛民赖之"和"奏欲雪之"等事，后句一语双关，"恢复"地位之后，"再次/一再"成为公侯。

忘恩负义被指为五代武人的严重缺失，其实也相当冒险。张全义和李罕之屡次移忠，一方面飞黄腾达，另一方面常陷家人于险境。罕之叛晋归梁，一位孙儿被李克用处以腐刑，[3] 继祚席未暇暖，便已家破人亡。全义对朱温的屈己尽忠也许是特例，但对多数武人来说，如非获已，实在不必选择移忠，研究时也应分门别类。目前难以探究李家受累的情况，可以确知的是，张家以武功发迹，但藉以一再渡过难关保存性命的要素，一是治民理财，二是与文人的关系。

（二）世代交替、文武同流与家族统治

李罕之和张全义都是一代枭雄，他们所做的坏事，如一再移忠、聚财和枉法等，似乎是五代武人的常态，但不知他们及子孙所做的好事和兼顾文武，是否也属常态？[4]

李罕之"少学为儒"，不成，又落发为僧，但根据两《五代史》本

---

[1] 陈尚君：《旧五代史新辑会证》卷76，2336页。
[2] 王钦若：《册府元龟》卷42，460—461页。
[3] 陈尚君：《旧五代史新辑会证》卷91，2823页。
[4] 个人认为，与其将各种史书合起来统计，不如分开统计，如《旧五代史》《新五代史》《册府元龟》等书的分算结果大同小异，则推论较为可信。见柳立言《五代治乱皆武人》，《"中央研究院"历史语言研究所集刊》89.2（2018），339—402页。

传,他的统治充满血腥。他先后担任光、怀、泽等州刺史、河南尹、洛阳留守和河阳节度使,都要兼管民政,但抚民御众无方略,"率多苛暴,性复贪冒"。守河阳时,四出攻占,时大乱之后,野无耕稼,罕之部下"以俘剽为资,啖人作食"。失河阳后,以泽州为根据地,不断侵扰怀、孟、晋、绛等州,"数百里内,郡邑无长吏,闾里无居民"。对不愿入伍敢于抵抗的百姓,罕之以宰戮立威,"自是数州之民,屠啖殆尽,荆棘蔽野,烟火断绝,凡十余年"。[1] 这些行为自替武人招来恶名,但武人二代又如何?

李顷一身兼历军、政和民事。他既能统兵,又参与挟持唐昭宗和诛杀朱友珪,也曾出任随、澶、卫和衍等州刺史,"温雅不暴虐,凡刺郡统众,颇有畏爱,及卒,人甚惜之",[2] 可说允文允武。由此可知,五代武人乱政,很多或在上层,不见得影响中下层;被害人亦以上位者较多,中下位者或能偷生度日,是混乱之中也有安定发展。

另一位儿子李颢也应能带兵,在罕之叛晋时负责押送潞州将吏归晋,不知是否为张季宣的岳父。[3] 李氏墓志说父亲"抱公忠而历佐数朝,处重难而久参环卫。曾临剧郡,饮泉之誉弥清;衔命遐方,专对之才首出",在女儿死亡时位至检校太傅守右骁卫上将军。从"数朝""环卫"和"剧郡"来看,仕历跟李顷不相上下,并多了"衔命遐方",应有一定的文采风度和守礼,始能担任使节。李氏"抚朱弦而偏熟秦筝",诚是风雅,或反映武人发迹之后,甚有能力负担林林总总而且质量上乘的教育。

张全义治理河南大有成效,连对他"切齿"的敌人也承认他"久绥

---

[1] 陈尚君:《旧五代史新辑会证》卷15,409—411页。
[2] 陈尚君:《旧五代史新辑会证》卷17,2821—2822页;《新五代史》卷42,456页。
[3] 李罕之叛晋归梁,留在泽州的家属被拘送太原,而本在太原为人质的李顷快马逃命,应没有携带女眷,其子彦弱还被李克用处以腐刑,故能够进入后梁的女眷较可能是李颢的家人。当然也不排除其他家人在后唐代梁时得还。见《旧五代史新辑会证》卷26,695页;卷91,2823页。

河洛之人，再造涧瀍之地"，两《五代史》也赞不绝口，不必赘言。[1]
有论者批评全义厚赂刘皇后，花巨资迎请庄宗幸洛，"岂能自殖财赋，其剥下奉上也又如此"；又谓其"惟勤劝课，其实敛民附贼，以固恩宠"。[2] 前者确是中的，全义富可敌国，不免敛民，但应不至伤民；后者亦适用于宋代士大夫，因为他们大都在利己与利民之间来往游移。

全义一些作为亦符合儒家对君臣和兄弟之要求。他曾奋不顾身，直言极谏。梁末帝以爱将段凝统率主要兵力抵御庄宗，孤注一掷，全义力争，谓"段凝晚进，德未服人，恐人情不和，败乱国政"，[3] 并自请领军，末帝不听，段凝果然败事，国破家亡。庄宗要掘开朱温陵墓，斫棺戮尸，全义虽自身难保，但勇敢地说："梁虽仇敌，今已屠灭其家，足以报怨，剖棺之戮，非王者以大度示天下也。"结果只铲去墓阙而已。[4] 刘皇后要拜全义为父，全义以为古今未有此事，殊失体统，虽拒绝不成，"君子不以为非"。[5] 弟弟全武一家落入李克用之手后，受到优待，全义甘冒被揭发的危险，"常阴遣人通问于太原"，[6] 多少反映手足之情深。

治理需靠择人。对吏人，全义小心提防，如"每岁农祥劝耕之始，全义必自立畎亩，……政宽事简，吏不敢欺"；遇到补选属邑属僚，也"不任吏人"。对文人则另眼相看。全义起自田间，读书有限，担任征收赋税的啬夫时，尝为县令所辱，但没有因此敌视文人。他"尊儒业而乐善道，家非士族，而奖爱衣冠"，更喜欢真才实学，故"开幕府辟士，

---

[1] 陈尚君：《旧五代史新辑会证》卷63，1983页；王昶：《金石萃编》卷119，12页。《庄宗实录》亦多美言，见《旧五代史新辑会证》卷63，1981页。刘连香：《张全义与五代洛阳城》，《洛阳工学院学报》20.2（2002），9—12页。

[2] 陈尚君：《旧五代史新辑会证》卷63，1980页。

[3] 陈尚君：《旧五代史新辑会证》卷63，1975页。

[4] 欧阳修：《新五代史》卷45，491页。

[5] 陈尚君：《旧五代史新辑会证》卷63，1979页。

[6] 欧阳修：《新五代史》卷45，491页。

必求望实",不取虚名。[1] 兹举三例:

僚属左庭训出自宦族,父祖四代都为一方之长,门第显赫,且文武兼治。高祖和曾祖位至刺史,祖父更是团练使,父亲左環幼年"敦诗书阅礼乐",长大"则文武兼通",从军立功。黄巢入京,左環"通变识时",跟随朱温平荡贼寇,被视为心腹爪牙,后从左马步都虞候转任州刺史,允文允武,或成家传。庭训长兄"礼乐持身,因衔命遐藩",次兄"苦志萤光,……殁于学院",似皆以文为主。左家也文武通婚,左環的妻子是一州上佐文官别驾之女,而三位女儿俱嫁武官,一适右龙骧军使,一适右千牛卫将军,一适州护军。[2]

另一僚属张濛出身基层仕宦世家。曾祖父曾任县令,祖父试右武卫仓曹参军,父亲盐铁巡覆官,似乎遍及民、军和财政。张濛本人少习儒学,本想应举,后担任全义幕职,"民赋兵籍,咸能理之",号称在洛阳"三十载间,军书要妙,民籍殷繁,皆悉委之"。为了资助朱温的帝业,全义"支用益广而案牍尤繁,仗其(张濛)勾稽,甚省浮费",可谓兼治军、民、财三政。全义上表推荐,张濛得授柳州刺史,但"始以尽节许主,不贪其荣",坚辞不就,最后死在洛阳,并葬在全义族墓附近。一子位至河阳军节度副使,可能允文允武。[3]

曾救张氏一族的桑维翰,据说他的父亲桑拱担任河南客将时,曾向全义推荐即将应举的儿子:[4]

(桑拱/珙)曰:"某男粗有文性,今被同人相率,欲取解,俟王

---

[1] 陈尚君:《旧五代史新辑会证》卷63,1978页。全义府内旧族,参见山根直生《五代洛陽の張全義について:"沙陀系王朝"論への応答として》,《集刊東洋学》114(2016),48—66页。

[2] 见本篇末《附件十:张全义下属左庭训之父左環墓志》。

[3] 见本篇末《附件十一:张全义下属张濛墓志》。

[4] 陈尚君:《旧五代史新辑会证》卷89,2731—2732页,贡举见卷31,868页。另一例子是郑珏,其父为全义河南尹府判官,本人中举,"自策名登朝,张全义皆有力焉",见《旧五代史新辑会证》卷58,1856页。

第二编 世变:社会流动与文武交流

> 旨。"齐王曰:"有男应举,好事,将卷轴来,可教秀才来。"桑相之父趋下再拜,既归,令子侵早投书启,献文字数轴。
> 王令请桑秀才,父教之趋阶。王曰:"不可,既应举,便是贡士,可归客司。"谓魏公父曰:"他道路不同,莫管他。"终以客礼见之。
> 王一见甚奇之,礼遇颇厚。是年(924),王力言于当时儒臣,且推荐之,由是擢上第。

张、桑的对话生动活泼,也可看到文采不高,但不妨碍他们对文人的奖爱。客将指外来将领,[1] 其子应举,"道路不同",是父武子文,全义也甚为礼遇和奖掖士子,可见武人对文人之晋升有一定作用,不见得轻文。对武人和文人家庭来说,科举仍是由武转文和向上流动的一条主要途径。在一定程度上,中举及排名掌控在主事者手里,他们大都是儒臣,既会因为武人的干预而偏私,自己也会偏私,文武区别不大。

治理也靠依法行事,而全义表现甚差。首先,审判不依法度。全义固然为了招徕百姓而轻刑,"除杀人者死,余但加杖而已,无重刑。……刑宽事简,远近归之如市",但因"少长军中,立性朴滞",凡有词讼,以先诉者为是,"人多枉滥,为时所非"。[2] 其次,因权力斗争而陷害人。在权臣郭崇韬的任命和支持下,河南县令罗贯对权贵不假辞色,同时得罪了宦官和伶人,又把全义的不法爪牙绳之以法。全义透过刘皇后向庄宗投诉,宦官和伶人又煽风点火。庄宗到洛阳巡视皇太后的陵寝工程,而道路泥泞,桥梁多坏,乃责问罗贯。罗答称没有接到朝廷命令,故无准备。庄宗大怒,下狱拷打无完肤,次日便宣判死刑。崇韬欲救,被庄宗斥为朋党,罗贯"非罪而死,露尸于府门,冤枉之声,闻于远

---

[1] 宋衍申:《两〈五代史〉辞典》,298页。检索两《五代史》,亦有少数近似客省使的。
[2] 陈尚君:《旧五代史新辑会证》卷63,1979、1982页;欧阳修:《新五代史》卷45,491页。

近"。全义为罗贯直属上司,自己不对付罗贯而透过刘后,可见是全义借刘后、宦官、伶伎等人之刀,与郭崇韬角力,以维持自己对河南的控制。崇韬对庄宗说:"桥道不修,法不当死",又说"贯虽有罪,当具狱行法于有司。陛下以万乘之尊,怒(杀)一县令,使天下之人,言陛下用法不公",是同时违反了罪与刑不成比例之实质正义,以及未经正式审判之程序正义。[1] 再次,全义以莫须有杀人。受唐朝名相李德裕孙儿敬义之托,全义请中使监军交回德裕平泉别墅的醒酒石。监军很不高兴说,经过黄巢之乱,洛阳旧族残破流离,连家园都没有了,何必在乎一块石头。全义觉得监军在讽刺自己以黄巢之乱起家,奏请笞杀监军,"天下冤之"。[2] 以今日的标准,全义非处重刑不可,但《旧五代史》将罗贯之冤死比拟为"良玉之微瑕也",认为不过是全义一生功业中的丁点过失,《新五代史》则将之放入郭崇韬本传,似乎认为崇韬的责任较重,并得到胡三省的认同。[3]

由是观之,张全义治乱俱有,乱之范围较小而治者较大,是功大于过,造福于基层社会。史料一再称赞全义爱民如子,民亦视之如父母,留下"大王(不)好声妓,等闲不笑,惟见好蚕麦即笑尔"和"王祷雨,买雨具,无畏之神耶,齐王之洁诚耶"等民谣俚谚,似将全义神化。[4] 不知对河南百姓来说,安居乐业与讼诉正义何者较重?如全义之生祠和德政碑楼尚在,[5] 不知今人会否拆去?评论历史人物,应以当时还是现代之标准?

张全义本人已文武通婚,妻家储氏亦文武兼学。全义为种田叟时,所娶之妻姜氏(849—916)大抵身份相当。孙儿张季澄的墓志说祖母

---

[1] 欧阳修:《新五代史》卷45,249页。
[2] 陈尚君:《旧五代史新辑会证》卷60,1918页;欧阳修:《新五代史》卷45,491页。
[3] 陈尚君:《旧五代史新辑会证》卷63,1979页;欧阳修:《新五代史》卷45,249页;司马光:《资治通鉴》卷273,8935—8936页。
[4] 陈尚君:《旧五代史新辑会证》卷63,1973、1979、1983页。
[5] 陈尚君:《旧五代史新辑会证》卷63,1984页。

"擅郃家（郃缺）之法则"，或指她送饭菜到田里给丈夫。发迹之后，所娶之妻储氏乃文官的姊妹。储家踏入统治阶级本靠文才：储氏祖父和父亲均布衣，兄弟储赏位至孟州司马，成为一州上佐。王黄之乱，君王蒙尘，世家不保，储赏乃鼓励尚在幼年的儿子兼习文武。他说："吾血属既多，汝方龆龀，尤须习武，兼保姻亲，兼固宝玉。"大儿子储德充（874—920）一面入庠诵读诗书、概览六经，一面学剑，长大后"有力如虎，剑可剌犀"，墓志称誉他"诵书杏坛，学剑燕市，……气如卜商，志同吴起"，宛似儒将。他给弟弟的遗言是"圣人达于性，遂于命。汝等恭近于礼，夙夜匪懈，无坠素风"，强调以品学作为家风以传家。二弟储德源时为内园使守贵州刺史，三弟储德雍乃六军诸卫左亲事都将。二人实绩不详，墓志说他们"气和貌耸，视履考祥，浴德澡身，绰有余裕"，似乎有点偏文。[1] 由梁入唐（923—936），德源竟然真的以伶官出守宪州。胡柳陂之战（918），庄宗宠伶周匝落入梁人之手，为德源和教坊使陈俊所救，现在得与庄宗重逢，乃请拜二人为刺史。[2]《册府元龟》《帝王部》批评庄宗之任命为"失政"，[3] 但如结合德源之家庭背景来看，也许不是完全不懂吏治。

替德充写墓志的是河南府司录参军伏琛，既是全义的文人下属，也是道士程紫霄的弟子。他随紫霄学习"四子"，即《老子》《庄子》《列子》《文子》，并撰写紫霄的墓志，说这位在唐朝法位高隆的左街威仪九华大师"蒙魏王令公（张全义）表荐，赐号洞玄先生"。[4] 全义"心奉释、老，而不溺左道"，对宗教信仰本有兴趣，如水旱祈祭之类，[5] 而愿意力举紫霄成为道教上师，也许看上程家的仕宦背景和紫霄的文才。

---

[1] 见本篇末《附件七：张全义后妻储氏之侄储德充墓志》。
[2] 陈尚君：《旧五代史新辑会证》卷32，880页；欧阳修：《新五代史》卷37，398页。
[3] 王钦若：《册府元龟》卷181，1995页。
[4] 雷闻：《新见〈程紫霄墓志〉与唐末五代的道教》，《隋唐辽宋金元史论丛》3（2013），115—127页。
[5] 陈尚君：《旧五代史新辑会证》卷63，1978、1983页。

紫霄的家庭兼习文武，祖父是将家子，父亲是右神策军管征马都将，兼具文才。对紫霄的启蒙，墓志说"严父授以《老子经》，到爱国治民"，遂悟繟然之理。紫霄不仅"晓三洞经诰，讲四子玄言"，更"博通史传"；"四子"又是明经科考试项目，学子多追随修习。一身兼备多种功能，身价自是不凡。

全义只有三位儿子有较多的资料：嫡长子继业和犯法被诛的继祚和继孙。继业（873—925）墓志的序言说："龚黄著美，未通于简练训齐；孙吴立名，讵闻于抚绥煦育。兼济两全之道，见于太保公（继业）之懿也"，[1] 大夸他兼通吏治与武功，但志文和铭文几乎只见文不见武。

随着父亲全义的发迹，年约三十岁的继业在昭宗天复四年（904）以后获授连串武职，包括环卫将军、六宅使、统军、英武天威军使、右卫上将军、大内皇墙使，但均不见功绩。入梁之后，墓志对其所有差使的颂赞，都在吏治：

官职	墓志所言
1 郑州防御使	论者曰：子产之政，无以加也。
2 郓宋两镇留后	力行俭约，所畏知者清；严设堤防，不陷人以法。戎庶谈颂，迨迹义安。
丁母忧，夺情	
3 淄沂二州牧，首尾三载。	识者曰：文翁之化孰以过焉？
4 亳州团练使	蝗出境而兽渡河，麦秀歧而谷同颖。
5 河阳留后	爱如冬日，凛若秋霜，威惠兼行，德刑并举。
集中在河南、山东及安徽	铭文：名惟魏丙，化作龚黄。于洛之汭，于河之阳。政明令肃，俗泰民康。

读者要注意的不是政绩之真伪虚实，而是集中于吏治，或反映继业作为张家的继承人，把发展重心放在吏治而非武功。

---

[1] 见本篇末《附件二：张全义长子张继业墓志》。

入后唐（923）之后，墓志明显不记政绩而记君臣关系，希望如同祁奚和羊祜，放下私人恩怨和互信不疑（见上文）。不过一年，继业重病，从河阳回到洛阳便去世，全义当时七十六岁。

打算杀死朱温的张继祚似乎也能武能文。始为河南府衙内指挥使，在继业去世时（925）是左武卫大将军，墓志说他"禀生民之秀，有国士之风，羽仪擅丹穴之奇，名字叶四方之咏"，但没有实绩可谈。父亲逝世后（926），继祚回到中央担任金吾将军，不久外除蔡州刺史，并在明宗郊天时担任供顿使。明宗驾崩（933），他以前蔡州刺史转为左武卫上将军，充山陵桥道顿递副使。堂侄季澄谢世之时（935），他是右骁卫上将军，墓志说他"武以扬威，文惟设教，襦裤洽行春之咏，机铃参缇骑之崇。有惠化以临人，有勋庸而许国"，[1] 反映时人对刺史的要求是兼顾文武，不管在位者是文是武。

张继孙（？—924）本姓郝，是全义的假子，曾掌管衙内军队，应会武功。他在庄宗迁洛之后，从淮南楚州防御使调为河南汝州防御使，"私藏兵甲，招置部曲，欲图不轨，兼私家淫纵，无别无义"，被义兄继业等人主动告发，以免祸及家族。调查之后，下旨宣布六大罪状：其一，侵夺父权，惑乱家事；其二，纵鸟兽之行，畜枭獍之心；其三，横征暴敛；其四，虐法峻刑；其五，藏兵器于私家；其六，杀平民于广陌。最后赐令自尽，籍没资产。[2] 从罪名看来，并非谋反，庄宗的谋臣翰林学士赵凤亦说："继孙为全义养子，（依法，父母在，子孙）不宜有别籍之财，而于法不至籍没，刑人利财，不可以示天下"，但因刘皇后、宦官和伶人视财如命，终于籍没。[3] 无论如何，继孙没有继承全义的吏治，反替武人招来恶名。

全义的侄儿张衍凭科举进入统治阶级，并攀升至翰林学士，最后得

---

[1] 见本篇末《附件六：张继业长子张季澄墓志》。
[2] 陈尚君：《旧五代史新辑会证》卷32，862页、889—890页。
[3] 欧阳修：《新五代史》卷28，308页。

罪朱温被杀，也许可以代表不符合代需要的文人。[1] 作为农家第三代，他从文不从武，既因个人"乐读书为儒"，也可能出于全义的栽培。他应考诸科的经学，落第，反得到正在洛阳居住的前谏议大夫郑徽的赏识，招为东床，并建议他改应词科，不久便登第，似乎婚姻和中举都有全义的影子。被逼迁都（904）的昭宗也因为全义勋力隆峻，有意拉拢，把张衍一下子提拔为翰林学士。朱温篡位（907），大抵为安插亲信，把张衍从翰学改调考功郎中，又迁右谏议大夫。史臣用"特拜"两字，反映朱温仍优待张家，但张衍似乎欠缺政治敏感，不以失去翰学为意。朱温北伐（912），张衍"颇以扈从间糜耗力用系意，屡干托宰执，求免是行"。其实他"巧生业，乐积聚"，却介意从征耗财，未免小气，完全没有学到全义之竭力供输，也可能是贪生怕死，惮于从征。宰相没有答应张衍，而"太祖微闻之"，张衍还不警醒。行军途中，朱温召见，张衍迟到，被朱温处死。为何不给全义面子，可能是按军法从事。

跟张衍一起迟到被杀的还有左散骑常侍孙骘和兵部郎中张俦，可简单比对三人之异同：

项目	张衍	孙骘[2]	张俦[3]
1 家庭背景	农家第三代		祖、父咸有闻于时；少孤。
2 起家	科举		科举
3 主要才能			
3.1 才学	有	尤长章表笺疏	尤长五言诗
3.2 吏治	不见	不见	县令"以事黜官峡中，将十年"。

---

[1] 陈尚君：《旧五代史新辑会证》卷24，611页；欧阳修：《新五代史》卷2，20页。
[2] 陈尚君：《旧五代史新辑会证》卷24，608—609页。
[3] 陈尚君：《旧五代史新辑会证》卷24，610页。

续表

项目	张衍	孙骘	张儁
3.3 其他	巧生业，乐积聚。	聚书校书。	黄巢犯京师，儁"晦迹浮泛，不失其道"。
4 仕历	中央：翰林学士、考功郎中、右谏议大夫。 地方：不见。	中央：右谏议大夫、左散骑常侍。 地方：幕职为主，节度支使、掌书记、判官。	中央：盐铁判官、礼部郎中、兵部郎中。 地方：县尉、县令。
5 人脉	张全义之侄、前谏议大夫郑徽之婿	魏博从事公乘亿之婿	宰臣薛贻矩之同年，荐为盐铁判官。

由此可知，靠着道德，或可博得社会名气，靠着文才、科举、婚姻、同年和叔伯，或足以达成阶级流动，但要进行阶层流动，还需善于理财，乐于供输，不畏从军，方能获君主之青睐。若无吏治或吏治不佳，纵有极佳之人脉，于危急时尚不足以保全性命。

张继业共有六子：武官或职者二人，分别是长子右威卫大将军季澄和第六子千牛备身季宣，俱属环卫。文官或职者四人，分别是第二子太子舍人季荣，已逝；第三子国子大学博士季昇，亦逝；第四子著作佐郎季筍；第五子度支巡官季鸾。表面看来，张家同时向文武两途发展，但似已偏文，一则文四武二，二则武者亦好文。

长子季澄（898—935）死在继祚事变之前，墓志当能畅所欲言。他一生都当环卫，先后是右武威将军、左监门卫将军、右卫将军、右威卫大将军、云麾将军（925），去世时是守右威卫大将军。墓志说他"尊主安民之道，运筹决胜之机，咸自家传，迄光世德"，恐是溢美之词，但能反映张家兼重文武教育。他应偏向文，墓志称赞他的书法如王羲之，文章如陈琳，他十九岁时便亲笔书写祖母姜氏的墓志。后唐明宗时，他退居家中，"或赏玩琴罇，访玄域以怡神，散廪储而布惠。而又归心释氏，抗迹人寰，彩绘莲宫，崇修贝叶，孰偕趣尚，咸服清高"，可说兼好儒释道，颇有祖父全义之风。季澄的岳父是已故左神武军统军高允贞，在后唐庄宗时曾以权知威化军留后、权知镇国军留后，明宗时曾为凤翔留后，后归环卫及右神武统军，于末帝时为左神武统军，[1] 看来是位武人，地方政绩不详。季澄墓志说妻子"比谢家之才辩，同王氏之神情"，似乎是位能文的才女。既然岳父和夫婿都属武职，张、高应算武家联婚，但这对属于武三代的夫妻已看不出多少武风了。同样，季宣虽荫武官，亡妻李氏墓志谓其"颇亲诗礼，迥著谦恭，秉志不回，操心有节"，没有只字提到他的武事。[2]

季鸾手书季澄之志盖，应如季澄一样，对书法有一定信心。他"闻礼闻诗"，"爱奉相筵，尝参邦计"，指的是度支巡官一职。[3] 巧合的是，替父亲继业篆盖的外甥女婿守太府少卿王郁，曾任左藏库副使，同属财务，也许张家及其姻亲有人继承了全义的理财志向。

张全义亲弟全恩也文武通婚和喜欢门第，媳妇的曾祖父三代皆出仕。当全义节制洛阳之时，全恩"分总兵戎，控临河上"，似是强调其武功。此时遇到文官苏浚卿，在孟州担任纠察，可能是监判官之类，职位并不高，而全恩以长子（？—925后）娶苏之长女（876—925）为妻。长子是继承人，应讲究择偶的条件，可能是看中苏家的仕宦背景：浚卿的祖父是长史，父亲是节度使；亦可能是看中苏女"仪范有闻……率礼蹈和"，有不错的家庭教养。张子一方面"机权奥妙，冲澹雅符"，另一方面"擅颜高之弓矢"，看来允文允武，当妻死之时，已"咏潘岳之闲居"。妻父亦已去世，最后的职位是密县县令。妻子墓志撰者王禹"忝迹门栏，备详规范"，很早便成门吏，时任河南府司录参军，亦是张家的女婿。[4] 由此可知，张氏家族统治河南可谓盘根错节，有些部下就是亲

---

[1] 陈尚君：《旧五代史新辑会证》卷30，839页；卷38，1151页；卷44，1481页；卷46，1554页。
[2] 见本篇末《附件六：张继业长子张季澄墓志》。
[3] 见本篇末《附件六：张继业长子张季澄墓志》。
[4] 见本篇末《附件八：张全恩长子之妻苏氏墓志》。

戚，且遍布文武两域。

王禹（882—933）的妻子是全恩之女。他的曾祖、祖和父"佐一同三语之任，膺秩宗独座之资"，可能在礼部担任掾属，既不说官名，似非要职，没有能力恩荫子孙。王禹"笔妙换鹅，词清吐凤"，明显是学文，在唐亡之前两年（905）"以处士征"，从布衣一跃而为许州扶沟县主簿，继而权摄缑氏县令。也许表现出色，得到洛尹张全义的赏识，正除县令（约911），时年约三十岁，再授渑池县令、权摄及真除河南府司录参军，终于长水县令；这些职位全都在河南，也都是文职。[1]

对王禹的政绩，墓志赞美有加，但无实例，不过特别提到"征督（赋税）有方"，正是当时政府之急需，自是文人向上流动的重要条件。又提到"以养亲解任"和"奄丁母忧，不俟考秩"，似乎有意凸显其品德之孝。又谓"继历官资，皆成考绩"，似乎有意强调其升迁是出自个人能力，非因裙带关系。[2]

王禹墓志提到亡妻只有四十三字："府君夫人清河张氏，即故齐王亲弟讳全恩之女也，故齐王之亲犹女也。雍柔立世，令淑成家，先于府君之终也"，没有交代张家为何看上王禹，可能记在亡妻的墓志里。王禹的葬礼由继承人居贞主持，"祔葬于河南县平乐乡杜翟里"，虽大呼"礼也"，其实有点非典，因为那是张家而非王家的族墓。[3]

张氏死时，王禹共有七子三女，有些可能不是张氏所生，似乎较为弱势的文人女婿不惧武人岳丈和妻子。三子早丧，余下四位是居贞、居吉、小虫和四哥。居贞"持愿文囿"，摄少府监主簿，进入后晋的中央担任文职。长女之夫高溥曾任河南府文学参军，也是文职，夫妻俱逝；其余二女未婚。墓志较少见地列出王禹的兄姊子侄：四兄之中，三人早死，一人名麓，曾任江西的江州长史，也是文职，不久前去世，留下一

---

[1] 见本篇末《附件九：张全恩女婿暨张全义下属王禹墓志》。
[2] 见本篇末《附件九：张全恩女婿暨张全义下属王禹墓志》。
[3] 见本篇末《附件九：张全恩女婿暨张全义下属王禹墓志》；陈尚君：《旧五代史新辑会证》卷63，1984—1985页。

子,"有聚萤之志",大抵从文。三姊之中,一人早死,二人已嫁亦亡,只记下丈夫之姓,似无任官。

王禹死后四五年,张家第二和第三代因继祚反叛事件(937)陷入愁云惨雾,反映在连襟的墓志里。墓主张继升(896—939)是全恩第三子,"幼而励业,长乃从戎。剑耻学于一人,书每嗤其十字",明显兼学文武。他初荫太子舍人,转左领卫将军、左神武将军、行左神武将军;死亡之时"公侯未复,方慊于下僚",且"慕通人之薄葬",已经不再大贵大富了。墓志首题是"晋故光禄大夫检校司空兼御史大夫",还不如撰者"门吏太中大夫守礼部尚书柱国赐紫金鱼袋致仕弘农杨凝式"。[1]

一代文人和书法家杨凝式(873—956)是相门之后,昭宗朝进士,曾任度支巡官和直史馆,分属财和史。最为人乐道的故事,是杨父奉上大唐传国玉玺给朱温,他说:"大人为宰相而国家至此,不可谓之无过,而更手持天子印绶以付他人,(虽)保富贵,其如千载之后(史笔)云云何? 其宜辞免之。"[2] 如此挺挺风烈之文士,怎会"早依南巷,久荷殊私"于张家?[3]

事实上凝式曾为后梁礼部员外郎,张全义时为河南尹,"见而嘉之,请以本官充(西京)留守巡官",故自称门吏。他对全义治洛相当倾心,有诗谓"洛阳风景实堪哀,昔日曾为瓦子堆,不是我公重葺理,至今犹自一堆灰",应是故意用词显浅,以便全义读懂。[4] 他还盛赞全义善于任用文武人才,"莲府嘉宾,悉是枚皋之德;柳营列校,咸闻起翦之威",[5] 自己也与有荣焉。

凝式素有心疾,病发时会喧哗、狂逸不分昼夜,有"风子"之号,

---

[1] 见本篇末《附件三:张全恩三子张继升墓志》。
[2] 陈尚君:《旧五代史新辑会证》卷128,3914、3920、3922页。
[3] 见本篇末《附件三:张全恩三子张继升墓志》。
[4] 陈尚君:《旧五代史新辑会证》卷128,3912、3921页。
[5] 见本篇末《附件六:张继业长子张季澄墓志》。

故屡起屡罢,于后晋高祖天福(936—942)初年以礼部尚书致仕。[1]他写继升墓志时(939)应属正常,提到继升"子一人,岁哥,尚幼。亲侄季弘、诸堂侄皆孝敬承家,端良有誉,伫登贵仕,克振德门。侄女二人,一人出适牛氏",[2]可注意三点:其一,既提到侄儿侄女,却一字不提他们赫赫有名的先祖张全义。在继祚事发前两年(935)写张季澄墓志时,凝式还盛赞全义"应五百年之期运,伸九万里之扶摇。武纬文经,兵机庙略,格皇天者伊尹,光四海者周公。使贤任能,陈师鞠旅,……承煨烬之余,再修天苑;辟荆榛之所,复创神皋",由此可知政局对墓志取舍影响之大。凝式也说自己"怀旧悲凉,临风惨怛"。其二,侄分亲、堂,前者应指继升亲兄弟的子女,如季弘等,属全恩一房;后者应指继升的堂兄弟继业等人的子女,如季宣等,属全义一房。如凝式所记无漏,全恩一房已是人丁单薄。其三,无论是全义或全恩的子孙,全都没有官职,均在"伫登",符合季宣亡妻墓志所说,季宣当时无官,希望"必复公侯之位"。[3]

张全义另一位弟弟敬儒之家也同样发展成为文武混合体,也构成家族统治的重要力量。先看文武兼学。根据儿子继美和继达的墓志,[4]第一代的敬儒"蕴沉机则卫霍连衡,奋妙略则韩彭并辔",应是以武功为主,然以"敬儒"为名,实堪玩味。第二代的长子继美(890—930)懂"六韬七略,深知制抚之能",但荫补文官,理应识文。他的个性和品德亦接近文士,如虽"神传秘略",但"顺而不诡";平时"慎静植性,敦厚寡词,和而不同,谦以自牧",退休后"重谷神而不死,怡然自乐",与文人有共同兴趣。弟弟继达(897—933)一面"幼习武经",一面"阅礼敦诗,郁有承家之范",可知习文已成家庭教育和风气。他又"周

---

[1] 陈尚君:《旧五代史新辑会证》卷128,3912—3922页。
[2] 见本篇末《附件三:张全恩三子张继升墓志》。
[3] 见本篇末《附件六:张继业长子张季澄墓志》。
[4] 见本篇末《附件四:张敬儒长子张继美墓志》;《附件五:张敬儒次子张继达墓志》。

行士林",时与文人交往。第三代的季康是继美长子,荫授国子广文博士,"诗礼有闻""出言有章",又替父亲的墓志书丹和篆盖,自是学文。连同堂兄季澄和季鸾,张家第三代至少有三位敢于献技的书家。敬儒的长子和嫡孙习文,张家绝不轻文。

次看文武兼仕和兼治。第一代的敬儒曾一任中央的右羽林军统军和两任地方的首长(汝州防御使、博州刺史),墓志称他"安民著誉,政早擅于方州;保大垂名,功已纪于策□",惜无实例。第二代的长子继美荫补秘书省校书郎,因张全义之故,"改补右职,管(河南)衙内亲军",后入中央为环卫将军,"洎居近卫,咸谓当仁",又谓"仁而有严",竟以"仁"作为武人之特色,自是五代武德之一。他又兼左藏库使,"在库言库,罔失职于奉公"。他与第三代的季鸾和外婿王郁皆任财政职务(见上文),未知是否张家的有意安排?之后因全义之请,继美回到河南担任衙内都指挥使及知河阳军州事,交替或同时兼治军民。弟弟继达十七岁时(913)荫补祠部郎中,二十岁时(916),全义对他说:"此官乃国家清秩,汝实难称耶",乃转充军职,总领河南衙内亲军,这可能是张家第二代过度倾文,全义不得不强令从武。后入中央为环卫将军,亦因全义之请,回到河南担任诸县游弈使。墓志说他"繇是磨砻心剑,调正身弓,肆之以威,行之以令,浃旬之内,远肃迩安",似乎终于愿意安于武职,且严于治军。墓志又说他"蕴于公之志",似乎懂得法律,以公平治狱为志,弥补全义之失。之后历任环卫将军,墓志说"不有全德,安践斯荣",惜未具体指出有何武德。在诸卫任上,他"洎践班行,蔚有闻望","式道持麾(指皇帝出入),警夜巡昼;统勾陈之卫,拥兰绮之兵(均指禁卫)。绰有声光,彰乎勤恪",似乎是勤劳多于功劳,直至去世。

最后看文武通婚。第一代不详,假如连张全义前妻姜氏之"曾大父至于祖、考皆不仕",[1] 则敬儒之妻以庶民居多。第二代诸子成年之时

---

[1] 见本篇末《附件一:张全义前妻姜氏墓志》。

(长子继美约 910 年),全义在后梁已稳居高位,联姻对象自是门当户对,颇有家世。三位媳妇有两位来自高层武将家庭,一位来自高层文官家庭。第一位是继美前妻,乃前忠武军节度使冯行袭之孙女。除地位相当之外,张冯联姻也可能因其政治理念与行为契合,即张全义或看中冯行袭之吏治与乐于供输。冯虽"性严烈,为政深刻",但一到许州,便"诛大吏张澄,暴其罪,州人莫不惴慄",对百姓应该有利。行袭也一再供输财富以成朱温之帝业,"在许三年,上供外,别进助军羡粮二十万石。及太祖郊禋,行袭请入觐,贡献巨万,恩礼殊厚。寻诏翰林学士杜晓撰德政碑以赐之"。正如史臣所说,行袭"虽威福在己,而恒竭力以奉于王室,故能保其功名",可知理财是重要的护身符。[1] 第二位是继美后妻,乃已故后梁工部尚书吴蔼之女,两家实是文武结合,也许在看上文人世家之余,张氏也怀念吴蔼的政术和文学(见《妻也!妾耶?》)。第三位是继达之妻崔氏,父亲是陇州刺史,因无法得悉崔父生平,不知是文是武,但当有吏治经验,或为联姻原因之一。墓志称继美的武妻冯氏与文妻吴氏"并贤和垂范,柔顺德名",或见时人对文武女性的要求并无二致。长兴四年(933)以后,继美夫妻和继达相继去世,继达寡妻崔氏成为敬儒一系的家长,肩负照顾两房的责任。她尽心照料九名侄子女,"矜孤抚幼,不可论其慈爱者乎",与文人妇女何异?墓志称她"处闺帏,行君子之风;当制变,有丈夫之度",让我们想起全义的次妻储氏、防御使郎氏的妻子刘氏(见《五鬼搬运夫死从妻》)和节度使朱友谦的妻子张氏(见《文艺沙龙:两位枭雄的子女》);有些武家妻女的胆识胜过文家。

武家为何需文?原因之一是要治理地方必须兼顾武功(军)和文治(民),为了进行家族或亲缘统治,自需训练部分子弟习文,或与文人结好和联婚。如果被家人请托撰写墓志代表一定的亲信程度,那么单从墓志之撰者与书者,便可一窥张氏家族在河南之势力:

---

[1] 陈尚君:《旧五代史新辑会证》卷 15,416 页。

表 1：从墓志撰者及书者所见张全义之家族势力

关系	人物	张氏家族墓志撰者或书者、篆盖者	任职地	撰志时之官职
1 门吏	崔希举	全义前妻姜氏墓志撰者	河南	将仕郎前守孟州济源县令
	□延升	敬儒长子继美墓志撰者	河南	登仕郎前守河南府新安县□□……□□
	徐守素	敬儒次子继达墓志书者	中央	摄左金吾卫长史
	杨凝式	1 全恩三子继升墓志撰者 2 继业长子季澄墓志撰者	中央	中大夫尚书兵部侍郎柱国赐紫金鱼袋
2 门吏+亲属	王郁	1 全义前妻姜氏志 2 全义长子继业墓志撰者书者	河南、中央	1 门吏朝散大夫检校尚书工部员外郎前河南府寿安县令柱国 2 外甥女婿左藏库副使朝散大夫守太府少卿柱国赐紫金鱼袋
3 下属	唐鸿	全义长子继业墓志撰者	河南	将仕郎前尚书屯田郎中充河南府推官赐紫金鱼袋
	赵荣	全义长子继业墓志书者	河南	河南府随使押衙兼表奏孔目官银青光禄大夫检校国子祭酒兼御史大夫上柱国
	伏琛	全义后妻之侄储德充墓志撰者	河南	朝散大夫河南府司录参军兼殿中侍御史柱国
	吴仲举	全义后妻之侄储德充墓志书者、篆盖者	河南	将仕郎前守河南府福昌县主簿
	郭兴	继业长子季澄墓志书者	河阳	前河阳随使押衙银青光禄大夫检校国子祭酒兼监察御史
	李鸾	全恩女婿王禹墓志撰者、书者	河南、中央	前摄河南府长水县主簿将仕郎试秘书省校书郎
4 下属+亲属	王禹	全恩长子之妻苏氏墓志撰者	河南	将仕郎检校尚书屯田员外郎守河南府司录参军

在张氏破家之前所写的墓志，如继美和继达的，都毫无忌讳地表彰张全义的权势和荫庇，如说"爰从伯父（张全义），齐魏封王；逮及列考（张敬儒），博汝分疆""承基谁也，杰立齐王；荣连伯仲，远振声光；逮于烈考，作牧名方"，或反映敬儒因全义的安排，出任博州刺史和汝州防御使，其子继美也在替全义"分忧洛下，共理河阳"的名义下，在河南和河阳任职。下表只列出张家两代在河南的职位：

表2：张家两代在河南的任职

	第一代	第二代
张家	1 全义：河南尹（领河南邑已四十年），曾分别兼领河阳、忠武、天平、陕虢等节度使 2 全恩：（河南）怀州刺史 3 敬儒：（河南）汝州防御使、（山东）博州刺史	1 全义长子继业：郑州防御使、河阳留后 2 全义次子继祚：蔡州刺史、河阳留后 3 全义假子继孙：汝州防御使 4 敬儒长子继美：管衙内亲军、河南府衙内都指挥使；又在全义移镇前后，知河阳军州事。 5 敬儒次子继达：总领衙内亲军、诸县游弈使
姻族	1 张全义次妻储氏是孟州司马之妹；张敬儒之女嫁储氏之侄储德雍，亲上加亲。 2 张全恩长子妻父任河南府密县令 3 张全义侄张衍妻父乃退居洛阳的文官	1 张全恩女婿于河南任司录参军、县令等

如上所述，张家之蒙难，两《五代史》和《资治通鉴》所记略有不同，如是含冤家破，部分原因可能是新朝廷要铲除旧的地方势力。继美墓志说："适值太尉齐王（张全义）抗表因退，移镇许田，才降旌旄，寻启手足。公（继美）以哀殒之后，情理不居，轻禄位于明时"，于是退休。也就是说，后唐朝廷先把张全义从河南移至河阳，又在全义死亡之后，罢去继美知河阳军州事的原官，减少张家子弟在河南的任职。继达墓志也说继美"不享天年，无禄早世"，至死都没有复起。其实，从

继美和继达的仕历，多少看到中央和地方的角力。

继美和继达的职任都是拉扯于河南与中央之间。继美从荫补秘书省校书郎转司农寺丞之后，不久就"以伯父太尉齐王（张全义）位极勋高，事殷权重，选之心腹，领以爪牙，遂改补右职，管衙内亲军"，在河南任职。墓志说他的德行和政绩"闻于大君（皇帝），诏下，除右金吾卫将军"，被调到中央，亦可视为入质。不久，"复以太尉齐王总天下兵兼十二卫领河南尹已四十年，时论辅佐之才，无出于公（继美）也，准宣授河南府衙内都指挥使"，又回到河南，所谓"辅佐之才，无出于公"，恐怕是借口居多。之后，"朝廷以太尉齐王两朝旧德，三纪元勋，俾壮洛邑之威权，再兼孟门之节制，求之共理，期在得人。制敕除检校司空、知河阳军州事"，继美此时约37岁，随即失官退休。墓志一再夸耀全义权位之极盛和盘踞河南达四十年之久，难道这不也是朝廷难以放心之处？

再看继达。后梁末帝贞明二年（916），二十岁的继达因张全义之故从文转武，总领河南衙内亲军，墓志说"上乃闻其尽瘁"，不过一年，授左骁卫将军同正。同年（917），张全义"又以畿甸年丰俗泰，虑戎庶不务晏安，要静封疆，须凭侦逻，遂补公充诸县游弈使"。过了三年（920），在二十四岁时调入中央，历任环卫诸将军，"为近卫，蹋清阶"，并从梁入唐，继续"践历清华"，直至三十七岁去世，时为右骁卫大将军，墓志也由门吏摄左金吾卫长史徐守素书丹。在此十四年间，有两事值得注意：一是继美去世，继达以"襄事未终，孤侄轸念，兴言及此，形于戚容"，似乎处理丧后家事未毕便要回到中央。二是不忘伯父之恩，墓志说："公每承恩命，深切知归，或谓宾朋曰：'余今之华显者，盖太师齐王余庆所加也。常励志虔心，望隆家报国矣。'在坐罔不叹伏斯语者哉。"充分反映全义权势之盛。宋太祖要压抑的，毋宁是这种久踞地方根盘节错的武人家族或亲缘统治势力，例如他御驾亲征的两位不服黄袍加身的后周节度使。第一位是昭义节度使李筠,在镇八年以上,领兵三万以上。[1] 第二位是淮南节度使李重进,兄为深州刺史,弟为解州刺史,子为尚食使。[2] 还有一位义武节度使孙行友,在镇逾八年,亦不自安,被太祖下令"举族归朝",其弟是易州刺史,侄是保塞军使。[3]

(三) 结论

张全义和李罕之参加王黄之乱,以战功发迹。两人的家族经历后梁和后唐的统一北方和契丹的灭唐立晋,是战争最激烈和最需要武人的五代前半期。然而,张氏以治民而非武功名垂青史,李氏第二代亦能吏治,两家的文武交流也超乎想象。研究者必须重新思考五代的右武轻文和北宋的重文轻武。

张全义幕下之文士与武将济济一堂,子孙三代亦多文武兼习、兼治和通婚,而且似乎逐渐从武偏文,达到一定程度之转型。能读书不保证善政或忠义,第二代之家长因谋反之嫌身死家破,幸因文臣和武君念及全义治洛之功,家族得以保存,但已从统治下滑至被统治阶级了。姻家李罕之曾经习儒,却不能治民,更无忠义,以反复无常闻名,不如全义对朱温之忠心耿耿,其子孙亦屡次移忠,却颇有治绩。从两家之婚姻、仕宦和转型,可以归纳五代武人家庭世代交替下之文武交流(含文武兼习、并仕、并治和通婚),五代重视的文才及其功用,以及转型之历史意义,亦即重估武人之治乱功过。

第一个问题是文武交流及转型之程度。张家世代务农,全义以军功起家,位至一方首长,自身奖用文士,子孙亦文武并进(见本篇末附件十二-1),其大概情况可表示如下,留空之处只表示墓志无明确纪录,不表示没有其事:

---

[1] 李焘:《续资治通鉴长编》卷1,12、15页。
[2] 李焘:《续资治通鉴长编》卷1,27—28页。
[3] 李焘:《续资治通鉴长编》卷2,52页。

张全义家族

	第一代全族	第二代全族	第三代继业一家	第三代继美一家
1 习	可知仅3人	可知8人	全部6位儿子	全部4子4女
1.1 习文		50%	30%	约13%
1.2 习武	100%	约87%		
1.3 兼习文武		约37%		
2 仕	可知为官者仅3人	可知为官者7人	全部6位儿子	可知为官者1人
2.1 仕文		100%	约66%	100%
2.2 仕武		约85%	约33%	
2.3 兼仕文武	100%	约85%		
3 治	可知为官者仅3人	可知为官者7人		
3.1 治文				
3.2 治武				
3.3 兼治文武	100%，全恩治绩不明，全义、敬儒善政	约57%，继业、继祚善政，继孙劣政、敬儒长子继美不详		
4 婚	可知婚姻仅4次	可知婚姻10次	全部6位儿子，可知婚姻2次	
4.1 文文婚		20%		
4.2 武武婚		20%	100%	
4.3 文武婚	25%	20%		

由此可知，武人凭军功位至刺史和节度使，必须兼治军民，虽不一

定确有治绩,但本人或帐下子弟或得到治理经验。他们一方面有意栽培子孙习文,[1] 或与幕下文士交往,另一方面也与文人通婚,家族乃逐渐文武合流,且连续数代。

同样情况也见于其他武人之家,如张全义之姻亲李、高和下属桑、程等四家。李氏是张季宣的岳家(见本篇末附件十二-2),以武起身之后,兼习、兼仕和兼治文武。第一代罕之文武兼习、兼仕和兼治;第二代李顼习武,李颢允文允武,均兼仕和兼治;第三代李颢之女有抚琴之风雅。第一代的吏治很差,第二代却为史书称赞。高家是季澄的岳家,丈人虽是武人,妻子却似是能文的才女。

后两家则是武家出文人。桑家两代之中(见本篇末附件十二-3),父桑拱是全义客将,子桑维翰则习文,善词赋,因中举向上流动,并升任宰相。程家三代之中(见本篇末附件十二-4),祖父是将家子,父亲任神策军都将而兼具文才,儿子程紫霄承父之教,成为通晓经史的道教大师。

文人之家也有文武交流。文人身处乱世,或因"通变识时",可能会透过习武、从军和与武人通婚等,以保存身家和向上流动,如张全义之姻亲储、苏、王和下属左、张、杨等六家。储氏是全义后妻之家(见本篇末附件十二-5),除文武通婚之外,还兼习、兼仕和兼治。第一、二代皆不仕,第三代储赏以文才进入统治阶级,遭逢战乱,鼓励儿子习武。第四代德充读书练武,德源和德雍并仕文武,德源更须兼治军民。苏氏是张全恩长媳之家,除文武通婚之外,也曾兼仕和兼治。其曾祖父三代皆是地方文职长官,祖父更是节度使,兼仕和兼治文武。王氏是全恩女婿王禹之家(见本篇末附件十二-6),虽以文为主要发展,但文武通婚。其曾祖父三代均可能在礼部担任掾属,王禹与兄王麓担任地方文

---

[1] 方震华亦有一些武二代学文的例子,见 Fang, Cheng-hua, *Power Structures and Cultural Identities in Imperial China: Civil and Military Power from Late Tang to Early Song Dynasties (A.D.875-1063)*, pp.79-81.

官，禹之子则进入中央为主簿。王禹娶武人之女，他们的女儿则嫁给文人。左氏是全义下属左庭训之家（见本篇末附件十二-7），除文武通婚之外，也兼学、兼仕和兼治。父亲左环文武兼通，兄长昭远、昭迪或得自家传，并都从文。高祖、曾祖、祖皆是一州之长，或有丰富的治理经验，而左环文武并仕，曾任朱温幕下左马步都虞候，而墓志以黄宪、嵇康称之，且提到他在任内"内外清肃，奸回屏除"，后来因功升任柳州刺史，似有不错的政绩。他在30岁左右（882）娶了文官之女，而或许是儿子们多习文，遂将三位女儿都嫁给武官。张氏是全义下属张濛之家，兼学、兼仕和兼治文、武、财（见本篇末附件十二-8）。其曾祖父三代分任地方与中央的文官，亦有治军的机会和理财的经验，或可传给子孙，让他们可以协助长官管理戎事与民政。张濛与子张纬或是继承家学，也均习文。杨氏是曾为全义门吏的杨凝式一家，是唐朝相门之后，以文学见长，中举后多任文职。他亦与武人家庭交好，除称颂全义之吏治，也为张家长孙季澄与侄儿继升撰写墓志。

　　从上可知三点：（1）文武交流不但发生在武人之家，也发生在文人之家。（2）因文武交流而产生的转型，程度较深的，较多见于武人之家，较少见于文人之家。十一家之中，没有明显转型的共四家，约40%，都是文家，如王、杨、张、苏。王禹家可以确定人数，可知继世为文，没有转型；杨家可知两人，皆从文，亦无转型。张濛和苏氏两家皆有兼管军政的经验，但其发展毕竟以文为主。较有明显转型的共七家，约60%，文者有储、左两家，本以文起家，为因应战乱之世，遂兼习武事。武者有张、李、高、程、桑五家。张、李和高三家属高层武人，子孙多习文；程、桑两家属中层，有凭借文事向上流动。（3）从文仍是五代的重要入仕途径，如六个文家有四个继续从文，而五个武家都有习文。

　　第二个问题是文才及其功用。五代较重视具备何种条件之文人？五代是武人政治，但武人之治理仍须仰赖文人，不见得轻文。张全义为河南尹，"尊儒业而乐善道；家非士族，而奖爱衣冠"。短短一句，直接和间接告诉读者他重视三种文人。第一，善于治道者，即有吏才。当时能处理繁剧之人或更能获得长官的青睐，如张濛擅于军书、民政和理财，姻亲王禹在征税上表现不俗。第二，士族中人，最好有门第背景，不然也有仕宦背景，具有人脉和行政经验。门吏杨凝式两者兼具，既是高门，也是相门之后。其他重要幕僚多为官宦之后，如左庭训之高曾祖父四代都是一方之长，允文允武；张濛之曾祖父三代为官；程紫霄之祖、父二代为官；姻亲苏家、王禹家的上三代也都任官。[1] 第三，儒业中的文学，如杨凝式"富有文藻，大为时辈所推"，全义亦嘉赏之；[2] 桑维翰以武家子从事举业，全义也力荐之；再如道士程紫霄兼通"四子"、史传等，也得全义表荐。不仅如此，全义更栽培侄儿张衍读书习文以应试，希望有朝一日成为皇帝的文学侍从，如两制之翰林学士和知制诰，或能参与机要。由此言之，除了家世和婚姻之外，吏才、文才和科举仍是五代文人达成社会流动的主要途径，也是他们得到时人重视的主要条件。

三者之中，似以吏才，尤其是理财最为重要，有时更是保命求生的护身符。张全义之家"货以藩身"，使本人及家族能够三次死里逃生。第一次是朱温猜疑欲害，念及全义供输助成帝业之功。第二次是换代为后唐，全义竭力进献家财。第三次是次子继祚反叛（937），晋高祖因感念全义治洛有功未诛其全族。反观被朱温所杀的三位文人，全义侄子张衍及其同僚张俦和孙鹭，都是经由科举或文才进入统治阶级，但鲜见吏治，或是政绩不佳。张衍甚会积攒财富，却不愿进奉，又惮于从军，已被朱温所忌。三人同犯军纪时，虽然一人是重臣之侄，一人是宰相之友，但都难逃一死。当藩镇变家为国、中央亟欲重新集权之时，理应重视善

---

[1] 李翔也指出："五代文职幕僚的家世背景呈现出新型'文官家族'倾向"，这些文士"多延续家门仕进之风"，他们的祖辈"均为政治变革中成长起来的新兴官僚"。见李翔《中晚唐五代藩镇文职幕僚研究》，158—159 页。较早的研究，见 Aoyama, Sadao, "The Newly-risen Bureaucrats in Fukien at the Five Dynasty-Sung Period with Special Reference to their Genealogies"；西川正夫：《華北五代王朝の文臣官僚》及《華北五代王朝の文臣と武臣》。

[2] 陈尚君：《旧五代史新辑会证》卷 128，3912 页。

吏治、能理财之文人，若更能乐于供输，不畏从军，大抵更易达成阶层之流动。

第三个问题是武人转型之历史意义。文武合流导致武家之转型，如张全义和李罕之两家之第二和第三代大都允文允武，也多任地方首长兼治军民，其成果对五代之治乱有何影响？常言五代之乱源是武人，他们是否也有致治的一面（参本篇末附件十三、十四）？

张家是治乱相若，不过治者较在于下，乱者较在于上。全义之治，在奖用文人、防范吏人，大力治理河南，终于理财有成，富甲一方，其中或不免敛民，但似不至伤民。他的乱，一是尽忠朱温之前，曾三次移忠，二是审判无度，民受其害，又杖杀监军，陷害县令，但为祸有限。第二代之乱，当数继祚反叛之"乱上"和假子继孙之"乱下"，其横征暴敛、虐法峻刑，为武人招来骂名。另一方面，继祚似有不错的地方治绩，继业的事功亦多在吏治。父子两代之治，受益者多属被统治阶级，两代之乱，受害者多属统治阶级，事实上全义也曾对上直言进谏，又保护旧主之陵寝。

李家亦"乱上"较多于"乱下"。罕之很让上位者头痛，他翻覆无常，屡次移忠，最后死在从河东投奔到河南的路上。他也乱下，虽少年学儒，但治理地方时贪暴不法，官员与民众皆受其害。长子李顷先后参与朱温篡唐、友珪弑父夺位、友贞杀兄篡位，可谓不忠于上；但在刺史任上，有别于父亲的残暴，他温雅爱民，得到百姓的敬畏，可谓有功于下。

评论五代武人之治乱，应采用当时人的标准。如对张全义陷害县令之乱，史臣认为是"良玉之微瑕也"；对全义之治，则时见史家笔下，也传于民间歌谣。欧公之呜呼，也许较适用于五代上层。"移忠"至少有两种，一是影响不大，二是利害攸关，后者颇具风险，即使本人得脱，也会祸及家人，除非逼不得已，应非多数武人的选择。

从张、李两家的转型与治乱，可重估宋代之重文轻武。如五代的右武轻文和武人致乱并非如想象中的严重,那宋代之拨乱反正应如何理解?[1] 答案也许在武人之家族统治和文武合流。如张全义家族盘踞河南长达半个五代,继世为官,兼治军民,通婚文武,人际关系密如棋布,基本上是割据一方文武俱备的小朝廷,又排斥中央派来之官员如柱杀罗贯。宋太祖要对付的,或不是武人的个人,而是武人允文允武的家族势力。他不乐见武将与高层文臣联婚,其因或亦在此。

(执笔者:张庭瑀)

(指导者:山根直生、李宗翰、柳立言、李碧妍)

附件一:张全义前妻姜氏墓志

梁故天水郡夫人姜氏墓志铭
门吏将仕郎前守孟州济源县令崔希举撰
孙银青光禄大夫检校左散骑常侍右武卫将军同正兼御史大夫上柱国季澄书
门吏朝散大夫检校尚书工部员外郎前河南府寿安县令柱国王郁篆盖

　　郡夫人姓姜氏,其先临濮人也,袭吕望之昌胤焉。
(以上是籍贯与得姓,19字)

　　曾大父至于祖、考皆不仕,有乡曲之誉,而宗族称仁,孝悌承家,世嗣钟美。
(以上是上三代,28字)

---

[1] 李昌宪《五代削藩制置初探》说:"藩镇割据势力经过唐末方镇兼并战争和五代各朝的打击,到后周时期,除夏州外,在不同程度上为中朝所控制乃至消灭"(《五代两宋时期政治制度研究》,102页)。如是,宋太祖作为后周的最高将领,岂会不知,他革除地方武人之势力,也不过是继承前人,水到渠成罢了。又见柳立言《五代治乱皆武人》,《"中央研究院"历史语言研究所集刊》89.2 (2018), 339—402页。

郡夫人少禀异相，长适同邑今洛京留守、太尉、魏王。（嫁入，20字）

德契和鸣，果生贵子，闺门相庆，亲戚咸和。（为妻，16字）

事上克勤，居中惟敬，执谦有体，守节无违。（为媳，16字）

知命之余，奉道尤至，时多素食，日启清香，澄寂铭心，沉晦止足。（做自己，信仰，24字，张全义亦尚佛与道。）

殆乎四纪，睦于九族；虔禀蒸尝，靡惮寒暑。（持家，16字）

以开平三年十二月，膺祖帝丝纶之恩，授本邦汤沐之命。（获封，22字）

（以上是本人事迹，114字）

早婴宿疹，每访良医，或悬念为劳，即寤寐轸意。疾苶斯久，针砭莫攻，于贞明二年岁丙子七月五日，告终于洛阳县永泰里别第，寿六十八。

（以上是死亡，53字）

有子一人昌业，弱冠入仕，历职两朝，官大执金，列上环卫。出刺郑圃沂水，主留宣武天平，检教［校］三师，阶位二品，雍容雅正，肃穆威仪。冲粹在躬，高洁贞志，守法直道，承训义方。质表凤毛，首冠雁序，纯孝至性，泣血衔哀。礼云：颜丁善居丧。曾申能问孝而各得其旨，今不让焉。

（以上是长子张昌业［张继业］，103字）

龟筮从长，择用叶吉，即以其月二十三日，葬于河南县徐娄村，明其封树，纪以岁时。

（以上是丧葬，32字）

夫铭者自名也,既美其所称,又美其所为,知而不明,君子耻之。是则仰闻嘉命,俾赞休声,其铭曰:

　　赫弈姜宗,绵邈太公。源派逾远,枝叶兴隆。
　　生禀奇相,长适豪族。既诞龟龙,是符岳渎。
　　每勖令子,克效良臣。禀训正道,为理安人。
　　享福以荣,终寿而贵。刻于金石,藏之深秘。

(以上是铭文,101字)

刻字人:贾玘

一、姜氏(849—916)大事年表

时间	事件
唐宣宗大中三年(849)	姜氏出生,比张全义(852—926)大3岁。三代不仕。
唐懿宗咸通十年—十三年(869—872)	可能21—24岁间嫁入张家;全义18—21岁娶之("殆乎四纪,睦于九族",一纪12年,四纪48年,回推约868)
唐懿宗咸通十四年(873)	25岁,生长子张继业(873—925) 全义尚未发迹
唐昭宗光化二年(899)	51岁,长孙季澄出生(899—936)
梁太祖开平三年(909)十二月	61岁,获封天水郡夫人
梁末帝贞明二年(916)七月五日	68岁,终于洛阳县永泰里别第 全义65岁,洛京留守,兼镇河阳 长子44岁,其时应是一方之长 长孙18岁,已能书法,时或荫任右武威将军
贞明二年(916)七月二十三日	葬于河南县徐姜村
不清楚何时开始生病 909年后?	如是两妻并存,或可从"早婴宿疹……"找到部分答案。

二、姜氏墓志分析

项目	资料	推论
1 得姓	郡夫人姓姜氏，其先临濮人也，袭吕望之昌胤焉	
2 父家家世	曾大父至于祖、考皆不仕 有乡曲之誉，而宗族称仁，孝悌承家，世嗣钟美	平民，甚至也是农民
3 婚姻	郡夫人少禀异相，长适同邑今洛京留守、太尉、魏王 铭文：生禀奇相，长适豪族	张全义也是世代务农 但铭文提到张家是豪族？
4 妇女角色		
4.1 人妻	德契和鸣，果生贵子，闺门相庆，亲戚咸和。	16字
4.2 人媳	事上克勤，居中惟敬，执谦有体，守节无违。	16字
4.3 自己	知命之余，奉道尤至，时多素食，日启清香，澄寂铭心，沉晦止足。	24字 1. "道"指释。 1.1 张全义亦尚佛 1.2 但不排斥道，如程紫霄。 2. 或因姜氏早患疾症，因而家务或外事多由后妻储氏打理，姜氏则潜心休养奉佛
4.4 人母		
4.5 持家	殆乎四纪，睦于九族；虔禀蒸尝，靡惮寒暑。	16字
4.6 教子	铭文：每勖令子，克效良臣。禀训正道，为理安人。	16字
4.7 封赠	以开平三年十二月，膺祖帝丝纶之恩，授本邦汤沐之命。	

续表

项目	资料	推论
5 死亡	早婴宿疹，每访良医，或悬念为劳，即寤寐轸意。疾荼斯久，针砭莫攻，于贞明二年岁丙子七月五日，告终于洛阳县永泰里别第，寿六十八。	
6 葬	龟筮从长，择用叶吉，即以其月二十三日，葬于河南县徐娄村，明其封树，纪以岁时。	
7 家庭子孙		
7.1 儿子昌业		
a 起家	1 弱冠入仕，历职两朝， 2 官大执金，列上环卫	1 荫补有助于维持家族的统治阶级地位 2 荫授武官
b 仕途	1 出刺郑圃沂水， 2 主留宣武天平，检教三师，阶位二品， 雍容雅正，肃穆威仪， 冲粹在躬，高洁贞志，守法直道，承训义方	1 文武并治 2 从"守法直道"或论昌业可能有不错的治绩 3 继承父亲全义的吏治
c 品德	孝 质表凤毛，首冠雁序，纯孝至性，泣血衔哀。礼云：颜丁善居丧、曾申能问孝而各得其旨，今不让焉。	
7.2 孙子季澄	孙银青光禄大夫检校左散骑常侍右武卫将军同正兼御史大夫上柱国季澄书	1 916年，张季澄18岁，已能书法 2 张季澄可谓文武之资兼备
8 家族发展		
8.1 人脉	1 门吏将仕郎前守孟州济源县令崔希举撰 2 门吏朝散大夫检校尚书工部员外郎前河南府寿安县令柱国王郁篆盖 3 刻字人：贾玘	门吏分布河南地方基层，盘根错节

续表

项目	资料	推论
9 墓志格套	先后依序为先世、本人事迹、死亡、长子、丧葬、铭文	与一般墓志格套无异
9.1 墓志内容	1 从篇幅来看 1.1 提到张全义只有 9 字 1.2 提到自己的有 227 字：父祖 28 字、嫁人 20 字、为妻 16 字、为媳 16 字、个人信仰 24 字、为母持家 16 字、得封 22 字、病及卒 85 字 1.3 提到独子的有 103 字 2 从内容来看，姜氏本人事迹中，死葬占最多篇幅；而在妇女角色中，则以个人信仰字数最多，或反映姜氏疾病缠身多年，而寄托佛教之心。	1 从篇幅来看，本人事迹占最多篇幅，姜氏是主角；而儿子占次多篇幅，则居男配角之位，或突现姜氏教子有成之功；而丈夫所占篇幅最少，当时张全义已身居高位，为何墓志仅一笔带过？ 2 可见尽管墓志格套大同小异，但撰者仍可透过篇幅的大小，内容的编排，凸显墓主特定的生活或特殊之情感。

三、姜氏与储氏之比较

3.1 两人大事编年

时间	姜氏	储氏
1 生年	849 年	不明
2 进入张家	869—872 年，约 21—24 嫁人时间："殆乎四纪，睦于九族"，一纪 12 年，四纪 48 年，回推约 868 年） 身份：从"虔禀蒸尝"，可知姜氏负责祭祀，身份确为妻	适会姑魏国庄惠夫人从夫抚宁京洛，徙家郏鄏[1]。 1 可知 887 年全义赴任河南尹时，储是已在张家 2 推算储氏可能于 882—886 年嫁入张家，全义时任泽州刺史

---

[1] 见张全义个案研究《附件四：张全义后妻储氏之侄储德充墓志》。

续表

时间	姜氏	储氏
3 生子	873年,25岁生长子张继业	不明,但有一子,次子张继祚 从张继业墓志可知,925年时应是荫任左武卫大将军,若其时继祚已满20岁,那储氏约在905年以前生下继祚[1]
4 封赠	909年,61岁	不明,应是于梁朝时所封(见下)
5 卒年	916年死亡,68岁 →前妻姜氏与后妻储氏并存至少29年 从亡于"永泰里别第"可知姜氏不居于正宅	约936年死亡 张继祚传:唐清泰末(约936),丁母忧。[2]
6 葬	916	不明

3.2 两人事迹比较

项目	姜氏	储氏	讨论
1 家世	曾大父、祖、考皆不仕	祖、父不仕 兄孟州司马兼御史大夫	1 两次婚事应是门当户对 1.1 全义娶姜氏时,是尚未发迹的平民 1.2 全义娶储氏时应是泽州刺史,而储氏之兄储赏是孟州司马,也是一地之长

---

[1] 见张全义个案研究《附件一:张全义长子张继业墓志》。
[2] 陈尚君:《旧五代史新辑会证》卷97,2982页。

续表

项目	姜氏	储氏	讨论
2 品行与才能	(见上姜氏墓志分析)	1 旧五代史：全义妻储氏，明敏有才略。[1] 2 新五代史：全义妻储氏明敏有口辩。[2]	储氏之兄应有习文而向上流动，储氏是否受其之影响略为修习文事？
3 贡献	持家与教子 (见上姜氏墓志分析)	保家 旧五代史： 全义妻储氏，明敏有才略。梁祖自柏乡失律后(约911)，连年亲征河朔，心疑全义，或左右谮间，储氏每入宫，委曲伸理。[3]	1 或见最晚于911年，储氏已掌持家之权，且还有外事。 2 由此推论，姜氏在911前已被疾病缠身
4 葬地	葬于河南县徐娄村 4.1 姜氏子张继业：归葬于河南县徐娄村先郡夫人茔之南隅，礼也 4.2 继业子季澄：葬于河南府河南县金谷乡徐娄里，祔于先茔，礼也 4.3 继业子季宣妻李氏：迁葬于河南县永乐乡徐娄村，附先太保茔，礼也 4.4 全义侄继达：河南府河南县平乐乡徐楼里官庄村先代之茔 4.5 全义侄继美：河南府河南县平乐乡徐楼里官庄村先代之茔		张全义弟张全恩之子张继升死时：窆于河南县梓泽乡宋村，迁储氏亡夫人祔之，从于大茔，礼也。 →此地是张家祖坟？ →姜氏不葬在此地

---

[1] 陈尚君：《旧五代史新辑会证》卷63，1975页。
[2] 欧阳修：《新五代史》卷45，490页。
[3] 陈尚君：《旧五代史新辑会证》卷63，1975页。

续表

项目	姜氏	储氏	讨论
5 封号	累封天水郡夫人	魏国庄惠夫人 五代会要： 封赠之制，妇人有国邑之号，死乃有谥。近梁朝赐张全义妻储氏为贤懿夫人，又改庄惠，盖当时特恩非旧典也。[1]	储氏封号高于姜氏

附件二：张全义长子张继业墓志

唐故河阳留后检校太保清河张公墓志铭并序
将仕郎前尚书屯田郎中充河南府推官赐紫金鱼袋唐鸿撰

  政有六条，资乎养理；武有七德，本于惠和。一则保生聚而赞忧勤，一则阅诗书而敦礼乐。验其阃域，毕关于为子为臣；究彼端倪，悉归于以忠以孝。然而龚黄著美，未通于简练训齐；孙吴立名，讵闻于抚绥煦育。兼济两全之道，见于太保公之懿也。
（以上是序言，94字，比拟墓主允文允武）

  公讳继业，字光绪，清河人，今川守太尉令公齐王之嫡长子也。其苗裔出轩辕之胤，张罗之后。感张星而生，因以为氏，罗即黄帝第八子也。得姓之盛，世为令族。自两汉以降，七叶[七世]传芳，名相贤侯，忠臣义士；逮晋魏之后，宗派益繁，叠有闻人，焕于良史，故略而不载。
（以上是张氏先世，100字）

---

[1]　王溥：《五代会要》卷11，15-1页。

公之大王父讳琏，累赠太保；曾祖母朱氏，累封赵国太夫人。
王父讳诚，养太素之名，秉天和之粹，剑锋闭匣，玉璞藏山，积灵源者欲其至广至深，崇德岳者俟其至高至峻。此其志也，岂徒然哉！入圣朝累赠尚书令。祖母任氏，累封秦国太夫人。
先妣姜氏，以柔顺之德，播雍睦之风，肥家九叶于六亲，训子不忘于三徙，累封天水郡夫人。

（以上是曾祖父母，127字，父最尊贵，且在生，抽出置于上段）

年号天祐，岁当甲子（亦天复四年[904]），昭宗皇帝迁市朝文物，宅于东周。时公始妙龄，抑有休问，既彰官业，仍振军声，累迁环卫将军、六宅使，相继兼左右仆射。寻转统军、英武天威军使，俄拜司□右卫上将军、大内皇墙使。

（以上是大唐时之事迹，78字）

尧水忽降，禹功未宣，天厄汉图，运僭新室。公以为无砥砺则匪石之心莫展，避罗网则长缨之志不伸，默蕴沉机，何妨立事。
授郑州防御使。齐王令公与物如春，化人以德，声高洛汭，理洽殷民。惟彼圃田，邻于京邑，众思良牧，以泰有生。禀训自于鲤庭，行惠彰于熊轼，除苛去暴，息役恤孤，千里同欢，一德咸有。论者曰："子产之政，无以加也。"
爰自检校司徒，领郓宋两镇留务。力行俭约，所畏知者清；严设堤防，不陷人以法。戎庶谈颂，遐迩乂安，旋自藩维，言归定省，鄙千秋之画地，庆荀爽之聚星。
俄丁郡夫人内艰，泣血婴疾，居忧得礼，执丧有闻，士君子所称言，孝道备矣。
夺情，授六军副使，出为淄沂二州牧。彼土崇儒师古，祖义本仁。兵兴已来，为日斯久，春诵夏弦者废惰，横经重席者寂寥。公每于参断之余，军农之暇，将鲁堂金石，以欢其俗；奏齐国萧韶，以娱其人。俎豆复兴，礼让相劝。识者曰："文翁之化孰以过焉？"首尾三载。

改亳州团练使。俗富土饶，地雄财厚。其织纴也，尽星石璧梭之巧，郡侯则浣衣濯冠；其豪杰也，皆豹胎燕脽之珍，郡侯则箪食瓢饮。身如玉洁，心比冰清，蝗出境而兽渡河，麦秀歧而谷同颖。

由是擢拜河阳留后。初，齐王令公已三镇怀孟矣，州人饱公之誉，熟公之名，咸曰："我王之令子也，我境之福星也。"加以详郑亳之政绩，听淄沂之咏歌，仕者忧不得踵其门，农者虑不得耕其野，工者踊跃于百廛之市，商者鼓舞于四达之衢，帷袂而迎，褓属而望。云矗胡苏之岸，雷喧杜预之桥，抚疲俗则害马先除，静戎旅则很羊必戮。爱如冬日，凛若秋霜，威惠兼行，德刑并举。

（以上是后梁事迹，528字，见文不见武）

今上（庄宗）奄有神器，纂嗣丕图；朝万国则疾若建瓴，集诸侯则势同偃草。东渐西被，北走南驰，声教所及，车书一混，将归皇邑，仗我元勋。时琛赆未殷，帑藏犹阙，大则宫庙郊禋之费，羽旄干戚之容，小则玉辂威仪，乘舆服玩，不烦帝力，罄出家财。虔肃紫宸，迎奉清跸，法物之盛，前古所无。络绎缤纷，昭灼炳焕，罗细仗于广陌，转重瞳而遍观。外自皋畿，内及禁掖，土木尽辉于绨锦，鸾凰竞下于云霄，使吾皇知天子之尊，时王之力也。

上嘉是懿绩，首议明恩。寻拜守太尉、中书令，复兼河阳节制。仍自大魏，改封全齐，异姓之褒，当代称美。不易专留之务，俾分共理之权，地则三墙，境才两舍，鸡犬之声相接，山河之势不遥。欲使荣家，励其报国，岂待祁奚之举，雅知羊祜之清，识鱼水之谐和，见君臣之际会。

（以上是后唐事迹，265字，集中君臣关系）

无何，遘疾于理所。三阳莫辨，谁人兴起麼之神；六合至宽，何处问回生之草。时（同光三年[925]正月）属大驾巡省，驻跸孟津，上药名医，道路相望。人之薄佑，适逢倾谢之期；天乎不仁，夺我慈惠之长。自孟昇疾入洛，翊日薨于私第，享年五十三。上以齐王钟念既切，伤恸必深，赗赠周隆，诏敕开谕。以为孔门哲士，不免请椁之悲；晋室勋臣，亦有还台之痛。示以爱身之道，俾消搯掌之冤，即以同光三年二月二十一日归葬于河南县徐娄村先郡夫人莹之南隅，礼也。
（以上是卒及葬，169字）

娶解氏，封雁门郡夫人。族契潘阳，礼传钟郝，闺闱整肃，蘋藻精丰，训抚诸孤，尽臻古道。噫！公为政之优，立德之茂，而不登显位，不赋永龄，宜降善祥，流于弈世。
夫人生六男：
长子曰季澄，今任右威卫大将军。
第二子曰季荣，太子舍人；第三曰季昇，国子大学博士；并银印朱绂，皆先公而逝。
第四子季苟，著作佐郎。第五子曰季鸾，度支巡官、大理评事。第六子曰季宣，千牛备身。
皆玉苗争秀，珠颗斗圆，杜兰辉而各有馨香，杞梓盛而终归梁栋。
（以上是妻及子，167字，不见女）
仲弟季［继］祚，今任左武卫大将军，禀生民之秀，有国士之风，羽仪擅丹穴之奇，名字叶四方之咏。
（以上是弟弟继祚，即反晋之人，36字）

树分荆悴，萼谢花孤，人琴之念何追，手足之哀莫赎。齐王令公以鸿久参宾友，谬列门栏，念托迹以既坚，在属词之无愧。於戏！前代有陵谷高深之叹，于是乎勒铭；先圣有东西南北之言，不可以不志。敬严命，辄述芜词，仰丹旐以酸辛，伏翠珉而呜咽。铭曰：

  开国之始，流源裔长。感星之瑞，与圣同彰。
  轩昊已降，简编抑扬。高光之后，簪绂芬芳。
  粤有人杰，兴于巨唐。挺生令子，同赞明王。
  名惟魏丙，化作龚黄。于洛之汭，于河之阳。
  政明令肃，俗泰民康。天何不仁，人何不臧。
  夺我小令，搢绅共伤。□念绝席，众惊坏梁。
  草无朝露，风有白杨。不朽之誉，千龄益光。

（以上是撰志原委及铭文，209字）

外甥女婿左藏库副使朝散大夫守太府少卿柱国赐紫金鱼袋王郁篆盖
河南府随使押衙兼表奏孔目官银青光禄大夫检校国子祭酒兼御史大夫上柱国赵荣奉命书

附件三：张全恩三子张继升墓志

晋故光禄大夫检校司空兼御史大夫张公墓志铭并序
门吏太中大夫守礼部尚书柱国赐紫金鱼袋致仕弘农杨凝式撰

  公讳继升，字德素，清河人也。
曾祖讳琎，累赠尚书左仆射；曾祖妣沛郡朱氏，追封楚国太夫人。祖讳成，累赠太师；祖妣乐安郡任氏，追封秦国太夫人。先考讳全恩，累赠检校太保，守怀州刺史；先妣始平郡冯氏，封太君。
（以上是曾祖父母，83字，不提张全义，作为序言亦怪）

  本张氏之先，出轩皇之胤，生子而异，其手有文，左弓右长，因而命氏。战国而下，两晋已还，仪良以筹策匡邦，郁为卿相；飞耳以干戈卫社，尽做侯主；铸铜浑而衡仅通获，神筇杖而骞称奉使。史无停缀，代有奇人。粤自前朝，尤光茂族。

（以上是先世及历史名人，88字）

　　公即怀州使君之第三子也，幼而励业，长乃从戎。剑耻学于一人，书每嗤其十字。五公贻庆，且殊王母之白环；千里为期，何必华山之绿耳。

公初任太子舍人、赐绯。

次任银青光禄大夫检校工部尚书。

次任金紫光禄大夫检校尚书右仆射、左领卫将军。

次任金紫光禄大夫检校尚书左仆射、左领卫将军。

次任光禄大夫检校尚书左仆射、左神武将军。

次任光禄大夫检校司空、行左神武将军。

上古之秩，司空以平秩为重；西京之谋，亚相以弄印为尊；虽异真衔，亦非轻受。公侯未复，方慊于下僚；陵谷遽迁，俄悲于逝水。

（以上是仕历，198字）

　　先娶清河郡储氏，肥家有誉，淑德素彰，不幸早亡，人皆追叹。后婚宋城郡葛氏，封县君，以驾鹤之仙才，配鸣珂之贵胄。半开半落，桃李芬芳以无言；一宫一商，琴瑟谐和而合奏。六姻推美，四德咸昭，事长抚孤，礼无违者。

（以上是妻，83字）

　　公以天福四年十月十一日启手足于洛京之私第，享年四十有四。

（以上是卒，26字）

　　子一人，岁哥，尚幼。

亲侄季弘，诸堂侄皆孝敬承家，端良有誉，伫登贵仕，克振德门。侄女二人，一人出适牛氏，皆称令淑，配于君子，播在闺仪。

（以上是子侄，53字，俱无官职）

卜天福四年岁在己亥十二月二十五日窆于河南县梓泽乡宋村，迁储氏亡夫人祔之，从于大茔，礼也。

（以上是葬，40字）

诸郎君以凝式早侬南巷，久荷殊私，怀旧悲凉，临风惨怛。将刊贞石，猥访謏才，载惟毕大之言，深愧不孤之托。略为铭曰：
丹旐悠悠兮出故关，双轮轧轧兮指防山。
慕通人之薄葬，非前代之开阡。
年月日时俱吉兮，天长地久兮无后艰。

（以上是撰志原委及铭文，89字）

将仕郎前守妫州录事参军刘珙书
镌字人韩延密、贾知远

附件四：张敬儒长子张继美墓志

唐故金紫光禄大夫检校司空知河阳军州事兼御史大夫上柱国清河郡张府□□□□□〔君墓志铭并序〕
门吏登仕郎前守河南府新安县

公姓张氏，讳继美，字光绪，世为清河郡人。
其先本自轩辕第五子挥始造□寔张□□□□□□为氏焉。厥后杂沓胄绪，焕赫英贤，代不绝人，史皆有传。秦丞相仪、汉留侯良、魏将军

□□□□□□，公即其后也。

（以上是得姓与历代名人，81字）

    曾祖讳琔，累赠太保。
王父讳诚，累赠尚书令。本枝蕃□□□□□□之荣，于斯为盛。
列考讳敬儒，皇任汝州防御使、右羽林军统军、博州刺史□□□□□□气，神授英谋，应数而生，椎忠以立。安民著誉，政早擅于方州；保大垂名，功已纪于策□。□□□策，于国有称。先妣卢氏范阳郡君追封河南郡太夫人。诗咏采蘋，主祀能修于法度；礼□□则，保家克正于闺门。不有母贤，焉生子贵。

（以上是上三代，149字）

    公即博州太尉长子也。铜钩贻庆，石印传芳，爰自佩觽，便为令器。慎静植性，敦厚寡词，和而不同，谦以自牧，郁为人瑞，夐袭门风。
十三，一子授秘书省校书郎。才逾幼学之年，已居校文之列，迨其所履，甚有可观。
寻转司农寺丞，仍加命服，进秩增阶，纡朱拖绶。少年之称，为时所荣。后累岁以伯父太尉齐王位极勋高，事殷权重，选之心腹，领以爪牙，遂改补右职，管衙内亲军。三令五申，雅得畏威之道；六韬七略，深知制抚之能。
既而转检校左散骑常侍，寻迁检校刑部尚书，相次转检校右仆射。
德行益新，勤劳久著，绰有宽裕，闻于大君，诏下，除右金吾卫将军。侍从崇资，警巡密职，洎居近卫，咸谓当仁。
秩未缺又授右卫大将军，兼左藏库使。在朝言朝，每输忠于尽瘁；在库言库，罔失职于奉公。
复以太尉齐王总天下兵兼十二卫领河南尹已四十年，时论辅佐之才无出于公也，准宣授河南府衙内都指挥使。周旋奉事，夙夜在公，虔禀宸严，克勤王事。

于时，朝廷以太尉齐王两朝旧德，三纪元勋，俾壮洛邑之威权，再兼孟门之节制，求之共理，期在得人。制敕除检校司空、知河阳军州事，兼峻阶资。圣主优恩，德门盛观，谅彼同王之贵，更逾隔座之荣；声政既彰，功名甚赫。

适值太尉齐王抗表因退，移镇许田，才降旌旄，寻启手足。公以哀殛之后，情理不居，轻禄位于明时，重谷神而不死，怡然自乐，于兹四年。

（以上是仕历，461字）

惜乎才智挺生，春秋富有，不见归山之马，遽随过隙之驹。以天成五年正月二日疾薨于洛京河南府墙西南之第，享年四十有一。噫！所不待者年，所不者寿，人皆有死，奚速如之。即以长兴二年正月二十六日，祔葬于河南府河南县平乐乡徐楼里官庄村先代之茔，礼也。

（以上是死亡与丧葬，104字）

令弟继达，检校司空，今守右骁卫大将军、食邑五百户。爰从入仕，亟振芳猷；秉节操而松茂三冬，包器量而陂澄万顷。官非地进，位是材升，洎践班行，蔚有问望。而自哀缠同气，祸构陟岗，追恸悲摧，以昼继夜，宗族称孝，乡党称悌，其斯之谓与？由以襄事未终，孤侄轸念，兴言及此，形于戚容。

妹一人，适今左龙武军将军鲁国储德雍，封清河县君，女功兼备，妇德夙闻，自同五等之封，益耀六姻之贵。

（以上是弟与妹，151字）

公先婚长乐冯氏，即故许帅中令习之孙女也；再娶濮阳吴氏，即故工部尚书蔼之女也。并贤和垂范，柔顺德名，先于良人俱辞圣代。

有子四人，长曰季康，使荫授国子广文博士。立性甚谨，出言有章。及缠何怙之哀，颇动因心之孝，杖苴而起，倚庐以悲。次曰赵五，次曰小哥，次曰四哥，或发才髫，或齿未龀，号慕之性，晓夕罔极。

息女四人，长者未笄，少者始步，差肩而立，顿首号号，闻者痛心，不能已矣。

（以上是妻子子女，152字）

延升也，门庭下客，笔砚无功，强引鄙词，直书懿绩。铭曰：
  高门启祚，异代降祥。铜钩垂庆，金印传芳。
  爰从伯父，齐魏封王。逮及列考，博汝分疆。
  本枝盛大，弈叶宠光。其谁所继，我公最良。
  分忧洛下，共理河阳。有功于世，胡寿不长。
  松阡寂寂，泉路茫茫。俾刻贞石，永记玄堂。

（以上是铭文，101字）

孤子牙牙书并篆盖。
镌字人韩延遇。

附件五：张敬儒次子张继达墓志

唐故金紫光禄大夫检校司空右骁卫大将军兼御史大夫上柱国清河县开国子食邑五百户张公墓志铭并序

  公讳继达，字正臣。入仕之始，梁季帝赐名昌远。后庄宗皇帝即位，公以名与庙讳同，遂改斯名耳。

其先本自黄帝有熊氏，以张弓矢立功，因以姓焉，故世为清河郡人也。厥后苗裔相承，轩裳沿袭，勋名显赫，何代无奇人者欤！秦相国以颊舌见称，汉留侯以机筹著誉。派流累世，皆出伟人。止啼则魏殿将军，博物则晋朝丞相。蝉联簪组，历代简册未有绝其华绪者哉！
（以上是得姓与历代名人，以及改名之缘由，139字）

　　曾祖讳琏，累赠太保。
王父讳诚，累赠尚书令。将相传家，英贤弈世，搢绅之盛，难可比伦。
烈考讳敬儒，皇任汝州防御使、右羽林统军使、博州刺史，累赠太尉。星分瑞气，岳诞英姿，蕴沉机则卫霍连衡，奋妙略则韩彭并辔。实谓见危致命，忧国亡家，伟哉是功，焕乎后世，故昭令德以示子孙。先妣卢氏，范阳郡君，追封河南郡太夫人。妇道克彰，母仪显著。贤明知礼，懿戚有闻。荐榛栗则不怠于王公，主蘋蘩则无亏于祭祀。嘉顺之道，莫得细而论之。
（以上是上三代，169字）

　　公则博州太尉第二子也。幼而岐嶷，长且不群，卓尔精神，超然器度。讷言敏行，□无辱己之谭；阅礼敦诗，郁有承家之范。
年十七，一子授检校尚书祠部郎中，赐紫金鱼袋，少年之盛，莫甚于斯。遽膺卧锦之荣，显被纡金之宠。
迨二十，伯父太师齐王嚼其英俊，知有机钤，乃谓公曰："汝幼习武经，粗谙向背。此官乃国家清秩，汝实难称耶。"遂补充军职，总领衙内亲军。公于动时之机，握兵之要，举不失职，赏不失劳。凤夜在公，无怠于王事，上乃闻其尽瘁。
二十一，除授检校国子祭酒、左骁卫将军同正，仍转阶级。是年，太师齐王又以畿甸年丰俗泰，虑戎庶不务晏安，要静封疆，须凭侦逻，遂补公充诸县游弈使。繇是磨砻心剑，调正身弓，肆之以威，行之以令，浃旬之内，远肃迩安。
二十四，授检校兵部尚书、左骁卫将军同正。

二十六，检校尚书右仆射、左武卫将军同正。
（以上是后梁的仕历，292字）

二十九，转金紫阶，加左仆射、右武卫大将军。
三十，加清河县开国男，食邑三百户。叠沓渥恩，联绵霈泽；门族益彰于华贯，周行显播于芳猷。其盛也，历崇资，由揆路；其峻也，为近卫，蹑清阶。仍被鸿私，遽加爵邑，不有全德，安践斯荣？是知惟器与名，不可以假人者也。
三十三，授左金吾卫将军。式道持麾，警夜巡昼；统勾陈之卫，拥兰绮之兵。绰有声光，彰乎勤恪。
三十四，又进封并加食邑。其年，转授右骁卫大将军，相次又加水土之袟。龙纶叠降，凤綍交驰；非德门则何以受其荣，非令望则无以被其宠。公每承恩命，深切知归，或谓宾朋曰："余今之华显者，盖太师齐王余庆所加也。常励志虔心，望隆家报国矣"；在坐罔不叹伏斯语者哉。
公素有邓艾之机，蕴于公之志，愿光后嗣，以续前勋。
（以上是后唐的仕历，261字）
（以上是梁唐两朝仕历，553字）

其那！天不降全，有贵无寿，悲哉迅速，俄逐逝波。以长兴四年三月三日遇暴疾，启手足于河南府墙西南之私第，春秋三十有七。
（以上是死亡，49字）

呜呼！隙驹难系，乔木易摧；石火流而电影沉空，薤露晞而槿花坠雨。所伤者，不考终命；所痛者，卒迈大吞。周行士林，闻之者无不悲酸零涕。即以其年秋八月二十八日，归窆于河南府河南县平乐乡徐楼里官庄村先代之茔，礼也。
（以上是丧葬，88字）

元兄讳继美，检校司空，知河阳军州事。天产英姿，神传秘略；顺而不诡，仁而有严。玉冷惟贞，松寒益茂，保其节概，可谓贯四时而不改，柯易叶者也。于家惟孝，于国尽忠。所嗟不享天年，无禄早世。
姊一人，适前龙武将军、鲁国储德雍，封清河县君。兰蕴芳姿，桂芬淑誉。女工妇德，皆有开称者焉。
（以上是长兄与姐，111字）

公娶崔氏，封博陵县君，即故陇牧太保第三女也。清门禀训，华裔传芳。处闺帏，行君子之风；当制变，有丈夫之度。矜孤抚幼，不可论其慈爱者乎！
女一人，才及韶龀。
犹子四人，长曰季康，荫授国子广文博士。情惟雅澹，性甚柔和，诗礼有闻，箕裘不废；孝养之道，未尝怠于晨昏已。次三人，皆亚肩而长。寻为公无其嗣子，遂以四哥一人而继蒸尝。
犹女四人，二人及笄，二人尚稚。
皆幼经孤露，常切悲号。礼制才终，凶衅俄起。嗾兹沦丧，得不痛哉！
（以上是家庭，167字）

光逊也，幸以謏闻，获依大厦。既奉尊命，不暇坚辞，谨以拙文，直书懿范。铭曰：
　　乾坤初辟，轩后垂庆。爰张弓矢，因为氏姓。
　　流芳后代，显彰荣盛。作相封侯，赞贤翊圣。
　　蝉联华裔，降及巨唐。承基谁也，杰立齐王。
　　荣连伯仲，远振声光。逮于烈考，作牧名方。
　　惟公挺生，郁怀令则。慎密寡词，恬和静默。
　　践历清华，显扬家国。列爵封官，雅符全德。

喆人其萎，良木俄摧。电光易没，逝浪难回。

沦亡皆有，少盛堪□。以刊贞石，永记泉台。

（以上是撰志原委与铭文，157字）

门吏摄左金吾卫长史徐守素书

一、张继达大事年表

时间	人	地	事
	父张敬儒	汝州、博州	皇任汝州防御使、右羽林统军使、博州刺史，累赠太尉
后梁末帝乾化三年（913）	张继达17岁		授检校尚书祠部郎中，赐紫金鱼袋
后梁末帝贞明二年（916）	张继达20岁	河南	补充军职，总领衙内亲军
后梁末帝贞明三年（917）	张继达21岁		除授检校国子祭酒、左骁卫将军、同正，仍转阶级 补公充诸县游弈使
后梁末帝贞明六年（920）	张继达24岁		授检校兵部尚书、左骁卫将军同正
后梁末帝龙德二年（922）	张继达26岁		检校尚书右仆射、左武卫将军同正。
后唐庄宗同光年间	张继达26—29岁		从昌远改名继达 其从兄张昌业改成张继业应也同此
后唐庄宗同光三年（925）	张继达29岁		转金紫阶，加左仆射、右武卫大将军
后唐庄宗同光四年（926）	张继达30岁		加清河县开国男，食邑三百户。
后唐明宗天成四年（929）	张继达33岁		授左金吾卫将军

续表

时间	人	地	事
后唐明宗天成五年（930）	张继达 34岁		转授右骁卫大将军
后唐明宗长兴四年（933）	张继达 37岁	河南	三月三日，暴疾，启手足于河南府墙西南之私第
后唐明宗长兴四年（933）	张继达 37岁	河南	八月二十八日，归窆于河南府河南县平乐乡徐楼里官庄村先代之茔

二、史料分析

项目	原文	推论
1 得姓	其先本自黄帝有熊氏，以张弓矢立功，因以姓焉，故世为清河郡人也。	
2 历代名人	厥后苗裔相承，轩裳沿袭，勋名显赫，何代无奇人者欤！秦相国以颊舌见称，汉留侯以机筹著誉。派流累世，皆出伟人。止啼则魏殿将军，博物则晋朝丞相。蝉联簪组，历代简册未有绝其华绪者哉！	
3 家世	1 曾祖讳璉，累赠太保。 2 王父讳诚，累赠尚书令。将相传家，英贤弈世，搢绅之盛，难可比伦。 3 烈考讳敬儒，皇任汝州防御使、右羽林统军使、博州刺史，累赠太尉。 3.1 蕴沉机则卫霍连衡，奋妙略则韩彭并辔 4 铭文：承基谁也，杰立齐王。荣连伯仲，远振声光。逮于烈考，作牧名方	张家世代务农，到张全义一代，或皆以军功起家而位至一方之长，且文武兼治： 1 张全义：河南尹，兼领河阳、忠武、天平节度使 2 张全恩：怀州刺史 3 张敬儒（不同于全字辈）：汝州防御使、博州刺史 3.1 似以武功为主 3.2 不见吏治

续表

项目	原文	推论
	范阳郡君，追封河南郡太夫人	母亲被追封为郡太夫人，或是凭子而贵？
4 性情	1 讷言敏行 2 铭文：慎密寡词，恬和静默	
5 教育		第一代武人崛起后，或有较好的教育资源培育下一代，也期望子孙文武兼备
5.1 武	1 家传： 1.1 父张敬儒：蕴沉机，奋妙略 1.2 张继达：伯父太师齐王嘟其英俊，知有机钤，乃谓公曰："汝幼习武经，粗谙向背。" 1.3 公素有邓艾之机，蕴于公之志，愿光后嗣，以续前勋	继达或以机谋为名
5.2 文	阅礼敦诗，郁有承家之范	
6 品德	1 仍被鸿私，遽加爵邑，不有全德，安践斯荣？ 2 列爵封官，雅符全德	
6.1 忠、孝	公每承恩命，深切知归，或谓宾朋曰："余今之华显者，盖太师齐王余庆所加也。常励志虔心，望隆家报国矣。"	武人之忠，就字面来看：一为巩固家业，二为报效国家。
6.2 勤	式道持麾，警夜巡昼；统勾陈之卫，拥兰绮之兵。绰有声光，彰乎勤恪	
7 仕历	铭文：践历清华	
7.1 起家	年十七，一子授检校尚书祠部郎中	荫补清秩，反映家业之盛，此也可维持家族统治地位

续表

项目	原文	推论
7.2 地方	1 迨二十,遂补充军职,总领衔内亲军 2 二十一,除授检校国子祭酒、左骁卫将军、同正,仍转阶级。是年,太师齐王又以畿甸年丰俗泰,虑戎庶不务晏安,要静封疆,须凭侦逻,遂补公充诸县游弈使。	24岁以前,或跟随在张全义身边习军事
7.3 中央	为近卫,蹑清阶: 二十四,授检校兵部尚书、左骁卫将军、同正。 二十六,检校尚书右仆射、左武卫将军、同正。 二十九,转金紫阶,加左仆射、右武卫大将军 三十三,授左金吾卫将军。 三十四,又进封并加食邑。其年,转授右骁卫大将军	24岁后,多任环卫之职 疑问:仅是寄禄官还是真有到中央任职,尤其是死于河南私第?只能从相关文字推敲,如"式道持麾,警夜巡昼;统勾陈之卫,拥兰绮之兵",指挥率领禁卫保护天子出入。
8 死亡	以长兴四年三月三日遇暴疾,启手足于河南府墙西南之私第,春秋三十有七。	
9 丧葬	即以其年秋八月二十八日,归窆于河南府河南县平乐乡徐楼里官庄村先代之茔	
10 家庭发展		
10.1 长兄张继美	1 检校司空,知河阳军州事 2 天产英姿,神传秘略;顺而不诡,仁而有严。 3 品德:于家惟孝,于国尽忠。	继美也为至一方之长,兼治文武,似有不错的吏治,或见武人第二代继承张全义之治民

续表

项目	原文	推论
10.2 继达妻崔氏	1 公娶崔氏，封博陵县君，即故陇牧太保第三女也。 2 清门禀训，华裔传芳。处闺帏，行君子之风；当制变，有丈夫之度。 3 矜孤抚幼，不可论其慈爱者乎！	1 崔氏乃陇州刺史之女，但不确定其父亲是文是武 2 若崔氏是武人之女，张崔便是武武联姻；且崔氏"当制变，有丈夫之度"，或受武家之影响 3 品德：慈爱；应指下文之侄子侄女，反映继美夫妻死后，遗族由继达照顾
10.3 犹子	1 长曰季康，荫授国子广文博士。 1.1 性情：情惟雅澹，性甚柔和， 1.2 才能：诗礼有闻，箕裘不废； 1.3 品德：孝养之道，未尝怠于晨昏已 2 次三人，皆亚肩而长。寻为公无其嗣子，遂以四哥一人而继蒸尝	1 犹子张季康，与继业六子季澄等同是季字辈 2 从继业一家六子来看，武人第三代日渐偏文，然敬儒一系也有此现象，或可言张氏家族日渐偏文
11 人脉		
11.1 皇帝	公讳继达，字正臣。入仕之始，梁季帝赐名昌远。	
11.2 伯父	（张继达）或谓宾朋曰："余今之华显者，盖太师齐王余庆所加也。常励志虔心，望隆家报国矣。"	张全义将继达补为河南衙内军职，以自己的侄子总领亲军，或见家族势力之分布，达到家族统治的目的
11.3 姻亲-武武通婚	姊一人，适前龙武将军、鲁国储德雍，封清河县君。	储德雍是张全义后妻储氏之侄，可谓亲上加亲，或有助于巩固家族势力
11.4 门吏	门吏摄左金吾卫长史徐守素书	可能是任职环卫时之下属

第二编 世变：社会流动与文武交流

附件六：张继业长子张季澄墓志

唐故金紫光禄大夫检校户部尚书前守右威卫大将军兼御史大夫上柱国清河县开国男食邑三百户张公墓志铭并序
弟季鸾篆盖
门吏中大夫尚书兵部侍郎柱国赐紫金鱼袋弘农杨凝式撰

　　昔者黄帝第五子葳事于代，因而命氏，乃公姓系之始也。于是良推汉杰，耳号赵王，盛族尝续于貂冠，前列实光于鹊印。廷尉治狱，天下无冤；御史埋轮，京师所惮。博物丞相平吴，功茂于晋朝；持麾将军破虏，勋高于魏室。尚书令以专对而命秩，博望侯因乘传而开封。累朝之贤哲寔繁，弈叶之功名继踵，不可胜纪，无复备陈。
（以上是张氏得姓及历史名人，125字，作为序言）

　　曾祖诚，累赠太师、尚书令，遵养为志，高尚不回。邓禹流芳，教子实标于世法；李通垂范，训家不让于官庭。曾祖妣，累赠秦国太夫人任氏，叶盛德之齐眉，彰令名于截发，和柔妇道，慈爱母宜[仪]。爰有大勋，彰彼令嗣。
（以上曾祖父母，80字）

祖全义，皇忠武军节度使检校太师尚书令，食邑一万四千户，实封一千一百户，齐王，册赠太师，谥曰忠肃。天上星精，人间月角，应五百年之期运，伸九万里之扶摇。武纬文经，兵机庙略，格皇天者伊尹，光四海者周公。使贤任能，陈师鞠旅，列镇而悉遵正表，连营而咸负威声。累进三公，频兼十乘，拱北极而位升元辅，保东郊而化洽疲民。承煨烬之余，再修天苑；辟荆榛之所，复创神皋。近阅远来，刑清令肃，四十载难俦政绩，千万祀不泯功名。莲府嘉宾，悉是枚皋之德；柳营列校，咸闻起窾之威。于是，赫赫炎炎，孙孙子子。

祖妣，天水郡夫人姜氏，和顺叶德，婉娩垂芳，总钟氏之礼容，擅郤家之法则，元勋齐体，盛族宜家。忠肃公乃建丰功，旋伸内助。仰彼先代，爰兴覆翼之祥；洎及高门，愈显维嵩之庆。克扬懿范，实诞忠贤。

（以上祖父母，275字）

皇河阳节度观察留后检校太保继业，即公之显考也。擢本千寻，弘襟万顷，早叶承平之运，挺生特达之姿。自齐王每总斋坛，皆司留事。知子之道，事父之规，忠孝克全，宽猛相济。褰帷汶水，咸歌共理之能；求瘼圃田，皆咏颁条之最。旋临曲洧，尤睹攀辕，伯阳祠尝浚化源，杜预桥犹闻政绩。幄中三令，堂上六奇，象先之称弥彰，训子之方益励。佐洪勋而实资刘骥，居德门而首冠荀龙。

先妣郡夫人雁门解氏，诗推邦媛，礼著家肥，敷四德以传规，处六姻而承范。琴瑟合奏，凤凰和鸣，既光鞠育之劳，实显嗣续之庆。三从之盛，猗欤伟欤！

（以上父母，203字）

（以上是曾祖父三代，共558字，称赞祖父及父亲兼治文武）

公讳季澄，字德清，爰从丱岁，咸谓老成。齐王于保抱之中，识俊达之性，洎乎七德俱备，四教克修，叔文不坠于风流，怀范必兴于门祚。蔼然休誉，亟践崇资。

诏征授银青光禄大夫检校左散骑常侍右武威将军同正兼御史大夫。敷奏详闲，风神整肃，就列之荣罕比，起家之拜斯崇。

转检校工部尚书左监门卫将军；改右卫将军，加检校户部尚书；拜金紫光禄大夫右威卫大将军。

属先太保即世，难抑因心，几至灭性，茹荼之痛何极，丝纶之命旋临。遽夺苴麻，俾从金革，爰授起复云麾将军，余如故。遇庄宗晏驾，公恭陈警卫，礼毕桥山，进封开国男，食邑三百户。服阕，落起复阶，官勋封并如故。

（以上是官职，226字）

公资忠履信，积行累功，克懋端修，动彰难进。尊主安民之道，运筹决胜之机，咸自家传，迄光世德；而又昆弟间各扬名称，悉务矜持。逸少挥毫，俱有换鹅之迹；陈琳仰咏，孰侔飞兔之文。

（以上是才能，70字，以文为主）

公自列彤庭，累居环卫，克振令望，咸仰雄棱。明宗眷注弥深，嘉称每切，公坚辞贵位，唯事燕居。知止之时，比疏傅而何其壮也；遗荣之际，期陶令而不亦宜乎？四聪备熟乎前修，仵齿屡思于延赏，欲縻好爵，终避优恩，于是静处林泉，忘机轩冕。或讨论经史，或赏玩琴樽，访玄域以怡神，散廪储而布惠。而又归心释氏，抗迹人寰，彩绘莲宫，崇修贝叶。孰偕趣尚，咸服清高。

（以上是退休生活，140字，兼好儒释道）

穹苍不赋其遐龄，奄夺倏沉于伟器，搢绅共叹，亲戚咸悲，于清泰二年岁在乙未七月二十日疾终于洛都永泰里之私第，享年三十有八。即以清泰三年二月十三日葬于河南府河南县金谷乡徐娄里，祔于先茔，礼也。

（以上是卒与葬，84字）

检校太保右骁卫上将军继祚，即公之仲父也。大护正音，长离上瑞，六律叶礼神之奏，九苞呈应运之祥。矧乃武以扬威，文惟设教，襦袴洽行春之咏，机钤参缇骑之崇。有惠化以临人，有勋庸而许国，政以正立，功由公闻，实间代之英髦，挺一心于忠孝，而以谢囊垂诫，阮巷敦情。咸列崇班，莫比分封之盛；俄悲长夜，遽违十起之慈。

公仲弟前度支巡官季鸾，杞梓宏材，琳琅重器，令宜令问，闻礼闻诗。繇是朝野所钦，公卿共仰，顷自从师之际，便谐捧檄之荣，爰奉相筵，尝参邦计。芝兰玉树，既显瑞于阶庭；威凤祥麟，伫来宜于表著。允契必复之兆，实彰余庆之基，唯咏友于，罔分优劣。

夫人渤海郡高氏，即故左神武军统军检校太保允贞之女也。琴瑟斯和，蘋蘩奉职，比谢家之才辩，同王氏之神情，以配英贤，爰资令淑。

生子一人元吉，髫龀之岁，岐嶷有闻，将绍弓箕，克光阀阅。

（以上先述一位叔父和一位弟弟，再述妻及子，296字，不见尚在世之其他弟弟如季宣）

　　公之庆盛荣华，旷代无比，或铭传钟鼎，或勋列旗常。外戚则秦晋贵封，内属则潘杨华族，迄今赫弈，不其伟欤？

（以上是盖棺论定，42字）

　　今令弟季鸾以手足衔哀，幽明遽隔，辟松门之追痛，悲棣萼以凋零，将启玄堂，永铭黄壤。以凝式尝游馆阃，早熟徽猷，佩觿已睹于龙章，就列俄陪于鸳序，缅怀眷待，固异等伦。今则过隙兴嗟，藏舟是感，徒追事素，永旷音容。惭非温润之才，但务摭实之纪，敢辞来请，乃作铭云：

　　猗欤华裔，肇自轩皇。列宿命氏，上天降祥。
　　跨赵则耳，霸汉唯良。邈彼先世，庆流源长。
　　门承耿光，代有令胤。尝续貂冠，爰明鹊印。
　　持麾在魏，博物居晋。善继家声，英髦益振。
　　埋轮可惮，治狱呈功。书失专对，河源必穷。
　　辉煌贵胄，嗣续良弓。焕在惇史，穆如清风。

　　半千之运，实诞忠肃。克俭克勤，受天百禄。
　　宜民宜人，降是遐福。子子孙孙，公侯必复。
　　逮于显考，实象其先。惠化克洽，功名茂宣。

隆中三顾，圯上一篇。钟彼盛德，箕裘以传。

　　堂堂乎张，君子是式。触类而长，其宜不忒。
　　在家必闻，往践乃职。祈父宿卫，显显令德。
　　潘杨华族，秦晋贵封。勋在盟府，铭传景钟。
　　纷纶姻娅，炳焕音容。九族既睦，和鸾雍雍。
　　竹林斯崇，棣萼兹盛。追彼疏傅，慕其陶令。
　　坚辞宠荣，志切安静。知足常足，逍遥遂性。
　　散财济众，愈振其名。于何不寿，奄夺遐龄。
　　龙韬机略，燕颔宜形。天不憗遗，葬乎泉扃。
　　人之云亡，莫问穹苍。惨惨玄岗，萧萧白杨。
　　逝川已矣，大夜茫茫。垂范后昆，永铭遗芳。

（以上是撰志原委与铭文，425字）

前河阳随使押衙银青光禄大夫检校国子祭酒兼监察御史柱国郭兴书

附件七：张全义后妻储氏之侄储德充墓志

梁故检校刑部尚书兼御史大夫鲁国储府君墓志铭并序
朝散大夫河南府司录参军兼殿中侍御史柱国伏琛撰
将仕郎前守河南府福昌县主簿吴仲举书并篆

　　盖闻丹可磨而不可夺其色，兰可焚而不可夺其馨。寒松有根，甘井有派。枝叶既秀，源流自清。

（以上是序，36字）

　　储氏之姓，百代本宗，其来远矣。始于夏后氏，王室微弱，七子争立,太子仁孝,潜身投鲁,以储宫一族,自曰储氏,以正其本,子孙后为氏焉。后汉有储太伯及卫将军融、齐相子为,皆志操清白,贞廉深厚。公卿大夫,史不绝书。

(以上是得姓与历史名人,84字)

府君讳德充,子继美,本辉州砀山人也。族本高强,家唯纯粹,爰承堂构,夙藉徽猷,克绍前踪,世济其美。故知仁者百行之宗,不陨其名,是以孔子之门三虚,唯颜回不去。君子不器,府君之谓与?

(以上是家世,73字)

曾祖讳亮,曾祖母许氏。祖讳弘,皇赠太子舍人;祖母石氏,武威郡太君。烈考讳赏,皇检校工部尚书、孟州司马兼御史大夫;先妣黄氏,江夏郡太君。先考友于同气,手足连枝,卜嗣求婚,继亲祭祀。

(以上是曾祖父母,74字)

府君即先考长子也。仙鹤高标,岩桎劲节,胜衣惠晤,转舌能言,对日聪明,弱而不好弄。圯桥学剑,指百炼而每愤不平;庠舍诵书,览六经而唯思展礼。智足以秤象,仁足以放龟,义足以卫身,礼足以守约。加以勤俭节用,温恭守柔,厚貌深情,卑以自牧。论交契分,不独比于金兰;洁白清澄,岂止同乎冰镜。

洎广明初,中原版荡,戎马生郊,妖巢犯关,四海傲扰。于时,翠华南幸,生聚流离。先考谓府君曰:"吾血属既多,汝方韶龀,尤须习武,兼保姻亲,兼固宝玉。"府君有力如虎,剑可剸犀,跬步不离,晨昏定省。适会姑魏国庄惠夫人从夫抚宁京洛,徙家郏鄏,旋绾骁雄,累沐渥泽。寻迁检校刑部尚书兼御史大夫。

(以上是业绩,230字)

呜呼哀哉！瘤疹不救，以贞明六年十月二十日午寅奄然即世，春秋四十有七。弥留之际，遗语丁宁，谓令弟曰："圣人达于性，遂于命。汝等恭近于礼，夙夜匪懈，无坠素风。"即以其年十二月十三日庚午葬于寿安县甘泉乡木连村，礼也。

（以上是卒与葬，89字）

有弟二人：仲曰德源，内园使光禄大夫检校司徒守贵州刺史。季曰德雍，六军诸卫左亲事都将检校工部尚书兼御史大夫。并气和貌耸，视履考祥，浴德澡身，绰有余裕。

（以上是弟二人，65字）

夫人胡氏，箴训有仪，言容以德。
嗣子二人：长曰仁颢，次曰小猪。
女二人：长曰柳柳，适杨氏。小曰女女，未偶良疋。
并居丧尽礼，哀毁过人，擗踊绝浆，感于巷陌。

（以上是妻与子女，59字）

呜呼哀哉！乃为铭曰：

聖土本基，前星本鲁。族号储宫，氏因始祖。德合源流，孙谟踵武。派散当今，枝传夐古。其一。

仁慈洽众，孝悌承家。允恭允让，如棣如华。谨身节用，昭俭无涯。慓慓危惧，兢兢去奢。其二。

诵书杏坛，学剑燕市。乡闾省忧，朋友潜喜。善唯让人，过亦称己。气如卜商，志同吴起。其三。

箧有忠传，庭流孝泉。谨于君子，慎出昔贤。彼苍不吊，福善差先。将扃蒿里，永闭新阡。其四。

凄怆姻亲，悲伤行旅。惨惨疏芜，凄凄节序。白兔昼惊，慈乌夜鬻。丹旐归来，青松换去。

□陵谷暗移兮地久天长，此声猷不泯兮万年寒暑。

（以上是铭文，196字）

附件八：张全恩长子之妻苏氏墓志

唐银青光禄大夫检校尚书右仆射兼御史大夫上柱国清河张公故夫人武功苏氏墓志铭并序
将仕郎检校尚书屯田员外郎守河南府司录参军赐绯鱼袋王禹撰

苏之源流，其来夐远。周时有苏公为司寇者，策勋盟府。武王锡温、怀十二邑，实为苏田。厥后派析枝分，华宗贵胄，代济其美，史不绝书。汉徙山东大族于京兆，是为武功人焉。

（以上是序，66字，述先世）

曾祖讳证，皇任岚州长史，赠太仆卿；曾祖妣安定郡君梁氏。祖弘靖，皇任天雄军节度使，赠兵部尚书；祖妣兰陵郡君曲氏。烈考浚卿，皇任河南府密县令；先妣夫人天水赵氏。

（以上是曾祖父母，67字）

夫人即密邑君之长女也。仪范有闻，柔明禀粹。兰芳玉洁，早庆于金闺；率礼蹈和，动循于彤史。才逾笄年，遂适仆射清河公。
公器量深沉，机权奥妙，冲澹雅符于君子，操修迥契于古人。武□当年，擅颜高之弓矢；道隆晚岁，咏潘岳之闲居。
公即故怀州刺史太保公之冢子也。太保公，齐王令公亲仲弟也。始平郡君冯夫人，仆射公之先妣也。闺门贵盛，辉映一时。
当齐王节制洛师之始，太保公分总兵戎，控临河上。时密邑大夫为孟州纠，以是得议姻好。

及纳采叶吉，结缡称□，睦族流芳，肥家著誉。养舅姑以孝敬，接娣姒以雍和。令淑之规，中外所美。繇是仆射公推敬之道，每如实焉。矧复懿德馨香，徽猷婉娩，恭顺既臻于妇道，仁慈式见于母仪。
（以上是联姻与夫妻事迹，246 字）

方保遐龄，遽终大数，迈美疹而经岁，饵良药而不瘳。暗类隙尘，潜随阅水。俄以同光三年夏五月二十三日殁于洛阳章善里之私第，享年五十。即以其年秋九月十三日葬于河南县梓泽乡宋村，从先茔之原，礼也。
（以上是丧与葬，82 字）

有子三人：长曰铁哥，次曰刘奴，季曰娇儿，并禀训义方，修身家检。丁是荼蓼，悉处苫庐，哀慕无时，茕茕在疚。
（以上是儿子，41 字）

仆射公情深伉俪，义切丝萝，悲冥寞之不回，悼声光之永谢。将安窀穸，载树松楸，虑谷变陵迁，庶刊石纪事。特回重旨，猥及非才。禹以悉迹门栏，备详规范，请编素行，谅无愧辞。搦管悲凉，谨为铭曰：
　　武王锡邑，司寇开基。起家袭庆，闲世标奇。
　　是生淑人，爰配令德。中外推贤，闺门表则。
　　养舅姑兮叶妇仪，育雅孺兮形母慈。
　　结沉痼兮不达医，逐逝波兮无复追。
　　阡陌新兮白昼昏，窀穸设兮玄夜分。
　　安寿堂兮闭贞魂，留懿行兮庆后昆。
（以上是撰志原委及铭文，163 字）

附件九：张全恩女婿暨张全义下属王禹墓志

唐故朝议郎尚书屯田员外郎前河南府长水县令赐绯鱼袋琅琊王君墓志铭并序
前摄河南府长水县主簿将仕郎试秘书省校书郎李鸾撰并书

爰自立一成宗，贯三为祖，表天下之攸注，乃圣中之所分，裔推王风，始定为氏。
（以上是序，30字）

府君讳禹，字端己。曾讳秘，祖讳倚，父讳庚，佐一同三语之任，膺秩宗独座之资，时代虽遥，声光克播，演诸前庆，流于后昆。
（以上是曾祖父三代，46字，无母）

府君神采云融，形仪岳立，守器乃百川赴海，怀仁如万物迎春。笔妙换鹅，词清吐凤，绰有令誉，郁为嘉贤。
于大唐天祐二年起家，以处士征，除授许州扶沟县主簿。逾岁，以养亲解任。
次权理缑氏，征督有方，首毕无倦。
（以上是布衣起家，82字）
故齐王于天祐八年尹正洛京，以表上闻，降即真命，兼锡银章，奄丁母忧，不俟考秩。府君母清河张氏，奚□月轮之美，但留风谢之悲。
除缺［阕］，授检校尚书屯田员外郎守渑池县令。化洽三善，路惭拾遗，惠溢乡闾，清留星岁。
次权摄本府司录参军，既标千里之姿，诚为一府之望，旋加朝议郎，仍锡真命。

次守长水县令，民怀绥抚，感若神明，继历官资，皆成考绩。
（以上是宦业，136字）

何期当皇朝之至鉴，遽阻忧贤；云天道之孔明，胡亏福善。至长兴四年三月二十九日遘疾奄终于洛邑之第，享年五十有二。噫！夫川波自注，难为逝者之悲；梁木方摧，须有坏乎之叹。
（以上是死亡，70字）

府君夫人清河张氏，即故齐王亲弟讳全恩之女也，故齐王之亲犹女也。雍柔立世，令淑成家，先于府君之终也。
（以上是亡妻，43字）

府君有兄四人：三人早谢于世。一人讳麓，居江州长史，先年殁矣；子一人劳谦，虽未居官，亦有聚萤之志。
有姊三人：长适张氏，次适潘氏，并谢于世，次早谢。
有子十人：
（子）三人早丧；嗣子居贞，次子居吉，次子小虫、四哥。
长女一人，适前河南府文参高溥，去岁今年，俱谢于世；次女二人。
（以上是兄弟子侄女，106字）

嗣子居贞，守谦义方，持愿文围，摄少府监主簿，有美称焉。自钟荼毒，苟息朝昏，柴毁居丧，龟从叶吉，即以癸巳岁长兴四年十一月十八日祔葬于河南县平乐乡杜翟里，礼也。
（以上是与妻合葬，67字）

呜呼！泉宫永闭，无期白日之辉；松隧长开，已毕青乌之兆。鸾文非精达，忝孰徽猷，尘府君之佐荣，奉遗嗣之交请。恐迁陵谷，俾就刊镌，为其铭曰：

  皇区硕德，遐布休声。承宗杰出，绍范爰成。
  仁敷政道，风散芳名。月亏日昳，玉折山倾。
  遗嗣号绝，通于昊天。龙分草野，鹤吊松阡。
  长扃美德，永固重泉。芳弭万祀，纪勒贞坚。

（以上是撰志原委及铭文，119字）

附件十：张全义下属左庭训之父左环墓志

□故金紫光禄大夫检校尚书右仆射守柳州刺史兼御史大夫上柱国丹阳郡左公墓志铭并序
将仕郎前守阆州晋安县主簿张枢撰
侄男持念大德继真书

  夫天地晦明，乃□之启闭；阴阳升降，□息之往来。是知三盗同归，万汇俱禀，日月显亏盈之数，人伦有盛衰之期。霜叶露花□为常矣，隙驹风烛谅可伤哉？故仲尼兴川上之悲，声伯有梦中之泣。虽不封不树，理实契于淳无；而以松以川，事乃符于往典矣。

（以上是序，97字）

  公讳环，字表仁，丹阳其郡也。左氏其来远矣，昔仲尼修春秋而丘明传焉，其姓斯著，为代所贵，焕乎前□，经千载不泯，即其□□。

（以上是得姓与历史名人，49字）

  曾澄，守金州刺史；祖玫仲，丰州刺史；父师唐，守亳州团练副使。历代清显，皆列□土茅，咸有令名，为时所重；积善余庆，贻焕子孙，派远源长，根深叶茂，传陈氏之家法，高于公之德门。继有范贤，绍其宗嗣者也。

（以上是曾祖父三代，79字，无母）

　　公龙章凤姿，虎头燕颔，冰玉洁操，水镜澄心。幼则敦诗书阅礼乐，未尝戏弄，卓尔不群，及长则文武兼通，忠孝双备。黄宪之陂澄万顷，靡有扰时；嵇康之松剑千寻，曾无变色。洎乎筮仕，立绩王庭，通变识时，养舒合度。

当梁东平王定难之际，仗钺临镇之初，公即同陟艰危，共立勋业。虽居军旅，罔异宾朋，每于宴寝，独事嘉奖。上常谓从事曰："为吾心腹，作我爪牙，惟左公矣。"是年即疆境虽清，抚遏斯重，须求英俊，以奏辖司。

寻奏迁左马步都虞候。命之才下，人已皆从，威声霜飞，令行风偃，内外清肃，奸回屏除，咸谓得人。

□爽公举，上恩酬厥绩□称其功，即乃奏论，□降恩命，寻授金紫光禄大夫检校尚书右仆射守□〔柳〕州刺史。丹霄颁命，皂盖扬风，雄名振而轪已去山，隼旟张而珠光归浦。雅符令望，颇叶群心，正切著才，来允赴郡，风云共济，情契与深。

（以上是业绩，286字，文武兼通）

　　至乾宁四年十二月三日寝疾薨于汴州安叶私第，享年四十五。呜呼！功成名遂身退，天之道也。

（以上是死亡，37字）

　　公乃早婚于巨鹿郡魏氏夫人，即郓州别驾长女也。当公分符之年，锡邑号曰巨鹿，县君从夫之贵，尽在于斯矣。县君令淑素著，贤行早闻，爰自笄年，以配君子，常备如宾之敬，宁亏举案之仪。严洁□盛，只奉禋祀，以至闺门肃睦，鸾凤和鸣，四德俱彰，九族咸奉，光于内外，悉禀箴规。县君自怀柔顺，未尝闻喜愠形于颜色。心同珪璧，投烈焰以弥坚；操兼松筠，凌严霜而益茂。奉事丧祭，曾无倦焉。

（以上是妻子，150字）

　　公有子三人，有女三人：
长曰昭远，银青光禄大夫检校右散骑常侍，端庄植性，礼乐持身，因衔命遐藩，殁于王事。
次曰昭迪，苦志萤光，将期鹏化，因从传癖，□至疾缠，殁于学院。
其次曰庭训，事于今河南齐王令公，累迁剧职，继王重难，令掌丧事，即其子也。
女一人适于右龙骧军使张彦威，次女适于右千牛卫将军赵宝能，其子婿偕终王事，不尽天年，其次女适于终州护军裴敬思，各有儿女二人，俱在襁褓。

（以上是子女，156字）

　　县君以慈爱为志，抚念疚心，孀女外孙，并育于家，咸至长立。县君常谓庭训曰："惟人与我，始曰顺孙，恤幼字孤，继我长世。"于是哀戚无辍，疾疹斯缠，有加无瘳，殁于洛阳永泰里，甲子毕于壬午岁，享年五十六，即以甲申岁十一月二十六日自汴州迁于洛阳，祔于河南县金谷乡尹村，礼也。

（以上是亡妻抚孤持家与死亡，110字）

　　庭训早从义方，素秉纯孝，每于奉甘旨，候颜色，虽往哲志孝，无以加也。洎丁凶衅，不与生焉，以日继时，长洒高柴之血，从荒至毁，几裂曾参之头，大事斯营，命余为志。枢伏以岁寒分异，交契情深，虽惭荒芜，不获辞让，敢从其命，乃作铭云：

　　维岳之灵，维人之英。如金之利，如松之贞。如玉之润，如水之清。勋从乱著，才为时生。功成名遂，身逐波倾。

令范垂风，其惟巨鹿。柔顺肥家，贤淑殷福。□□芳兰，莹同寒玉。云掩月沉，天青水渌。子孙诜诜，惟门之盛。

棠棣韡韡，惟家之庆。□□鸰原，兄爱弟敬。手足是伤，急难徒咏。抑有三女，素□贤行。秋水月圆，春桃露净。俱从德门，形端影正。

继世令子，惟余哲人。秉心志孝，竭力致身。瓶罄罍耻，毁形伤神。松楸既植，茔域斯陈。泉扃永闭，瘗于贞珉。

（以上是铭文，258字）

韩重镌字

附件十一：张全义下属张濛墓志

梁故金紫光禄大夫检校尚书右仆射前守柳州刺史兼御史大夫上柱国张府君墓志铭并序

朝议郎前行左武卫长史任光嗣撰

粤自轩后，子各以所理事为氏，有造弦弧、张网罗，世掌其职，因命氏焉。其后学纵横之术于鬼谷，遂相强秦；授韬略之书于圯桥，因匡大汉。继有贤杰，简不绝编，自汉以降，宗族之盛，史谍详矣。

（以上是序，73字，述得姓与历史名人）

府君讳濛，字子润，其先清河人也。曾讳懿，朝议郎前陕州夏县令。祖讳瑶，将仕郎试右武卫仓曹参军。考讳頵，前盐铁巡覆官试太常寺协律郎；妣皇甫氏夫人。

（以上是曾祖父三代，61字，只有母亲）

府君美姿仪，魁躯干，少勤儒学，将修乡举。及冠，长于公理而祖仁本义，率礼蹈和，负济物之材，多不羁之论。

今居守魏王，昔在怀覃，将建勋业而切于求士，乃早知其名，即召居麾下，乃授以右职，掌其要司。

及保厘洛邑，得询其旧贯，或创以新规，咸合庙谋，待遇日厚。

魏王握六军兵符，移八镇旄钺，不离尹正大任，尝兼国计剧司，余三十载间，军书要妙，民籍殷繁，皆悉委之，无不通济。

洎太祖奄有寰区，魏王首为推戴，创宫闱以萧制，备法驾于汉仪。咸自魏王独济其事，既支用益广而案牍尤繁，仗其勾稽，甚省浮费，遂录其劳上奏。以开平四年九月十三日，自检校兵部尚书转检校右仆射，授柳州刺史。太祖因召对便殿，颁赐奖谕，至于再三。府君始以尽节许主，不贪其荣，固请不之所任。

（以上是业绩，264 字）

呜呼！天不与善，遘疾弥留，贞明二年正月十二日终于私第，享年六十有一。

（以上是死亡，29 字）

府君极事主之道，著立身之名。洁己逊言，师善嫉恶，为世所重，可谓殁而不朽者也。

（以上是盖棺论定，32 字）

夫人汝南宇文氏，柔淑慈爱，表则闺门。

子二人：长曰恪，列河阳军同节度副使职，次曰纬，皆孝敬友悌，禀于天性。

女一人，适太原王氏，亦和门令子也。

（以上是妻子女，57字）

以龟筮不便，未得祔于洛阳县清风乡之先茔。即以其年二月十七日葬于河南县梓泽乡宣武原，礼也。

（以上是葬，40字）

光嗣沐其族分，因熟徽猷，既嗣子坚其请，且不独免于辞。而为铭云：
　　伟欤华族，肇自轩黄。望崇宗大，弧造罗张。其一。
　　术师鬼谷，书授圯桥。相显秦国，杰称汉朝。其二。
　　世济其美，是生英才。名扬行著，容睟形魁。其三。
　　筮仕相府，职总要司。民赋兵籍，咸能理之。其四。
　　荣列彤襜，恩隆丹陛。功佐庙堂，孝忠兼备。其五。
　　逝水波长，隙驹尘速。呜呼哲人，爰启手足。其六。
　　九思不无，百行齐有。可比前修，殁而不朽。其七。
　　忽忽浮生，茫茫厚夜。于嗟府君，空遗声价。其八。
　　烟云惨淡，原野苍茫。前引丹旐，言归寿堂。其九。
　　高岸匪乏，深谷虑迁。爰刊贞石，余芳用传。其十。

（以上是撰志原委及铭文，206字）

孤子纬书
李仁玮镌字

附件十二：文武合流与转型表格

刺史至节度使兼任文武，居其职者同时列入治民与治军。

十二-1 武人：张全义家（附件一~六）

	第一代，可知三人，可知婚姻四次	第二代，可知八人，可知婚姻十次	第三代，继业一家六子，可知婚姻两次	第三代，继美一家四子四女
1.1 文武通婚	全义娶文妻储氏	1 全恩长子娶文妻苏氏 2 全恩之女嫁文婿王禹		
1.2 文文通婚		1 敬儒长子继美娶文妻吴氏 2 侄衍娶文妻郑氏		
1.3 武武通婚		1 敬儒长子继美娶武妻冯氏 2 敬儒之女嫁武官储德雍	1 长子季澄娶高氏 2 六子季宣娶李氏	
1.4 平民或不明	1 全义娶姜氏 2 全恩娶冯氏 3 敬儒娶卢氏	1 全义长子继业娶解氏 2 全义次子继升娶葛氏 3 全义次子继升娶储氏 4 敬儒次子继达娶崔氏		
2.1 习文		1 全恩长子：机权奥妙，冲澹雅符 2 全恩三子继升：书每嗤其十字 3 敬儒次子继达：阅礼敦诗 4 侄衍（进士）：经学、辞科	1 长子季澄及其妻，妻父是武人；书法、文章、经史、琴噂；高氏是才女 2 六子季宣及其妻：颇亲诗礼；李氏抚琴	继美长子季康：诗礼有闻、出言有章、书法

续表

	第一代，可知三人，可知婚姻四次	第二代，可知八人，可知婚姻十次	第三代，继业一家六子，可知婚姻两次	第三代，继美一家四子四女
2.2 习武	1 全义：屡有战功 2 全恩：分总兵戎，控临河上 3 敬儒： 3.1 蕴沉机则卫霍连衡，奋妙略则韩彭并辔 3.2 神授英谋，应数而生	1 全义长子继业：累任环卫 2 全义次子继祚：累任环卫 3 全义假子继孙：掌管衙内军队 4 全恩长子：擅颜高之弓矢 5 全恩三子继升：剑耻学于一人 6 敬儒长子继美： 6.1 管衙内亲军、衙内都指挥使 6.2 六韬七略，深知制抚之能 7. 敬儒次子继达： 7.1 总领衙内亲军；累任环卫 7.2 知有机钤、幼习武经、有邓艾之机		

续表

	第一代，可知三人，可知婚姻四次	第二代，可知八人，可知婚姻十次	第三代，继业一家六子，可知婚姻两次	第三代，继美一家四子四女
3.1 仕文（官、职）	1 全义：水运使、泽州刺史、河南尹，曾分别兼领河阳、忠武、天平、陕虢等节度使[1] 2 全恩：怀州刺史 3 敬儒：汝州防御使、博州刺史	1 全义长子继业：郑州防御使、郓宋两镇留后、淄沂二州牧、亳州团练使、河阳留后 2 全义次子继祚：蔡州刺史、河阳留后 3 全义假子继孙：楚、汝州防御使 4 全恩三子继升：太子舍人 5 敬儒长子继美：秘书省校书郎、司农寺丞 6 敬儒次子继达：祠部郎中 7 侄衍：翰林学士、考功郎中	1 二子季荣：太子舍人 2 三子季昇：国子大学博士 张季荀：著作佐郎 3 四子季荀：著作佐郎 4 五子季鸾：度支巡官、大理评事	继美长子季康：荫授国子广文博士

---

[1] 陈尚君：《旧五代史新辑会证》卷63，1971—1979页。

续表

	第一代，可知三人，可知婚姻四次	第二代，可知八人，可知婚姻十次	第三代，继业一家六子，可知婚姻两次	第三代，继美一家四子四女
3.2 仕武（官、职）	1 全义：裨校、泽州刺史、河阳、忠武、天平、陕虢等节度使[1] 2 全恩：怀州刺史 3 敬儒：汝州防御使、右羽林统军使、博州刺史	1 全义长子继业：历任环卫、郑州防御使、郓宋两镇留后、淄沂二州牧、亳州团练使、河阳留后 2 全义次子继祚：曾掌管衙内军队、后右骁卫上将军、蔡州刺史、河阳留后 3 全义假子继孙：曾掌管衙内军队、楚、汝州防御使 4 全恩三子继升：左神武将军 5 敬儒长子继美：管衙内亲军、右金吾卫将军、右卫大将军兼左藏库使、河南府衙内都指挥使、知河阳军州事 6 敬儒次子继达：总领衙内亲军、诸县游弈使、历任环卫	1 长子季澄：右威卫大将军 2 六子季宣：千牛备身	

---

[1] 陈尚君：《旧五代史新辑会证》卷63，1971页。

续表

	第一代，可知三人，可知婚姻四次	第二代，可知八人，可知婚姻十次	第三代，继业一家六子，可知婚姻两次	第三代，继美一家四子四女
4.1 治民	1 全义：泽州刺史、河南尹，曾分别兼领河阳、忠武、天平、陕虢等节度使 2 全恩：怀州刺史 3 敬儒：汝州防御使、博州刺史	1 全义长子继业：郑州防御使、郓宋两镇留后、淄沂二州牧、亳州团练使、河阳留后 2 全义次子继祚：蔡州刺史、河阳留后 3 全义假子继孙：楚、汝州防御使 4 敬儒长子继美：知河阳军州事		
4.2 治武	1 全义：泽州刺史、河南尹，曾分别兼领河阳、忠武、天平、陕虢等节度使 2 全恩：怀州刺史 3 敬儒：汝州防御使、博州刺史	1 全义长子继业：郑州防御使、郓宋两镇留后、淄沂二州牧、亳州团练使、河阳留后 2 全义次子继祚：蔡州刺史、河阳留后 3 全义假子继孙：楚、汝州防御使 4 敬儒长子继美：知河阳军州事 5 敬儒次子继达：诸县游弈使		
4.3 其他		1 敬儒长子继美：左藏库使 2 侄衍：翰林学士、考功郎中	五子季鸾：度支巡官、大理评事	

第二编 世变：社会流动与文武交流

1 先算兄弟三家

1.1 文武通婚：第一代可知婚姻4次，文武通婚1次（25%，全义娶文妻储氏）；第二代可知联姻有10次，文武通婚2次（20%，全恩长子娶文妻苏氏、全恩之女嫁文婿王禹），文文通婚2次（20%，敬儒长子继美娶文妻吴氏、侄衍娶文妻郑氏），武武通婚2次（20%，敬儒长子继美娶武妻冯氏、敬儒之女嫁武官储氏）。

1.2 文武共习：第一代可知3人，皆从武（100%，全义、全恩、敬儒）；至第二代可知8人，4人习文（50%，全恩长子、全恩三子继升、敬儒次子继达、侄衍），7人习武（约87%，继业、继祚、继孙、全恩长子、全恩三子继升、敬儒长子继美、敬儒次子继达），3人并习文武（约37%，全恩长子、全恩三子继升、敬儒次子继达）。

1.3 文武并仕：第一代可知3人为官，3人文武并仕（100%，全义、全恩、敬儒）；第二代可知7人为官，7人任文职（100%，继业、继祚、继孙、全恩三子继升、敬儒长子继美、敬儒次子继达、侄衍），6人任武职（约85%，继业、继祚、继孙、全恩三子继升、敬儒长子继美、敬儒次子继达），6人并仕文武（约85%，继业、继祚、继孙、全恩三子继升、敬儒长子继美、敬儒次子继达）。

1.4 文武并治：第一代可知3人为官，3人文武并仕（100%，全义、全恩、敬儒）；第二代可知7人为官，4人文武并治（约57%，继业、继祚、继孙、敬儒长子继美）。

2 值得注意的是全义第三代继业一家的比例

2.1 文武通婚：可知婚姻2次，武武通婚2次（100%，季澄娶武妻高氏、季宣娶武妻李氏）。

2.2 文武共习：可知6人，2人习文（约30%，季澄、季宣），0人习武。

2.3 文武并仕：可知6人为官，4人任文职（约66%，季荣、季昇、季苟、季鸾），2人任武职（约33%，季澄、季宣）。

2.4 文武并治：0人兼治文武

3 再看敬儒第三代继美一家的比例

3.1 文武通婚：可知婚姻 0 次

3.2 文武共习：可知 8 人，1 人习文（约 13%，继美长子季康），0 人习武。

3.3 文武并仕：可知 1 人为官，1 人任文职（100%，继美长子季康）。

3.4 文武并治：0 人兼治文武。

十二-2 武人：张全义姻亲李罕之家

	第一代，只知一人	第二代，只知二人	第三代，只知一人，可知婚姻一次
1.1 武武通婚			李颢女嫁武官张季宣
2.1 习文	李罕之学儒	李颢：衔命遐方	李颢女：抚琴
2.2 习武	李罕之：屡建军功	李顼：累掌禁兵 李颢：环卫	
3.1 仕文（官、职）	李罕之：光州刺史、怀州刺史、河南尹、河阳节度使、泽州刺史[1]	李顼：历任随、澶、卫、衍等州刺史 李颢：曾临剧郡	
3.2 仕武（官、职）	李罕之：光州刺史、怀州刺史、东南面招讨副使、河阳节度使、泽州刺史、邠州行营四面副都统[2]	李顼：累掌禁兵；历任随、澶、卫、衍等州刺史 李颢：环卫等	
4.1 治民	李罕之：光州刺史、怀州刺史、河南尹、河阳节度使、泽州刺史	李顼：历任随、澶、卫、衍等州刺史 李颢：曾临剧郡	

---

[1] 陈尚君：《旧五代史新辑会证》卷 15，409—414 页。
[2] 陈尚君：《旧五代史新辑会证》卷 15，409、412 页。

续表

	第一代，只知一人	第二代，只知二人	第三代，只知一人，可知婚姻一次
4.2 治武	李罕之：光州刺史、怀州刺史、河南尹、河阳节度使、泽州刺史	李顼：历任随、澶、卫、衍等州刺史 李颢：曾临剧郡	

1 文武通婚：第一、第二代婚姻状况不明。仅第三代可知婚姻一次，是武武通婚。

2 文武共习：第一代可知 1 人，1 人文武兼习（100%，李罕之）；第二代可知 2 人，1 人习文（50%，李颢），2 人习武（100%，李顼、李颢），1 人兼习文武（50%，李颢）。第三代可知 1 人，1 人习文（100%，李颢女）。

3 文武并仕：第一代可知 1 人为官，1 人文武并仕（100%，李罕之）；第二代可知 2 人为官，2 人皆并仕文武（约100%，李顼、李颢）。

4 文武并治：第一代可知 1 人为官，1 人文武并治（100%，李罕之）；第二代可知 2 人为官，2 人皆文武并治（约100%，李顼、李颢）。

十二-3 武人：张全义下属桑拱家

	第一代，可知一人	第二代，可知一人	第三代
1 通婚			
2.1 习文		桑维翰（进士）：粗有文性、善词赋[1]	
2.2 习武			
3.1 仕文（官、职）		桑维翰：掌书记、翰林学士、枢密使、宰相、相州、兖州、晋昌军节度使[2]	

---

[1] 陈尚君：《旧五代史新辑会证》卷89，2731 页。
[2] 陈尚君：《旧五代史新辑会证》卷89，2731—2745 页。

续表

	第一代，可知一人	第二代，可知一人	第三代
3.2 仕武（官、职）	桑拱（珙）：张全义客将	桑维翰：相州、兖州、晋昌军节度使	
4.1 治民		桑维翰：相州、兖州、晋昌军节度使	
4.2 治武		桑维翰：相州、兖州、晋昌军节度使	

十二-4 武人：受张全义推荐之程紫霄父家

	第一代，可知一人	第二代，可知一人	第三代，可知一人
1 通婚			
2.1 习文		父程湖：习《老子经》	程紫霄：晓三洞经诰、讲四子玄言；博通史传
2.2 习武	祖程祢：本将家子	父程湖：右神策军管征马都将	
3.1 仕文（官、职）			程紫霄：左街威仪九华大师
3.2 仕武（官、职）		父程湖：右神策军管征马都将	
4.1 治民			
4.2 治武			

十二-5 文人：张全义姻亲储德充家（附件四）

	第一至二代，可知二人，可知婚姻二次	第三代，可知一人，可知婚姻二次	第四代，可知三人，可知婚姻一次
1.1 文武通婚		姑储氏嫁武人张全义	
1.2 平民或不明	曾祖储亮娶许氏 祖储弘娶石氏	父储赏娶黄氏	储德充娶胡氏

续表

	第一至二代，可知二人，可知婚姻二次	第三代，可知二人，可知婚姻二次	第四代，可知三人，可知婚姻一次
2.1 习文			德充：诵书、六经
2.2 习武			德充：学剑、习武
3.1 仕文（官、职）	不仕	储赏：孟州司马	德源：贵州刺史
3.2 仕武（官、职）	不仕		德源：内园使、贵州刺史 德雍：六军诸卫左亲事都将
4.1 治民		储赏：孟州司马	德源：贵州刺史
4.2 治武			德源：贵州刺史

1 先看上三代

1.1 文武通婚：第一、二代可知婚姻2次，应都是平民通婚。第三代可知婚姻2次，1人文武通婚（约50%，姑储氏嫁武人张全义）。

1.2 文武共习：第一、二代可知2人，有无习文或武难以考究；第三代可知2人，亦无法得知有无习文，但父储赏任一州司马，应懂文。

1.3 文武并仕：第一、二代皆不仕；第三代可知1人任官，1人任文职（100%，父储赏）。

1.4 文武并治：第一、二代皆不仕；第三代可知1人任官，1人治民（100%，父储赏），但无文武并治。

2 第四代储赏一家三子的比例

2.1 文武通婚：可知婚姻一次，应是娶平民。

2.2 文武共习：可知3人，1人兼习文武（30%，储德充）。

2.3 文武并仕：可知2人任官，1人任文职（50%，储德源），2人任武职（100%，储德源、储德雍），1人文武并仕（50%，储德源）。

2.4 文武并治：可知2人任官，1人并治文武（50%，储德源）。

十二-6 文人：张全恩姻亲暨张全义下属王禹家（附件六）

	第一至三代，可知三人	第四代王禹，可知八人，可知三次婚姻	第五代，可知十人，可知婚姻一次
1 文武通婚		王禹娶武人张全恩之女	
1.2 文文通婚			禹女嫁文官高溥
1.3 平民与不明		1 长姐嫁张氏 2 次姊嫁潘氏	
2.1 习文		王禹：笔妙换鹅，词清吐凤	兄麓之子劳谦：聚萤之志 禹子居贞：持愿文闱
2.2 习武			
3.1 仕文（官、职）	曾讳秘、祖讳倚、父讳庚，可能在礼部担任掾属	王禹：许州扶沟县主簿、渑池县令、河南司录参军、长水县令 兄麓：江州长史	禹之子居贞：摄少府监主簿
3.2 仕武（官、职）			
4.1 治民		王禹：渑池县令、长水县令 兄麓：江州长史	
4.2 治武			
4.3 其他			禹之子居贞：摄少府监主簿

1 文武通婚：第一至三代皆不记女性，无法得知婚姻状况；第四代可知婚姻3次，文武通婚1次（30%，文人王禹娶武人张全恩之女）；第五代可知婚姻1次，文文通婚1次（100%，王禹女嫁文官高溥）。

2 文武共习：第一至三代难以考究；第四代可知8人，1人习文（约13%，王禹）；第五代可知10人，2人习文（20%，王居贞，王劳谦）。

3 文武并仕：第一至三代可知3人任官，3人皆属文职（100%，曾祖王秘、祖王倚、父王庚）；第四代可知 2 人任官，2 人皆任文职（100%，王禹、王麓）；第五代可知 1 人任官，1 人任文职（100%，王居贞）。
4 文武并治：第一至三代可知 3 人任官，无人治民或治武；第四代可知 2 人任官，2 人皆治民（100%，王禹、王麓）；第五代可知 1 人任官，也无人治民或治武。

十二-7 文人：张全义下属左庭训家（附件七）

	第一代，可知一人	第二代，可知一人	第三代，可知一人	第四代，可知一人，可知婚姻一次	第五代庭训，可知六人，可知婚姻三次
1 文武通婚					三姐妹全嫁武人
1.2 文文通婚				环娶文妻	
2.1 习文				父环：幼习诗书礼乐，长则文武兼通	长兄昭远：礼乐持身，因衔命遐藩 次兄昭迪：苦治萤光
2.2 习武					
3.1 仕文（官、职）	高祖澄：金州刺史	曾祖玫仲：丰州刺史	祖师唐：亳州团练副使	父环：柳州刺史	长兄？庭训？
3.2 仕武（官、职）	高祖澄：金州刺史	曾祖玫仲：丰州刺史	祖师唐：亳州团练副使	父环：左马步都虞候、柳州刺史	
4.1 治民	高祖澄：金州刺史	曾祖玫仲：丰州刺史	祖师唐：亳州团练副使	父环：柳州刺史	
4.2 治武	高祖澄：金州刺史	曾祖玫仲：丰州刺史	祖师唐：亳州团练副使	父环：柳州刺史	

1 文武通婚：第一至三代皆不记女性，无法得知婚姻状况；第四代可知婚姻1次，文文通婚1次（100%，父左环）；第五代可知婚姻3次，文武通婚3次（100%，左庭训的三个姊妹）。
2 文武共习：第一至三代难以考究；第四代可知1人，1人习文（100%，父左环，长则文武兼通）；第五代可知6人，2人习文（约30%，左昭远、左昭迪）。
3 文武并仕：一至三代可知3人任官，3人皆兼仕文武（100%，高祖左澄、曾祖左玫仲、祖左师唐）；第四代可知1人任官，1人文武并仕（100%，父左环）；第五代任职状况不明。
4 文武并治：一至三代可知3人任官，3人皆兼治文武（100%，高祖左澄、曾祖左玫仲、祖左师唐）；第四代可知1人任官，1人文武并治（100%，父左环）。

十二-8 文人：张全义下属张濛家（附件八）

	第一代，可知一人	第二代，可知一人	第三代，可知一人	第四代，可知一人	第五代，可知三人
1 文武通婚					
1.1 平民或不明			父娶皇甫氏	张濛娶汝南宇文氏	张濛女嫁太原王氏
2.1 习文				濛：少勤儒学，将修乡举	纬：书丹
2.2 习武					
3.1 仕文（官、职）	曾祖懿：陕州夏县令	祖瑶：右武卫仓曹参军	父颙：盐铁巡覆官、试太常寺协律郎	濛：柳州刺史（授但未就任）	恪：河阳军同节度副使

续表

	第一代，可知一人	第二代，可知一人	第三代，可知一人	第四代，可知一人	第五代，可知三人
3.2 仕武（官、职）				濛：柳州刺史（授但未就任）	
4.1 治民	曾祖懿：陕州夏县令		父颢：盐铁巡覆官、试太常寺协律郎	濛：民赋兵籍	恪：河阳军同节度副使
4.2 治武		祖瑶：右武卫仓曹参军		濛：民赋兵籍	恪：河阳军同节度副使

1 文武通婚：第一至二代的婚姻状况难以考究；第三至五代，可知婚姻3次，但联姻对象身分不明，仅2人有地望，可能是家庭条件不错的平民。

2 文武共习：第一至三代难以考究；第四代可知1人，1人习文（100%，张濛）；第五代可知3人，1人习文（20%，张纬）。

3 文武并仕：第一至三代可知3人任官，3人皆属文职（100%，曾祖张懿、祖张瑶、父张颢）；第四代可知1人任官，1人有能力兼仕文武（100%，张濛，被授柳州刺史但未就任）；第五代可知1人任官，1人任文职（100%，张恪）。

4 文武并治：第一至三代可知3人任官，2人治民（约70%，曾祖张懿、父张颢），1人治武（约30%，祖张瑶）；第四代可知1人任官，1人有能力兼治文武（100%，张濛）；第五代可知1人任官，1人兼治文武（100%，张恪）。

附件十三：武人之治与乱表格

1 武人张家

	治	乱
一代	张全义： 1 民生，尤其理财 2 直谏段凝无用，保朱温陵寝 3 防范吏人	张全义： 1 移忠，但最后尽忠朱温 2 司法：人多枉滥；杀监军。 3 杀罗贯以攻郭崇韬，但《旧五代史》将罗贯之冤死比拟为"良玉之微瑕也"。
二代	1 张继业，墓志事功在吏治 2 张继祚，墓志反映时人对刺史的要求是兼顾文武，不管在位者是文是武。	1 张继祚：反叛 2 张继孙：吏治不佳

2 武人李家

	治	乱
一代		罕之 1 移忠至死 2 吏治不佳
二代	李顷：民治	李顷：移忠

附件十四：武家之德，以张敬儒一房为例

武家之德	原文
1 男性品德	继达：雅符全德
忠	继达：公每承恩命，深切知归，或谓宾朋曰："余今之华显者，盖太师齐王余庆所加也。常励志虔心，望隆家报国矣。" 继美：于国尽忠

续表

武家之德	原文
勤	继达：式道持麾，警夜巡昼；统勾陈之卫，拥兰绮之兵。绰有声光，彰乎勤恪 继美：勤劳久著
仁	继美：仁而有严；绰有宽裕；咸谓当仁
孝	继业：纯孝至性 继达：宗族称孝 继美：于家惟孝
友爱	继达：乡党称悌
2 女性品行	
为妻	张全义妻姜氏：德契和鸣，果生贵子，闺门相庆，亲戚咸和
为媳-孝顺公婆	张全义妻姜氏：事上克勤，居中惟敬，执谦有体，守节无违
持家-祭祀睦族	张全义妻姜氏：殆乎四纪，睦于九族；虔禀蒸尝，靡惮寒暑 张敬儒妻卢氏：荐榛栗则不怠于王公，主蘋蘩则无亏于祭祀；主祀能修于法度
女工	张继达之姊：女工妇德，皆有开称者焉；女功兼备，妇德凤闻
礼	张敬儒妻卢氏： 贤明知礼，懿戚有闻 礼□□则，保家克正于闺门
贤	张敬儒妻卢氏：贤明知礼，懿戚有闻；不有母贤，焉生子贵 张继美妻冯氏、吴氏：贤和垂范，柔顺德名
慈	张继达妻崔氏：矜孤抚幼，不可论其慈爱者乎
善应变	张继达妻崔氏：清门禀训，华裔传芳。处闺帏，行君子之风；当制变，有丈夫之度

参考资料：

一、墓志碑文

1. 胡熙载：《李夫人墓志》，罗振玉辑《芒洛冢墓遗文》卷下，新文丰出版编辑部编《石刻史料新编》第一辑，台北：新文丰出版社，1977年，14029—14030页。

2. 胡熙载：《大晋故陇西李氏夫人墓志铭并序》，国家图书馆善本金石组编《隋唐五代石刻文献全编》第二册，北京：北京图书馆出版社，2003年，237页。

3. 胡熙载：《大晋故陇西李氏夫人墓志铭并序》，傅斯年图书馆藏拓片（01650）。

4. 胡熙载撰，周阿根点校：《张季宣妻李氏墓志》，周阿根《五代墓志汇考》，326—328页。

5. 胡熙载撰，陈尚君点校：《大晋故陇西李氏夫人墓志铭并序》，陈尚君《全唐文补编》卷100，1249页。

6. 崔希举：《梁故天水郡夫人姜氏墓志铭》，谢光林编著《洛阳北邙古代家族墓》，621页。

7. 崔希举撰，章红梅点校：《姜氏墓志》，章红梅《五代石刻校注》，51—53页。

8. 唐鸿撰，周阿根点校：《张继业墓志》，周阿根《五代墓志汇考》，157—161页。

9. 唐鸿撰，章红梅点校：《张继业墓志》，章红梅《五代石刻校注》，160—164页。

10. 杨凝式撰，周阿根点校：《张继升墓志》，周阿根《五代墓志汇考》，309—311页。

11. 杨凝式撰，章红梅点校：《张继升墓志》，章红梅《五代石刻校注》，367—369页。

12. 某氏延升：《唐故金紫光禄大夫检校司空知河阳军州事兼御史大夫上柱国清河郡张府君墓志铭并序》，谢光林编著《洛阳北邙古代家族墓》，629—630页。

13. 某氏光逊：《故清河郡君张氏墓铭并序》，吴钢主编《全唐文补遗》

第九辑，424—425页。

14. 杨凝式撰，周阿根点校：《张季澄墓志》，周阿根《五代墓志汇考》，272—277页。

15. 杨凝式撰，章红梅点校：《张季澄墓志》，章红梅《五代石刻校注》，305—309页。

16. 伏琛撰，周阿根点校：《储德充墓志》，周阿根《五代墓志汇考》，90—92页。

17. 王禹撰，周阿根点校：《张君妻苏氏墓志》，周阿根《五代墓志汇考》，162—164页。

18. 李鸾撰，周阿根点校：《王禹墓志》，周阿根《五代墓志汇考》，242—244页。

19. 李鸾撰，章红梅点校：《王禹墓志》，章红梅《五代石刻校注》，278—280页。

20. 张枢撰，周阿根点校：《左环墓志》，周阿根《五代墓志汇考》，140—143页。

21. 任光嗣撰，周阿根点校：《张濛墓志》，周阿根《五代墓志汇考》，58—61页。

22. 任光嗣撰，章红梅点校：《张濛墓志》，章红梅《五代石刻校注》，49—50页。

二、其他资料

23. 某氏光逊：《故清河郡君张氏墓铭并序》，吴钢主编《全唐文补遗》第九辑，424—425页。

24. 某氏延升，《唐故金紫光禄大夫检校司空知河阳军州事兼御史大夫上柱国清河郡张府君墓志铭并序》，谢光林编著《洛阳北邙古代家族墓》，629—630页。

25. 山根直生：《五代洛陽の張全義について："沙陀系王朝"論への応

答として》,《集刊东洋学》114（2016），48—66页。

26. 王昶：《金石萃编》，收入中国东方文化研究会历史文化分会编《历代碑志丛书》第六册，南京：江苏古籍出版社，1998年，据清嘉庆十年经训堂刊本影印。
27. 王钦若等撰，周勋初等校订：《册府元龟》。
28. 王溥：《五代会要》，清武英殿聚珍本。
29. 司马光等撰，标点资治通鉴小组点校：《资治通鉴》。
30. 伏琛撰，周阿根点校：《储德充墓志》，周阿根《五代墓志汇考》，90—92页。
31. 西川正夫：《華北五代王朝の文臣官僚》,《東洋文化研究所紀要》27（1962），211—261页。
32. 西川正夫：《華北五代王朝の文臣と武臣》，仁井田陞博士追悼論文集編集委員會編：《前近代アジアの法と社會——仁井田陞博士追悼論文集第一卷》，东京：劲草书房，1967年，291—314页。
33. 宋衍申主编：《两〈五代史〉辞典》，济南：山东教育出版社，1998年。
34. 李昌宪：《五代削藩制置初探》，收入李昌宪《五代两宋时期政治制度研究》，北京：三联书店，2013年，91—102页。
35. 李翔：《中晚唐五代藩镇文职幕僚研究》，天津：南开大学博士论文，2014年。
36. 李焘撰，上海师范大学古籍整理研究所、华东师范大学古籍研究所点校：《续资治通鉴长编》第二册。
37. 柳立言：《五代治乱皆武人》,《"中央研究院"历史语言研究所集刊》89.2（2018），339—402页。
38. 脱脱等撰，中华书局点校：《宋史》。
39. 陈尚君：《旧五代史新辑会证》。
40. 雷闻：《新见〈程紫霄墓志〉与唐末五代的道教》,《隋唐辽宋金元史论丛》3（2013），115—127页。

41. 刘连香:《张全义与五代洛阳城》,《洛阳工学院学报》20.2(2002),9—12 页。
42. 刘连香:《后晋张继升墓志考》,《河南科技大学学报》22.2(2004),25—28 页。
43. 欧阳修撰,徐无党注,华东师范大学等点校:《新五代史》。
44. Aoyama, Sadao, "The Newly-risen Bureaucrats in Fukien at the Five Dynasty-Sung Period with Special Reference to Their Genealogies," *Memoirs of the Research Department of the Toyo Bunko* 21(1962), pp.1-48.
45. Fang, Cheng-hua, *Power Structures and Cultural Identities in Imperial China: Civil and Military Power from Late Tang to Early Song Dynasties (A.D.875-1063)*, Saarbrücken: VDM Verlag Dr. Müller, 2009.

//
文艺沙龙： 两位枭雄的子女

（李从曮、朱氏、朱友谦、张氏、李茂贞）

柳立言

后晋武官凤翔节度使李从曮之妻楚国夫人朱氏墓志铭并序

一、基本资料

1 性质	墓志
2 题名	新题：后晋武官凤翔节度使李从曮之妻楚国夫人朱氏墓志铭并序 首题：故凤翔节度使秦王赠尚书令李公楚国夫人高平朱氏墓志铭并序
3 时间	死亡、下葬或立石时间 死亡：后汉乾祐二年（949）六月七日 下葬：后周显德五年（958）正月
4 地点	死亡、下葬或立石地点 死亡：凤翔府（陕西宝鸡）私第 下葬：凤翔府岐山县（陕西宝鸡）凤栖乡
5 人物	
墓主	朱氏（899—949）
合葬或祔葬者	夫：后晋武官凤翔节度使李从曮（898—946）
撰者	女婿：后周文官行秦州成纪县令许九言
6 关键词	社会流动、文武交流、品德（价值观念）、婚姻、妇女角色

（责任者：林怡玟、张庭瑀）

二、释文

故凤翔节度使秦王赠尚书令李公楚国夫人高平朱氏墓志铭并序
朝散大夫试大理评事行秦州成纪县令兼监察御史许九言上

  粤若！卫人兴咏，庄姜推贤德之名；周道克隆，文母预功臣之数。岂不以关关叶美，灼灼摘华，彰懿范于一时，飞英声于千古。自天钟秀，何代无人，则我故楚国夫人之谓也。
（以上是序，65字，比拟墓主成就）

  夫人梁祖嫡孙，冀王长女。
王即帝之长子也，讳友谦，字○○〔德光〕。[1] 处亲贤之地，力赞经纶；当禅代之时，首分茅社。初司留于陕服，后节制于蒲津。旋属季弟临朝，嗣君失德，惧奸臣之构乱，思转祸以图安。观三气于晋阳，瞻乌送款；求援师于陈宝，插羽论亲。果因协比之谋，克就中兴之业，书诸信史，载在丰碑。
母燕国夫人张氏，生本将家，称为贤妇。赞梁室惟新之兆，宣王门内佐之风，国人咸赋于鹊巢，帝泽遂封于石窌。
夫人之兄，○○○○○○○○○○○并蝇头学赡，鲤腹书精，爰从问礼之庭，皆□专征之任。貂皮蝉翼，装冠冕以临民；虎节龙旌，拥貔貅而制敌。或登坛于左辅，或推毂于许田；三戟交门，万石当世。
（以上是祖父母二代及兄弟，约221字，明言母亲乃将家之女，而兄弟允文允武）
  先秦王素称霸业，奄有关畿，四海仰之为真人，诸侯奉之为盟主。后秦王以地居冢嫡，任在股肱，方作翰于回中，兼握兵于岐下。五彩百

---

[1] 陈尚君：《旧五代史新辑会证》卷63，1985页。

两,亲迎有期,纳吉问名,御轮无爽,结援宁同于郑忽,捧匜孰愧于怀嬴。

(以上是公公及丈夫,79字,篇幅远逊父家)

　　夫人诞自皇闱,育于朱邸。幼则谢公庭际,咏飞絮以称奇;长则齐主宫中,破连环而震誉。言足以中规矩,行足以睦宗亲,才足以助弥纶,智足以辩邪正。总是具美,归于令门,致允叶一方,非寻常之四德。蘋蘩筐筥,无违祭祀之仪;丝竹宫商,洞晓铿锵之妙。始号高平县主,改封楚国夫人。

祖为帝而父为王,兄为相而弟为将;夫乃霸君之子,身为贤王之妻。享富贵以无双,治闺门而有法。

(以上是本人事迹,147字,篇幅也超过公公和丈夫)

　　嗟乎!青天甚远,痛偕老以莫谐;只翼堪伤,抱沉疴而不起。未毕三年之制,已萦二竖之灾,兼之以盗据城池,公行剽掠,因兹骇愕,遂至弥留。大汉乾祐二年己酉岁六月七日殂于凤翔府私第,享年五十一。权殓于中堂之奥室。

(以上是死亡,86字)

　　有子一十三人,曰:永熙、永吉、永义、永忠、永幹、永粲、永嗣、永浩、永胜、永嵩、永固、永载、永济。
女七人:长适兰陵萧渥,次适高阳许九言,次适供奉官赵延祚,次适左龙武统军赵匡赞,次适前鄜州节院使焦守珪,两人幼而在室。

(以上是子女及婿,84字,子无官、荫及妻)

　　颍川郡夫人蔡氏,中郎远裔,太守名家。叔隗偝来,我则推贤而让善;孟子云卒,此乃继室者何人。

(以上似是丈夫之妾或次妻,37字)

且以骨未化于重泉，时已经于一纪，痛心疾首，叩地号天。大周显德五年岁次戊午正月〇〇日，用大礼葬于岐山县凤栖乡，祔秦王之新茔也。昔日凤凰之卦，式叶同心；此时松槚之坟，别封偃斧。良有以也，何足道哉！惨行路以若斯，闭英魂而已矣。

（以上是葬，97字）

九言门馆下吏，儒墨承家，偶趋上国以立身，幸忝真王之择婿。今则方拘十室，无由伸临穴之哀，虽奉八行，□〔不〕那之〔乏〕碎金之作。多惭漏略，勉副指踪，罔惮斐然，强为铭曰：

帝王之子兮王公之妻，富贵莫二兮今古莫齐。
智可照奸兮才堪助理，行必合道兮言且中规。
金石丝竹兮悉穷其妙，织纴纂组兮罔违其道。
柔良内积兮无爽和鸣，贤善外彰兮式歌窈窕。
颜如蕣英兮未及中年，痛彼歼夺兮遽遘沉绵。
不医不卜兮愿从下土，有始有卒兮庶叶终天。
郡号辛勤兮率励诸子，菲食薄衣兮送归蒿里。
英魂烈魄兮宅此佳城，万古千秋兮识兹名氏。

（以上是撰志原委及铭文，208字）

（责任者：林怡玟、张庭瑀）

（指导者：李宗翰）

三、个案研究

李从曮妻朱氏（899—949）墓志的背后有一件惨绝人寰的政治冤案。朱氏祖先三代均出身行伍，父亲朱简甚至一度沦为盗贼，后投靠藩镇，在互相攻杀之中扶摇直上，约904年成为宣武等三镇节度使梁王朱全忠的义子，改名友谦，"编入属籍，待遇同于己子"。[1] 后梁代唐，得授河中节度使并封冀王。912 年，另一位义子友珪弑全忠自立，友谦不愿入觐，友珪遣大军五万攻之。友谦与河东节度使晋王李存勖结盟，大败梁兵。墓志也不讳言，谓其"季弟临朝，嗣君失德，惧奸臣之构乱，思转祸以图安。观三气于晋阳（李存勖），瞻乌送款；求援师于陈宝（李茂贞），插羽论亲。果因协比之谋，克就中兴之业，书诸信史，载在丰碑"，可见亦跟凤翔节度使岐王李茂贞连手和论婚，即朱氏婚姻之由来。众所周知，朱全忠的死敌首数存勖和茂贞，义子却去结盟。

913 年初，末帝杀友珪，友谦阳奉正朔。920 年初，友谦攻取同州，请以儿子令德为帅。末帝不许，友谦又叛，与存勖大败梁兵，令德亦接受存勖颁授的节旄，成为同州节度使，可说跟后梁恩尽义绝。923 年，存勖灭梁，是为后唐庄宗，对来朝的友谦说："成吾大业者，公之功也"，亦即墓志所谓"果因协比之谋，克就中兴（李唐）之业"，友谦依旧为河中节度使。[2] 925 年，赐姓名李继麟，编入属籍，友谦乃由朱梁的义子变成李唐的义子，同时获赐免死铁券，儿子令德和令锡分拜遂州和许州节度使，一门三镇，子侄为刺史者又十多人，即墓志所说的"或登坛于左辅，或推毂于许田，三载交门，万石当世"，是朱家最贵盛的时候，但旋即身死族灭。

926 年，友谦因不能满足宦官及伶官等人的索贿，被诬告有异志。友谦不听幕僚劝阻，单车入朝以自明，反遭杀害，令德和令锡也就戮于镇所。最悲惨也最英烈的一幕，是官兵到河中诛杀朱家二百余口，友谦妻子张氏替其中的婢仆请命，最后只杀朱氏骨肉百口。张氏又出示免死铁券说："此是皇帝去年所赐之物，妇人不知书，此上有何言语。"[3] 充分反映五代君臣难以互信，君不义于臣，岂能求臣以忠。墓主因已出嫁，

---

[1] 陈尚君：《旧五代史新辑会证》卷 63，1986 页。
[2] 陈尚君：《旧五代史新辑会证》卷 63，1989 页。
[3] 陈尚君：《旧五代史新辑会证》卷 63，1992 页。友谦似乎相当敬重张氏，传说其宠妾得罪张氏，便被友谦杀死，见同书卷 63，1989—1990 页。

逃过一劫。[1] 庄宗旋即被部下所杀，明宗继位，下诏替友谦昭雪。此桩冤案丝毫不见于墓志，但指出张氏是墓主之母，"生本将家"，诚是巾帼英雄。假如有隐恶的话，是替庄宗而非替朱家隐。

尽管刀光血影，友谦和妻子又出自武人之家，但将门之中已有文风。首先，友谦对文人幕僚讲究礼数，甚至诸多容忍。[2] 其次，墓志说朱氏的兄弟"蝇头学赡，鲤腹书精，爰从问礼之庭，皆□专征之任。貂皮蝉翼，装冠冕以临民；虎节龙旌，拥貔貅而制敌"，[3] 既兼学文事与武功，也兼治民政与军政。又说"兄为相而弟为将"，兄应指令德在925年赐姓李，以同州节度使、检校太保、同平章事为遂州节度使，[4] 墓志因其同平章事之名而称之为相，其实是使相，不是出将入相的宰相；弟应指令锡，同时以顺义军节度使为许州节度使，[5] 故称为将。其实节度使兼治民事与军事，墓志如此措词，自是为了强调一门将相，允文允武。同样，墓志说朱氏本人"幼则谢公庭际，咏飞絮以称奇；长则齐主宫中，破连环而震誉"，在战乱分裂之世既有文学，又有外交机智，或兼有胜过男儿之意。又说她"言足以中规矩，行足以睦宗亲，才足以助弥纶，智足以辩邪正。……蘋蘩筐筥，无违祭祀之仪；丝竹宫商，洞晓铿锵之妙"，完全具备跟文臣妻女一样的条件，又似乎多了将家女的才与智。可惜的是，无一具体例证，我们试看她的另一半。

朱氏的夫婿李从曮（又名继曮、曮，898—946）可称儒将。其父李茂贞跟其岳父朱友谦一样，出身军伍，于唐末驻守京师长安，凭战功向

---

[1] 有谓庄宗亦打算诛杀其夫李从曮，见陈尚君《旧五代史新辑会证》卷133，4135页。
[2] 陈尚君：《旧五代史新辑会证》卷63，1987页。
[3] 众多释文大致均作"皆未专征之任"，如未有专征之任，则下文"虎节龙旌，拥貔貅而制敌"不易解，何况朱令德确曾帅师出征，一次袭同州，一次援助郭崇韬，见欧阳修《新五代史》卷45，493页；陈尚君《旧五代史新辑会证》卷33，949—950页；卷63，1990页。令德和令锡出任节度使，独当一面，亦难说未有专征之任。诸释文见王凤翔《跋五代李从曮妻朱氏墓志》；周阿根《五代墓志汇考》601页；《全唐文》卷7，11252页；《全唐文新编》（长春：吉林出版社，2000年）卷859，10854—10855页。
[4] 陈尚君：《旧五代史新辑会证》卷33，961—962页。
[5] 陈尚君：《旧五代史新辑会证》卷32，889页。

上流动。茂贞亦非本名，原姓宋名文通，在885—886年扈从僖宗入蜀，建立大功，赐名李茂贞，天子亲为制字曰"正臣"，[1] 可见当时的赤胆忠心，旋拜凤翔节度使，拥有了自己的江山。不过几年（891），茂贞就因争夺地盘，违反新皇帝昭宗（在位889—905）的诏旨，而昭宗屈从，"自是茂贞恃勋恣横，擅兵窥伺，颇干朝政，始萌问鼎之志矣"，[2] 最后以挟持昭宗、胁杀大臣、焚掠长安、挑战朱全忠留名青史。904年，因茂贞进逼，早就打算篡位的朱全忠挟逼昭宗迁都洛阳，"时朝士经乱，簪裳不备，简（朱友谦）献裳百副，请给百官，朝容稍备"，[3] 可见友谦跟茂贞对没落中的大唐曾一度怀着难以言喻的感情，冒着危险维护它的生命和尊严，虽然最后都舍之弃之。同年，全忠杀昭宗。

《旧五代史·李茂贞本传》详述其跋扈不臣，但在传末提到他有两大优点，都跟品德有关，且有具体例证：一是"性至宽"，以诚待人，用人不疑，又以和为贵，调和军兵的相争，颇得军心；二是尽孝，"母终，茂贞哀毁几灭性，闻者嘉之"。缺点是御军整众并无纪律，"与夫细柳、大树之威名，盖相远矣"。[4]《新五代史》说茂贞"亡唐"，是极为严重的批评，但也记下他相当重要的优点，都跟治民有关："茂贞居岐，以宽仁爱物，民颇安之。尝以地狭赋薄，下令榷油，因（揭榜）禁城门无内松薪，以其可为炬也。有优者（安辔新）诮之曰：'臣请并禁月明。'茂贞笑而不怒（，遂寝前榜）。"[5] 欧公以前两句表扬他的爱民，随即提供具体事例，以示他有容人之量和勇于更改不便于民的政令。

此外，他由武学文。《旧五代史》说他"多智数，军旅之事，一经耳目，无忘之者"，是赞美他的军事才能，而《旧五代史新辑会证》注

---

[1] 陈尚君：《旧五代史新辑会证》卷132，4121页。
[2] 陈尚君：《旧五代史新辑会证》卷132，4122页。
[3] 陈尚君：《旧五代史新辑会证》卷63，1986页。
[4] 陈尚君：《旧五代史新辑会证》卷133，4130页。
[5] 欧阳修：《新五代史》卷40，432页；陈尚君：《旧五代史新辑会证》卷133，4132页。

以《北梦琐言》，谓他曾聘请《三传》学者王利甫讲《春秋》，"利甫古僻性狷，然演经义文，亹亹堪听，茂贞连月听之不倦"，[1] 是赞美他的文事。《琐言》的撰者孙光宪（？—968）是五代末年的文人，接着说："武臣未必轻儒，但未睹通儒，多逢鄙薄之辈，沮其学善也，惜哉"，[2] 既赞美王利甫是通儒，也承认茂贞能够容忍儒者的僻狷，而且努力学文。根据妻子刘氏墓志，刘父曾任凤州防御判官，属于文职，刘氏"学文师古，对不屈于兄言"，又"道韫篇章"，似亦能文；女婿有一位是凤翔节度判官，一位是推官，从职官来看可能是文人。[3] 总之，将门之中已有文风。那么，他的儿子能否继承他的优点，避免他的缺点？

李从曮是长子，尽数承袭了父亲的优点。首先，他亦有智数。虽然含着银匙降世，却非宅男，且颇识天下大势。茂贞跟朱全忠屡战屡败，元气大伤，但仍拥有七州之地，前面的道路有两条：一是继续对抗，二是投诚。后唐代梁，茂贞遣从曮入觐，也是观风，从曮决定跟从岳父，建议父亲臣服。不久父亲去世，从曮接受后唐的任命，继任凤翔节度使。一年之后（925），后唐大举伐蜀，任命他为供军转运应接使，从曮"竭凤翔蓄积以馈军"，[4] 显示他的忠心。朝廷把他东移西调，离开根据地，他一一奉命，使凤翔免于战火。他去世后才两年（948），新任凤翔节度使王景崇反汉，次年败死。[5] 墓志说其寡妻朱氏"未毕三年之制，已萦二竖之灾，兼之以盗据城池，公行剽掠，因兹骇愕，遂至弥留"，即指此事。武人作乱，纵使是煊赫一时的节度使世家也难免于祸。墓志直言墓主不得善终，大抵是藉此抒发对乱世的不满吧。

第二，他亦宽厚。《旧五代史》说"左右或有过，未尝笞责"；[6]

---

[1] 陈尚君：《旧五代史新辑会证》卷133，4132页。
[2] 孙光宪：《北梦琐言》卷13，上海：上海古籍出版社，1981年，101页。
[3] 宝鸡市考古研究所编著：《五代李茂贞夫妇墓》，179、182页。
[4] 司马光：《资治通鉴》卷273，8939页。
[5] 陈尚君：《旧五代史新辑会证》卷103，3124—3126页、3163页。
[6] 陈尚君：《旧五代史新辑会证》卷132，4135—4136页。

《册府元龟》把他列入将帅部之"器度",因为他不计前嫌,替一位违命将被处死的监军求情,"虽不允,时议嘉之",或"士人以此多之",赢得文人的掌声。求情不是滥好人,而是因为监军"守凤翔,军民无所扰",[1] 反映他以民为重。

第三,他亦以吏治留名。933年,凤翔节度使潞王李从珂(后唐末帝)以清君侧为名,从凤翔起事,"悉取天平节度使李从曮家财甲兵以供军。将行,凤翔之民遮马,请复以从曮镇凤翔,帝许之",并实践诺言。[2] 百姓为何拥戴从曮?《旧五代史》说他有田千顷和竹千亩,"恐夺民利,不令理之,致岐阳父老再陈借寇之言",《新五代史》亦说"惧侵民利,未尝省理,凤翔人爱之"。[3]

第四,他能文,如善笔札书画。

第五,他有君子之风,又优礼士人,且与之缔婚。他"进退闲雅,慕士大夫之所为,有请谒者,无贤不肖皆尽其敬。镇于岐山,前后二纪,每花繁月朗,必陈胜会以赏之,客有困于酒者,虽吐茵堕帻而无厌色"。[4] 替他母亲撰写墓志的鱼崇远(崇谅)就曾被他表荐为凤翔观察支使,后至翰林学士。[5] 门下的儒士,包括赵逢(见《成功儿子的背后》)[6] 和朱氏墓志的撰者许九言。九言在墓志自谓"门馆下吏,儒墨承家,偶趋上国以立身,幸忝真王之择婿",是从曮的二女婿,可见从曮之爱惜文才,竟以女儿低就门客。撰志时九言担任县令,三女婿任供奉官,四女婿任左龙武统军,五女婿是前任节院使。一门之中,齐集文、武两官和军官。入宋之后,九言出任太祖的岭南转运判官和太宗的岭南转运副使,似属清廉兼能干,《续资治通鉴长编》加上一句"转运判官,

---

[1] 分见王钦若《册府元龟》卷431,4881页;《新五代史》卷40,433页。
[2] 司马光:《资治通鉴》卷279,9103页。
[3] 陈尚君:《旧五代史新辑会证》卷132,4136页;欧阳修:《新五代史》卷40,433页。
[4] 陈尚君:《旧五代史新辑会证》卷132,4135页。
[5] 宝鸡市考古研究所编著:《五代李茂贞夫妇墓》,178—183页。
[6] 脱脱:《宋史》卷255,9257页。

自九言始也"。[1] 儿子李永吉出任数镇行军司马，看来允文允武。[2]

第六，他避免了父亲治军无纪律的缺点。两《五代史》都说他性情柔和，事实上他能战，且严于御军。《资治通鉴》说他"厚文士而薄武人，爱农民而严士卒，由是将士怨之。会发兵戍西边，既出郊，作乱，突门入城，剽掠于市"。从曜没有妥协，率亲兵大败之。[3]

两《五代史》对他唯一的批评，是旧史说他"无节操"，具体事例是入觐时厚赂庄宗皇后，"时以为佞"，[4] 但新史不取，大抵认为这样做是为了凤翔的安危，而多于个人的荣辱。[5]

从曜的弟弟从昶历任统军，应能武功，"生于纨绮，少习华侈，以逸游燕乐为务，而音律图画无不通之。然性好谈笑，喜接宾客，以文翰为赏，曾无虚日。……凡历三镇，无尤政可褒，无苛法可贬，人用安之，亦将门之令嗣也"，[6] 其实是极度文人化的武臣，其文才足以中举，亦可算儒将。短短一段文字，揭露武人要赢得文人认同所需要的一些条件：品德、文才、人际关系、吏治、传家。

要言之，从李家和朱家身上，可看到数点：

1. 大家长李茂贞和朱友谦都是军士出身，凭战功成为一代枭雄，两《五代史》为之立传，但两人并不轻文，家中都注意文教，茂贞本人请儒士讲《春秋》，又至少将两位女儿嫁给幕下文人。将门之中，已有文风。
2. 将门之女，如张氏，在就戮之前镇定如常，使百多位仆婢逃出生天，实胜过许多男子汉，姑称之为武风。其女朱氏若能兼有文风与武风，实胜过有文风而无武风的士大夫妻女。时人是否欣赏文武兼备之女性，尚待探讨。

---

[1] 徐松辑：《宋会要辑稿》食货49，台北：新文丰出版公司，1976影印北平图书馆1936年缩影本，3页；李焘：《续资治通鉴长编》卷13，288页。

[2] 陈尚君：《旧五代史新辑会证》卷132，4136页。

[3] 司马光：《资治通鉴》卷281，9196也。

[4] 陈尚君：《旧五代史新辑会证》卷132，4135页。

[5] 另一解释，参王凤翔：《晚唐五代秦岐政权研究》，207—208页。

[6] 陈尚君：《旧五代史新辑会证》卷132，4137页。

3. 将门之子，若能文武兼备，也胜于只有文风没有武风的士大夫子弟。事实上，高官厚禄所带来的习文条件，如收藏书画和举办沙龙，李家和朱家绝对胜过绝大多数的文臣。李从曮和从昶的才艺不见得输于文人，他们不时主办文酒之会，反映他们的自信，也反映身边不乏文臣子弟互相切磋，而且十分可能有其他武人子弟参与，有助文武交流。另一切磋对象是父亲和自己的文人幕僚，见面的机会更为频繁，既谈公事，也论文学。两批人马都有可能发展成为姻家；诸婿之中，文臣、武臣和军官俱集，也可增进文武的了解和交流，避免文武相轻。

4. 对善政的要求是超越文武的。李茂贞和从曮都因为有爱民不侵民的具体事迹备受赞扬，史家说李从昶"无尤政可褒，无苛法可贬"，乍看是多余的话，其实反映时人对吏治的强调。[1] 当然，当时不知有多少文官的吏治也是乏善可陈，实不足以此轻视武人。武人治民，可依赖幕僚。

5. 对品德的要求也是超越文武的。李茂贞因孝顺而闻者嘉之，从曮因宽厚而士人多之；具有品德的武人，应不被文人所轻。孝和恕不难做到，比较引起争议的自是忠。李茂贞和朱友谦都不算忠臣，《旧五代史》对友谦冤狱的评论是"友谦向背为谋，二三其德，考其行事，亦匪纯臣，然全族之诛，祸斯酷矣，得非鬼神害盈，而天道恶满乎"。[2] 似乎既归咎于他的不忠，也责难于他的权势过盛如一门三镇，但朱氏墓志并不为之隐，似乎当时不以为不忠。五代的"忠"应如何研究，实费思量，大

---

[1] 有谓此两句或是《旧五代史》引用《史记》"奉法循理之吏，不伐功矜能，百姓无称，亦无过行"的循吏典范，对李从昶作出高度的赞美，不是描述其治理乏善可陈。如是，就更能增强拙文的论点，武人第二代不但文武兼资，而且文武兼治，五代治乱皆武人。不过，是否如此，恐怕不能单从典故来看，而应从史料的上下文来看。《旧五代史》附传说："从昶生于纨绮，少习华侈，以逸游燕乐为务，而音律图画无不通也。然性好谈笑，喜接宾客，以文翰为赏，曾无虚日。复笃信释氏，时岐下有僧曰阿阇梨，通五天竺语，为士人所归。从昶凡历三镇，无尤政可褒，无苛法可贬，人用安之，亦将门之令嗣也。"其中并无一个吏治的实例，我们也遍搜不获，实在不必冒险单凭典故去推测其治民实绩。一个典故往往有多重含义，有时好坏并存，例如李从曮妻子朱氏的墓志称她"长则齐主宫中，破连环而震誉"，应指其机智，不会暗讽她与意中人私通。不过，有时亦可能一语双关，同指优点与缺点，请看《段元妃遇上邵献子》。众所周知，段元妃死得凄惨，为何用这典故？

[2] 陈尚君：《旧五代史新辑会证》卷63，1993页。鬼怪之说见1992页。

抵应站在当时人而非后人的立场。

6. 要改革五代的重武轻文,平衡文武权力的比重,恐怕还需要武人自己动手。李从曬重文士轻武人,又爱农民严士卒,引起兵变,可见改革者必须有镇压武人之能力,首选自是武人。宋代的文武平衡出自太祖和太宗之手,先凭自身是武人的条件摄服一众武将,再凭制度的建立稳固文武的权力关系,才能走出武人乱政的阴影及改变五代的权力结构。后来的崇文抑武,既有文化之争,也有权力之争;若武人能够才兼文武,那文人往哪里去?

(执笔者:柳立言)

参考资料:

一、墓志碑文

1. 张九言:《李从曬妻朱氏墓志》,周绍良主编《全唐文新编》卷859,长春:吉林出版社,2000年,10854—10855页。
2. 张九言:《故凤翔节度使秦王赠尚书令李公楚国夫人高平朱氏墓志铭并序》,傅斯年图书馆藏拓片(01642)。
3. 张九言撰,周阿根点校:《李从曬妻朱氏墓志》,周阿根《五代墓志汇考》,600—603页。
4. 王凤翔:《跋五代李从曬妻朱氏墓志》,《文博》2008.5,57—61页。
5. 王凤翔:《晚唐五代秦岐政权研究》,西安:三秦出版社,2009年。

二、其他资料

6. 王钦若等撰,周勋初等校订:《册府元龟》。
7. 司马光等撰,标点资治通鉴小组点校:《资治通鉴》。
8. 李焘撰,上海师范大学古籍整理研究所、华东师范大学古籍研究所点校:《续资治通鉴长编》。

9. 孙光宪撰,林艾园点校:《北梦琐言》,上海:上海古籍出版社,1981年。
10. 徐松辑:《宋会要辑稿》,台北:新文丰出版公司,1976影印北平图书馆1936年缩影本。
11. 张九言:《故凤翔节度使秦王赠尚书令李公楚国夫人高平朱氏墓志铭》,《唐文续拾》,收入董诰等编《全唐文》(北京:中华书局,1983年)卷7,11252页。
12. 张九言:《李从曮妻朱氏墓志》,周绍良主编《全唐文新编》卷859,10854—10855页。
13. 张九言撰,周阿根点校:《李从曮妻朱氏墓志》,周阿根《五代墓志汇考》,600—603页。
14. 脱脱等撰,中华书局点校:《宋史》。
15. 陈尚君:《旧五代史新辑会证》,上海:复旦大学出版社,2005年。
16. 欧阳修撰,徐无党注,华东师范大学等点校:《新五代史》。
17. 王凤翔:《跋五代李从曮妻朱氏墓志》,《文博》2008.5,57—61页。
18. 王凤翔:《晚唐五代秦岐政权研究》,西安:三秦出版社,2009年。
19. 宝鸡市考古研究所编著:《五代李茂贞夫妇墓》,北京:科学出版社,2008年。

成功儿子的背后
（石金俊、元氏、石仁赟）

林思吟

后唐武官北京飞胜五军都指挥使石金俊妻元氏墓志铭

一、基本资料

1 性质	墓志
2 题名	新题：后唐武官北京飞胜五军都指挥使石金俊妻元氏墓志铭 首题：大周故北京飞胜五军都指挥使银青光禄大夫检校司空兼御史大夫上柱国赠左骁卫将军石公妻河南郡太夫人元氏墓志铭并序
3 时间	死亡、下葬或立石地点 死亡：后周广顺三年（953）正月三日 下葬：后周显德二年（955）三月三日
4 地点	死亡、下葬或立石地点 死亡：义州（河南新乡）官舍 下葬：洛阳（河南洛阳）河南县平乐乡朱阳里
5 人物	
墓主	元氏（871—953）
合葬或祔葬	夫：后唐武官北京飞胜五军都指挥使石金俊（879—936）
求文者	三子：后周武官义州刺史石仁赟
撰者	后周文官直史馆赵逢

		续表
6 关键词	社会流动、文武交流、业绩、品德、婚姻、妇女角色、墓志笔法与史学方法	

（责任者：林明）

二、释文

大周故北京飞胜五军都指挥使银青光禄大夫检校司空兼御史大夫上柱国赠左骁卫将军石公妻河南郡太夫人元氏墓志铭并序
朝散大夫行左拾遗直史馆赵逢撰

　　夫结缡配贤夫，师女训，正家道于内。承家教，令子奋仁勇，书战勋于册。没世有良嗣为郡守，护轊车以归，较其享遐龄、具丰福，如太夫人者鲜矣！
（以上是序，55字，比拟墓主成就）

　　夫人姓元氏，怀州成怀人，自垂髫，值唐季离乱，家没于兵革，遂养于叔舅。叔舅复早世，孤养于舅母。族谱世系，与家俱丧，故莫得详焉。太夫人及笄之岁，柔明之誉盈于乡里，将军府君闻其贤淑，乃纳征而授室焉。
（以上是家世及出嫁，81字）

　　府君名金俊，朔州神武川上方城人也。幼善骑射，习司马兵法，长与豪侠游。牛马谷量，世为强族。初，委质事唐代祖武皇帝，以勇干□〔分〕主卫兵，甚见亲用。
洎庄宗皇帝复仇于梁室，按兵于孟津，积军旅之劳，累迁银青光禄大夫检校尚书左仆射兼御史大夫上柱国，充北京飞胜五军都指挥使。凡下坚城、攻坚阵，谋无不臧，动无不克；临戈矛畏之若神，抚士卒慕之如父。

明宗皇帝以府君貔貅良将、丰沛故人，制授资州刺史。对曰："臣生于朔漠，本以弓马□〔自〕效。夫人性少则刚果，遂衽金革，历事三帝，幸蠲败军失律之衅。今已老矣，支体获全，矧不达为政，岂敢以方州为累乎？愿复丘园，守先人坟垄为乐矣。"上不夺其志，锡赉加等，优诏许之。

以长兴七年六月二十一日遘疾卒于太原之私第，享年五十八。天福四年，赠检校司空。八年，赠左骁卫将军。嗣子今义州太守仁赟，以天福三年十一月七日卜迁于西京河南县平乐乡朱阳里，从吉兆也。

（以上是丈夫之功业、卒、葬，323字）

    太守，府君第三子，素以勇敢忠义闻于时。当晋高祖潜跃之际，以宗属授□骑右第三军指挥使。及刺京邑，累迁至兴顺右第一军都虞候。天福七年，安从进叛于汉南，掠我樊、邓，太守与监护陈思让首破从进于唐州花山，大歼其党。从进独以身窜，鼻辛胁息，闭关自固。洎大军□〔守〕之，不期月而城溃，始由太守拉爪摧牙之力矣。晋高祖嘉其功，授兴顺左第三军都指挥使，复以戡兵之效，帝念攸隆。九年（后晋出帝），授护圣左第六军都指挥使兼维州刺史。

十二年（后汉高祖即位），迁护圣右第四军都指挥使兼连州刺史。乾祐元年三月，迁护圣左第二军都指挥使。六月，授推诚翊戴功臣金紫光禄大夫检校司徒德州刺史。

（后周太祖）广顺元年七月，改授检校太保义州刺史。

凡至理所，屏强暴，恤孤茕，非常赋不妄录，非故罪不妄刑。暴客知禁，苛吏自循，戍卒忘归，边戎咸辣，故二郡之民不易俗而化。太祖皇帝尚□严之理，厚乃眷之恩，将被宠灵，遽丁艰疚。

（以上是儿子之功业，315字）

三年正月三日，太夫人薨于义州官舍，享年八十三。太守茹荼衔疚，护丧归洛，以显德二年三月三日祔葬于先将军司空之茔，礼也。

（以上是卒、葬，51字）

初，太夫人之养于外氏，伤幼丁荼毒，洎至成人，言无先唱，容常惨如。针缕鞶囊之绩，夙夜自勤。洎归将军府君，彰内助之风，繁克昌之胤。虽太守建隼列郡，太夫人常以严正训之，太守亦如童孺增畏。是故天子降玺书，始封乐安县太君，进封河南郡太君，改封河南郡太夫人，从子贵也。

（以上是成就，109字）

嗣男三人：长喜子，次三留，未幼学之年，咸遇疾而夭；次义州太守。

女三人：长适耿氏而早世；次字归乡，才成童儿，殂殒；次审贞，幼厌□劳，遂圆顶委身于薄伽梵，功行具修，为真释子。

孙男八人：长公山，次婆儿，皆早世；次怀德，右番殿直；次怀密，前义州衙内指挥使；次怀忠，前义州衙内都虞候；次怀义，前义州子城使；次九哥，不育于襁褓；次小厮儿。

孙女五人：长适太原王氏；次字瞻瞻，年始笄；次字宠宠，未笄而逝；次美美；次喜喜。咸能禀严励之训，执孝敬之道，凤跱鸾跄，风流霞举。

（以上是子、女、孙，183字）

惜乎！没者不得成蹊于琼林珠树，继莫京之绪，亦可悲哉！太守与逢，敦后凋之契，以悬窀有日，命家老列状于仆，请为志铭。仆不能文，但以昔年任兰台郎，求假适义州，获升堂拜太夫人，亲慈懿之风，熟贞良之德，乃纵笔直纪官、婚而已。至于惇序姻族，惠恤臧仆，立嘉言，积善行，非作传不能周叙其事。勉抽鄙思，乃作铭云：

　　覆载为器，造化为权。万物迁革，暑雨祁寒。圆首方足，贵其两端。既富且寿，人之所难。

第二编　世变：社会流动与文武交流　　217

琦欤夫人，繁兹令族。夫赠将军，子为郡牧。八十三年，享斯丰福。以古方今，罕齐芳躅。

懿行弥著，闺门克昌。乃子乃孙，为龙为光。浮休之速，于何不常。喟然叹息，贞淑云□。

孝子孝孙，柴毁骨立。□慕之恸，血继其泣。祔彼先茔，归于京邑。欲报之恩，终身何及。

(以上是撰志原因及铭文，251字)

（责任者：林明、施天宇）

（指导者：山口智哉、李宗翰、柳立言、刘祥光）

三、个案研究

军官石金俊（879—936）妻子元氏（871—953）的墓志铭首句说："夫结缡配贤夫，师女训，正家道于内；承家教，令子奋仁勇，书战勋于册。没世有良嗣为郡守，护辒车以归，较其享遐龄、具丰福，如太夫人者鲜矣。"以元氏成功扮演贤妻和严母，作为她一生最大的功业。那位良嗣兼郡守是一位武臣，既继承了父亲的武功，立命沙场，也受到母亲的影响，成就吏治。

父亲石金俊"幼善骑射，习司马兵法，长与豪侠游。牛马谷量，世为强族"，以战功步步上升至后唐的北京飞胜五军都指挥使，但当明宗（926—933在位）以"貔貅良将，丰沛故人"之故，派他出任资州刺史时，他以四个理由婉拒：其一，用非所长，弓马才是他的强项；其二，性情刚果，不适合民事；其三，不懂为政之道，恐连累地方；其四，老矣，其实不过五十左右。前三点明白道出军官向文发展的困难，但亦可能跟种族有关。他出自朔漠，可能是沙陀等外族，不过他"习司马兵法"，似已接触汉人文化，死后葬于洛阳而非归葬太原，儿子仁赟是一代良吏，相差才一代而已，难说外族就不能吏治（比对第二册《沙陀王朝武人刺史卖剑买牛》)。学人也认为,民族色彩在五代之世已经淡出。[1]金俊退休回到太原,58岁死去,后唐也变为后晋。

三子仁赟是石家唯一的继承人,"素以勇敢忠义闻于时",应属军事上的表现。他的前途没有受改朝换代所影响,墓志说后晋高祖石敬瑭(936即位)"以宗属,授□骑右第三军指挥使",可见上述的"故人"和现在的"宗属"都是向上流动的因素,作用因时而异。不久(942),仁赟便在一场明载史籍的战役立下功劳,逐步以禁军的诸军都指挥使遥领至实授诸州刺史(944—948),而后晋也变为国祚只有四年的后汉(947—950)。后周太祖郭威即位(951),仁赟为正任义州刺史。不像父亲为政不达,他"凡至理所,屏强暴,恤孤茕,非常赋不妄录,非故罪不妄刑。暴客知禁,苛吏自循,戍卒忘归,边戎咸辣,故二郡之民不易俗而化"。这里有多少事实?《册府元龟》把他列入《牧守部·仁惠》,因为他"为义州刺史,言贫户残税无可输者,臣以俸代纳之";[2]又把他列入《牧守部·谴让》,他"为申州刺史,世宗显德五年(958)十一月责授右清道府率。先是,命诸道州府悉于京师创修邸院,时仁赟方为郡守,不时禀命,故黜之"。[3]我们难以考究他为何不愿意创建官舍作为地方官吏在京师居住和办事之处,可能是为了节省民财,但至少知道他不是因为吏治不佳受到谴责。那么,母亲对他有何影响?

墓志说母亲元氏来自一个有着"族谱世系"的家庭,我们相信至少

---

[1] 见邓小南《祖宗之法:北宋前期政治述略》(北京:生活·读书·新知三联书店,2014修订版),82—104页《五代宋初统治人群中民族色彩的淡出》,又见樊文礼《唐末五代的代北集团》(北京:中国文联出版社,2000年)208—222页《沙陀的汉化》和248—254页《文人在五代政权中的地位》。山根直生亦指出,在洛阳如此重要的地方势力,其治理、用人、婚姻等,均少见沙陀影响,见其《五代洛陽の張全義について:"沙陀系王朝"論への応答として》(《集刊东洋学》114 [2016],48—66页);又见山根直生撰,山口智哉、曾美芳译《何人?何時?何地?——后周至北宋初原型民族主义再考》(余蔚、平田茂树、温海清主编《十至十三世纪东亚史的新可能性》[上海:中西书局,2018年],46—84页)。要之,皇帝是沙陀人,不一定表示政治、经济、吏治等都受沙陀因素影响。沙陀影响以军事较为明显,不少藩镇亲兵出自沙陀等外族,有时兵骄逐帅,后来有些遭到大批屠戮。

[2] 王钦若:《册府元龟》卷675,7779页。

[3] 王钦若:《册府元龟》卷699,8080页。

是读书识字的家庭。她在唐末战乱之中沦为孤儿,养于叔舅,墓志接着说:"叔舅复早世,孤养于舅母。"乍看似属多余的话,再读则觉得她受到委曲。果然,墓志插入丈夫和三子的大段事迹后,旧事重提:

> 初,太夫人之养于外氏,伤幼丁荼毒,洎至成人,言无先唱,容常惨如。针缕鞶囊之绩,夙夜自勤。洎归将军府君,彰内助之风,繁克昌之胤。虽太守建隼列郡,太夫人常以严正训之,太守亦如童孺增畏。是故天子降玺书,始封乐安县太君,进封河南郡太君,改封河南郡太夫人,从子贵也。

"从子贵也"四字,道尽了母子关系:严母出贤子,子贤使母贵。母之严,来自对民间疾苦的亲身感受,可成为儿子吏治的箴绳。

同侪和朋友亦可供武将取法。同侪有墓志指名道姓提到的陈思让,与仁赟同时立下战功,在《宋史》有传,说他"累历方镇,无败政,然酷信释氏,所至多禁屠宰,奉禄悉以饭僧,人目为'陈佛子'。身没之后,家无余财"。[1] 既是善恶俱陈,无败政和不好财应属可信,史载邢州的官吏和耆老四十人诣阙请他留任。他武臣出身,也是一位懂得方略的军官,"连丁内外艰,时武臣罕有执丧礼者,思让不俟诏,去郡奔丧,闻者嘉"。也许让武人晓得,尽孝和守礼也是博得名声的方法。又有武臣刘永,母亲之"哀讣至","君闻之,号恸殆绝,扶而后起。表乞营葬,制夺不允,而纯孝之性,追慕无已",可谓异曲同工(见第二册《不问苍天》)。[2]

朋友有墓志撰者赵逢。赵任职史馆时休假路过义州,仁赟请他与母亲相见,故后来愿意替她撰写墓志。从升堂拜母来看,仁赟相当赏识赵逢,赵逢也自称二人有情比松柏的"后凋之契"。赵逢以文人起身,后

---

[1] 脱脱:《宋史》卷261,9038—9040页。
[2] 《北宋西头供奉官閤门祇候刘永墓志》,《全宋文》卷580,234页。

来允文允武，得以在《宋史》立传。[1] 赵的父亲是牙校，死于武将周德威之手，然而德威没有杀掉年幼的赵逢，反让他跟诸子一同就学，可见武将的下一代是会读书的，也开启了赵逢的从文之路。进士登科之后，接连担任后汉、后周和北宋的史职、知制诰、中书舍人、枢密院直学士、给事中，最后竟权知贡举，充分反映他的能文，难以取代。作为撰写敕诏的文臣，必须随同皇帝作战，他却假装坠马伤足不能从征，被宋太祖外贬。从征固然有生命危险，也是文人经历作战的机会，这应是众多担任藩镇幕宾的文人接触以至熟悉武事的原因。后来出知四川，遇到盗贼攻打阆州州城，他防御有功，大获太祖欢心，其实他在事平之后，"诛灭者近千家"，[2] 所为与武夫何异？妻子去世，太祖不让他返京，竟下诏营葬。对能文且武的官员，太祖似乎有意栽培，征伐北汉（969）时以他为随军转运使。他主动要求太祖派他参与聚水攻城的计划，在烈日下亲课力役，从此卧病，六年后（975）死去。他"性刚直，有吏干。……扬历清近，所至有声，然伤惨酷，又言多诋讦，故缙绅目之为'铁橛'"，《宋史》对他的盖棺论定是"果断之士，而独尚严酷"，[3] 似乎也适用于武人。另一个文武相得的例子是大文学家宋白与鸷将张琼："（宋白）年十三，善属文，多游鄂、杜间，尝馆于张琼家。琼武人，赏白有才，遇之甚厚。白豪俊，尚气节，重交友，在词场名称甚著。"[4] 也许武人跟刚直以至强悍的文人不难意气相投，成为好友。

总之，五代末期的石仁赟战功彪炳，位至刺史，职兼文武，且成良吏。他的武功应得益于父家，是个牛马谷量、豪客满门的世家强族。父亲不但幼善骑射，而且深明兵法，以战功向上流动，位至后唐明宗的禁军指挥使，却婉拒外任刺史，主要理由是用非所长、性情刚果，不适合

---

[1] 脱脱：《宋史》卷270，9257—9258页。
[2] 李焘：《续资治通鉴长编》卷7，165页。
[3] 脱脱：《宋史》卷255，9279页。
[4] 脱脱：《宋史》卷439，12998页。

民事，又不懂为政之道，恐连累地方，说出了武人向文流动之难。仁赟含着银匙降世，没有成为纨绔子弟，且在《册府元龟》之《牧守部》以仁惠留名，可能跟母亲有关。墓志"从子贵也"四字道尽母子关系：严母出贤子，子贤使母贵。据说母亲家中有世系族谱，似为士人家庭，但在兵荒马乱之中家破人亡，成为孤女，饱尝人间冷暖，后成严母，对贵为刺史的仁赟不假辞色。墓志特别指出仁赟"屏强暴，恤孤茕"，应是谨从母训，堪称"孝子"。他的武人同侪也有良吏和得到时人称赞的孝子，如一起立下战功的陈思让，彼此可以交换吏治经验和互相打气。他亦跟文人为友，如替母亲撰写墓志的赵逢，当能借助他们治理百姓。掌握了施政的大方针，若有着能干的下属，武将也可以成为循吏。武人或以接受儒家的礼法来争取文人的认同，文人亦可能学武来争取武人的认同，如赵逢既可以知贡举取文士，也可以攻城池开杀戒，颇有武人之风。五代文武的交流和双向影响，可能超过我们的想象。

（执笔者：林思吟）

（指导者：柳立言）

参考资料：

一、墓志碑文

1. 赵逢：《大周故北京飞胜五军都指挥使银青光禄大夫检校司空兼御史大夫上柱国赠左骁卫将军石公（金俊）妻河南郡太夫人元氏墓志铭并序》，吴钢主编，《全唐文补遗》，454页。

2. 赵逢：《大周故北京飞胜五军都指挥使银青光禄大夫检校司空兼御史大夫上柱国赠左骁卫将军石公（金俊）妻河南郡太夫人元氏墓志铭并序》，傅斯年图书馆藏拓片（13128、12848）。

3. 赵逢撰，周阿根点校：《石金俊及妻元氏合祔墓志》，周阿根《五代墓志汇考》，552—555页。

4. 赵逢撰,章红梅点校:《石金俊妻元氏合祔志》,章红梅《五代石刻校注》,609—612页。
5. 茹孝标撰,刘琳校点:《故西头供奉官閤门祇候刘君墓志铭并序》,曾枣庄、刘琳主编《全宋文》卷580,234—236页。

二、其他资料

6. 山根直生:《五代洛陽の張全義について:"沙陀系王朝"論への応答として》,《集刊東洋学》114(2016年),48—66页。
7. 山根直生撰,山口智哉、曾美芳译:《何人?何时?何地?——后周至北宋初原型民族主义再考》,余蔚、平田茂树、温海清主编《十至十三世纪东亚史的新可能性》,上海:中西书局,2018年,46—84页。
8. 王钦若等撰,周勋初等校订:《册府元龟》。
9. 李焘撰,上海师范大学古籍整理研究所、华东师范大学古籍研究所点校:《续资治通鉴长编》。
10. 脱脱等撰,中华书局点校:《宋史》。
11. 邓小南:《祖宗之法:北宋前期政治述略》。
12. 樊文礼:《唐末五代的代北集团》,北京:中国文联出版社,2000年。

武人何辜

（李涛、汪氏）

林明、杨景尧

南吴左右拱圣军统军武官李涛妻颍川/歙州县君汪氏墓志铭并序

一、基本资料

1 性质	墓志
2 题名	新题：南吴左右拱圣军统军武官李涛妻颍川/歙州县君汪氏墓志铭并序 首题：□□□〔义〕赞□□□〔明功臣〕□左右拱圣军统军光禄大卿检校太□〔傅〕□□□□〔上柱国〕赵郡开国□〔伯〕食邑七百户李涛□□□□〔故妻颍川/歙州〕县君汪氏墓志铭并序
3 时间	死亡、下葬、志文撰写或立石时间 死亡：大吴顺义四年（924）十月 下葬：大吴顺义四年（924）十二月
4 地点	死亡、下葬或立石地点 死亡：大吴江都府（江苏扬州）私第
5 人物	
墓主	汪氏（873—924）
撰者	夫：南吴左右拱圣军统军武官李涛（861—932）
6 关键词	社会流动、文武交流、品德

（责任者：王子涵、林明）

二、释文

□□〔匡〕□〔义〕赞□□□〔明功臣〕□左右拱圣军统军光禄大卿检校太□〔傅〕□□□□〔上〕□□〔柱国〕赵郡开国□〔伯〕食邑七百户李涛□□□□〔故妻颍川／歙州〕县君汪氏墓志铭并序
□□……□□〔□吏将仕郎前□□□□□书〕

　　□君□□□□年齐□童子跨执干戈，□□□〔卫社稷〕。□□……□□胄，代有□人，后居□□〔颍川／歙州〕而为望焉。
(以上是序，残缺严重，难算字数，下同)

　　皇王父讳□，皇考讳□，朝议郎。皇曾祖王母许氏，皇王母赵氏，□□……〔皇〕……□□县君。因长史守官句水，遂□□……□祖官有家谍焉。有嗣子五人，或职□□……□□咸曰老成。有女四人。
(以上是父祖三代及兄弟姊妹)

　　县君自许嫁之年，便归□□〔太傅〕……□□户帘垂，不以奢侈为意，绿窗□□……□□。
太傅纵宏谋而殄长蛇，姌巨槊而□□……□□分茅历阳，剖符吉水，□□……□□县君乃于故唐天祐二年承□□……□□瞥之贵也。
于大吴顺义四年十月□□……□□私第，享年五十有二。以当年□□……〔十二月〕……□□礼也。
呜呼！松欲秀而风折□□……□□问，亲族凝恨，中外痛心。□□……□□将防于□□□□〔谷变陵迁〕。
(以上是出嫁、丈夫、死亡及下葬)

□□……〔勒〕……□□或□□词曰：

□□……□□〔含〕酸茹叹，染笔□□……□□。人生百年，惟荣与□〔贵〕。□□……□□。关雎显德，麟趾传芳。□□……衣……□□婴肌，人已云亡，薤露日晞，歌悲□□。行洁闺闱，事光简牍，其□如□，其人如玉。霜陨秋兰，风惊晓烛。懿范空存，感伤亲族。□□……〔白草〕……□□，□□□□〔黄云结愁〕。五尺荒坟，千秋□□〔万年〕。

（以上是撰志原委及铭文）

（责任者：王子涵、林明、杨景尧）

（指导者：刘祥光）

三、个案研究

这是丈夫替妻子撰写的墓志，故只记下书者姓名而无撰者。难得的是丈夫是一位武将，可惜的是墓志极为残缺，以下是一些片断，或可见李将军之能文：

人生百年，惟荣与□〔贵〕。□□……□□。关雎显德，麟趾传芳。□衣□□□□婴肌，人已云亡，薤露日晞，歌悲□□。行洁闺闱，事光简牍，其□如□，其人如玉。霜陨秋兰，风惊晓烛。懿范空存，感伤亲族。□□……〔白草〕……□□，□□□□〔黄云结愁〕。五尺荒坟，千秋□□。

根据宋人路振的《九国志》，李涛的祖父是唐朝的杭州刺史，[1] 父亲是寿安县令，可谓文人世家。本人"涉书史。会唐末四方盗起，乃投笔从

---

[1] 路振：《九国志》，收入《二十五别史》卷2，28页。有谓是诗人李远，见缪荃孙等纂修《江苏省通志稿》8，南京：江苏古籍出版社，2001年，255页。

军",浴血沙场。僖宗光启三年(887)爆发淮南之乱,节度使高骈被秦彦所杀,李涛随刺史杨行密讨秦,名为"义举"。有一次敌众我寡,诸将打算坚壁固守,李涛愤慨地说:"今以顺伐逆,岂论众寡",请缨出战,大败敌军。行密最后成为淮南节度使(892),颇有治绩。行密死(905),有部下拟拥立异姓,"涛曰:'都统符印是昭皇(唐昭宗)御翰所赐,(吴)王父子(杨渥)承袭,用在不疑。苟付他人,中外安仰?'诸将以其辞正,皆伏义"。史家分别用了两个"义"字,似乎有意凸显李涛具有大义名分的价值观,作为行事的原则。后来他攻越被俘,释还后继续担任军职,写墓志时是左右拱圣军的统军。

他写得好不好?罗振玉批评他把祖父(大父)的古称皇父或王父写作皇王父,"殊不可通。涛,武人,固不当以文事责之也"。缪荃孙等则认为,"涛,武人",墓志首句"□□……年齐□童子踦执干戈卫社稷",用上《礼记》汪锜年幼战死的典故,文字如"行洁闺闱,事光简牍"和"霜陨秋兰,风惊晓烛"等亦颇秀逸,其"少涉书史,其信然欤"。[1]两个评论都强调"武人",可见五代武人不擅文史的看法实在根深蒂固。对性取向敏感的现代学人则可能批评用典欠周,或怀疑李涛隐隐为同性恋张目,因为汪锜固然被孔子称赞英勇,也是著名的嬖僮。其实不少典故都有正反两面,应顺着上下文来理解。

从墓志可知,他的妻子出身文人家庭。先人曾在地方上担任长史,父亲有着朝议郎的文散官,家里有家牒。乱世的文人家庭,大抵不大介意跟由文转武的家庭缔婚,产生文武并举的下一代。唐末五代在政治上固然右武轻文,但是否在社会上促进了文武的结合?

总之,墓主之夫李涛成长于唐末乱世,才兼文武,凭武功向上流动。他的文,应来自中层文臣世家的教育,足替妻子写下文采动人的墓志。他的武,表现在随杨行密平淮南之乱,以寡胜众。他的品德有忠和义,

---

[1] 缪荃孙等纂修,江苏省地方志编纂委员会办公室点校整理:《江苏省通志稿》8,25页。

如平定淮南之乱名为义举、行密死后更坚决拥立其子杨渥而非异姓。墓主出身中下层文人家庭而嫁给武官李涛，为文武通婚。五代的文人也许不惮于跟武人联婚，促进了社会中下层的文武交流。墓主丈夫贵为禁军统军，不找名士代笔而亲手撰写妻子墓志，可知其受丈夫重视，也可看到妻子的地位高低或多少决定于丈夫。

（执笔者：林明、杨景尧）

（指导者：柳立言、刘祥光）

参考资料：

一、墓志碑文

1. 李涛：《□□□〔义〕赞□□□〔明功臣〕□左右拱圣军统军光禄大卿检校太□〔傅〕□□□□〔上柱国〕赵郡开国□〔伯〕食邑七百户李涛□□□□〔故妻颍川／歙州〕县君汪氏墓志铭并序》，傅斯年图书馆藏拓片（01634）。

2. 李涛：《李涛妻汪氏墓志》，罗振玉校录《淮阴金石仅存录补遗》，新文丰出版编辑部编《石刻史料新编》2，台北：新文丰出版社，1979年，7030—7031页。

3. 李涛：《李涛妻汪氏墓志》，缪荃孙等纂修，江苏省地方志编纂委员会办公室点校整理：《江苏省通志稿》8，南京：江苏古籍出版社，2001年，254—255页。

4. 李涛撰，周阿根点校：《李涛妻汪氏墓志》，周阿根《五代墓志汇考》，148—149页。

5. 李涛撰，陈尚君点校：《□□义赞明功臣□左右拱圣军统军光禄大卿检校太傅□□□□上柱国赵郡开国伯食邑七百户李涛故妻颍川县君汪氏墓志铭并序》，陈尚君辑校《全唐文补编》卷156，1914—1915页。

6. 李涛撰，章红梅点校：《李涛及妻汪氏墓志》，章红梅《五代石刻校注》,742—743 页。

二、其他资料

7. 路振撰,连人点校:《九国志》,收入刘晓东等点校《二十五别史》,济南:齐鲁书社,2000 年。

杀兄代父枕边人

（冯继业、程氏、宋白）

周余沾、林思吟、陈昱宗

北宋武官定国军节度使冯继业之妻某氏墓志

一、基本资料

1 性质	墓志
2 题名	新题：北宋武官定国军节度使冯继业之妻某氏墓志 首题：大宋故□□……□□
3 时间	死亡、下葬或立石时间 死亡：北宋太平兴国八年（983）二月六日 下葬：北宋太平兴国八年（983）五月五日
4 地点	死亡、下葬或立石地点 死亡：东京（河南开封）甲第 下葬：洛都（河南洛阳）祔先夫之茔
5 人物	
墓主	某氏（931—983）
合葬或祔葬	夫：北宋武官定国军节度使冯继业（926—977）

续表

撰者	北宋文官中书舍人或集贤殿直学士或翰林学士宋白（936—1012）[1]
书丹者	北宋文官前翰林待诏司徒俨（？—983后）[2]
6 关键词	文武交流、品德、婚姻、妇女角色、墓志笔法和史学方法

（责任者：林思吟、陈昱宗）

二、释文

大宋故□□……□□
□□……□□〔紫金鱼袋宋白撰〕
□□……□□

　　稽列女□□□□□□□□□□□□□□□□□□□□□□□□□〔有举按之贤，为母未善，若〕乃挺闺□□□□□□□□□□□□□□□□□□□〔之道者，今见于〕广平郡□□□□□□

（以上是序，约71字，以古代列女之事功比拟墓主广平郡君）

　　□□□□□□□□□□□□□□□□□□□〔将，画凌烟之像。〕曾祖守□□□□□□□□□□□□□□□□□□□□□□□□〔县君。祖广，皇任汉州刺史；〕祖母张□□□□□□□□□□□□□□□□□□□□□□□□□〔天水郡君；皆忠肃恭懿，贞专令淑。〕王室知□□□□□□□□□□□□□□□□

---

［1］太平兴国八年正月，宋白以中书舍人的身份"复典贡部，改集贤殿直学士，判院事。未几，召入翰林为学士"，并确知七月已为翰学，见脱脱《宋史》卷439，12999—13000页；李焘《续资治通鉴长编》卷24，537、548页。

［2］司徒俨在太祖开宝七年已为翰林待诏，见梁周翰《大宋新修商中宗庙碑铭》，《全宋文》卷51，238—239页。

□□□□

（以上应为得姓、先世及曾祖父三代，约115字）

　　□□□□□□□□，□〔于铜台，族号金穴；椒花〕柳絮□□□□□□□□□□□□，此夫人之女功也。
□□□□□□□〔戚，作嫔侯家；〕百两三星□□□□□□□□，此夫人之妇德也。
石窈□□〔封〕，□□□□□〔鱼轩在御；诗〕书礼乐□□□□□□□□□□，此夫人之母仪也。

（以上是为女及入门，约91字）

　　夫人之为□□□□〔命妇，称小君〕辅佐□□□□□□□□□孝宗族推贤，旁则娣姒欢心，侄媵受□〔赐〕，□□□〔至于疎〕属贱隶□□□□□□□□□□□，□□□如鳞介之宗神龙，煦煦然若婴儿之□□□□□〔归慈母；苟非〕如坤之□□□□□□□□□□烛幽，则焉有令问令望，如玉如金，若斯之□□〔盛欤〕。

（以上是为妇，约110字）

　　□〔故〕侍中公□□□□□□□□□□□□之崇高，春露秋霜之威惠，斯乃夫人柔□□□□□□□□□□。

（以上是亡夫成就，约42字，归功于妻）

□□□〔男孟曰〕说、仲曰讷，并列紫庭；季曰证，年少未仕；皆文武□□〔兼资〕，忠良挺□。□□□□□□□□□□□〔长〕适曹氏，次适康氏，皆金张贵胄，簪组名臣，少为皇子卫□□□□□□□□□璧丽天，永作皇家之庆，斯乃夫人义方之教，善诱而成之也。

（以上是子女成就，约96字，归功于母）

於戏，焜耀既如此，昌炽又如是，虽先侯积善余庆之祥，亦夫人阴德阳报之验也。宜其罗钟列鼎，重裘累茵，画堂观万舞之容，玉罍上千金之寿，子孙环绕，朝野称荣，固其宜矣。

(以上是对子女有成之颂赞，67字)

噫！仙萼易落。神蔡无灵。虚煎玉釜之香，已溘金茎之露。方婴美疢，遽尽遐龄。呜呼哀哉！太平兴国八年二月六日，终于东京之甲第，享年五十二。宫嫔置奠，国族兴悲。即以其年五月五日，敕葬于洛都，祔于侍中之茔，礼也。

(以上是丧葬，84字)

异夫琴调渌水，正伤别鹤之音；剑跃平津，欻见双龙之合。供奉等衔哀远日，追悼慈颜，将增彤管之华，愿勒青山之石。以白早游门下，备籍家声，见托摛词，直书无愧。

(以上是撰志原委，63字)

铭曰：

素娥储庆兮，婺女降神；鹊巢之德兮，鸤鸠之仁。

柔仪懿范兮，光于六亲；美誉嘉猷兮，彰于一人。

门联戚里兮，绣毂香轮；子列彤庭兮，鸣佩纡绅。

邙山之址兮，洛水之滨；千秋万祀兮，永播清尘。

(以上是铭文，74字)

（负责人：周余沾、林思吟、陈昱宗）

（指导者：山口智哉、李宗翰、柳立言、刘祥光）

三、个案研究

现存《冯继业妻宋氏墓志》缺字甚多，不但不见冯继业的名讳，连墓主寡妻的姓氏都不清楚，但似非姓宋。[1]有一女"少为皇子卫……永作皇家之庆"，查证之后，得知墓主是五代宋初节度使冯继业（926—977）的妻子（931—983），[2]但继业并非墓志的男主角，甚至不是第一配角，那么谁人才是？所凭条件为何？所反映的当代价值观念又为何？

寡妻墓志提到的人物众多，他们发挥的作用不一。首先出场的是寡妻父祖，约115字，篇幅不多，却有三代之众。因阙字严重，曾祖任职不明，从曾祖母受封县君推测，可能位至中阶以上；祖父是汉州刺史，祖母亦有姓氏；父亲任职不明，从母亲受封郡君推测，可能位至中高阶以上。篇幅既然有限，只可能述说官职封赠之类，不可能大书事迹，故并非主角。他们的作用，应是凸显寡妻有着显达的家世，上代有兼治军民的地方首长。以"椒花柳絮"两名才女的典故接上"此夫人之女功也"，或可推测在这样的家庭背景下，寡妻懂文，呼应另一句"诗书礼乐……此夫人之母仪也"，似乎达到可以教育子女的程度。

接着出场的是寡妻本人，约201字，篇幅最多，夹杂不少人物。首先述说寡妻为女之时所受的教育，主要是女功、妇德和母仪，约占91字；其次自是嫁入夫家为妇，惜因缺文（约12字），不见首位对象，其余是夫族、妯娌、侄子侄女、仆婢，约占110字。毫无疑问，这些人物的出现都是为了成就寡妻的事功，大家都是配角，戏份差不多。

最后出场的是丈夫和三子三女，丈夫约42字，子女约96字，合计约138字，篇幅居次。长子与次子"并列紫庭"，三子年少未仕，皆文武

---

[1] 据2018年1月13日再次查询，北京大学"秘籍琳琅——北京大学数字图书馆古文献资源库"登录为程氏，根据是郭培育、郭培智主编《洛阳出土石刻时地记》（郑州：大象出版社，2005年）411页；而北京国家图书馆"碑帖菁华"及北京图书馆金石组编《北京图书馆藏中国历代石刻拓本汇编》（郑州：中州古籍出版社，1990年）37，1250页，据范腾端考证，登录为宋氏。不过，墓志谓历代名人之中有"画凌烟之像"，凌烟二十四功臣有程无宋，或可排除姓宋。

[2] 该女墓志谓"（冯）继业，夫人之考也"，见《大宋楚王故夫人冯氏墓志铭并序》，《中国方志丛书》116，1490—1496页。楚王赵元佐即卫王赵德崇，见第二册《将家妻女光大门楣》。

兼资；三女均嫁巨室，长女适曹氏，次女适康氏，"皆金张贵胄，簪组名臣"，三女适宋太宗之子卫王，更让冯家成为外戚。六人的婚宦和成就，均归功于寡妻"义方之教，善诱而成之也"。接着撰志者花了 67 字来颂赞说："於戏，焜耀既如此，昌炽又如是，虽先侯积善余庆之祥，亦夫人阴德阳报之验也。宜其罗钟列鼎，重裘累茵，画堂观万舞之容，玉斝上千金之寿，子孙环绕，朝野称荣，固其宜矣。"毫无疑问，既得到"朝野称荣"，子女自是最佳配角。

颂赞里的"先侯"梁国公冯继业是第二次出现。他一共出现三次，合计约 50 余字。第一次即上述与子女同时出现，说他"故侍中公□□□□□□□□□□□之崇高，春露秋霜之威惠"，也跟子女一样，归功于妻子的"柔□□□□□□□□□"；是否真实，难以考究，但至少反映时人愿意这样抬举妻子。第三次是寡妻祔葬，丈夫没有多少角色。对父母子女的关系，墓志措词甚妙，所谓"虽先侯积善余庆之祥，亦夫人阴德阳报之验"，分明是夫妻的功劳一人一半，丈夫没有占到便宜。撰志者说自己"早游门下，备籍家声，见托撝词，直书无愧"，继业有何"积善"可言？

冯继业是五代朔方节度使冯晖的庶子，功业主要见于《宋史》卷253本传，只有230字，[1] 有三事最引人注目。第一，杀兄代父。后周建国不久，"晖疾，继业图杀其兄继勋。晖卒，遂代其父为朔方军留后（952）"。第二，继业难继父业。从周入宋，"继业既杀兄代父领镇（为节度使，954），颇骄恣，时出兵劫掠羌夷，羌夷不附，又抚士卒少恩，继业虑其为变，以（宋）太祖居镇日尝得给事，乃豫徙其孥阙下"。第三，移镇致治。太祖开宝三年（970），"改镇定国军，吏民立碑颂其遗爱"；史臣在该卷末了的"论赞"又说"五代之季，边圉之不靖也久矣。

---

[1] 脱脱：《宋史》卷253，8868—8869页。

……继业虽出贼叛之族,而有循良之风";[1] 地方志简化为"吏民怀之"。[2] 明显可见,只有第三事可算积善,但是否可信?

墓志的特色是隐恶扬善,而史传是善恶俱陈,史臣对继业之大恶在短短的篇幅内连说两次,毫不留情,对其次恶亦着墨不少,并以放弃祖业或献地归附作为恶因之证据。依此推想,史臣在大加笔伐之余,愿意写下继业之遗爱,虽未记录具体治绩,尚属可信。受惠于史料之全文电子化,在"中国历代石刻史料汇编数据库"内找到开宝八年(975)《重修龙兴寺东塔记》,谓修费"将百万计,……非夫有大力量有大志愿,岂能成此殊常之功德哉",赞助者之一便是冯继业,并说"继业在同州,吏民尝为立遗爱碑,今不复传矣"。[3] 由此可知:第一,继业移镇陕西定国军之后,对佛事颇有贡献,可能与妻子共同参与,目的之一大抵为了稍赎罪孽(参第二册《布衣王侯杀妇佞佛》),这应是先侯积善和夫人阴德的一个来由。第二,撰志者宋白(936—1012)正在此时先后担任蒲城和卫南的知县,是继业的下属,[4] 应是早游门下和直书无愧的一个由来。宋白只就个人的"一手回忆"下笔,写下继业之善,对其杀兄代父等所谓大众的"历史记忆",或是不知,或是知而不记,就今人看来,自是只说了部分真相而非全部真相。

继业武人出身,真有能力治民吗?其实行伍出身的父亲冯晖已曾治民,两任朔方节度使十余年间(939—952),"境内大治,社会安定,是十分难得的"。[5] 他既信赖文武幕僚,也依靠一众子弟。研究者指出,

---

[1] 脱脱:《宋史》卷253,8875页。
[2] 石禄修,唐锦纂:《(正德)大名府志》卷7,收入上海古籍书店编《天一阁藏明代方志选刊》(上海:上海古籍书店,1981年据天一阁藏明正德元年刻本重印)第三册,22—23页。
[3] 王昶:《金石萃编》卷125,1—4页,收入《历代碑志丛书》6,735—737页。
[4] 《宋史》,卷439,12998页。据《宋史》本传,宋白于大中祥符"五年(1012)正月卒,年七十七"(《宋史》,卷439,13000页),应生于936年,但《宋人传记资料索引》作933年,待考。
[5] 周伟洲:《五代冯晖墓出土文物考释》,《中华文史论丛》2012.2,214、218页。

"朔方军的军政大权、司法、刑狱、祭奠等重要部门和权力，均由冯晖及其子弟亲属掌管"，[1] 故非有人懂得文治不可。女儿的墓志说继业"敦诗阅礼，在军旅以从容；缓带轻裘，镇楚疆而暇豫"，颇有儒将身影，妻子的墓志又说三子文武兼资，可见武人之后已经习文（见第二册《将家妻女光大门楣》）。继业劫掠羌夷，可能是为了削弱对方的力量或扩充自己的地盘，寡待士卒属于军政，与民政无直接关系，两事均不足以否定他有治民的能力。归宋之后，他从独立自主的霸使，变为听任中央调动的下属，必须服从太祖和太宗对治理地方的要求，遵行传统儒术对吏治的规范。随着五代转入宋代，无论是否自愿，继业也成功转型，也许部分解释了子女为何能够与贵胄缔婚。父亲冯晖的墓志说继业"类董卓之仪形，爱谢玄之器度"，[2] 也许最后真能脱胎换骨，外观仍像董卓，内里已如谢玄。文人宋白对继业之文治有无影响，尚无答案。无论如何，五代武人之文和文武交流，实有待深入研究。

要之，寡妻一枝独秀，成为唯一的主角，多少凭借墓志的格套，使她从生到死的重要作为，都得以分项述说。表面看来的确是众生一相，其实不是每一项目都有资料可填，更不是所有项目都同样重要。在多项之中，寡妻的家庭背景和因之而来的教养，使夫家受惠，无疑是较为重要的条件。似乎有点违反儒家礼法，丈夫与子女同为最佳配角，尊卑不分，女儿又稍胜儿子，男逊于女。大抵是因为亡夫代表家庭昔日的光荣，子女代表将来的光景，又以女儿最为光亮。贯穿妻、夫和子女作为主角和配角的共同条件，应是家庭地位的维持和上升，反映古人的价值观念，今日谓之社会流动，但不完全相同。冯晖的墓志说"职列从微而至著，行藏自下以升高"，[3] 前者是阶级和阶层的向上流动，后者若强调"用之则行，舍之则藏"，当指人品和格调的向上提升，类似衣食足而后知荣

---

[1] 咸阳市文物考古研究所编著：《五代冯晖墓》，重庆：重庆出版社，2001年，59页。
[2] 陈尚君：《旧五代史新辑会证》卷125，3843—3846页。
[3] 刘应：《冯晖墓志》，624页。

辱，仓廪实而后知礼义。也许有些墓主有意以品德立身和遗传，只是研究者不重视道德伦理，乃将墓志的相关描述视为八股之文，贬之为无事可记。

（执笔者：周余沾、林思吟、陈昱宗）

（指导者：山口智哉、李宗翰、柳立言、刘祥光）

参考资料：

一、墓志碑文

1. 宋白：《大宋故冯继业妻墓文》，曾枣庄编《宋代传状碑志集成》卷189，成都：四川大学出版社，2012年，2875—2876页。

2. 宋白撰，刁忠民点校：《冯继业妻宋氏残墓志》，北京图书馆金石组编《北京图书馆藏中国历代石刻拓本汇编》37，郑州：中州古籍出版社，1990年，181页。

3. 宋白撰，刁忠民点校：《大宋故冯继业妻墓文》，曾枣庄、刘琳主编《全宋文》卷60，417—418页。

4. 刘应撰，周阿根点校：《冯晖墓志》，周阿根《五代墓志汇考》，623—628页。

5. 舒雅撰：《大宋楚王故夫人冯氏墓志铭并序》，王国璋等修，刘莲青、张仲友纂：《巩县志》卷18，1—4页，收入《中国方志丛书》（台北：成文出版社，1968据民国廿六年刊本影印）第116册，1490—1496页。

二、其他资料：

6. 王昶：《金石萃编》，收入中国东方文化研究会历史文化分会编《历代碑志丛书》第六册。

7. 北京图书馆金石组编：《北京图书馆藏中国历代石刻拓本汇编》。

8. 石禄修、唐锦纂:《(正德)大名府志》,收入上海古籍书店编《天一阁藏明代方志选刊》(上海:上海古籍书店,1981年据天一阁藏明正德元年刻本重印)第三册。
9. 陈尚君:《旧五代史新辑会证》。
10. 脱脱等撰,中华书局点校:《宋史》。
11. 昌彼得、王德毅、程元敏、侯俊德等编:《宋人传记资料索引》,北京:中华书局,1988年。
12. 周伟洲:《五代冯晖墓出土文物考释》,《中华文史论丛》2012.2,201—230页。
13. 咸阳市文物考古研究所编著编著:《五代冯晖墓》,重庆:重庆出版社,2001年。
14. 郭培育、郭培智主编:《洛阳出土石刻时地记》,郑州:大象出版社,2005年。

合三家之力五姓之好

（张涤、高氏、张恭胤、阎湘、阎光远）

邱敬

唐文官苏州别驾张涤之妻后唐渤海县太君高氏墓志铭并序及盖

一、基本资料

1 性质	墓志
2 题名	新题：唐文官苏州别驾张涤之妻后唐渤海县太君高氏墓志铭并序及盖 盖题：唐故渤海县太君高氏墓志铭
3 时间	死亡、下葬或立石时间 死亡：清泰二年（935）七月十九日 下葬：清泰三年（936）九月四日
4 地点	死亡、下葬或立石地点 死亡：洛京（河南洛阳）彰善坊之私第 下葬：河南府（河南洛阳）河南县平乐乡朱阳村
5 人物	
墓主	高氏（867—935）
撰者	姻亲：后唐文官知制诰李慎仪
书丹者	孙：后唐文人张郭僧
6 关键词	社会流动、文武交流、婚姻、妇女角色

（责任者：邱敬）

二、释文

唐故渤海县太君高氏墓志铭并序
中大夫行尚书都官郎中知制诰柱国李慎仪撰

夫人姓高氏，渤海人也。
曾祖讳璆，皇任飞龙副使。
祖讳枚，皇任贺州刺史。
父讳仁裕，仕于左神策军，为打球行首，少以恭恪称，洎职左广。时承平且久，上之游宴，侍从之列，莫不慎择。至于辟广场、羁骏足，奉清尘于驰骤之际，对天颜于咫尺之间，莫不许其趫干敏速，动由礼意。
僖宗朝广明中，使于淮南，征上供征赋，戎帅高骈以公之材足以为牧，奏授楚州刺史，政术有闻，以疾即世。
（以上是父系曾祖父三代，146字，不见妻）
太君姚清河崔氏。父讳怿，皇任河东节度判官。
（以上是母系父一代，18字，不见妻）

太君适清河张涤，累官州县，退居外地。后至雍京，时相见知，擢委职秩，历官至苏州别驾。昭宗自岐阳回，将议东迁，乞假先往华州，至浐水为群盗所伤，因至殒逝。
时兵寇相接，道路甚艰，诸子奔赴其所，遂权厝于蓝田县。后还长安，归葬先茔。及乘舆幸洛邑，诸孤无所寄托。
（以上是丈夫之生前死后，共104字，后面42字的主角是寡妻）

长子恭胤，顷年十二，除授朝议郎、蜀州司仓参军、柱国；诸弟皆幼。太君励之以孝悌，勉之以勤修。

恭胤习小学，师楷隶之法，旋入翰林院，累膺恩渥，历职三纪，始自蓝绶，至于金章，凡一十三命。晨夕之下，就养无违，资序已崇，荣禄偕及，乞回天泽，以慰慈亲，于是特恩封渤海县太君。
恭胤清泰元年迁大司农，列于通籍，光宠既孚，诚为辉映。属太君遘疾，恭胤亲视煎调，衣不解带，祷祠斋醮，知无不为，孝子事亲于斯见矣。太君以清泰二年七月十九日终于洛京彰善坊之私第，享年六十有九，恩锡赗赠布帛粟麦。
（以上主要是与长子之关系，从生至死，196字）

太君亲妹适故司空阎湘，有子曰光远，职居翰林，官洪胪少卿。
（以上是妹夫与外甥，24字）

恭胤弟曰恭美，经任密州辅唐、金州西城二县主簿。
次弟曰廷砺，守职彭门。
女一人，适左领军卫上将军王陟，封清河郡君。
（以上是其他子女，47字，见婿不见媳）

恭胤有子五人，女四人。
恭美之子二人。
廷砺之子三人。
（以上是孙儿，21字）

太君劳谦以禀性，纯慈以抚下。居家以柔婉见推，事夫以庄敬有裕。爱育诸小，姻私式瞻；妇道母仪，足以为则。
恭胤等衔恤在疚，暨光远禀尊夫人遂及之旨，称家有无，以奉襄［丧］事。以清泰三年岁次丙申九月丁亥朔四日庚寅，葬于河南府河南县平乐乡朱阳村，礼也。

(以上是美行及丧葬，102字)

慎仪与楚州使君之崔夫人联中外之戚，事旧稠叠，自幼而知太君之懿德，审恭胤之至性，缅怀陵谷，挥涕而书，幸无愧辞，俾及悠久。
(以上是撰志原委，51字)
其铭曰：
　　表海华胄，铭座诸甥。
　　世载其德，莫之与京。
　　从夫婉敬，诲子严明。
　　秩升封县，禄养农卿。
　　义辞寄鲊，遗切尝羹。
　　藏舟既远，逝水俄惊。
　　茕茕孝友，相顾哀鸣。

(以上是铭文，56字)

孙子郭僧奉命书

（责任者：邱敬）

（指导者：柳立言、刘祥光）

三、个案研究

　　寡妻高氏（867—935）的墓志在洛阳，先夫张涤（？—约903）的墓志在长安，不知何时可以合葬。于情于理，寡妻墓志都应较多提到先夫，至少让参加葬礼的人多少认识或缅怀先夫。然而，墓志首题"唐故渤海县太君高氏墓志铭并序"有妻无夫，而从"太"字可以看到儿子。细数内容，先夫从生到死只有104字，其中42字还是以寡妻为主角，率领诸子为先夫权葬和归葬。不计掺杂各处的描述，只算独立的篇幅，寡妻从生到死约 102 字。不过，两人都不及寡妻父家的 164 字和长子恭胤（约 893—935 后）的约 196 字。墓志比较罕见地提到寡妻的妹夫阎氏和外甥，且遗命外甥与长子共同营办她的丧事，铭文又说"铭座诸甥"，谓寡妻高氏的言行可作为阎氏诸甥的座右铭。究竟高、张和阎氏分别了扮演何种角色，何者才是主角？

到墓志勾出关键词句和到全文资料库找到一些阎氏的资料后，我们利用史学六问来建立提要的架构和集中资料，并加以分门别类，结果如下：

架构	集中资料（五鬼搬运）
Why：为何要合三姓之力？	When 和 Where：昭宗自岐阳回，将议东迁 1 丈夫张涤"殒逝" 2 乘舆幸洛邑，诸多世家大族失去家族根据地 3 诸孤无所寄托
Who：谁人出力 What&Which：何力？何者较重要？	1 张家 　1.1 家庭背景：归葬先茔，长安 　1.2 张涤本人：累官州县，苏州别驾 　1.3 人脉：时相见知，擢委职秩 　1.4 荫补特权 2 高家 　2.1 家庭背景 曾祖：飞龙副使（武职） 祖：贺州刺史（文武兼治） 父：左神策军打球行首（武职），楚州刺史（文武兼治）；恭恪，动由礼意，征上供征赋，材足以为牧，政术有闻。 母：母之父为河东节度判官（文职） 　2.2 高氏本人 劳谦，纯慈，柔婉；铭座诸甥（为何是诸甥？） 对夫：庄敬，婉敬 对子：励之以孝悌（立德），勉之以勤修（立功）；爱育诸小，姻私式瞻；诲子严明 　2.3 人脉：亲妹适故司空阎湘，知制诰李慎仪与楚州使君之崔夫人联中外之戚

续表

架构	集中资料（五鬼搬运）
Who：谁人出力 What&Which： 何力？何者较重要？	3 阎家 妹夫阎湘：司空，898年书唐左监门卫将军宋匡业碑 外甥阎光远：职居翰林，官洪胪少卿；禀尊夫人之旨以奉丧事；943年书驸马都尉史匡翰碑
How 和 Whom： 三姓之力对谁人和有何成效？	1 长子 1.1 顷年十二，应已因父习文 1.2 恩荫：除授朝议郎、蜀州司仓参军、柱国 1.3 习小学，师楷隶之法，旋入翰林院 1.4 立功：历职三纪，始自蓝绶，至于金章，凡一十三命，清泰元年迁大司农，934年书后唐尚父吴越国王谥武肃神道碑；慰慈亲，于是特恩封渤海县太君；恩锡赗赠布帛粟麦 1.5 立德：孝子事亲于是见矣 2 二子：无父荫，经任密州辅唐、金州西城二县主簿 3 三子：无父荫，守职彭门 4 女：适左领军卫上将军王陟，封清河郡君 5 孙：书丹者
结论	联结数姓的意义： 1 从官职来看：高、中、基层；文与武；君侧与远方 2 从地方分布来看：遍及中央和地方 3 伎术官僚：文官之后；也有人际网络，不可少看 4 作用：三姓之力成就恭胤

把表格化为文字，就是唐末军阀割据，朱温打算挟天子以令诸侯，逼昭宗迁都洛阳。张氏家族以长安为根据地，似乎有意避难。张涤时为苏州别驾，或是请假前赴华州打点，途中遇贼被害，财物可能尽失。在"兵寇相接，道路甚艰"之中，三十六岁的寡妻率领未成年的子女扶柩回到长安，好让亡夫在族墓下葬。朱温随即在京城纵火，把昭宗和诸多世家大族赶到东都（904），家破人亡者不计其数。来到洛阳，寡妻与"诸孤无所寄托"，还能依靠张家和高家吗？

张氏有族墓在长安，又称地望于清河，应有一定的人际网络。张涤历任地方官员，在雍州得"时相见知，擢委职秩"，终至四品、五品的别驾，也有一定的人际关系。他是文官，接近十二岁的长子恭胤应已因缘习文。除人脉和教育之外，他留给子女最大的资产是荫补，让长子得授六品的文散官朝议郎，既暂时维持了统治阶级的地位和特权，又取得了将来任官的资格。

高氏出自高门，曾祖父三代为官，似乎以武起家，后来文武合流。武的有曾祖父曾任禁军飞龙副使和父亲曾任左神策军打球行首。文武通婚的有母亲崔氏，其父曾任河东节度判官；高氏本人嫁给文官张涤；高氏之妹嫁给文官阎氏。文文通婚的有崔氏和李氏，后来替高氏撰写墓志的李慎仪还是知制诰，属天子近臣。文武兼治的有祖父曾任贺州刺史、父亲后来担任楚州刺史。据说父亲与皇帝周旋之时，"动由礼意"，也懂财务，后来（880—881）被派到强藩征收上供财赋，应有一定的胆色和手段。淮南节度使以其"材足以为牧"，荐举为一州长官，在任上"政术有闻"。在这样的家庭环境长大，又嫁入文人之家继续熏陶，高氏应有一定的文化水平。她对张家的主要贡献是训导子女，"励之以孝悌，勉之以勤修"，既要他们立功，也要立德。她一方面"爱育诸小，姻私式瞻"，另一方面"诲子严明"，足以"铭座诸甥"。所谓"婉敬""柔婉"和"劳谦以禀性"，大抵指辛勤和退让。她没有坚持让长子走儒臣之路，虽然明知他是刺史的外孙和别驾的嫡长子，理应继承家学。恭胤从习文偏向习艺，可能跟姨丈阎氏有关。

阎氏以书艺传家。在昭宗东迁之前，阎湘已在翰林院任职，曾书《唐左监门卫将军宋匡业碑》。[1] 朱温代唐，他应留任，且步步高升，在死亡前后，已检校司空。其子光远亦供职翰林院，经历梁、唐、晋三朝，在后晋末年（943）书《驸马都尉史匡翰碑》。[2] 他与恭胤合办姨母的丧事时，官居洪胪少卿，约四至五品，而恭胤已是大司农，位居其上。

恭胤主攻楷书与隶书，两者都是书写碑铭所必需，最方便请教的老

---

[1] 陈思：《宝刻丛编》卷7，文渊阁四库全书电子版，2019.08.08，35页。
[2] 孙岳颁：《御定佩文斋书画谱》卷31，文渊阁四库全书电子版，2019.08.08，7页。

师和同学是谁，不问可知。大抵也因为阎家的关系，他顺利进入翰林院。不负阎氏的栽培，他在后唐末年（934）奉命书写《后唐尚父吴越国王谥武肃神道碑》，[1] 应是书艺不凡才得以担当如此重任，当时不过四十出头。也不负母亲的期待，他"历职三纪，始自蓝绶，至于金章，凡一十三命；晨夕之下，就养无违"，立功与立德一气呵成，让母亲以"特恩封渤海县太君"。接近七十岁的母亲生病日久，他"亲视煎调，衣不解带，祷祠斋醮，知无不为，孝子事亲于斯见矣"，最后赚得朝廷的赐赠，应当陈列在丧礼之中，增加母亲的光荣。

可能因为缺乏父荫和相关职业人士的扶助，两位弟弟的官运大不如他。二弟恭美曾任密州辅唐和金州西城二县主簿，三弟廷砺"守职彭门"，在徐州任官，职位不明，如是太守，理应如恭美之直书。最贵盛的是妹妹，再次文武通婚，嫁给左领军卫上将军王陟，封清河郡君，在母亲县太君之上，目前似无子女。引人注目的是书丹者。以张家之地位，既可找到外姻知制诰撰写墓志，自不难找到书法名家书丹，现由孙儿握管，反映张家有意以书艺传家，作为维持统治阶级地位的有利条件。

张恭胤的成就，除靠一己之力，还应归功于三姓：父亲张氏、母亲高氏、姨丈阎氏。透过重重的婚姻关系，三者结合文官、武官、伎官于一堂，他们有些是天子的近侍和环卫，有些是地方的基层官吏，上下远近无所不有，宛如天罗地网。他们不一定能凡事发挥作用，但互相帮忙的机会总是有胜于无。他们现在聚集在寡母盛大的葬礼上，交头接耳，似乎没有那么重武轻文和轻伎。文官之中地位最崇高的知制诰李氏，平日有多少人忙着巴结以求一通掷地有声的制词，现在不但愿意撰写墓志，还说自己"与楚州使君之崔夫人联中外之戚，事旧稠叠，自幼而知太君之懿德，审恭胤之至性，缅怀陵谷，挥涕而书"。一句之中五人四姓，加上阎氏便是五姓之好。恭胤想到三十多年前的丧乱：父亲被杀、天子蒙尘、父家和母家流水东去，大唐也变为后梁。奇怪的是，朝代更迭又历

---

[1] 陈思：《宝刻丛编》卷14，6—7页。

三姓，姨丈一家稳如泰山，升迁频仍，也许在乱世之中，伎术官员的风险反较政务官员为小。看到两位弟弟，不免内疚，因为自己独享父亲的荫补特权，他们在入仕时不如自己的幸运；再看妹妹……唉，管它文官武官伎术官，能够拿到荫补和恩封的就是好官。墓志缓缓入土，看着上面的书法，恭胤的眼泪又掉下来了。

（执笔者：邱敬）

（指导者：山口智哉、李宗翰、柳立言、刘祥光）

参考资料：

一、墓志碑文

1. 李慎仪撰，周阿根点校：《张涤妻高氏墓志》，周阿根《五代墓志汇考》，277—279 页。
2. 李慎仪撰，陈尚君点校：《唐故渤海县太君高氏墓志铭并序》，陈尚君辑校《全唐文补编》卷 98，1223—1224 页。

二、其他资料

3. 孙岳颁：《御定佩文斋书画谱》，文渊阁四库全书电子版，2019.08.08。
4. 陈思：《宝刻丛编》，文渊阁四库全书电子版，2019.08.08。

妻弟与妾子
（吴蔼、曹氏、李氏）

林明

后梁文官工部尚书吴蔼之妻曹氏墓志铭并序

一、基本资料（见《妻也！妾耶？》）

二、释文（同上）

三、个案研究

  吴蔼寡妻之墓志十分简单，却颇堪一探男女之相对地位。丈夫位至尚书而寡妻无封号，自是男尊女卑，但从内容来看却无重男轻女。先看家世，夫家只记祖、父两代，妻家记曾、祖、父三代，主要原因，似是妻之曾祖曾为州县官，尊亲尊贵优于尊夫。再看其本人，就篇幅言，夫之事迹只有52字，不记名讳，较为少见，妻之事迹96字，亦无名讳，较为多见；就贡献言，夫是荫补儿子，妻是在丈夫骤死之后一路扶助她的独子和嫡子继承门户。

  志文说丈夫"历践华省，继登崇显"，经查考后证明无一字无来历，绝非表面上的虚言，但志文和铭文对妻子之侍奉公婆及敦睦夫族，竟连虚言都没有，可见两事不一定是所谓墓志题中应有之义，不记之时可能确无其事，记下之时可能实有其事。家庭形态可能是核心家庭，以夫妻和子女为主，并无同居之直系父祖和旁系之叔伯兄弟可以互相协助，夫死之后由寡妻挑起重担，并反映在妻弟之角色。

妻弟的篇幅竟然居次，凡82字之多，主要是因为他承受寡姊之遗言，要扶助未成年的外甥"上兴堂构，渐振宗门"。事实上，妻弟也让妻家重返统治阶级，他的仕业虽跟姊夫不能相比，但不失为教导外甥学文的不二人选。他不撰墓志但依然书丹，显示他一再参与姊夫家事。由此视之，谁人能成为主角或第一配角，不单看身份或性别等，更看他们对维持门户的贡献。

夫与妾之礼法地位更是悬殊，如夫与妾不得合葬，但墓志里的寡妾在两事上稍胜于夫：其一，家世：夫家不记，妾家记曾祖、祖及父三代，主要原因，似是曾祖及父均曾任官，且是中央官。其二，个人事迹：夫从"故工部尚书"至"鋆镜云缺"，只有99字，主要泛论任官和丧妻两事。寡妾共记三事，一是为女之时90字，重点是其文才，如"比兴无惭于赋雪，……讨论必解于义囷"，为教子埋下伏笔。二是丧夫、守贞和教子助子，共65字；跟妻志一样，无论志文和铭文都不见其侍奉丈夫父母和夫族，可能真的是无人可以侍奉。三是死亡47字。即使只算前两事155字，也远超亡夫。铭文作为盖棺论定，甚至不提亡夫。第一男主角也不是亡夫，因为儿子超过150字，主要有三事：本人宦业69字、奔丧51字、营葬57字，只算前两事140字便远超亡父了。详记的主要原因，应是儿子凭父荫起身，努力向上，三十岁不到便担任御史台主簿，既维持父家于统治阶级，也为母家带来光荣，更重要的是突显了侍妾母亲的重要性。墓志不但出自官员之手，且是一县掾吏之长，把妾巧妙地写成了妻，既罗列其父祖三代，在铭文里更让她独领风骚，最后以"千龄万代，惟蕃惟昌"结穴，凸显她延续夫家于不坠。由此视之，妾胜于夫和子胜于父，皆因两者对维持家庭作出重要贡献。

（执笔者：林明）

（指导者：柳立言、刘祥光）

第三编

世变下的妇女角色

有些研究者先入为主，把传统礼法或明清时代的价值观，往前代女性的墓志一套，从男尊女卑和女无外事等角度切入，认为女性不能成为主角，本身"有事亦不可记"。她的优、劣取决于她对相关男性所能发挥的功用；即使是女墓主，都缺乏具体的身影，仅能以一种面目示人。研究者造茧自缚之后，遇到矛盾之处，如女墓主清楚是主角，明显有外事，便认为是撰志者的策略性调整或救济性笔法。

我们反其道而行，不预设立场，只用传统的史学方法把墓志的资料分门别类，数算篇幅，不但看女墓主本人的所作所为和特殊面貌，更看其他人物的作为，例如找出娘家的父母、兄弟、姊妹、夫家的婆婆、丈夫、儿子、女儿、妾妇等人又在扮演什么角色。彼此对照，才能发现女墓主的"相对"重要性，是主角还是配角。进一步追问，女墓主凭什么条件成为女主角，其他人物又凭什么条件成为男主角、第二主角或最佳配角？这些条件是各自为政，还是不无共通之处？那些共通之处，是符合还是违反传统礼法如男女、父子、夫妻、兄弟、嫡庶、正室侧室的先后次序？违反的情况是特例还是普遍？如是普遍，是否反映不少求志者、撰志者以至当时人的价值观念，是把各人对家庭的贡献置于首位，超越性别、尊卑、长幼、贵贱的考虑？

回答问题之前，必须先厘清史料的性质。在原则上，墓志以墓主为主角，在夫妻的场合，有三种情况。一，夫妻合志：假如真的是夫尊妻卑，自以丈夫为第一主角，占最多篇幅；妻子或为第二主角，占较少篇幅，如为配角，占更少篇幅。二，丈夫独志：以丈夫为第一主角，妻子或为第二主角、配角，甚至只出现在遗族名单，没有戏份。三，妻子独志：妻子自是女主角，丈夫有时也没有多少角色可演。不过，女主角的戏份有时不如男主角，或与其他人物平分秋色，而后者不一定是丈夫，而是父母、儿子、女儿、兄弟，甚至是风水和婚事，出现了儿子胜过父亲、女性高于男性、妻族重于夫族、事物大于人物的情况，我们理应追究他/它们取胜的条件是什么、彼此有无共通之处。

  本文的情况属第三种妻子独志，应再分两类。一是寡妻，如亡夫已有独志述说其平生事迹，情理上他在妻志里可以较少露面，不能因此推论他的戏份不多。二是先夫而死，情理上鳏夫在妻志里应较多出现，实际不然，但也不能推论他的戏份不多，因为可能是等待将来在丈夫的独志或夫妻的合志里交代亡妻。又无论是后亡或先亡之妻，偶然有前妻与后妻之别，甚至有将妾志写成妻志的，都或多或少影响墓志的书法。愈能觉察撰志时的复杂，便愈能看到墓志和墓主的多种面貌，也愈不敢妄下雌黄，如坚持某一因素（性别、身份）的影响最大。

寡母心翰林笔

（张涤、高氏、张恭胤、阎湘、阎光远）

柳立言

唐文官苏州别驾张涤之妻后唐渤海县太君高氏墓志铭并序及盖

一、基本资料（见《合三家之力五姓之好》）

二、释文（同上）

三、个案研究

利用"设身处地"的历史研究法，[1] 把张涤之妻高氏墓志拍成电影，开场便是高氏之家，堪称权贵，而且文武合流。上溯至前三代，曾祖是中央禁军的飞龙副使；祖父是广西贺州刺史；父亲原为中央左神策军打球行首，后来（880—881）被派至淮南征收上供税赋，得到节度使高骈的赏识，奏荐为淮南楚州刺史，卒于任上。这位武职出身、原籍渤海的刺史识礼、懂财，而且"政术有闻"。他文武通婚，岳父是河东节度判官，约居上佐第三位，主要掌管仓、兵、骑、胄四曹，是偏近兵戎

---

[1] Davis, O. L. eds., *Historical Empathy and Perspective Taking in the Social Studies*. London: Rowman & Littlefield Publishers, Inc., 2001.

的文职。为了显示高氏女出自高门，剧本用了164字，篇幅居次。

镜头一转，武家女高氏（867—935）嫁与文人张涤（？—约903）。能够跟高氏联婚，张家应有不错的条件，家族和墓地都在首都长安，但剧本没有上溯他的父祖任何一代，只提到他在地方州县游宦，最后位至苏州别驾，也属上佐。朱温篡唐如箭在弦上，张氏似乎有意避难，却在前往华州的路上死于盗贼之手，财物可能尽失，留下三十六岁的寡妻和三子一女，长子不到十二岁。张氏为夫约二十年，剧本只用了62字。

寡妻出场，扣人心弦。场景是"兵寇相接，道路甚艰"，寡妻不顾危险，带领诸子从苏州至华州处理亡人后事，先行就地权厝，最后归葬长安。接下来更为惨烈，不过一年（904），朱温大肆破坏长安，逼昭宗迁都洛阳，高门大族家破人亡者不计其数。寡妻再次率领诸子来到一个陌生的地方，剧本以"诸孤无所寄托"交代母子面对的困境。短短六字，充分流露高家和张家已成明日黄花，无可依靠了。前后只有两年两事，却写了42字，真的是度日如年。

现在聚焦寡母与诸子。也许是靠着昔日的人脉，如曾经赏识和提拔张氏的官员，十二岁的长子（约893—935后）连恩带荫，超授六品文散官朝议郎，其余诸子年幼不授。寡母捧着诰命，擦干眼泪，咬紧牙根，一身素服，凝视子女，默想前程。凭着来自父家和夫家的熏陶，她尽力教育诸子，既劳苦又严明，"励之以孝悌，勉之以勤修"，即德行和功业两事，不知成效如何？

剧本随即扣紧两事着墨。首先，观众看到长子勤于练字，进入翰林担任书官，一待三十余年。朝代由大唐改为后梁再换为后唐，诸多文武大臣起码移忠两次，虽云一朝天子一朝臣，长子仍官运亨通，约四十二岁（934）便官阶三品，具名九卿，可谓事业有成。其次，观众看到他孝顺备至，以资品抵换加上君主特恩，让寡母获封县太君。寡母生病，他"亲视煎调，衣不解带，祷祠斋醮，知无不为"。至是，寡母的心愿完全由长子实现了。

寡母病逝，也因长子之故，获得朝廷赗赠。寡母生前和死后的荣耀，始终与长子的事业和德行交织无间，共196字，篇幅居首。然而，观众未免困惑，这真的很光彩吗？作为刺史之外孙、别驾之嫡子，在文与艺之间，长子为何偏向于艺？难道不当以阎立本"厮役之务，辱莫大焉！汝宜深诫，勿习此末伎"为戒吗？长子究竟是书伎还是书家？

葬礼上引人注目的事情也不少。第一，地点是洛阳而非夫墓所在之长安，寡妻没有跟亡夫合葬，墓志里也很少看到他的身影。第二，遵照寡母遗命，由长子张恭胤及其表兄弟阎光远共同营葬，共有高、张、阎三姓，她为何有此安排？第三，两位营葬者同为翰林书官，不但如此，书丹者是孙辈，合计两代，张家似乎有意以书艺传家。第四，三子只有长子恭胤和次子恭美有排行，三弟名廷砺，未知亡父取名时有何考虑？第五，一家之中有文有武，共有三种情况：

一是职和官，对高氏来说，属文者四代六人：过去有外祖父崔氏为判官，祖父和父亲为刺史，丈夫为别驾，现在除长子为翰林书官之外，还有次子曾任两县主簿，有希望光大亡夫；三子守职徐州，不知何职。属武者四代三人：过去有曾祖父和父亲任职禁军，现在有女婿左领军卫上将军，妻子封郡君，还在寡母之上，其人品位之高，不问可知。

二是文武通婚，高氏至少看到三代四次和五姓，即高氏之父母高崔两姓、高氏本人张高两姓、高氏之妹高阎两姓、高氏之女张王两姓。缔婚时也许比较在乎对方的富与贵等条件，不会太计较是文是武或先世是华是夷（渤海）。

三是文武兼治，两代三人：高氏祖父为刺史、父亲后为刺史和外祖父崔氏为判官，都要兼管军民两政。

第六，墓志列婿不列媳，张家三媳一个都不见。回想起来，高家也不见曾祖母与祖母，只见母亲。也许如无发挥一定功用，女性不必现身。第七，长子一房儿女凡九人，可谓官大子女多，而两弟有子无女，可见不记女儿有时确是没有女儿。第八，撰志者是死者母亲崔氏的姻亲李慎仪，应与死者同辈,连起来也是三姓。李氏是知制诰,非同小可。一次丧葬,以死者为轴心,竟把有直接和间接婚姻关系的高、崔、张、阎、李五姓聚在一起。他们无一家无有官职,有文有武亦有艺,职位从高层到基层,也从中央到地方。既有接近天子的环卫、知制诰和翰林书官,亦有天高皇帝远的山东和辽宁县丞。人际网络所能发挥的功能,实在难测其长阔高深。

观众回到家里,利用全文电子数据库"文渊阁四库全书",找到一些翰林书官的资料:

高氏关系人	职官	所书作品	撰者	时间
妹夫阎湘[1]	不详	唐左监门卫将军宋匡业碑	吴融	唐昭宗光化元年（898）
外甥阎光远[2]	不详	驸马都尉史匡翰碑	陶榖	后晋出帝天福八年（943）
长子张恭胤[3]	翰林待诏	后唐尚父吴越国王谥武肃神道碑	杨凝式	后唐明宗长兴五年（934,亦闵帝应顺元年及末帝清泰元年）

由此推论,妹夫阎湘早在翰林任职,随昭宗迁都洛阳,并继续被后梁聘用,逝世前后已至检校司空,称名三公,其子光远也继续在翰林任职。高氏至洛阳,最重要的依靠应是阎氏,甚或寄居其家。她决定让嫡长子随姨丈学艺作为上晋之梯,次子则以习文为主,希望继承亡父,而自己"严明诲子"的事迹,成为阎氏诸子的榜样,或即墓志所说的"姻私式瞻"和"铭座诸甥",其中以光远最得她的欢心,乃命其参与营葬。长子以父荫起身,进入翰林,或得力于阎氏;他能节节上升,也靠一己努力,否则皇帝不会让他替吴越王钱镠的神道碑书丹。长子事业有成,应同时归功于亡父、寡母、姨丈和自己。

---

[1] 陈思:《宝刻丛编》卷7,文渊阁四库全书电子版,2019.07.11,35页。
[2] 孙岳颁:《御定佩文斋书画谱》卷31,文渊阁四库全书电子版,2019.07.11,7页。
[3] 陈思:《宝刻丛编》卷14,6—7页。

钱镠神道碑的撰者是一代文豪杨凝式，其本人也是书法行家，他跟书丹者的关系，究竟是切磋交流，还是如宋代文人之歧视书匠画工，实难以考究。无论如何，作为翰林书官，不但可以踏入统治阶级（class），而且至少在品秩上可以达至统治阶级的高层（rank in the class），名列三公九卿，自是社会流动的大好途径，也许能吸引不少才智之士，推动书艺的发展，而且世代家传。五代政变频仍，文人屈身于伎术官僚，也许更能保存身家性命。观众也不会忘记，他们有些是文官之子孙，兄弟或姻亲也不乏现任文武官员，遍布中央和地方，结成复杂的人际网络，发挥或明或暗的功能。

（执笔者：柳立言）

参考资料

1. 孙岳颁：《御定佩文斋书画谱》，文渊阁四库全书电子版，2019.07.11。
2. 陈思：《宝刻丛编》，文渊阁四库全书电子版，2019.07.11。
3. Davis, O. L. eds., Historical Empathy and Perspective Taking in the Social Studies. London: Rowman & Littlefield Publishers, Inc., 2001.

段元妃遇上郄献子
（权氏、崔氏）

邱敬

后晋平民权氏之妻崔氏墓志铭并序

一、基本资料

1 性质	墓志
2 题名	新题：后晋平民权氏之妻崔氏墓志铭并序 首题：大晋故博陵崔氏夫人墓志铭并序
3 时间	死亡、下葬或立石时间 死亡：后晋天福六年（941）九月二十八日 下葬：后晋天福六年（941）十一月十六日
4 地点	死亡、下葬或立石地点 死亡：洛阳（河南洛阳）积善坊私第 下葬：河南县（河南洛阳）金谷乡焦谷村
5 人物	
墓主	崔氏（888—941）
撰者	后晋文人乡贡进士颖至
书丹者	侄女婿：后晋文官将仕郎试太常寺协律郎王鳞
6 关键词	社会流动、文武交流、婚姻、家庭或家族、丧与葬、妇女角色、墓志笔法与史学方法

（责任者：邱敬、陈柏予）

二、释文

大晋故博陵崔氏夫人墓志铭并序

乡贡进士颖至撰
侄女婿将仕郎试太常寺协律郎王鏻书

　　盖闻一气判而万物作，肇有人灵；三代兴而九伯隆，稍开姓氏。或因地，或因官，或因居，或因号焉。先王茂典罚恶，而咸欲诲民；哲后永图赏善，而皆能割地。大则千里，周封吕望于营丘；小则一城，齐食丁公于崔邑，则其先也，因为氏焉。
（以上是序，89字，主要是崔氏之得姓）

　　其后深根固蒂，绵瓜瓞于千秋；同源异流，导昆仑于九派。强吞雄据，圣人之大宝频移；杰出间生，盛族之英才不一。铭题座右，汉称子玉之贤；兵贮胸中，魏耀伯渊之策。瞻奋甘泉之藻思，声振齐朝；皎申北部之威风，名高唐世。门传盛德，代有奇人。
（以上是历史名人，94字）

　　曾祖讳○○，妣○氏。
高祖讳叔律，妣李氏。
皇考讳环，妣左氏。
（以上是曾祖父母三代，20字）

　　夫人，左神策军都知兵马使充步军军使银青光禄大夫检校工部尚书兼御史大夫柱国之长女也。（以上本人出场，39字，主要是家世）

卿云上瑞，梦月殊祥。桃李当春，耀夭夭之淑质；松篁拂雪，耸落落之贞姿。奉蘋早学于蒸尝，能全妇道；采葛每亲于繁冗，甚有女工。爰自妙年，备兹令德，段氏之蕙心高邈，不视凡夫；孟光之兰抱清贞，待其良配。遂适于权氏，礼也。（以上为女及出嫁，87字）

夫人事舅姑同于日严，接娣姒怀于夕惕，鬼神歆其飨祀，中外播其温恭。加以奉梁鸿而尽心，如承大祭；敬郤克而有礼，似对严君。关雎才可以同群，雄鹊实欣于共处。祥鸾彩凤，和鸣自保于千龄；瑞玉明珠，吉梦雅符于九子。（以上为媳及为妻，86字）

（以上是平生事迹，212字，甚少提到丈夫）

夫人所生七男：
长男令询，娶何氏；
次男令诜，娶李氏；
次男令诩，娶韩氏；
次男令谔；
次丑汉，早亡；
次男谊，娶丹阳左氏；
次男令譚；
不仕。
二女早亡。
并风神俊迈，器宇宏深，高阳之荀族，虽传八龙何贵；渤海之于门，斯辟驷马可期。骐骥有逐日之蹄，非徒洼水；圭璧负连城之价，盖出蓝田。
（以上是子女，107字）

夫人道足肥家，神宜降福，方将陈钟列鼎，享荣养于高堂。何其隙驷道飒，促遐龄于玄夜，享年五十五，于大晋天福六年九月二十八日薨于洛京积善坊私第。

呜呼！大块载□〔兴〕，达士每□于冉冉；逝川阅水，圣人尝叹于滔滔。生死之期，盗跖与颜回齐致；夭寿之数，老彭与殇子□终。若拘大道之场，鼓盆者独能拔俗；如在有情之域，泣血者自可激人。况夫人懿行素高，芳猷夙著，疾生无妄，冀成积善之征；药莫有瘳，翻作祸盈之事。是以孝子割鸤鸠之爱，返哺增伤；刚夫兴舞镜之悲，离群更苦。
（以上是死亡及撰者对生死之看法，188 字）

　　内外想文成之术，重降香魂；里闾思太一之功，却回仙魄。情不可极，时且难逢，乃建佳成，言归真宅。遂于天福六年十一月十六日葬于河南县金谷乡焦谷村。其地也，带龙楼于东道，气势自雄；控熊耳于西厢，岗阜甚壮。南望而川原扫雾，日月贞明；北瞻而丛薄含风，烟霞悉天。实为福地，何必南山。于是告马鬣之成功，望牛山而届路。灵辀动轫，孰无卧辙之心；幽隧及泉，谁没殉身之志。
（以上是葬及风水，148 字）

　　生前之母仪内则，既已肃人；殁后之谷变陵迁，宜存刻石。呜呼哀哉！谨为铭曰：
　　　　上天降气，明月垂精。崔夫人禀，崔夫人生。
　　　　有礼有法，私门和平。宜夫宜子，圣代显荣。
　　　　降年不永，何人不惊？坟于金谷，地迩玉京。
　　　　千秋万岁，贤母之名。
（以上是撰志原委及铭文，86 字）

（责任者：邱敬、陈柏予）
（指导者：李宗翰）

三、个案研究

　　墓主崔氏一介平民，死在丈夫之前，没有等待丈夫死后合葬和合志，而是先葬和先志。撰者是一位乡贡进士，理应知书识礼，将如何描述女性作为墓志的主角？

就格套来说，依次是首题、撰者、书者、序（崔氏得姓）、历史名人、父祖母、墓主事迹、子女、死亡、丧葬及铭文。这与男性墓主无异，女性并无受到差别待遇。

就篇幅来说，最多是墓主事迹212字；其次是死亡188字，其中墓志撰者对死亡的看法占了127字；再次是丧葬148字，其中风水占了53字；然后是七子二女107字和上三代20字。毫无疑问，主角是崔氏，假如有配角，便是撰者。

就内容来说，有四点值得注意。一是首题作"崔氏夫人"墓志而非权氏妻崔氏墓志；二是家世上溯三代祖先（其中"高祖"之高或是衍字，或上读为"妣高氏"，否则没有了祖父母），与男墓主无异；三是不记丈夫之名讳和半点事迹，丈夫之角色一点都不明显。四是似乎有意突显崔氏承家的重任，略述如下。

志文以最多的篇幅描述崔氏生前事迹，首先是出身39字，乃前中高层武将之女，此后分为两大段：出嫁之前和出嫁占87字，出嫁之后占86字，长度几乎一样，可能有意显示父家与夫家同样重要。

出嫁之前，崔氏属于统治阶级，但似已没落。列祖均不仕，他们的配偶亦不记地望。父亲最后或最高的官职是左神策军都知兵马使充步军军使，故当崔氏（887—941）出嫁前后，父亲已无官一身轻，因为神策军在唐末五代（907—960）已被解散。唐末有些富家子弟进入神策军作为护家之符和营利之资，但无论如何总是武职，而志文说崔氏"奉蘋早学于蒸尝，能全妇道；采蘩每亲于繁冗，甚有女工"，铭文又说"有礼有法"，反映撰者认为武家亦当重视三从四德，与文人无别。

对崔氏的出嫁，志文用了两个典故。第一个是"段氏之蕙心高邈，不视凡夫"。段氏字元妃，《晋书·列女·慕容垂妻段氏》说她"少而婉慧，有志操，常谓妹季妃曰：'我终不作凡人妻。'季妃亦曰：'妹亦不为庸夫妇。'邻人闻而笑之"。等了又等，终于嫁给燕王慕容垂，但不是作为正室而是继室。后来登上后位，但下场很惨。慕容垂前妻之子宝继位后，因她曾建议另立太子，逼她自杀，还差点不能成丧。[1] 第二个是"孟光之兰抱清贞，待其良配"，也是待了又待，"择对不嫁，至年三十"，[2] 终于嫁给梁鸿。崔氏先葬先志，据近人研究，继室有时不与夫合葬。[3] 或许崔氏也是年纪稍长才嫁作继室，撰者乃用两典加以美化。假如是真，又如何胜过丈夫？

嫁入的权家应属被统治阶级，因为通篇只见崔氏父亲的仕历，完全找不到丈夫的名讳、父祖母、地望、官职、恩荫等或多或少反映官宦之家的痕迹。不过从"鬼神歆其馈祀"来看，夫家既行祭礼祀仪，应有一定的文化水平。志文也用了两个典故比喻崔氏事夫，第一个是"奉梁鸿而尽心，如承大祭"。孟光"状肥丑而黑，力举石臼"，梁鸿娶之是因其德而非其容，但"如承大祭"的严重性，远远超过"妻为具食，不敢于鸿前仰视，举案齐眉"，恐怕不止是为了抬举梁鸿为"非凡人也"。[4] 第二个是"敬郤克而有礼，似对严君"，恐怕也有隐意，因为众所周知的郤克故事（非郤缺）跟夫妻关系几乎风马牛不相及，令人印象深刻的是出使齐国的四位大臣，鲁国的秃头、晋国的跛足、卫国的目眇、曹国的伛偻；郤克便是晋使，因瘸腿而受辱，矢言报复，终于大败齐国。或许崔氏之夫也有残缺，撰者乃用此典故美化其身残志不残。崔氏的"如承大祭"和"鬼神歆其馈祀"，一方面表示崔氏善尽媳妇之责任，另一方面可能隐示丈夫因缺陷不便主祭，乃由崔氏承担较多的责任，有时甚至代为主祭。如是，丈夫的缺陷亦不便社交，多少影响家庭的发展。

---

[1] 房玄龄：《晋书》卷96，2524—2525页。
[2] 范晔：《后汉书》卷83，北京：中华书局，1965年，2766页。
[3] 根据唐末洛阳地区的传统，虽有妻、继室、夫三人合葬的传统，亦不乏继妻别葬的例子，认为继室宜别葬较合礼法，见金蕙涵《游走礼法的边缘——唐代两京地区的继室墓》，14—15页。
[4] 范晔：《后汉书》卷83，2768页。

崔氏死亡时，夫家应尚未踏入统治阶级。崔氏七子，一人早亡，其余均不记官职，志文更明言"不仕"，铭文则感叹"方将陈钟列鼎"；配偶五人，只有一位记下地望，比例不高。不过，有利于向上流动的因素有四：

一、有一定的财力，可从父家环境、夫家人口，及洛阳私第与福地三方面来看。神策军是曾经煊赫一时的天子亲军，俸禄始终优厚，崔氏之父位至都知兵马使，阶至银青光禄大夫，收入不错，为了增加女儿在夫家的地位，可能给予厚重的嫁资。她生了七个儿子，六人成长，四人成家，还有两个早逝的女儿。生养众多，或反映家境不俗。她死在洛阳私第，并在两个月内便下葬于河南县，应是早有墓地。墓志大言风水之佳，"坟于金谷，地迩玉京"，所费应该不赀。

二、有一定的人脉。墓志共记八位妻子，只有墓主和六子之妻有地望。崔氏之博陵大抵是死时才有，六媳左氏之丹阳却可能是真。左是崔氏母姓，非常姓，如确为同一左氏，或许表示崔、左、权合三姓之好以互相帮忙。郝若贝亦指出，有力之家往往建构多姓婚姻网络，已非传统合二姓之好所能概括。[1] 六媳之夫单名谊，欠"令"字排行，或会引来各种联想，但谊仍从"言"字旁，志文又明言"夫人所生"，故应不是妾出或收养之类，也许是漏刻。书丹者是侄女婿王鏻，不知属于夫家还是娘家。能够书丹，明显学文；头衔是将仕郎试太常寺协律郎，无论是实试还是虚衔，都属文途，一方面反映五代之文武通婚，另一方面或可帮助崔家和权家从文，实行文武并进。

三、有一定的仕宦候选人。生七子而有六子长成，或可增加中举和入仕的机会，这也是富贵人家勤于生养的一个原因。

四、宜子宜孙宜仕禄的福地。当然，有些现代研究者不会把风水算作一个因素，但我们站在古人的立场，看到风水占了53字，比上三代20

---

[1] Hartwell, Robert, "Demographic, Political, and Social Transformation of China, 750-1550," pp. 365-442.

字多出一倍不止，更不用说丈夫了。

　　要之，在形式上，女墓主的墓志与男墓主无异，没有受到亏待；在篇幅和内容上，以女墓主为中心，几乎没有配角。两者可能并不少见，但对鳏夫几乎置之不理却不寻常，铭文最后一句"千秋万岁，贤母之名"也突显母而非妻。父亲是前神策军步军军使，夫家虽是被统治阶级，但有着一定的文化和财力，似乎看到两家的平起平坐。丈夫可能身有缺陷，祭祀等大事由妻子负起较多的责任，但壮志未酬。她去世之时，志文坦言六子俱不仕，可见有意但未能进入统治阶级。不过，有利的条件有四：一，不乏财力；二，不缺仕宦候选人；三，有一定的人脉；四，有利仕禄的福地。权氏如是文家，与崔氏的婚姻便是文武婚，如是武家，侄女的婚姻便可能是文武婚；婿女婿若属崔氏一方，便可能是文武婚。为了增加出嫁的条件，武人家庭也会讲究女训，这些女儿对五代的文武交流或有相当的贡献。

（执笔者：邱敬）

（指导者：山口智哉、柳立言）

参考资料：

一、墓志碑文：

1. 颖至：《大晋故博陵崔氏夫人墓志铭并序》，吴钢主编《全唐文补遗》第一辑（西安：三秦出版社，1994），442—443 页。

2. 颖至：《大晋故博陵崔氏夫人墓志铭并序》，傅斯年图书馆藏拓片（12834）。

3. 颖至撰，周阿根点校：《权君妻崔氏墓铭》，周阿根《五代墓志汇考》，334—337 页。

4. 颖至撰，陈尚君点校：《大晋故博陵崔氏夫人墓志铭并序》，陈尚君辑校《全唐文补编》（北京：中华书局，2005）卷97，1251—1252 页。

5. 颖至撰，章红梅点校：《权君妻崔氏墓志》，章红梅《五代石刻校注》，403—406 页。

二、其他资料：

6. 房玄龄等撰，吴则虞点校：《晋书》，北京：中华书局，1974 年。
7. 金蕙涵：《游走礼法的边缘——唐代两京地区的继室墓》，《成大历史学报》44（2013），1—42 页。
8. 范晔撰，刘昭补，李贤等注：《后汉书》，北京：中华书局，1965 年。
9. Hartwell, Robert, "Demographic, Political, and Social Transformation of China, 750-1550," Harvard Journal of Asiatic Studies 42.2 (1982), pp. 365-442. 中译本：郝若贝：《750—1550 年间中国的人口、政治及社会转型》，收入单国钺主编《当代西方汉学研究集萃》中古史卷，上海：上海古籍出版社，2012 年，175—246 页。

从子之荣

（王玗、张氏、王筠）

邱敬

后晋平民王玗之妻后汉清河郡太君张氏墓志

一、基本资料

1 性质	墓志
2 题名	新题：后晋平民王玗之妻后汉清河郡太君张氏墓志 首题：清河郡太君张氏墓志并序
3 时间	死亡、下葬或立石时间 死亡：乾祐三年（950）八月十二日 下葬：乾祐四年（951）十一月廿一日
4 地点	死亡、下葬或立石地点 死亡：东京（河南开封）道德里之第 下葬：河南府（河南洛阳）河清县长泉先夫之茔
5 人物	
墓主	张氏（866—950）
合葬或祔葬	夫：后晋平民王玗（？—942）
撰者	后汉文官前泾州观察巡官王德成
6 关键词	社会流动、妇女角色

（责任者：林思吟）

二、释文

清河郡□□□〔太君张氏〕墓志铭并序
前泾州观察巡官王德成撰

　　粤以灵椿得岁,西成易变于风霜;智水利人,东注难停于昼夜。荣落既拘于定数,古今讵脱于彝章。垂令问者居先,获遐龄者为上。其有闺门积庆,流慈爱于子孙;风树缠悲展孝思于祖妣。非夫母仪兼著,子道备臻,袭断织之严规,契班衣之素愿,即何以因亲之戒,守内则之纪纲;从子之荣,授明朝之纶綍。生标其异禀,□〔死〕□其盛仪者哉!

(以上是序,共128字,后段母子关系57字,重点在子不在夫)

　　清河郡太君张氏,即累赠太常少卿王玕之妻,泰宁军节度□〔副〕使筠之母,其先本京兆韦曲人也。
曾祖弘,
祖益,名高许史,族本淯函,尚淳厚之古风,鄙轻肥之末俗,皆高尚不仕。自周汉已降,嗣胤繁△,代有贤良,史称焕赫。
父知章,唐昭宗御宇也,充盐铁转运副使。负经济之才,力资邦用;钟英灵之气,庇及家谋[谍]。是时四海尘清,八方风偃,边庭执贽,江佐珍奇,常充溢于门栏,悉依归于权势。

(以上是曾父祖三代,向上流动,共148字)

　　太君始笄之岁,绰有闲澹之风,略不挂于怀抱。
旋属灾生丹陛,贼号黄巾,遂□万乘于川林,灭兆民于剑戟。重门甲第,随灰烬以无遗;玉季金昆,没戈诞[鋋]而不返。

于是徙家于汴，即今之上都，乃适于累赠太常少卿，恭承旧训，爰结良因。

奉姑舅于高堂，服勤夙夜；

睦宗亲于异族，妙□寒暄。

（以上是家破、入门与为妻，但不见夫家背景，共109字）

生长女，适河间俞氏。

次子，即今泰宁军节度副使。

季女，适单州都粮料使侯氏。

咸彰令誉，今削繁文。

（以上是子女，共38字）

无何，累赠少卿先太君而亡，于今九年矣。叹桃李之半凋，先归有恨；念弓裘之已继，后事无□。洎乎终丧，不改夙愿，常素服蔬食，礼佛诵经。晋开运元年，封清河郡太君。今朝乾祐元年，又封清河郡太君，皆从副使品秩序进也。至乾祐三年八月十二日遘疾，终于东京道德里之第，享年八十有五。

（以上是丧夫、茹素、封赠与死亡，共113字）

终遗其语曰："我以内典是依，尔以俭葬为戒。"副使于是自□〔兖?〕解官，奔赴丧事，念当罔极，痛切至诚，哀号咸动于四邻，孝感弥先于百行。泣高柴之血，何止三时；绝曾子之浆，寻余七日。

（以上是子奔丧，共69字）

即以明年十一月廿一日扶护祔葬于河南府河清县长泉先少卿之茔。呜呼！狂风乍扇，祥云忽散于遥空；赫日方临，甘露宁留于寸晷。今则宗族毕会，时日告遹，背随岸之烟岚，长辞旧里；对邙山之陇树，永闭长泉。白杨萧飒兮寒日斜，黄壤深沉兮悲风起，天长地久兮芳猷不泯，陵迁谷变兮诀别难寻。

（以上是葬，共116字）

叨在下流，诚非博学，载承重旨，俾述前修，退让靡□，乃为铭曰：
荆山蕴玉，丽水生金；至柔为性，内则咸钦。
妇道爰成，母仪是正；宗亲克和，家门□庆。
从其令子，授其进封；丝纶赫赫，雨露重重。
大保遐龄，终乎上寿；会葬有期，良时无咎。
汴水家远，邙山路□；沉沉黄壤，飒飒白杨。
绝浆泣血兮乡□□□，叩地号天兮风云惨恻；陵迁谷变兮令问弥彰，万岁千秋兮慈颜永□。

（以上是撰铭原因与铭，共140字）

（负责者：林明、邱敬）

（指导者：柳立言）

三、个案研究

墓志序言共128字，内容颇奇。前面72字感叹人生难逃一死，可堪安慰的是留下名声、获享高寿，并且"闺门积庆，流慈爱于子孙；风树缠悲，展孝思于祖妣"，以20字之多透露母慈子孝。后面即以57字述说母子关系，终于点出墓主张氏"从子之荣"而非妻凭夫贵，是儿子让母亲重返统治阶级。

不过两代，张家便由向上变为向下流动。张氏曾祖及祖父均不仕，而父亲在唐僖宗时（874—889，墓志作昭宗，889—904，似误）因身负经济之才，位至盐铁转运副使，力资邦用，是当时极为得令的职位，于是"江佐珍奇，常充溢于门栏，悉依归于权势"。好景不长，张氏

（866—950）及笄之时，王黄起事（874—884），于880年进入长安，僖宗奔蜀，"重门甲第，随灰烬以无遗；玉季金昆，没戈鋋而不返"，墓志也没有提到张家后来重返仕途。

张家流徙至开封，张氏嫁与王玗（？—942）。墓志没有片言只语提到王家的背景，连地望都不清楚，只知有祖坟在河南，有宗族在开封和河南，不知是陈留（开封）、河南（洛阳），还是其他地方的王氏，不像妻子明言是京兆（陕西）而非清河（河北）的张氏，大女婿明言是河间（河北）而非河东（山西）或江陵（湖北）的俞氏等。墓志也没有提到王玗有任何实职，故张氏应是嫁入布衣之家，但应有一定的条件。

扭转家运的主角是次子和独子王筠，时任山东泰宁军节度副使，在母亲的墓志里扮演最佳配角或男主角。在形式上，除母亲之外，他占了最多的篇幅约165字，而张氏娘家只有约148字、父亲王玗约61字、两位姊妹共19字。在内容之肥家上，他让母亲两次晋封，一在后晋开运元年（944）封清河郡太君（可能是县太君），一在后汉乾祐元年（948）又封清河郡太君。他也让一生七八十岁不见官位的父亲累封太常少卿，而且一再强调：王玗在墓志出现四次（少卿），三次都加上"累赠"二字。在内容之三角关系上，张氏与丈夫只有两句，一是嫁与："乃适于累赠太常少卿，恭承旧训，爰结良因"；二是死亡："无何，累赠少卿先太君而亡，于今九年矣"，合计33字。张氏与儿子则长达69字：从留下遗言"我以内典是依，尔以俭葬为戒"开始，述说儿子"于是自□解官，奔赴丧事"，心里"念当周极，痛切至诚"，表现为"哀号咸动于四邻，孝感弥先于百行"，最后用典故"泣高柴之血，何止三时；绝曾子之浆，寻余七日"，表示张氏母教有成，让儿子不输圣贤，回应序言之"母仪兼著，子道备臻，袭断织之严规，契班衣之素愿"。这样夫轻子重的关系也在铭文呈现，只看到张氏于张家为女，于王家为媳及为母，也看到她因子获封和得享长寿，却几乎看不到她为人之妻。

王筠的发迹也反映在王家的婚姻和交游上。长女的丈夫仅有地望而无官名，大抵属于被统治阶级，而三女的丈夫刚好相反，有官名而无地望，一方面可看到地望与官名的搭配妙用，另一方面依稀看到门当户对的婚姻通则。官名是山东单州都粮料使，掌管军员的廪禄和军士的粮饷，五代时多以武臣担任，未知是否王筠在山东时认识。此职当然不能跟张家的盐铁转运副使相比，但共同点是跟财务有关，在五代自属显学。墓志撰者是甘肃泾州观察巡官王德成，《旧五代史》后周世宗本纪有"右补阙王德成责授右赞善大夫，坐举官不当也",[1] 未知是否前后一人。巡官是文职僚佐，负责检察。单从这两人来看，王家的姻友有文职有武职，分散各地。

权门贵胄因王黄之乱一蹶不振，女儿嫁入布衣家。随着公婆和丈夫的去世，女儿成为一家之长，也是节度副使之母。她早已"素服蔬食，礼佛诵经"，打算看破贵贱生死。她的超越，应来自她的满足，不但富贵，兼且长寿。回首红尘，她可能想到擅于理财的父亲，佩服他的眼光。当年颠沛流离选择落脚的开封，今日已是繁华帝都。对长女或有一丝歉疚，但总以丈夫的责任居多，何况幼女还是嫁入仕禄之家，悬念已了。独子最为得意，在她的断织严规下，成为节度使首席上佐，可得而代理之，真可谓弓裘已继，后事无忧。她不免想到那位活了很久却始终未仕的亡夫，跟她一样因为儿子而获得朝廷一再封赠，不久之后便要千里迢迢从开封到河南跟他再次同眠。汴水家远，邙山路遥，儒家礼数，花费可真不少，但他们能容许我火化吗？如何写下一生，就交给儿子吧，他的姻朋有文有武，其中必有理想的代笔。墓志重点似在母子而非夫妻关系。

（执笔者：邱敬）
（指导者：柳立言）

---

[1] 陈尚君：《旧五代史新辑会证》卷119，3723页。

参考资料：

一、墓志碑文

1. 王德成：《清河郡太君张氏墓志并序》，傅斯年图书馆藏拓片（01646）。
2. 王德成撰，周阿根点校：《王玘妻张氏墓志》，周阿根著《五代墓志汇考》481—483页。
3. 王德成撰，陈尚君点校：《清河郡〔太君张氏〕墓志并序》，陈尚君辑校《全唐文补编》卷106，27—29页。
4. 王德成撰，章红梅点校：《王玘妻张氏墓志》，章红梅《五代石刻校注》，544—546页。

二、其他资料

5. 陈尚君：《旧五代史新辑会证》。

哭母伤目求免官

（梁文献、镡氏、梁鼎）

柳立言

墓志一：北宋文官乘氏县令梁文献墓志铭并序

一、基本资料

1 性质	墓志
2 题名	新题：北宋文官乘氏县令梁文献墓志铭并序 首题：大宋故曹州乘氏县令赠太子洗马梁府君墓志铭并序
3 时间	死亡、下葬或立石地点 死亡：北宋乾德五年（967）十二月二十八日 下葬：北宋淳化四年（993）十一月七日
4 地点	死亡、下葬或立石地点 死亡：山东曹州（山东巨野）乘氏县 下葬：洛阳县（河南洛阳）宣武原
5 人物	
墓主	梁文献（923—968）
撰者	北宋文官直昭文馆句中正（929—1002）
6 关键词	社会流动、文武交流、业绩、婚姻、丧与葬、妇女角色、墓志笔法与史学方法

（责任者：林明、施天宇）

二、释文

大宋故曹州乘氏县令赠太子洗马梁府君墓志铭并序
朝奉郎尚书比部员外郎直昭文馆赐绯鱼袋句中正篆

维乾德五年十二月二十八日,曹州乘氏县令梁公卒于位,春秋四十有五。
夫人临海镡氏,惟二子,皆幼,以余俸税田,用资伏腊,以逮成人。
诲之织纴,归士君子;
而复右执榎楚,左持简册,训若严师,成其国器,果在下武之世,陟于艺文之科,浸渍帝恩,颉颃鸳鹭。
梁氏有后,盖夫人之力焉。
(以上是序,109字,重点是寡妻营家、嫁女、教子、贡献)

府君讳文献,字国宝。其先本秦仲,因周东迁,封秦少子康于夏阳,为穆公所并,遂奔晋。至汉,迁之北地。元鼎中,分为安定郡,世以为望。而后脉析而自繁,茅茹而不绝,谅因积德,世诞其人。
(以上是先世,71字)

曾祖仲廉,唐峡州刺史;祖彦儒,唐容州司马;考讳钛,蜀剑州监军使、剑门关使。始自唐室土崩,士族奔迸,祖门遂西之益部而家焉。神州旋叹于鼎分,归路已灰于剑栈。剑州府君以亲老居贫,仕不择禄,伏膺戎阃,至于没齿。
(以上是父祖三代,85字,不记妻子,三代仕宦)

府君即次子也。幼而歧嶷,长而重厚;克践古贤迹,不习非圣书。

泽雾高奇，华焕而天真五色；凌云丽则，浏亮而雄奥八都。
孟蜀进士，□〔释〕褐，永平军节度掌书记。
便膺银艾，旋改金章；虽可乐于从军，祈字民于县政。授绵竹令，迁射洪令。
又属边藩幕画，必简长才。咸推侃侃之儒，复署翩翩之职；既称金台之上介，仍兼粉署之名郎。授山南节度掌书记检校尚书主客员外郎。秩满，授水部员□〔外〕郎，又迁虞部员外郎。
爰遇圣宋龙兴，蜀后革面，倍从官吏，沐浴真恩，授今任（曹州乘氏县令）检校驾部员外郎。临民以德，阜俗以淳；课调惟时，力役惟准；通民于以知息肩，邮吏于以停掣肘。
方将报政，遽叹奠楹，天乎不淑，歼我良宰，遂权窆于大名府属邑。
（以上是事迹及死亡，239字）

淳化四年三月，诏赠太子洗马，从子贵也。
府君尝谓其子曰："嵩少伊瀍，神仙薮泽，终焉于此，诚吾志乎。"今卜东周以安宅兆，从治命也。以淳化四年岁次癸巳十一月七日葬于洛阳县宣武原，礼也。
（以上是迁葬，75字）

府君有子二人，男曰鼎，进士甲科，今任开封府判官守太常博士。金相玉质，鸿学雄文，为时所称。
女字金华，适琅琊王骥，进士中□〔第〕，尝从事永嘉，亦士林之秀茂者也。
（以上是子女，63字，无妻，在序言，罕见）

府君言谨行纯，在丑瓦合。侯弓应聘，郁王佐以盘桓；牛刀字人，局儒术而闲放。方期行道圣世，谁谓阅水遄奔。方孟子之无时，诚堪浩叹；若臧□〔孙〕之有后，非不幸也。
（以上是撰志原委，62字，近似盖棺论定）

　　临穴惴惴，呜呼哀哉！铭曰：
　　生申势耸，出书源长；□武纪地，眠牛转冈。
　　森森梓柏，萧萧白杨；东朝洗马，□君玄堂。
（以上是铭，42字）

（责任者：林明、林思吟、施天宇）
（指导者：山口智哉、李宗翰、柳立言、刘祥光）

墓志二：北宋文官乘氏县令梁文献之妻临海郡太君镡氏墓志

一、基本资料

1 性质	墓志
2 题名	新题：北宋文官乘氏县令梁文献之妻临海郡太君镡氏墓志 首题：皇宋故临海郡太君墓志
3 时间	死亡、下葬或立石地点 死亡：北宋咸平六年（1003）四月十五日 下葬：北宋咸平六年（1003）十月二十九日
4 地点	死亡、下葬或立石地点 死亡：东京（河南开封）靖安里之私第 下葬：西京洛阳县（河南洛阳）宣武原
5 人物	
墓主	镡氏（934—1003）
合葬或祔葬	夫：北宋文官曹州乘氏县令梁文献（923—968）
撰者	子：北宋文官前三司度支使梁鼎（955—1006）
书丹者	子：北宋文官前三司度支使梁鼎（955—1006）
6 关键词	社会流动、文武交流、业绩、婚姻、丧与葬、妇女角色、墓志笔法与史学方法

（责任者：林明、施天宇）

二、墓志释文

皇宋故临海郡太君墓志

　　临海郡太君姓镡氏，故曹州乘氏县令赠光禄少卿安定梁公之夫人，今右谏议大夫鼎之母也。
（以上是序言，37字）

　　其先出于姬周，宗枝有封于鄠者，故春秋时有周大夫鄠肸，后或易为镡，故汉有大将军镡显，蝉联簪绂，绵绵弗绝。
（以上是先世，44字）

　　大王父讳师儒，唐彭州九陇县令；王父讳嗣古，幽贞嘉遁，与道终始；考讳颥，仕蜀为学士院副使检校户部尚书。
（以上是父祖三代，43字，亦不记妻子，二代仕宦）

　　太君则尚书第四女也。聪敏柔顺，德冠闺阃，敦睦慈爱，仪形姻戚。先少卿之捐馆也，鼎尚幼，太君手执诗书，躬自训导，洎志学之岁，则诲以从师。故鼎于太宗朝登进士甲科，自释褐，逮阶通显，历任中外，咸著声称，皆太君教诲之力焉。
上在宥之五载，鼎以兵部员外郎知制诰，拜右谏议大夫充三司度支使。明年南至，郊祀泰坛，大行覃庆，故先君有少列之赠，太君有临海之封。
（以上是事迹及封赠，144字）

　　咸平六年岁在癸卯春正月，鼎奉诏视边事于陕右。未及复命，而太君遘疾，以四月十五日终于东京靖安里之私第，享年七十。诏赐钱十万，绢百匹以给丧事。嗣子鼎衔恤茹痛,恨弗殒灭,即以是岁十月躬护灵舆,归葬于西京洛阳县宣武原,以是月二十九日乙酉启先少卿之墓而祔焉,礼也。

(以上是丧葬,113字)

直书志石,以永终古,哀慕荒瞀,言不成文。鼎书。

(以上是撰志原委,18字)

(责任者:林思吟、林明、施天宇)
(指导者:山口智哉、李宗翰、柳立言、刘祥光)

三、个案研究

墓主梁文献(924—968)卒于北宋太祖乾德五年十二月底,约二十五年后(993)于洛阳下葬。墓志撰者直昭文馆句中正(929—1002)应是他昔日的同僚或朋友,罕见地在序言描述文献寡妻镡氏(934—1003)如何抚育子女长大,所花的篇幅,仅次于文献一生的宦业,最后说:"梁氏有后,盖夫人之力焉。"再过十年,镡氏去世,同年祔葬于夫墓,撰志者是独子右谏议大夫梁鼎(955—1006),数说自己从中举以至通显,"皆太君(母亲)教诲之力焉",究竟镡氏对梁家有何贡献?另一方面,自谓通显的梁鼎为何只有散官而无实职?

梁文献出自仕宦世家,至少三代为官,兼治军民。曾祖父是唐代峡州刺史;祖父是容州司马,属高层文职僚佐,遇到"唐室土崩,士族奔迸",乃西迁至益州定居。自从成为皇室避难所之后,四川聚集了大批的唐朝士族,常为地方政权所延揽。唐亡,前蜀建国(907—925)。可能沾了旧族之光,父亲最后担任剑州监军使和剑门关使,算是军事重地的要职,不过墓志说他"以亲老居贫,仕不择禄,伏膺戎阃,至于没齿",似乎兴趣不在管军而在字民,但终身不得志,也许会寄望于儿子。令人奇怪的是，墓志不记曾祖母、祖母和母亲，大抵隐身幕后。

梁文献是次子，出生第二年，后唐灭蜀（925），随即是董璋和孟知祥两强相争。经过九年之久，知祥建立后蜀（934—965），同年由儿子昶继位，亦即后主，开始偃武修文，整饬吏治，例如发布《官箴》（941），其中四句后来被宋太宗摘录，令州县刻石，置于官署，成为今日有名的《戒石铭》，上写"尔俸尔禄，民脂民膏，下民易虐，上天难欺"。文献二十岁时（944），蜀相毋昭裔将《九经》刻石，置于成都学府，并在九年后刻板印刷，以广流传。儒风日盛，文人乃得乘时而起。

文献二十五岁时（949），后蜀开始开科取士。后来文献中举，首任便是永平军节度掌书记，一般位在节度副使、行军司马和判官之下，而在推官和巡官之上，如得到信任，便是幕主之喉舌。之后，文献"虽可乐于从军，祈字民于县政"，又谓"侯弓应聘，郁王佐以盘桓；牛刀字人，局儒术而闲放"，也许真的以儒术吏治为己任，或要完成父亲之志趣，乃离开帅府，两任县令。不久，"属边藩幕画，必简长才。咸推侃侃之儒，复署翩翩之职"，又回到戎阃，出任山南节度掌书记。事实上幕府亦需要文治之才，往往精英云集，而且文武并肩，可以产生极有潜力和前途的人脉。无论如何，墓志以两个"儒"字加诸文献，又说"方孟子之无时"，反映他的长才在文不在武。然而，分裂有时要靠战争来解决。

后周世宗有意统一天下，后蜀首当其冲。文献三十一岁（955）时，后周一口气吞并秦、凤、成、阶四州；再过十年，北宋只花了六十六天便越过剑门，进入成都。文献人微任轻，轮不到以身殉国，但新的职位可真道远，是曹州乘氏县令。在四川落籍超过六十多年后，梁氏远赴无亲无故的山东就职，约三年后死在任上，年仅四十五岁，遗下镡氏和未成年的一女一男。

寡妻亟需面对的问题是归葬，因为若葬在外地无亲人祭拜，虽不致沦为野鬼，但也渐成饥魂。墓志说："府君（文献）尝谓其子曰：'嵩少伊瀍，神仙薮泽，终焉于此，诚吾志乎。'"这句话对未满十四岁的梁鼎来说意义不大，对寡妻来说却是千斤重担。扶柩到了河北的大名府，实在走不下去，只得权窆，直到二十五年后才能迁葬。就此来说，文献的身家不算丰厚，又因官位不高，不能荫补子弟。梁家快要跌落被统治阶级，复兴大任落在三十四岁的寡妻肩上。

首先要解决经济问题。回到益州，镡氏"以余俸税田，用资伏腊，以逮成人"，以文献的遗产购买田地，多是佃人耕作，以其收入用于祭祀和日常生活，尤其是抚养子女成人。伏腊一词三义，亦可解作妇道甚修、治家严整。墓志说她"聪敏"，没有明言她如何购买和管理田产，可能亲自议价、交割、督工和核数，精打细算。

其次是幼女的大事。如是梁鼎之姊，当时应超过十三岁，或已及笄。墓志序言说镡氏"诲之织纴，归士君子"，精确指出寡母的任务就是替女儿作好准备，要嫁给士人，维持士族的地位。女儿小字金华，夫婿是"琅琊王骥"，这个真假难分的地望自是用来标榜身世之不凡。他在岳丈迁葬时已进士及第，并曾在永嘉担任从事，但没有记下其他官职，可能中第未久，反映在联姻时并无功名。就此来说，镡氏颇有知人和先见之明，可向先夫夸口。

最后也是最重要的大事，便是独子梁鼎的举业，既要完成亡夫未竟之志，也是维持官宦阶级的必要条件。镡氏"右执榎楚，左持简册，训若严师，成其国器"；梁鼎也说："鼎尚幼，太君手执《诗》《书》，躬自训导，洎志学之岁，则诲以从师。"以今日的标准来说，梁鼎的国中教育是由寡母完成，之后由寡母督促，从师学成。那么，寡母的学识从何而来？

镡氏能将女儿嫁给士人，又亲自教育儿子，除了夫家具备一定的条件外，跟娘家也不无关系。她的曾祖父是唐朝的彭州九陇县令，祖父不仕，父亲是前蜀的学士院副使，从教读"简册"和"《诗》《书》"来看，应指负责草诏的翰林学士院而非画院，是相当重要而且清高的职位。梁镡联姻可说背景相若门户相当，可以互相扶持。蜀亡之后，镡家不见新的官职，可能自顾不暇，但士族的余晖在宋代还是光亮的。

镡氏是四女，"聪敏柔顺，德冠闺闱，敦睦慈爱，仪形姻戚"，完全没有提到她的学识，其实至少达到今日的中学程度。由此可知，墓志不提之事，有时不是并无其事，而是可从他事推想出来，不言自明。墓志撰者不明白说出，因为他们不曾预料我们会用墓志来探讨妇女的文化水平和做了什么外事内事。

对寡母的贡献，梁鼎说："鼎于太宗朝登进士甲科，自释褐，逮阶通显，历任中外，咸著声称，皆太君教诲之力焉。"看来从十五至二十八岁中举（983）的艰苦十三年间，甚至入仕之后，儿子仍多方受到寡母的影响。遗憾的是，当寡母弥留时，儿子远官在外，来不及见最后一面。之后，跟武臣一样，文臣梁鼎夺情起复，出知凤翔府，"以居忧哭泣伤目"，[1] 恳求退居闲职，当时才四十八岁，可见母子之情深。不过，镡氏可能比较喜欢亡父的文学侍从之路，既高贵清尚，又不必东奔西跑，母子分离。

墓志撰者句中正就是借着文学而大贵。他跟梁文献是同乡（益州华阳）、同辈、同僚，甚至同年。原是毋昭裔的馆客，中举后仍留在昭裔身边担任从事，可能参与《九经》的刻印。蜀亡之后，跟文献一样，远赴曹州，担任录事参军，继为氾水县令和潞州录事参军等基层官吏。他能够飞黄腾达，是以书学见知于同道太宗，史称"中正精于字学，古文、篆、隶、行、草无不工。太平兴国二年（977），献八体书。太宗素闻其名，召入，授著作佐郎、直史馆，被诏详定篇、韵"，从此走上文学侍从之路，除了出使高丽之外，几乎没有离开过京都。他"杜门守道，以文翰为乐"，死后进入《宋史》的文苑传。[2] 也许见贤思齐，梁鼎也勤习书法，工篆、籀、八分书，并著有《隐书》三卷，史论二十篇，学古诗五十篇，可谓兼习文艺、文学与历史，与一般举子有所不同。中举之后

---

[1] 脱脱：《宋史》卷304，10059页。
[2] 脱脱：《宋史》卷441，13049—13050页。

约五六年（988—989），"献《圣德徽号颂》万余言，试文"，[1] 明显是要突显自己的文才。他获晋一阶，但未能踏上清要之路。

献文之后，梁鼎出任歙州通判，以能干闻名，太宗下诏嘉奖。徙知吉州，有豪民为患百姓，历任官吏并无处理，梁鼎揭露其恶行，加以杖脊黥面，远徙他郡。太宗注重法治，"尤赏其强干，代还，赐绯鱼，旧例当给银宝瓶带，太宗特以犀带赐之，记其名于御屏"，时年约三十八岁。他又上疏批评考绩制度之不足，认为知州"强明者无以自言，庸懦者得以为隐。治状显著，朝廷不知，方略蔑闻，任用如故。……致水旱荐臻，讼狱盈溢"，恳求朝廷改革，"庶几官得其人，民受其赐"，[2] 可看到他留心吏治，注重考核，当然会得罪同僚。史称梁鼎"居官峻厉"，[3] 颇有寡母右执槚楚，训若严师的身段；他幼尝艰难，入仕之初至少在嘴里挂着人民两字。

自此之后，梁鼎的仕宦主要围绕吏治和财政，先后担任开封府判官、三司右计判官、总计判官、度支判官、江南转运副使，徙陕西转运副使（996），"以母老求郡"。[4] 朝廷为方便他照应六十三岁的母亲，让他连知徐州和密州，分别在京东西路和东路。新皇帝真宗登基不久，四十七岁的梁鼎通过中书的考试，出任知制诰（1001），与一代文豪杨亿成为同僚，[5] 一圆词臣之梦，又可在京师陪伴六十八岁的老母。

未及一年，梁鼎因其财政专才，以词臣身份替三司算账。当时真宗下令放免天下欠税，而三司斤斤计较，"缧系追逮，颇为烦扰，至有久被拘者"，[6] 亦即产生滞狱。真宗于是命梁鼎等人按籍引对，大多蠲免，亦大获皇帝欢心。四十八岁的梁鼎连升数阶至右谏议大夫，并攀上事业

---

[1] 脱脱：《宋史》卷304，10057—10059页。
[2] 脱脱：《宋史》卷204，10057；李焘：《续资治通鉴长编》卷34，760页。
[3] 脱脱：《宋史》卷204，10059页。
[4] 脱脱：《宋史》卷204，10058页。
[5] 李焘：《续资治通鉴长编》卷48，1054页。
[6] 李焘：《续资治通鉴长编》卷48，1055页。

的颠峰，出任三司度支使，时称计相，再上便可能是宰相。他在墓志自豪地说"明年南至，郊祀泰坛，大行覃庆，故先君有少列之赠，太君有临海之封"，其实句中正早已点明，"从子贵也"。

真宗随即下令梁鼎与河北转运使计度馈边刍粮，因为以前"三司止移文责成外计，未尝有所规画，故专命之"，[1] 可见甚得皇帝倚重，但亦看到"未尝有所规画"的潜在危机，即三司官员欠缺实务经验。果然，梁鼎不久便失官，而且不无失德。

梁鼎在七年之内两次受罚，均与宋夏战争有关。第一次发生在寡母六十三岁（996）之时，太宗五路伐夏而无功，主帅之一是外戚李继隆，诿言军储未能及时运到，梁鼎作为陕西转运副使，坐削三官而留任。惟据《太宗实录》，继隆其实是"不见虏，引军还"，[2]《宋史》亦谓李继隆"不见贼而还。诸将失期，士卒困乏。继隆素刚，因惭愤，肆杀戮，乃奏转运使陈绛、梁鼎军储不继，并坐削秩"；[3] 梁鼎不久便恢复旧官。第二次受罚是寡母死亡前后，梁鼎以三司度支使出为峡西制置使，大权在握，率领转运使杨覃等人，推行他的新法，一方面以官售解盐取代商人入中，以增加军费，另一方面由百姓纳粮和运粮，以增加军储。新法得到真宗、枢密使陈尧叟和宰相吕蒙正的认可，特派支持者宦官杜承睿同制置盐事，以便利执行，并因梁鼎的坚持，罢免反对者陕西转运使刘综。[4] 至是，新法可说只许成功不许失败，成则宰执有望，败则身坠名裂，而且牵连颇众。但是，执行起来，地方官吏群起反对，不从规画。实际上三司也分裂，判三司盐铁勾院李士衡曾经批评梁鼎攘夺农时，沮阻商业，反而对西夏有利，在真宗面前"忠愤而言，不觉切直"。[5] 有

---

[1] 李焘：《续资治通鉴长编》卷52，1143页。
[2] 钱若水：《宋太宗皇帝实录校注》卷79，北京：中华书局，2012年，763页。
[3] 脱脱：《宋史》卷257，8967页。
[4] 李焘：《续资治通鉴长编》卷54，1175—1177页，1184—1186页；《宋史》卷304，10058页。
[5] 范仲淹：《范文正公集》卷11，96页。

研究者以为士衡较有道理，[1] 其事亦清楚记在范仲淹替他撰写的神道碑上，作为一项重要功绩让后人浏览，大抵言之有据，不同于李继隆之诿过，不见得是冤枉或尽是权力斗争。

梁鼎遇到诸多阻力，竟变得不择手段，"奏运咸阳仓粟以实边，粟已陈腐，鼎即与民，俟秋收易新粟"，[2] 完全看不到昔日的爱民形象，却似乎看到权位在腐蚀人心。朝廷下令判三司户部勾院林特等人调查。林有文才，曾与杨覃共事，又有辇运军粮的经验，得到吕蒙正的赏识，人情上应支持蒙正，[3] 结果却是朝廷颁布《梁鼎罢度支使诏》，上距寡母死亡不过四十多天：

> 关陇之右，金革未宁，调发所资，用度为急。眷醝咸之所产，利贾贩而有经。
> 度支使陕西置制使右谏议大夫梁鼎，职任均财，议陈变法，俾伸裁制，庶司。
> 曾微远图，苟狥独见，公私大扰，储峙益空，徒乱旧章，颇喧群议。
> 俾停使务，用儆官常，可罢度支使，守本官。[4]

这就是寡母墓志之中，梁鼎只署右谏议大夫而无实职的原因。寡母若在世，应能读懂这道诏令，见识到词臣的功力。它以浅白的文字交待重点，包括干戈正炽、军用孔急、以商贩盐为常制、赋予梁鼎大权以推行他的变法。它对梁鼎的批评只有六句，字字诛心，毫不留情，确属"切责"。[5] 吕蒙正亦请辞，得到真宗慰留。三年之后，梁鼎以五十二岁之

---

[1] 新法之是非，参见郭正忠《宋代盐业经济史》，907—909 页。
[2] 脱脱：《宋史》卷 304，10058 页；《续资治通鉴长编》卷 54，1186 页。
[3] 脱脱：《宋史》卷 283，9564 页。
[4] 宋绶、宋敏求：《宋大诏令集》卷 203，757 页。
[5] 《续资治通鉴长编》卷 54，1194 页。

盛年去世，二子赐进士出身。其中一位名吉甫，跟仁宗时一位发运使同姓同名，曾负责协助辇运陕西的军需，未知是否王子复仇记。[1]

　　镡氏的娘家和夫家都是以文为主的士族，她训练儿子也以文为主，不但中举，还有能力担任词臣，但终未成为文学侍从，而是继承父业，志在牧民。太宗和真宗因辽夏交侵，需要大量的军费和军需，担任财臣应较易晋升。[2] 梁鼎投身三司，所需要的专业知识，或已超过梁镡两氏的家学；要处理财政中的军事，恐怕更需要额外的财经知识。除了母训家教之外，如何获得这些知识，朝廷如何栽培专业人才，值得进一步研究。无论如何，降臣的第二代已经晋身中央要职，足以证明科举确以笔杆代替枪杆，逐渐和平地将政权由北人交到南人和北人的手里，从以北统南过渡至南北人共治。

（执笔者：柳立言）

参考资料：

一、墓志碑文：

1. 句中正：《大宋故曹州乘氏县令赠太子洗马梁府君墓志铭并序》，曾枣庄编《宋代传状碑志集成》卷188，2866—2867页。

2. 句中正：《大宋故曹州乘氏县令赠太子洗马梁府君墓志铭并序》，傅斯年图书馆藏拓片（02355）。

3. 句中正：《梁府君墓志铭》，傅增湘原辑，吴洪泽补辑《宋代蜀文辑存

---

[1] 徐松：《宋会要辑稿》职官42，17页。

[2] 这段话颇能看出真宗对财臣的倚重：咸平五年九月，"盐铁使王嗣宗、度支使梁鼎、户部使梁颢同对，嗣宗进曰：'尝蒙陛下宣谕：朕不合管钱谷细务，然所忧者，盖为天下生民耳。方今国家经费甚繁，赋入渐少，虽陛下勤俭之德，冠于古先，其如冗食尚多，耗蠹犹广，更宜庶事减节。不然，则用度不足，复重扰于民矣。'上曰：'朕所忧者，正此耳。'嗣宗曰：'河北、关西，边事未息，兴师十万，日费千金。国家兵革非不精，士卒非不众，在乎择将帅，严号令，用之得其宜，则何往不利。臣等会议，事有可减省者，愿条列以闻。'从之。"见李焘《续资治通鉴长编》卷52，1152页。

校补》（重庆：重庆大学出版社，2014），2—3页。
4. 句中正撰，刁忠民点校：《大宋故曹州乘氏县令赠太子洗马梁府君墓志铭并序》，曾枣庄、刘琳编《全宋文》卷50，225—226页。
5. 梁鼎：《皇宋故临海郡太君墓志》，曾枣庄主编《宋代传状碑志集成》卷192，2915页。
6. 梁鼎：《皇宋故临海郡太君墓志》，傅斯年图书馆藏拓片（14792）。
7. 梁鼎撰，刁忠民点校：《皇宋故临海郡太君墓志》，曾枣庄、刘琳编《全宋文》卷163，214—215页。
8. 梁鼎撰，郭恩秀注释：《梁君妻镡氏墓志》，宋代史料研读会报告，1995.2.25。

二、其他资料

9. 宋绶、宋敏求：《宋大诏令集》，北京：中华书局，1962年。
10. 李焘撰，上海师范大学古籍整理研究所、华东师范大学古籍研究所点校：《续资治通鉴长编》。
11. 范仲淹：《范文正公集》，《四部丛刊初编》本。
12. 徐松：《宋会要辑稿》。
13. 脱脱等撰，中华书局点校：《宋史》。
14. 郭正忠：《宋代盐业经济史》，北京：人民出版社，1990年。
15. 钱若水撰，范学辉校注：《宋太宗皇帝实录校注》，北京：中华书局，2012年。

法律人妻的欢与愁

（姚奭、米氏、李氏、邵雍）

邱敬

北宋文官简州军事推官姚奭之妻米氏墓志铭

一、基本资料

1 性质	墓志
2 题名	新题：北宋文官简州军事推官姚奭之妻米氏墓志铭 首题：（无）
3 时间	死亡、下葬或立石地点 死亡：北宋庆历三年（1043）九月廿日 下葬：北宋治平三年（1066）正月廿七日
4 地点	死亡、下葬或立石地点 死亡：广汉（四川广汉）驿舍 下葬：洛阳县（河南洛阳）北邙之原
5 人物	
墓主	米氏（1013—1043）
撰者	夫：北宋文官前通判永兴军姚奭（1015—1071）
书丹者	次子：北宋文官庆州司理参军姚焕（1061进士—1072后）
6 关键词	社会流动、业绩、品德、婚姻（二妻）、家庭或家族、妇女角色、墓志笔法与史学方法

（责任者：林思吟、邱敬）

二、释文

夫人河南米氏，尚书屯田郎中姚奭之妻。顷从奭之蜀官，庆历三年九月廿日，卒于广汉驿舍，年三十一。
（以上是事迹，40字，主要是为人妻及死亡）

生二男一女。长炳，举进士；次焕，嘉祐六年登进士第，今为庆州司理参军；女嫁建雄军节度推官冯孝孙。孙男三人，孙女三人。
（以上是子孙及婿，48字，不见媳）

呜呼！生不待子之养，既殁而葬，朝廷恩封又不及，嗟尔不幸至是耶！
治平三年正月廿七日，葬于洛阳县北邙之原。
夫奭为尔作铭以志其墓，子焕书之，聊慰尔魂于泉下。
（以上是撰志原委及下葬，65字）

铭曰：卜日之吉，葬于是，以次先夫人之墓。
（以上是铭文，16字）

（责任者：邱敬、施天宇、聂雯）

（指导者：山口智哉、李宗翰、柳立言、刘祥光）

三、个案研究

姚奭本是白身，前妻米氏与他共闯棘围十四载，却在跟他前赴四川履新时病故，留下三位未成年的子女，不无牵挂。后妻李氏乃官家之女，与他共渡宦业二十年，最后看破红尘，回到娘家病殁。姚奭不久亦在任上病逝，他以儒术起家，成为一位法律人，而百姓以佛事追悼。从他的出生入死和由卑转贵，既可看到男性为官的苦与乐，也能体会女性为妻的欢与愁。研究性别，岂能只看一方。

仁宗天圣七年（1029）前后，大宋王朝歌舞升平，喜气洋洋，米氏带着嫁妆和婢仆嫁入姚家。两家都是平民，姚氏原籍山西，曾、祖、父三代皆不仕；"父游洛阳，见物态明茂，人情舒闲，乃语人曰：'吾行天下多矣，未有若此风土之美也。'因家焉，遂为河南人"，[1] 今日谓之新移民，看来有点像足迹遍天下的晋商。米氏则世为河南人，只记父母一代，也明言不仕，可谓门当户对。

米氏"仁"和"慈"的品格深烙儿子心中，即使婢使犯过，也仅是正色以对，让她们反省悔改，不曾笞打责骂。不久她便发觉，守寡多年一直主持家务的婆婆"性谨肃，治家有法度"。每天一早，她要穿着正式的盛服向婆婆问安；用膳之时，她有如今天的高级侍应，务要满足婆婆的味蕾；到了晚上，要等婆婆安寝之后才去休息。她才十六七岁，便要练习"性德肃雍"和"礼容淑慎"。[2] 无论如何，这些靠自己的努力尚能胜任，但有些问题，而且是极重要的，却非要丈夫合作才能解决。

婆婆望子成龙，自称以俭约持身，却倾资教子，让姚奭获得最好的师资，交到最看好的朋友，希望在科场一鸣惊人，好使姚家从被统治踏入统治阶级，如此才谓之大孝。婆婆说了又说，米氏点滴记在心头，深明自己的责任。

姚奭（1015—1071）自幼丧父，与寡母相依为命，是姚家唯一的子女和继承人，其实比米氏（1013—1043）年轻一两岁，成婚时约十四五岁。墓志前后用了两次"抗志"来形容他的为学，其勤奋可知，但棘围难越，假设从十六岁开始连年应考，十年之内，三次落第（1030、1034、

---

[1] 见本篇末《附件三：姚奭墓志》。
[2] 见本篇末《附件一：次子姚焕撰米氏墓志》。

1038），耗志和消费可真不少。墓志又说他"文彩冠暎，大为乡里所称道"，[1] 现在除了要面对个人和家人的失落，也要承受来自乡人的压力。在愁苦困顿之中，米氏劝他说：夫君刻苦勤勉，已达极致，一时的失败，不足以抹杀长久以来的努力，成功终归于有志气的人，您是为了母亲而非自己的光荣去博取富贵，不如再奋力一试，不成再放弃未晚。果然，二十七八岁的姚奭再试入第（1042），同榜进士432人，包括赫赫有名，后来位至宰执的王珪、韩绛、王安石、毛维瞻、吕公著、韩缜，[2] 也是熙丰变法和新旧党争的要角。

另一个为媳与为妻的重要任务亦已达成，米氏已替姚家生了二子一女，三代同堂。现在贵为进士之家，不但婆婆，米氏本人也希望儿子能够"勤治诗书，传业家世"，[3] 做个士大夫，也自然希望女儿嫁入仕宦之家。米氏把对待婢仆的一套用在儿子身上，可以整天不予理睬，直到他们不再嬉戏懈惰，重新拾起书本。另一方面不时鼓励，只要儿子的课业稍有进步，便不吝赞美。

可能因为长久陪着丈夫和儿子读书，米氏也有收获。听到孝女节妇的传记，她"欣然慕之，自言曰：'幽闲静专，徽柔燕婉者，妇德之先也；睦亲亲之义，致人伦之厚者，家道之本也'"，并要求自己恭行实践。她怀着睦亲亲之义对待夫族，"用是姻戚宗党，莫不交称其贤"，可说尝试成功。[4] 她似乎已将儒家的外在伦理规范内化为日常的思想和行为，正如丈夫从庶民之身"以儒起家，以文发身"，[5] 并通过科举的认证。夫妻同心一德，互相扶持，故后来儿子说父亲"声光炬赫，为时伟人，亦夫人早辅其志有助焉尔"，[6] 应有相濡以沫的作用。在得知丈夫

---

［1］ 见本篇末《附件三：姚奭墓志》。
［2］ 傅璇琮：《宋登科记考》，南京：江苏教育出版社，2009年，176—186页。
［3］ 见本篇末《附件一：次子姚焕撰米氏墓志》。
［4］ 见本篇末《附件一：次子姚焕撰米氏墓志》。
［5］ 见本篇末《附件三：姚奭墓志》。
［6］ 见本篇末《附件一：次子姚焕撰米氏墓志》。

中举这一天，可能是米氏嫁入姚家十四年来最欢乐的一天。婆婆也挂着笑脸，欢迎络绎不绝的贺客，满意地看着孝子、贤妇与传宗接代的孙儿。

烦恼随即降临，姚奭要到简州任官。鉴于四川的特殊环境，赴任官员许多不携带家眷以避免伤亡，但米氏愿意从夫，结果在途中病逝，才三十一岁。非常客观的事实是，她与丈夫同渡艰难而未能共享富贵，三位子女也未成年，叫她如何放心得下。婆婆痛哭失声，抱怨上天夺去她视如亲生的孝女。丈夫离任时把她的棺木运回洛阳，等到自己和子女事业有成，才将她下葬祖坟。以他两任推官、两任知县、三任通判和两次受命知州的地位（附件四），不难找到名笔，但他亲自撰写墓志。一面追忆妻子二十三四年前的音容情影，一面安慰她说：自己因母丧未有新职，但已是五品的朝官，长子还在为举业奋斗，次子已在五年前（1061）中举，现在是庆州司理参军，勉可完成她"传业家世"的心愿了；女儿亦已出嫁，丈夫是建雄军节度推官，不但门当户对，父子婿三人还可切磋法律问题。不但如此，还多了三位孙男和三位孙女，如非婆婆不久前去世，便是四代同堂。他也为米氏抱屈，因为她得不到子女的孝养，也替自己道歉，因为她没有得到应有的富贵，未获朝廷的追赠。作为补偿，"夫奭为尔作铭以志其墓，（次）子焕书之，聊慰尔魂于泉下"。事实上，米氏终未获赠，而后妻封崇德县君。

继室李氏（1023—1069）原籍山东，是官家之女，但有一段惨痛的回忆。李父是河北甘陵的节度判官，属幕职官，又称签判，工作范围类似通判，不专指司法。庆历七年（1047），军校王则内乱，贝州城陷，判官被掳后破口大骂，就此丧命。朝廷调派各地人手处理乱事，其中有大名府推官姚奭。两人的婚事，应在父丧三年（1050）之后，上距米氏之死已逾七年，姚奭超过三十五岁，李氏超过二十七岁，如是初嫁，比当时最多的十八岁和平均19.04岁高出甚多。[1] 姚奭应是看上李氏之后

---

[1] 郑丽萍：《宋代妇女婚姻生活研究——以〈全宋文〉所涉4802篇墓志为例》，43—56页。

禀告母亲，似乎有点自由恋爱。此时，李氏三位兄弟因父亲之殉节，均恩授县尉，[1] 维持李家统治阶级的地位。

李氏嫁入姚家不久，便要同时扮演媳妇、继母、亲母和继室的角色，并在其中建立自我。婆婆年过六十，仍在持家，也会比较前后两媳，替李氏带来一些压力。跟米氏一样，她在婆婆左右"朝夕不怠，奉承雍容"。志文说李氏"见姑治家事或有不豫之色，磬折周旋，伺有问对，善取事理，勉慰姑心，俟意安色豫乃已"；铭文又说她"怡然不见喜愠，恪然不怼法度"。[2] 假如婆婆不高兴的对象偶然包括李氏，便是婆媳意见不合之时，李氏一面必恭必敬地应对，一面伺机诉诸道理，让婆婆释怀和接受，自己也不算逾越了婆婆的法度。"不见喜愠"固然可解作"雍容"，但亦近似扑克面孔，可与另一句"其言呐然，如不出诸口"合起来读，看到一位寡容木讷的官小姐。不过，她收到食物和瓜果，会送给婆婆尝鲜，又按照婆婆的盼咐送给别人，有余才自己享用。婆婆约在治平元年（1064）去世，四十一岁的李氏"哭踊尽礼，人皆叹息之"；我们相信，十四五年的婆媳关系，除了礼法之外还有情感。执丧者还有李氏的长子，是她唯一存活的儿子。

李氏墓志丝毫不见她只是继室的痕迹，自然也没有她跟米氏子女互动的踪影。米氏留下的两子一女，以次子在嘉祐六年（1061）中举和平均举龄三十岁推算，应接近或已经成年和适婚，这可能是姚奭选择已经二十七岁的李氏的原因，以拉开继母和子女的年龄差距。李氏的长子在熙宁五年（1072）替母亲撰写墓志时已有一子，以此反推，她很快便生下长子，既减少压力，也增加地位，当然也望子成龙，将来作为依靠。墓志没有留下她的养育点滴，有可能留在家里照顾，没有随夫宦游。她共生三男，次子和三子早夭，或跟她的年龄有关，可以想象她的悲痛。

---

[1] 李焘：《续资治通鉴长编》卷163，3921页：偃为魏县尉，俅为南和尉，侃为衡水尉。有一李偃甚有名，是否同一人，待考。

[2] 见本篇末附件二：《独子姚辉撰李氏墓志》。

第三编 世变下的妇女角色

李氏后来笃信佛教，斋居终日，焚香诵经，探索自我，并决定重做孝女。她千里迢迢回到山东娘家照顾老母，结果白头送黑发。弥留之际，随行的儿子询问遗言，才四十七岁的李氏说："死生，百年之常分。或夭或寿，我知命矣。汝孝谨，持身有立，我无恨也。"[1] 结缡几近二十年（约1050—1069）的丈夫时任开封府推官，是第三次担任推官，一次比一次崇高和重要。夫妻初识时，姚奭是大名府推官，应以他的爱护百姓和正直不挠赢得李家青眼，后来却可能让妻子难有笑容。

替姚奭盖棺论定的，是相交三十年的理学家邵雍，深谙墓志笔法。乍看不过是一笔仕宦流水账（附件三），千篇如一，细数便知每笔账目的长短不同，内容也有差异，以此突出姚奭最重要的事功是司法和品德，其次是兵戎和财政（附件四）。更具体的证据，是邵雍把一项账目从大事编年之中抽出（附件三之3.2），独立成为姚奭的代表作。他说：

> 君宰武功日，有孤遗自蜀而还，顿于邑下，年方十许岁，其父卒于官，有父之嬖随焉。嬖利其财，阴苦之，且甚至于饮食，未始得饱。
> （1）君闻之，如己有病，
> （2）且呼而至。
> （3）孤之言不异，
> （4）君乃命录其辞，以公文摄其嬖。
> （5）嬖至，则称主母，其词甚戾，君从容以数言折之，嬖乃改容哀鸣，引咎求解。
> （6）君先差人护送其孤达河北，后数日放嬖，任从所适。
> 举此一事，君之一生事可知之矣，况他事又甚美于此者乎。

姚奭是知县，吏事丛脞，邵雍说当时"暴恶沮慑，寇盗屏迹，争讼稀少，

---

[1] 见本篇末《附件二：独子姚辉撰李氏墓志》。

阖境称治",但举出的具体事例只有上述一件,邵雍究竟要读者知道姚奭一生的什么事情?

第一,姚奭有侠义之心,打抱不平,听到不公不正之事,如己有病。第二,他以知县的身份主动侦办,反映他对司法的浓厚兴趣和修养。第三,他小心求证,将听闻比对受害人的亲口陈述,两者不异,才采取行动。第四,他相信法律的效用,故以法律而非其他手段如道德劝说或官威施压等来解决争议。他把受害人的口证制成笔录,当作投诉,然后传讯加害人。第五,他能切中要害,片言折狱,一下子拆穿加害人的身份,只是宠嬖不是主母,无权掌家,现竟谋夺遗产,虐待继承人,理当受罚,乃将之拘押,尝些苦头,使其不敢再生纠缠。第六,他思虑周延,甚有执行能力,先将十许岁的受害人从陕西护送至河北,脱离宠嬖之手,待安顿妥当,才释放宠嬖,容其自便,许其自新。简言之,姚奭见义勇为,留意细节,明察重点,既有执行之能力,又有宽宥之仁心,实在配当一位法律人。

这些特点几乎贯穿姚奭的仕历。或受母亲影响,姚奭在首份工作简州军事推官任上,"试吏强敏,有法度";这"法度"二字同时出现在一夫两妻之墓志,实在有志一同。姚奭也随机应变,不是死守成规的法匠。有一次要发兵到益州讨贼,军将按照旧例要求赏赐。知州不习武事,不但拒绝,且把军将擒拿在地。士兵大噪,变乱将起,姚奭连忙劝告知州,出库钱行赏,阻止了动乱。离任时,百姓赠送昂贵的蜀绣作为报答,姚奭不取,可见其人之廉洁。

第二份工作是大名府推官,一下子从四川的军事下州跃至河北的上府北京,但甫到便面临品德的挑战。知府要求他立即就位,但前任的病假尚未补回,姚奭恳辞说:"铨格少日,不得理考。"他宁可自己吃一些亏,也不愿损害别人的利益,知府也终让前任补满一考所需的日数。不久,姚奭与府尹夏竦发生司法争执。有一士卒犯法当死,姚奭主张减刑,因为犯罪的情况并不严重,不妨"用便宜贷死"。夏竦不从,姚奭也不退让，认为罪情与刑罚应符合比例原则，死刑是重法，可同时适用于一至十等的罪情，如只是最轻的第一等，不妨减刑，否则遇到超过第十等的罪情，又如何加刑呢？夏竦位至使相（节度使加同平章事），被小小推官一再顶撞，怒不可遏，姚奭也愈发坚持，终于得直。读者无须同意姚奭的法律见解，也无须相信他最后得胜，只须看到一位出道不过两三年的知识青年，为了拯救一个死刑犯的性命，愿意赌上自己的官运。但当府尹贾昌朝打算推荐他改官时，姚奭避嫌婉拒。

从大名府临时调到贝州，姚奭负责推鞫公事。平定王则兵变之后，将领贪功，把逃民和流民也械系送办，只要证明他们跟反乱有关，人数愈多便功劳愈大。姚奭按问得实，把首恶依法处死，被胁从者不予追究，"狱无横死，……去械获全活者几千人"。[1] 值得留意的，不是姚奭如何在几达千人之中分辨首从，而是他爱护百姓，不要冤枉一个好人，宁可得罪一众将领。他不但赢取继妻，还获得统帅文彦博的赏识，上奏其事，让姚奭跃过龙门，从选人升为六品京官，随即出任陕西武功知县，解决宠嬖之案，又回到四川担任南部知县，不久便获荐为甘肃文州通判。

李氏一则以喜一则以忧。从中举至今不出十年，姚奭凭着卓越的品德和能力，尤其是司法之才，由幕职一路攀升至州郡副贰，富贵可期；事实上姚奭也替母亲和李氏赢得封赠，亦替米氏和李氏的长子带来恩荫。不过，姚奭对公平和正义的追求也容易树敌。不久前的朋党争议和庆历变法失败，无不显示官场险恶，有志难伸，有弊不改，国家欲振乏力。对外也疲态毕露，先是不得不增加契丹的岁币，继而被逼与西夏议和，同样付出庞大的岁赐，有责任感的士大夫将如何因应自处？以姚奭的个性，应是赴汤蹈火，在所不辞。的确，除了河北一任，其余都不算好地方，行将赴任的文州更是可怕，四处蛮夷，伺机而动。姚奭也几乎步上岳父的后尘，命丧刀下。

姚奭在文州的业绩，墓志只记内外两事。对内是吏治；姚奭"振肃

---

[1] 见本篇末《附件三：姚奭墓志》。

局事，除去公私为巨蠹者十数，一新条目"，大抵是打击胥吏和豪民的贪赃枉法，并重订法度加以规范，这当然会触怒形势之家。对外是巡边：有一次收到扶州寨的警急通报，姚奭知道该处守备不足，急忙前往救援。到达之时，蕃寇掩至，官兵被重重包围，惊惶失措，眼看将被屠戮，"君即时应敌制变，督戍兵奋击"，围始得解。归来之后，"绝口不道己功"，不过墓志不经意透露，"文州满秩，复有功状"，[1] 理应包括这次战功，因为纵使姚奭不愿居首功，也要替下属报功领赏。读墓志不必全然接受，但也不必因为部分可疑或夸大而否定全部的可信性，我们但知姚奭身处险境，家人提心吊胆便可。

接下来通判陕西凤州，既是下州，又同样华夷杂处，纠葛横生。其间丞相梁适推荐姚奭试任秘阁，御史台推荐他充任言官，都未成功，但可反映他有着一定的学问和直言敢谏。皇家图书馆是储才之地，入值者要随时回答皇帝的提问，有时可发挥一定的影响力，最著名的例子当属天书封禅。真宗有些犹豫应否装神弄鬼，到秘阁看书，突然询问老儒杜镐"古所谓河出图、洛出书，果何事耶？"杜答以"此圣人以神道设教尔"，据说"帝繇此意决"。[2] 御史谏官和文学侍从一方面可作人主耳目，另一方面也可能成为宰执影响皇帝的棋子。两荐都未成功，姚奭的态度是不计较得失，只要能做好事，都应勉力以赴。李氏可能有些失望，因为到首都一过官夫人的生活，应是多数俗人的心愿吧。

两任通判之后，有机会担任知州，但新职是通判永兴军，是第三次到陕西，该地又是华夷交接，乱事频仍，叫人寝食难安。墓志一方面归咎于有司压抑和姚奭耻于自陈文州的功劳，另一方面也的确没有记下凤州的任何业绩。接下来便大写永兴军的三项事功，首先是清官断人家务事。元氏是望族，已同居五世，聚众千口，得到朝廷旌表为义门，后来却要分家，且因分财不均，闹上官府，虽经多次裁定，还是争讼不止。

---

[1] 见本篇末《附件三：姚奭墓志》。
[2] 脱脱：《宋史》卷282，9544—9545页。

姚奭的解决办法是分财不分家：分财之后各自经营，可免纠葛；"子门闾可不保惜乎"，表面上是维护五代相传的家声和避免分裂，实地里不分家可以保持义门的优惠，减免赋役。他"以法籍其产"，把每一房（位）应得之分登记在各自的户籍里，独立拥有和治理，但必须将减免赋役之所得交出作为全族共财，如支付族人嫁娶祭葬等费用，违反者没收其户下田产。这等于立下族规，并交由法律执行，据说"元氏守法，迄今赖之"。[1] 墓志用了两次"法"字，但读者应可看到姚奭先动之以情，也诱之以利，然后才以法律解决目前的问题和预防将来的再犯，达到长治久安。

其余两事都显示仁义之心。有一良民在客舍病倒，付不起医药费，已把妻子质人，又要把女儿佣人。姚奭知道后，跟良民面谈，得知本是士大夫后人，为之不忍，替他赎回妻子，又给钱财作为生活费和路费。可与此事对证的是李氏墓志，说他支付家用之后，"其余一用赈施，济患难贫窭者。于亲属散遗，岁有常定"，李氏只有支持，"虽资用不能至厚，安之无难色，而以节俭自处"（见《难道是不孝子与负心汉》）。另一事是对付豪民救活百姓。有一年大旱，谷价腾贵，豪民囤积，百姓乏食。姚奭得到知府同意，"以法示之，群豪争出粟"，[2] 官府以均价收购，流入市场，百姓赖以为生。其实法有明文禁止囤积居奇，问题在于敢不敢得罪权贵之家，落实执行。

姚奭终于得授知州，地点是湖北光化军，当然也较重戎务。尚未成行，得到四位大臣奏荐，改知江苏真州，地点较佳，属于上州，其实仍是军州。值得注意的是推荐者有一共同特点，就是曾任广义的法官，如刘敞曾判御史台，王拱辰和彭思永曾任御史中丞、傅求曾知审刑院；刘有一案，彭有两案被收入《折狱龟鉴》。此外，王和傅曾任开封府尹；王曾任三司使，傅和彭曾任陕西和河北的转运使。他们推荐姚奭应有专

---

[1] 见本篇末《附件三：姚奭墓志》。
[2] 见本篇末《附件三：姚奭墓志》。

业的考虑，但姚奭不就，原因不详，可能跟老母生病有关。李氏墓志说"祖妣太君末年被疾，夫人躬进粥饮药剂，服劳不去左右"，可能生病已有一段日子。姚奭墓志没有半句述说他照顾母亲，但能否推论他是不孝子？应如何读墓志，值得反省，有时绝对不能针对"不记"大做文章。

姚奭随即丁母忧，应在葬母之时也下葬米氏，并亲手写下墓志，"聊慰尔魂于泉下"。李氏母子理应在场，始终记得自己是继妻。米氏次子已中举任官，长子和自己的独子犹在奋斗，不知谁人先胜。姚奭可能比较挂心母亲亡魂的归宿，这是儒学不能解答的问题，而答案似乎在墓志里。

姚奭墓志说这位法律人"尝与二三宾友往来龙门及伊洛之上，轻巾素衣，杖策挥麈，一咏一觞，或谈或笑。游心于自得之场，放迹于无为之境，享真腴，所谓多矣"。龙门应指家乡洛阳的佛教石窟，麈尾适用于玄、道、佛。全句的地点、物质、行为和心态，都飘逸出化不开的道释气味，唯缺儒风，而邵雍称之为"真腴"，又说姚奭打算撰写儒释道三教会同论，但想到自己观化未至，何暇下笔，虽已著书五卷，都是不得已之作，回应"无为"与"自得"，其实已偏向释道二教，与李氏志趣相投。不知姚奭是否相信，冥判一如自己的公平公正公义。

服阕之后，赴京就任广济河辇运公事，每年自京东诸州运米六十二万石至开封，对姚奭来说是新的挑战，对李氏来说可以一过首都的生活。不久，朝廷求才，御史知杂事刘述首荐姚奭，昔日赏识他的文彦博也推荐他为台阁，结果发布为开封府推官，颇适合他的志趣和能力。墓志先予综述，说他"御事风力宏毅，精识通彻，簿领填委，决遣如流"，接着举一实例。当时拘押了一千七百多名欠税者，本人既无钱支付狱中食用，家中又因失去人手，饥寒交迫，虽已闹出人命，但官员还是无动于衷。姚奭登记他们的姓名，约定还税的日期，请府尹放他们出去干活，"厥后遹悉皆偿之"，都还债了。读者不必全信，但应看到姚奭与前任的不同，一是爱惜犯者生命，今日谓之人道主义，二是寻求解决办法，三是愿意博上乌纱帽。宰相富弼举荐姚奭升任谏诤侍从，不果。

新皇帝神宗才二十岁，励精图治，即位不过数月，便要更改行之百年的役法。与富弼议事不合，起用姚奭的同榜王安石为参知政事，设置三司条例司，以理财为急务，相继推行均输法和青苗法。富弼在熙宁二年（1069）罢相，姚奭不久亦出任四川提点梓州路刑狱公事。在姚奭墓志现身的诸位大臣固然不乏反对新法之人，邵雍不必多说，连书丹的王慎言都是文彦博、富弼、王拱辰和司马光洛阳耆英会的一伙，但神宗与王安石亦以注重法律在法制史留名，以姚奭担任宪司不失为明智之举。后来姚奭反对青苗法说："报国以忠，不以私徇，若遂不言，无乃欺君乎？言之获罪，死且何避？"不知"私"字是指个人利益还是某位在政事堂推荐他出任刑狱公事的宰执？他鞠躬尽瘁，到南边巡视戎、泸等地，"地多瘴疠，前后按部者或惮其往。君至则历往按之，用是感疾而卒，享年五十有七"，正值盛年。墓志说他预立遗书，交给家人后便不再言语，数日后"熟寐而化，三日乃敛，容色不变"，有如老僧坐化。吏民从各方赴吊，远近哀恸，大抵知他信佛，"为梵教事，千有余人，具诔祭，用报恩德"。[1] 二十九年前，米氏也是死在四川，当时的凄凉，今日的壮观，真如隔世。

姚家的母亲、儿子和媳妇有着共同的烦恼和喜乐，以中举作为分水岭。中举之前，姚奭的压力来自母亲的宏愿、独子的身份、乡里的期待。姚氏四代布衣，能否从被统治踏入统治阶级，成败系于一身。米氏的压力来自婆婆、法度和儒术。虽是平民之女，学儒不如丈夫，米氏似乎内化成功，与丈夫鱼水相得。中举替两家带来光荣，也产生新的苦恼。姚奭要将儒术学以致用，但未必够用，例如不曾教他如何处理军士的哗变。官场的种种，有些亦不尽合儒家理想，例如武人可能冤枉百姓求取己功，文人可能横加压抑碍人前途。反过来看，姚奭最大的欢乐，可能就是在重重困难之中，落实儒家的仁、义、廉、耻、勇和让。值得注意的，是

---

[1] 见本篇末《附件三：姚奭墓志》。

他往往诉诸法律手段来寻求长治久安。他三任推官和一任提点刑狱，都偏重法律，即使在知县和通判任上，亦留下司法的业绩，如解决宠嬖的僭分谋财和替数世同居的家庭分财不分家等。一再出任合乎志趣的职位，一再留下佳绩，最后获得百姓的悼念和知交的慧眼，姚奭应含笑九泉。李氏是士大夫之女，本应适应法度与儒术，还可以跟婆婆分辨事理，稍胜米氏。但无论出身如何，她们作为母亲，同样要担心儿子的举业和女儿能否嫁给士大夫，可惜二人都无缘目见，不无遗憾。李氏一方面妻凭夫贵，因姚奭的阶层流动获得封赠，另一方面在丈夫身上不时看到父亲惨死的阴影，担忧姚奭在边地任职的安危，她已失去两位儿子了。米氏之死或许让李氏顾虑自身的安全，难以夫唱妇随。丈夫追求公平公正的个性容易触怒权贵，也让李氏担心家庭的命运。对儒学不能回答的问题，如寿命的长短和魂魄的未来，夫妻都诉诸佛法，一位成为在家居士，一位坐化如老僧，接受士民以梵事追悼。米氏跟丈夫共艰难而未能共富贵，李氏则与其他女人分享丈夫。她最后以孝女的身份死在山东娘家，而洛阳夫家有着两位庶生的子女。李氏墓志完全看不到她仅是继室，也完全看不到她跟其他子女的互动，而姚奭墓志完全看不到寡母和两妻的贡献，难道是不孝子与负心汉？

（执笔者：邱敬）

（指导者：山口智哉、李宗翰、柳立言、刘祥光）

附件一：次子姚焕撰米氏墓志

宋故度支郎中姚府君夫人米氏墓志铭并序
次男焕撰并书

　　夫人姓米氏，父讳文显，不仕，母庞氏。世为河南人。
(以上是父母，19字，只有一代)

归于先君十五年,生二男:长曰炤,前卫州共城令、监陈州酒税;次即焕,前陈州宛丘令。一女,适前建雄军节度推官冯孝孙。孙五人,孙女三人。
(以上是子孙,54字,见婿不见媳)

夫人以庆历二年从先君赴官简州。三年,先君沿牒至广汉,夫人感疾不起,九月二十日终于广汉之官舍,享年三十一。
先君秩满代还,夫人之柩归雒。治平四年正月二十七日,葬于洛阳县尹原里先茔之次。
后五年,先君任度支郎中,提点梓州路刑狱公事。考终命,以熙宁五年五月初六日开圹,举葬先君与夫人配祔。
(以上是死亡和夫妻合葬,123字)

夫人温慈惠和,清约自然。
(以上主要品性,10字)
在家事父母至孝,与其昆弟姊妹数人亲膝之下,友于熙熙。
(以上为女孝友,23字)
及适先君之室,妇道尽礼。其姑寿安县太君性谨肃,治家有法度,夫人柔色怡声,奉顺无违。晨昏则上服进见,定省问安;及进饮食,左右侍,必取箸执酱,调味膳羞,适意所嗜;见其姑寝甘食美,悦而后退。
姑爱视之如其息女,谓人曰:"吾嫠居素俭,倾赀教子,择师友以将儒术起家。吾子纯孝,果能发声扬名,可谓养吾志养吾体也。有妇又若此,吾心不亦乐乎?"其后夫人不幸,寿安夫人哭之不绝,叹曰:"丧吾孝妇。"
(以上为媳奉姑,156字)
始先君举进士,连上未中第,夫人尝勉之曰:"夫子刻励至矣,困不足以捔，有志者未有不至。姑激昂，待富贵为亲荣，固未晚也。"先君厥后以庆历二年登乙科，仕宦扬历，进位于朝，升陟名郎，声光烜赫，为时伟人，亦夫人早辅其志有助焉尔。
（以上为妻事夫，91字）

顷焕幼稚，从师就学，夫人教诲曰："勤治诗书，传业家世。"或嬉戏懒惰，夫人终日默然，不复顾语。至笔札言语少进，则喜见于色，且曰："童子慎其所习也。"
（以上为母训子，57字）

婢使有过，第正其容而视之，使其人意有悔，未尝笞骂。
（以上持家待下，21字）

间闻孝女节妇传记，欣然慕之，自言曰："幽闲静专，徽柔燕婉者，妇德之先也；睦亲亲之义，致人伦之厚者，家道之本也，敢不夙夜以思从事斯语！"
（以上个人志趣，修德持家，55字）

其在族属间有能恭谨就养者，夫人乐之，中心休休不倦。用是姻戚宗党，莫不交称其贤。（以上睦族，34字）
（以上是业绩，合计447字）

　　呜呼！夫人事亲成家，内外完备，可为人法，是宜福履之盛，卒不享中寿。
劬劳为母，以至儿女妇孙众多，是宜获报养，乃已奄弃而不逮事。
呜呼痛哉！焕是以孤藐之念，怆亡哀慕，终身之丧，愈切无穷。今又先君亦逝，怙恃皆失，方寸之地，尚复何为！然犹感罔极之恩，叙平生之事，勒铭长恸，纳于穴壤，庶乎孝思不忘，尊夫人之志也。
（以上是撰志原委，125字）

　　铭曰：

性德肃雍兮，推而行之，宜其家人。
礼容淑慎兮，有显令闻，久而如新。
哀哉天命夭兮，胡为不孚祐其仁！
宜其懿范兮，幽宫之藏，万世不泯。

（以上是铭文，54字）

附件二：独子姚煇撰李氏墓志

宋故度支郎中姚府君夫人崇德县君李氏墓志铭并序
男煇撰并书丹

　　夫人姓李氏，家世平原人。父讳浩，任甘陵节度判官。庆历七年，甘陵妖贼叛，据城，众以兵刃劫判官。判官拒逆不从，愤骂曰："凶辈敢尔，诛灭无日矣！"贼党恶其言，遂遇害。朝廷悯其死节，录三子授官。后以子升朝，例赠虞部员外郎，封母贾氏仁寿县太君。

（以上是父母，96字，只有一代）

　　夫人长厚和裕，动止自得。其言呐然，如不出诸口。（以上主要品性，19字）
幼习组紃女工，不待姆教而能，其母夫人尤钟爱，□□〔为择〕贤配，得我先君度支。（以上为女及入门，29字）
既归，事姑寿安县太君恭顺，朝夕不怠，奉承雍容，侍侧翼如也。
见姑治家事或有不豫之色，磬折周旋，伺有问对，善取事理，勉慰姑心，俟意安色豫乃已。
有馈饮食瓜果，必献于姑。姑食之，又请所欲与，及以余见授，然后始敢尝之。
祖妣太君末年被疾，夫人躬进粥饮药剂，服劳不去左右。

及祖妣去世，夫人执丧，哭踊尽礼，人皆叹息之。（以上为媳奉姑，127字）

先君内行修而风义高，非其义也，一介不取。自俸禄入家，惟丰旨甘奉亲、称家人衣食费外，其余一用赈施，济患难贫窭者。于亲属散遗，岁有常定，而自养薄甚。夫人见其志尚，虽资用不能至厚，安之无难色，而以节俭自处。（以上为妻事夫和睦族，85字）

夫人晚年笃信事佛，终日斋居，焚香诵其书，颇得清静之旨。故专意淡泊，益厌浮华纷丽也。（以上个人志趣，35字）

（以上是业绩，合计295字）

夫人事亲孝，一日，忧其母老，思归宁于平原，辉侍行省觐。未几，在平原病，已笃。辉哭泣问夫人所欲言，夫人顾谓辉曰："死生，百年之常分。或夭或寿，我知命矣。汝孝谨，持身有立，我无恨也。"于熙宁二年正月二十三日奄化，享年四十七岁。

夫人丧柩归雒后三年，先君终于梓州路提点刑狱。今卜五年五月初六日，合葬洛阳县尹原村先茔之次。

（以上是死亡及夫妻合葬，131字，其中遗言等41字交代母子关系）

夫人封崇德县君，生三男。辉为长，授太庙斋郎，其次二人早夭。有孙一人。

（以上是子孙，28字）

辉罪逆，慈养不究，号恸书铭，曰：
  怡然不见喜愠，恪然不慁法度。
  柔嘉而道可尊，祥顺而寿不与。
  既选吉良，归其配祔，
  乃刻沈珉，永其终固。

（以上是撰志原委及铭文，合计52字）

附件三：姚奭墓志

宋故提点梓州路诸州军刑狱公事朝奉郎守尚书度支郎中上轻车都尉赐绯鱼袋姚府君墓志铭
里人邵雍撰
朝请大夫守司农少卿监西京嵩山崇福宫上柱国赐紫金鱼袋王慎言书
朝奉郎守尚书度支郎中监西京嵩山崇福宫上轻车都尉赐绯鱼袋任逵篆盖

上之即位三年，君自开封府推官出提点梓州路刑狱公事。戎、泸边梓路之南，地多瘴疠，前后按部者或惮其往。君至则历往按之，用是感疾而卒，享年五十有七，熙宁四年四月丁卯也；五年五月乙酉葬于北邙尹原里之先茔。
（以上是卒及葬，87字）

君讳奭，字辅周，吴兴郡姚氏，姓出大舜之后，世居蒲之虞乡。君之父游洛阳，见物态明茂，人情舒闲，乃语人曰："吾行天下多矣，未有若此风土之美也。"因家焉，遂为河南人。
（以上是先世，65字，但将父祖置于志末）

君幼孤，稍长，落落有器干，抗志为学，文彩冠暎，大为乡里所称道。连举进士，庆历二年射策中乙科。
(1st) 初调简州军事推官，试吏强敏，有法度。
(1.1) 会汉中盗起，发兵讨捕。方且授甲，众卒曰："擐甲旧例有支赐。"州将暴，不习武事，命牵摔伏地；其下大噪，将变。君遽白州将，出库钱给卒，乱乃定。

(1.2) 秩满代还,州人咸遮道曰:"全我州郡,活我血属者,公之力也。我辈自身以降,愿以报公,组绣缯彩,惟公是命。"君谢而遣之。

(2nd) 再调大名府推官,

(2.1) 至则受代者病告未补,为府者促令视局事,君恳辞曰:"铨格少日,不得理考。"遂卒使补之。

(2.2) 未几,有卒抵罪当死,按具将决。君诚谓其尹夏英公曰:"所犯情轻,乞用便宜贷死。"尹不从,君曰:"事有情轻法重,若不减死,设有情重法重,何以加等?"英公怒甚,君诤之愈急,卒如减法论。

(2.3) 贾魏公开府北都,尝一日延君坐语,曰:"河北一路,朝廷所寄不轻,如用荐论,当以子为先。"君对曰:"河北一路,重寄于明公,吏员不少,延颈观明公之举。若先私幕府,恐失人望,明公其熟察之;某等日夕左右以被任使,容伸薄效,则受恩未晚也。"魏公义而止之。

(2.4) 妖寇据甘陵城叛,朝廷命攻破之。君沿檄至城下,文潞公命以本司推鞫公事。是时格斗方止,诸校贪功,凡民惊逸者,一切械送。君按问,皆得其实,狱无横死,为恶当法,胁从罔治,去械获全活者几千人。

(3rd) 潞公入相,具奏其事,改著作佐郎知京兆府武功县。

(3.1) 下车月余,暴恶沮慑,寇盗屏迹,争讼稀少,阖境称治。

(3.2) (案:见下,邵雍特别抽出,独立作为姚奭之代表作)

(4th) 移知阆州南部县,本路转运使及成都尹连章举,移通判文州。

(5th) (通判文州)

(5.1) 州近夷,民久懈弛,君振肃局事,除去公私为巨蠹者十数,一新条目。

(5.2) 并境有蕃戎戍界,因出巡视事。边报扶州寨警急,知御敌无备,恐不克守,间道疾往。比至,则蕃寇奄至,围之数重,士卒苍惶,相顾失色。君即时应敌制变,督戍兵奋击,围遂解去,人免屠戮。既还,绝口不道己功。

(6th) 及通判凤州,梁丞相荐君试秘阁,御史府举君充言事官,皆罢;

君曰："得丧何预于我哉，为善在我，固不敢不勉。"时论咸惜其才之未遇也。

(7th) 又通判永兴军，

(7.1) 知谏院唐公介论列于朝，以前后通判两任，合守郡；文州满秩，复有功状；有司抑而不行，其人难进，耻不敢自陈。乞与升擢，以励贪冒。

(7.2) 咸阳著姓元氏，同居五世，聚族千口，亦尝旌表门闾，以家财不均，诣府诉讼。府政前后罔或决之能尽，争讼不止。君曰："子门闾可不保惜乎？吾为子以法籍其产，合属随位均授，使自治之，复差敛以给嫁娶祭葬，违者没其所均田产。"时论称之。元氏守法，迄今赖之。

(7.3) 有良家子在传舍，既病且窭，客资尽，无以济医药，乃质其妻，又将佣其女。君召而问之，曰："故衣冠，不幸以疾困于此。"君恻然，衣之食之，并赎其妻，益之资而遣之。

(7.4) 又岁大旱，谷价踊贵，积廪之家，利善价而不出，民甚艰食。君呼直市者探知之，乃先白之尹，然后以法示之，群豪争出粟，因平其直而售于市，民咸赖之以就生矣。

秩满，授知光化军，未行。英宗诏大臣举中外才行素著者，兵部尚书王公拱辰、翰林侍读学士刘公敞、龙图阁直学士傅公求、天章阁待制彭公思永，表奏充选。除知真州，不就命。

寻丁母忧，君天性纯孝，居丧过礼，形容骨立，见之者莫不伤叹之。

(8th) 外除管句广济河辇运公事。今上诏举朝行，不次擢用。御史知杂刘述首以应诏，潞公荐任台阁。

(9th) 辇运视事一日，改授开封府推官。

(9.1) 君御事风力宏毅，精识通彻，簿领填委，决遣如流，一府服其能。

(9.2) 时厢禁收系千七百人，皆积日逋民钱，不时输者，其人阙绝饮食，其家冻馁既病，且有死者，又未得释放。君录其姓名，责日俾偿，请尹出之，使自为生，厥后逋悉皆偿之。丞相富公举升谏诤侍从之任。

(10th) 未几，富公复秉大政，未及进用，授命提点梓州路刑狱公事。君之至也，按部则去弊兴利，大体多完治本。时青苗法初下，州郡民情恂恂，莫知攸济，君乃言曰："报国以忠，不以私徇，若遂不言，无乃欺君乎？言之获罪，死且何避？"于是悉条利害以献，章奏不绝，虽未能罢其事，一路闻之，无不多之。

（以上是业绩，1294字）

得疾，请便郡以就医药，朝廷改授知卫州。命方下，疾亟，顾谓家人，出遗训，遂不复言。后数日，熟寐而化，三日乃敛，容色不变。全蜀惜其才，赴吊哭之，哀恸远近。吏民会集，为梵教事，千有余人，具诔祭，用报恩德。讣至，京雒士大夫，下及闾井，莫不废事嗟惜，咸相与曰："乡里又去一善人矣。"呜呼！命更延十年，何患志之不伸，功之不立。天难谌，恺悌君子，何不幸之如是，悲夫。君器宇浑厚，机鉴深远，果得志于施用，则岂止于一二治所官局之事而已哉？

（以上是卒、丧及评价，170字）

(3.2) 君宰武功日，有孤遗自蜀而还，顿于邑下，年方十许岁，其父卒于官，有父之嬖随焉。嬖利其财，阴苦之，且甚至于饮食，未始得饱。君闻之，如己有病，且呼而至。孤之言不异，君乃命录其辞，以公文摄其嬖。嬖至，则称主母，其词甚戾，君从容以数言折之，嬖乃改容哀鸣，引咎求解。君先差人护送其孤达河北，后数日放嬖，任从所适。举此一事，君之一生事可知之矣，况他事又甚美于此者乎。

或有善评天下人物者谓曰："天下晓事人少，号为晓事者，又复善为奸计。"如君之晓事，非唯不为非义，又复能为善事，由是当世宗工硕儒交口荐道。非实于中，而焯于外，焉能有如是之美者乎？噫！能归美者，人也；能使人归美者，非人也，由己也。见利不动，临难不惧，可谓俯仰无愧于一时矣。

（以上是代表作及评价，259 字）

　　闲居萧然，味道淳粹，欲著三教会同论，既而复止，曰："可以化感者，物之性也；可以言传者，人之情也。吾方观化未已，何暇纷纷于言语之间乎？"然亦有书五卷者，皆不得已而为之也。

　　尝与二三宾友往来龙门及伊洛之上，轻巾素衣，杖策挥麈，一咏一觞，或谈或笑。游心于自得之场，放迹于无为之境，享真腴，所谓多矣。

（以上是个人兴趣，121 字）

　　平生博爱好施，有善事，乐与贤者共，人情蔼如，其心犹以为不足。故其殁也，贤与不肖，识与不识，惋愤惨怛，推高令德不已。

（以上是品德，47 字）

　　历位自著作佐郎迁秘书丞、太常博士、尚书屯田都官、职方三外郎、屯田度支二郎中。其秘书丞、职方外郎，用大恩授，余皆以年劳改。

（以上是品阶，51 字）

　　君曾祖讳旦，祖讳志，考讳德成，皆不仕。考累赠至都官郎中，妣曹氏封寿安县太君。

二娶，一米氏一李氏，李氏封崇德县君，皆先亡。

四子，炤用补，授卫州共城令、监陈州酒税；焕以进士登第，授陈州宛丘令；煇用补，授太庙斋郎；煜尚幼。

二女，长适建雄军节度推官冯孝孙；次尚幼。

孙六人，孙女三人。

（以上是曾祖父及妻儿孙，113 字）

　　余与君游三十年矣，求其相知者，无若余之深也。诸孤具状其事，称曰："奄终之日遗命，志铭无以诿他人。"余义不敢辞，辞之，则是废吾亡友生平之知也。

（以上是撰志原委，58 字）

其铭曰：

士有抗志，特立不群；以儒起家，以文发身。

欲天下如一乡之人熙熙兮，斯见君之尚义；欲一乡如一家之人怡怡兮，斯见君之尚仁。

求为善之有报兮，何其享寿之无因；苟不信于高天兮，何钟美于其善人。

乔嵩之西，清洛之滨；成周之北，邙阜之垠。

九渊之下，宅君之骨；九霄之上，游君之魂。

惟金惟玉，可比其德；金可得，玉可得，斯人不可得。

（以上是铭文，132 字）

阎永真刊

附件四：姚奭仕历重点

时间（约）	官职	所遇及所为之事						
		盗	兵	司法	言事	学问	吏治	品德
庆历三年（1043，29岁）	四川简州军事推官	1.1	1.1	1				1.2 廉
庆历六年（1046）	河北大名府推官		2.4	2.2 2.4				2.1 让 2.2 仁 2.2 勇 2.3 让 2.4 仁 2.4 勇
庆历八年（1048）	陕西京兆府知武功县	3.1		3.1 3.2			3.1	3.2 仁 3.2 智

第三编　世变下的妇女角色

续表

时间（约）	官职	所遇及所为之事						
		盗	兵	司法	言事	学问	吏治	品德
	四川阆州知南部县							
皇祐二年（1050）	甘肃通判文州		5.2				5.1 近夷	5.1 勇 5.2 让
皇祐五年后（1053）	陕西通判凤州				6 荐充言事	6 荐试秘阁		
嘉祐六年（1061）	陕西通判永兴军			7.2			7.4 财政	7.1 耻 7.2 义 7.3 仁 7.4 仁
治平元年（1064，母病与卒）	湖北知光化军，未行							
	江苏知真州，不就命							孝
治平四年（1067）	河南开封管句广济河辇运公事					8 荐任台阁	8 财政	
	河南开封府推官			9.1 9.2	9.2 荐充侍从		9.1	9.2 仁
熙宁三年（1070—1071 卒）	四川梓州路提点刑狱公事			10	10 言青苗不便		10 财政	10 以公忘私

316　世变下的五代女性

参考资料：

一、墓志碑文

1. 姚奭：《北宋文官简州军事推官姚奭之妻米氏墓志铭》，傅斯年图书馆藏拓片（14730）。
2. 姚奭：《宋尚书屯田郎中姚奭妻米氏墓志铭》，曾枣庄主编，《宋代传状碑志集成》卷223，3377页。
3. 姚奭撰，刁忠民点校：《宋尚书屯田郎中姚奭妻米氏墓志铭》，曾枣庄、刘琳编《全宋文》卷938，363—368页。
4. 姚奭撰，郑芳祥注释：《姚奭妻米氏墓志》，宋代史料研读会报告，2006.3.25。
5. 姚焕：《宋故度支郎中姚府君夫人米氏墓志铭并序》，河南省文物研究所、河南省洛阳地区文管处编，《千唐志斋藏志》（北京：文物出版社，1984年）下册，1278页。
6. 姚焕：《宋故度支郎中姚府君夫人米氏墓志铭并序》，曾枣庄主编《宋代传状碑志集成》卷265，4009—4010页。
7. 姚焕撰，向以鲜点校：《宋故度支郎中姚府君夫人米氏墓志铭并序》，曾枣庄、刘琳编《全宋文》卷938，363—368页。
8. 姚辉：《宋故度支郎中姚府君夫人崇德县君李氏墓志铭并序》，河南省文物研究所、河南省洛阳地区文管处编，《千唐志斋藏志》下册，1279页。
9. 姚辉：《宋故度支郎中姚府君夫人崇德县君李氏墓志铭并序》，曾枣庄主编，《宋代传状碑志集成》卷270，4088—4089页。
10. 姚辉撰，吴洪泽点校：《宋故度支郎中姚府君夫人崇德县君李氏墓志铭并序》，曾枣庄、刘琳编《全宋文》卷2031，270—275页。
11. 姚辉撰，郑芳祥注释：《姚奭妻李氏墓志》，宋代史料研读会报告，2006.3.25。

12. 邵雍：《姚奭墓志》，高峡主编《西安碑林全集》（广州：广东经济出版社；深圳：海天出版社，1999年）卷95，4579—4595页。

13. 邵雍：《姚奭墓志》，高峡主编《西安碑林全集》（广州：广东经济出版社；深圳：海天出版社，1999年）卷95，4579—4595页。

14. 姚辉：《宋故度支郎中姚府君夫人崇德县君李氏墓志铭并序》，河南省文物研究所、河南省洛阳地区文管处编《千唐志斋藏志》下册，1279页。

15. 姚辉：《宋故度支郎中姚府君夫人崇德县君李氏墓志铭并序》，曾枣庄主编，《宋代传状碑志集成》卷270，4088—4089页。

16. 姚辉撰，吴洪泽点校：《宋故度支郎中姚府君夫人崇德县君李氏墓志铭并序》，曾枣庄、刘琳编，《全宋文》卷2031，270—275页。

17. 姚辉撰，郑芳祥注释：《姚奭妻李氏墓志》，宋代史料研读会报告，2006.3.25。

18. 姚焕：《宋故度支郎中姚府君夫人米氏墓志铭并序》，河南省文物研究所、河南省洛阳地区文管处编，《千唐志斋藏志》下册，1278页。

19. 姚焕：《宋故度支郎中姚府君夫人米氏墓志铭并序》，曾枣庄主编，《宋代传状碑志集成》卷265，4009—4010页。

20. 姚焕撰，向以鲜点校：《宋故度支郎中姚府君夫人米氏墓志铭并序》，曾枣庄、刘琳编，《全宋文》卷1749，170—172页。

21. 姚焕撰，郑芳祥注释：《姚奭妻米氏墓志》，宋代史料研读会报告，2006.3.25。

二、其他资料

22. 杨玮燕：《宋姚奭墓志考释》，《文博》3（2013），64—67页。

23. 李焘撰，上海师范大学古籍整理研究所、华东师范大学古籍研究所点校：《续资治通鉴长编》。

24. 脱脱等撰，中华书局点校：《宋史》。
25. 傅璇琮主编，龚延明、祖慧编撰：《宋登科记考》，南京：江苏教育出版社，2009年。
26. 郑丽萍：《宋代妇女婚姻生活研究——以〈全宋文〉所涉4802篇墓志为例》，上海：华东师范大学博士论文，2010年。

谁有资格当主角?

子胜于父
（王玕、张氏、王筠）

邱敬

后晋平民王玕之妻后汉清河郡太君张氏墓志

一、基本资料（见《从子之荣》）

二、释文（同上）

三、个案研究

在王玕寡妻的墓志里，八十五岁的寡妻占最多的篇幅。随着公婆和丈夫的去世，她成为一家之长，挑起维持夫家的重担。在她的断织严规下，独子成为节度使首席上佐，可得而代理之，真可谓弓裘已继，后事无忧。那么丈夫有何功劳？

丈夫所占篇幅远在妻子和儿子之下，夫家也不如妻家；既难以看到妻子为他做了何事，也几乎看不到他为自己和别人做了何事，恐怕连配角都称不上。儿子则不然，占了次多的篇幅，大抵是因为他对家庭贡献良多。首先让父家从平民进入统治阶级，也可帮助中落的母家；接着因职高位崇，使父亲获赠太常少卿，母亲清河郡太君。墓志直言"从子之荣"，充分突显儿子立业荣家的重要。

妻子一生几乎都为别人操劳，先是奉姑舅、睦宗亲，继而教养独子维持夫家，似乎只有佛教信仰较属自己。不过，虽为一家之长，她也只能遗命薄葬，不能火化，最后还是要服从儒家礼法，千里迢迢与亡夫合葬。这当然也适用于统治阶级的男性信徒，没有男女和尊卑之别的。

由此视之，谁人能成为主角或第一配角，不能单看身份或性别等因素，还要看他们对家庭的贡献，有时是子胜于父。个人的喜好如宗教信仰等，虽享有若干自由，最后仍不能逾越孔孟家庭伦理的底线。无论男性女性，都要将个人主义置于家庭主义之下，各显身手，突显各自的地位。

（执笔者：邱敬）

（指导者：柳立言）

字里行间
(石金俊、元氏、石仁赟)

柳立言

后唐武官北京飞胜五军都指挥使石金俊妻元氏合葬墓志铭

一、基本资料（见《成功儿子的背后》）

二、释文（同上）

三、个案研究

在武官石金俊之妻元氏墓志里，撰者先述寡妻家世及出嫁 81 字，然后是亡夫事迹 323 字和儿子功业 315 字，再回到寡妻之卒葬和成就合计 160 字，寡妻所占篇幅最少。用关键词句来看，最多的是刺史（太守）和吏治，都属儿子。难道真是重男轻女，即使在女性墓志里，女性亦难当主角，反成丈夫和儿子的配角？

对篇幅的失衡，撰者说自己"纵笔直纪官、婚而已。至于悖序姻族，惠恤臧仆，立嘉言，积善行，非作传不能周叙其事"。这当然是客套语，言下之意，是墓志只记最重要的事，有些人认为是婚和官，不一定是男女地位或外事内事。婚很易明，官是什么？

墓志首题稍露痕迹。"北京飞胜五军都指挥使银青光禄大夫检校司空兼御史大夫上柱国赠左骁卫将军石公妻河南郡太夫人元氏",表面上是夫尊妻贵,但妻之贵不是来自夫而是来自子,因为她的官封不是来自夫的"郡夫人"而是来自子的"郡太夫人",事实上夫之司空和左骁卫将军两官衔的也来自儿子。

儿子如何使母贵?答案就在序言:"令子奋仁勇,书战勋于册。没世有良嗣为郡守,护辒车以归。"儿子以武功发迹,但以太守之功业让母亲得到封赠,志文直言"从子贵也",铭文也强调"子为郡牧"。寡母最重要的事功,应在此处寻找。

掌握了重点去读墓志,或可得古人之用心。亡夫一大段共记四事:起家、军功、退身、卒葬,其中竟以退身占最多篇幅,重点是陈述拒当郡守的理由,难道真的是为了方便我们研究武人为何不易治民?

儿子一大段共记三事:步步高升、军功一次、吏治两地,除了响应序言,更表示父亲做不到的治民,儿子做到了。他如何做到?答案在寡母一段:除了自力之外,母亲有大功焉。她八十三岁死在义州的太守官舍,可见是随着儿子出仕,没有在太原或他处的夫家享受晚福。我们将所有直接提到守郡的资料集中如下:

父亲一节:"臣生于朔漠,本以弓马自效。夫人性少则刚果,遂袵金革,历事三帝,幸蠲败军失律之衅。今已老矣,支体获全,刻不达为政,岂敢以方州为累乎?"

儿子一节:"凡至理所,屏强暴,恤孤茕,非常赋不妄录,非故罪不妄刑。暴客知禁,苛吏自循,戍卒忘归,边戎咸辣,故二郡之民不易俗而化。"

母亲一节:"虽太守建隼列郡,太夫人常以严正训之,太守亦如童孺增畏。是故天子降玺书,始封乐安县太君,进封河南郡太君,改封河南郡太夫人,从子贵也。"

这就是全篇字数最多之单一事件，依次是丈夫不能而儿子能于吏治（儿子超越父亲）、儿子之吏治让百姓蒙福、儿子之吏治得力于母训，母亲是故得到封赠。墓志挑选吏治一事，一层一层地烘托出女性之重要。她不单因为身份，更因为她所做的事，影响她在家庭的地位，进而影响她在墓志的相对角色。读者难以看到她为丈夫做了什么事，但清楚看到她为儿子做了什么事。可见即使是内事，也有记与不记之别，而训子虽是内事，但儿子所做的可是外事。

有若干未解之处。丈夫出身豪门，为何以家道中落之孤女为妻（见首题），既违反了门当户对之联婚通则，且妻较夫年长八岁之多。丈夫死于太原私第，一孙女嫁与太原王氏，如真为太原人，便属同籍或同乡通婚，未知其他婚姻状况如何，或可探讨婚姻圈是否随仕宦之所至而扩大。一女为尼，能否算是做自己喜欢做的事，发挥女性之主体性？儿子共生八子五女之多，可能因为本人是独存之子，故多生以壮大家脉，未知有无妾婢所生者？一孙于中央为殿直，有机会接近皇帝；三孙同于义州任职，当因父亲为义州太守之故，反映五代郡守之权力，但均是军职，未知有无好文者？子、女、孙一段之中，义州太守与殿直均不带"前"字，尚在任上，而三孙之义州官职皆为"前"，已不在任上，不知何故？从父亲与儿子之向上流动来看，除了本身业绩，尚有"故人"和"宗属"等因素，其作用甚待评估，可视为唐末至宋代家族势力之过渡。

（执笔者：柳立言）

万古千秋兮识兹名氏

(李从曮、朱氏、朱友谦、张氏、李茂贞)

柳立言

后晋武官凤翔节度使李从曮之妻楚国夫人朱氏墓志铭并序

一、基本资料（见《文艺沙龙：两位枭雄的子女》）

二、释文（同上）

三、个案研究

墓主朱氏"帝王之子兮王公之妻"，她的光芒有没有被父亲和丈夫盖过？墓志安排这些大人物扮演什么角色和发挥什么作用？铭文"郡号辛勤兮率励诸子"应作何解？能否看出墓志笔法？

先看形式之格套。朱氏志文以序言为始，接着叙述父家、夫家、本人、死亡、子女婿、下葬，最后是撰志原委和铭文。在项目上，一如男性墓志，并无重男轻女；但在次序上，夫家先于本人，应是因为公公李茂贞之显赫。

次看篇幅。不计作为总结的铭文，只算志文，父家因是帝室，占最多篇幅凡223字；其次是朱氏生前事迹147字、下葬95字、死亡原委86

字;再次是子女 84 字、夫家 79 字、妾 37 字。如以个人为计算单位，则以朱氏 147 前缀居，父友谦 105 字居次，远远超过丈夫李从曮 54 字、母亲张氏 43 字、妾 37 字、公公李茂贞 25 字、女婿张九言 24 字（不算撰志原委）、兄弟二人至数人合计 65 至 78 字、子女二十人合计 84 字。

再看内容，父女两人最为具体。父亲以梁臣反对梁君，与晋王李存勖和岐王李茂贞联手对抗义弟，终于亡梁兴唐等事，墓志并不隐讳，且作为要事而书之，更强调"书诸信史，载在丰碑"，反映时人并不以为不忠。除德行外，朱氏有两事最为耀目：一是才学，如"咏飞絮以称奇"和"金石丝竹兮悉穷其妙"，可见武家妇女之尚文。二是死亡，"以盗据城池，公行剽掠，因兹骇愕，遂至弥留"，墓志并无隐讳她不得善终。至于大笔略过李茂贞，一则应是公公，关系较远；二则应是已有独志。[1] 没有提到的是灭门冤案，可能记在父母的墓志里，其过在李存勖，不能说是为朱家隐恶，墓志大致直笔可信（详见《文艺沙龙：两位枭雄的子女》）。

毫无疑问，从形式到内容，朱氏都是女主角，那么谁是男主角和第一配角，所凭条件为何？答案几乎尽在一句之中："祖为帝而父为王，兄为相而弟为将；夫乃霸君之子，身为贤王之妻。享富贵以无双，治闺门而有法。"

以字数而论，只有一位男主角，即父亲朱友谦，所占篇幅居女儿之次，内容也有具体事迹。他出身行伍，凭战功成为朱全忠义子；他的主要作用是让朱家产生阶级和阶层的向上流动。

男女配角多人，第一位是丈夫李从曮，继承父业成为凤翔节度使，不但维持门户，而且能文能武。他的主要作用是让李家从"霸"转"贤"，由偏武转向兼重文武。第二位应是兄长朱令德和令锡，同任节度使，更重要的是允文允武，"貂皮蝉翼，装冠冕以临民；虎节龙旌，拥貔

---

[1] 李茂贞夫妻墓志，见宝鸡市考古研究所编著，《五代李茂贞夫妇墓》（北京：科学出版社，2008 年），159—160 页、178—180 页。李从曮先妻下葬，亦应有独志。

貔而制敌"。他们的主要作用是让朱家也从偏武转向才兼将相。第三位是母亲张氏,"生本将家,称为贤妇",主要作用是让女儿闺门有法,可见武将之妻女不见得不如文臣之妻女。

第四位配角竟然是一位妾妇,而且明确记下她姓蔡。志文说:"颍川郡夫人蔡氏,中郎远裔,太守名家。叔隗傥来,我则推贤而让善;孟子云卒,此乃继室者何人",有两个不易解答的问题。一是身份为何?李从曮(898—946)在生之时,朱氏(899—949)为妻,除非是君主赐婚或朱氏无法承担妻子重任之类,不然在礼法上只能娶一位妻子,蔡氏只能为妾。朱氏"言足以中规矩,行足以睦宗亲,……蘋蘩筐筥,无违祭祀之仪",应该没有不胜任。但如蔡氏为妾,按照礼法,不应得封郡夫人。二是蔡氏为何入志,且所占篇幅居于女婿和子女之上?即使把上引资料从朱氏墓志悉数删除,也丝毫不影响读者对朱氏的理解。蔡氏入志,难道仅是为了表扬朱氏推贤让善,"身虽尊贵,不妒偏房"?[1]

如严格解读赵姬与叔隗的典故,从曮纳蔡氏在前,遵命娶朱氏在后。蔡氏被称为"中郎远裔,太守名家",前句是指蔡邕,后句如指东晋的义兴太守蔡谟,似乎有点冷僻,故可能指父家。假如蔡氏先入,又来自不错的家庭,又生了二十位子女中的若干位,那可能就是得到夫君重视和上奏朝廷,让她得封郡夫人的一个原因。所谓"继室",应指鲁惠公在元配或正夫人孟子去世后,续娶声子,虽摄治内事,犹不得称夫人,只能称继室。由此可知,蔡氏的主要作用,是在朱氏生前或死后治理家事,如铭文所记,"郡号辛勤兮率励诸子,菲食薄衣兮送归蒿里。英魂烈魄兮宅此佳城,万古千秋兮识兹名氏",应是指她率领诸子,让朱氏与亡夫合葬,两人的魂魄同处福地,而让千秋万世知晓姓氏的,不仅是李和朱,而是李、朱和蔡,可说是对妾妇的极大肯定。朱氏逝世前,乱兵占

---

[1] 刘向:《列女传译注》卷2,北京:人民出版社,2017年,79页;刘向撰,张敬译注:《列女传今注今译》卷2,台北:台湾商务印书馆,1994年,68页。

领城池,公行剽掠,李家损失惨重,"菲食薄衣"可能是写实。[1] 李家十三位儿子无一人记下官、荫及妻,理由很多,如无官可能是因为待缺,但既然七女之中有两位尚幼,诸子亦恐有尚未成年和未曾出仕者。[2] 蔡氏任重道远,应是她入志的一个原因。假如把志文与铭文的前两句合算,蔡氏共55字,与亡夫不相上下,而超过朱氏母亲和兄弟等人。

第五位配角是撰志者许九言,自谓"儒墨承家",应来自文人家庭,本为门馆下吏,后升格为女婿,自属文武通婚。第六位配角是五位已婚女儿的配偶:第一位只列地望;第二位许九言既列地望,也是朝散大夫行秦州成纪县令,是文官;第三位供奉官是武官;第四位统军是军职;第五位前节院使是文职,他们再次突显文武通婚和交流。

要之,张九言以文人成为武家女婿,属文武交流,又从幕吏上升为县令,属社会流动。他根据自身之经验和观察,撰志时自有个人之关怀。在他笔下,朱氏自是女主角,而男主角和男女配角的共同作用有三:一是阶级和阶层流动,主要由第一代完成。二是事功之转型,由偏武转为兼重文武,主要由第二代完成,且明显看到男性与女性(墓主)的合力。三是面对纷扰的未来,维持家门,主要由第二代和三代负责,包括妾身难明的一位女性。三者应是墓志的重点,多少反映当时人所关注的议题,并清楚呈现于新、旧《五代史》,如李茂贞和李从曮兄弟的传记(详《文艺沙龙:两位枭雄的子女》)。对此三者,谁人的贡献较大便多写谁人,于是出现了夫不如父(但还是超过母)和在妻志里抬举妾妇使其留名千古等情况。根据考古发现,李从曮替母亲所修墓寝,"其规模之巨,大大超过了自己(国夫人)的等级,甚至超过了(其夫秦王)李茂

---

[1] 李家之中落,参王凤翔《晚唐五代秦岐政权研究》(西安:三秦出版社,2009年),236—237页。

[2] 李从曮死于946年,朱志撰于958年,相隔13年而有两女尚未及笄,可见她们是从曮逝世前才刚诞生或在腹中。从曮父亲李茂贞(856—924)墓志只记一位或三位孙女,母亲刘氏(877—943)墓志不记孙辈,无从比对,见宝鸡市考古研究所编著《五代李茂贞夫妇墓》,160、179页。

贞本人",[1] 或可反映母亲对儿子影响之大，甚至超过父亲。这些都一时违反了出嫁从夫、女轻于男、夫尊妻卑等原则。说到最后，我们应从墓志本身找出当时人的问题，既不要以自己的问题为问题，也不要把内则等传统礼法观念先往墓志身上一套，然后加以证明或质疑。先入为主只会误中副车，答非所问。

（执笔者：柳立言）

参考资料：

1. 王凤翔：《晚唐五代秦岐政权研究》，西安：三秦出版社，2009年。
2. 刘向撰，张敬译注：《列女传今注今译》，台北：台湾商务印书馆，1994年。
3. 刘向撰，张涛译注：《列女传译注》，北京：人民出版社，2017年。
4. 宝鸡市考古研究所编著：《五代李茂贞夫妇墓》，北京：科学出版社，2008年。

---

[1] 宝鸡市考古研究所编著：《五代李茂贞夫妇墓》，141页。

梁氏有后夫人之力

（梁文献、镡氏、梁鼎）

林明

墓志一：北宋文官乘氏县令梁文献墓志铭并序

墓志二：北宋文官乘氏县令梁文献之妻临海郡太君镡氏墓志

一、基本资料（见《哭母伤目求免官》）

二、释文（同上）

三、个案研究

在情理上，夫妻原来分志，只要合葬，除非重写合志，不然出土时也应并见，但现存者大多只有一方。这对五代夫妻的分志弥足珍贵，应细加分析，利用各种史学方法，揭露撰者如何匠心独运，写出丈夫或妻子的相对重要，有时也许是女主角的戏份多于男主角。

我们先将梁文献夫妻两志作形式上的比对，观察有无重男轻女，大写丈夫而冷落妻子：

项目	夫梁文献	寡妻镡氏
1 首题	本人	本人，不列夫。
2 撰者	同乡及同僚，应受寡妻或子之托	子梁鼎
3 序	109 字	37 字
4 先世	71 字	44 字
5 父祖	三代，不记妻，85 字	三代，不记妻，43 字
6 本人	事迹及死亡 239 字+封赠及丧葬 75 字 = 314 字，占最多篇幅。	事迹及封赠 144 字+死亡及丧葬 113 字=257 字，占最多篇幅。
7 家人	一子一女，63 字，不见妻	子是撰者，不说自明，但不提夫及女
8 撰志原委	62 字	18 字
9 铭	42 字	无

乍看男女平等，细读之下，九项之中有五项令人好奇：第一，寡妻首题为何有妻无夫？然而，虽确有妻子分志列出丈夫，但亦可能因为合葬，夫志同穴，乃不再列，不一定是为了夫妻齐体。第二，以儿子梁鼎之地位，不难找到名人代撰母志，为何亲自动笔？是否反映母子关系之密切？第三，何以夫志的序言甚长，篇幅居次？第四，在家人一栏，何以夫志不见妻，妻志不见夫和女？事实上在本人一栏，亡夫只见宦业不见妻子，寡妻也不见丈夫。第五，米氏母志和李氏母志均为儿子所撰（见《难道是不孝子与负心汉》），均有铭文，镡氏母志为何没有？

寻找答案的方法不外是五鬼搬运，把资料分门别类，集中之后数算篇幅，找出重点，加以解释：

内容之比对	夫梁文献	寡妻镡氏
1 提到配偶	序：夫人临海镡氏，惟二子，皆幼，以余俸税田，用资伏腊，以逮成人。 诲之织纴，归士君子； 而复右执櫷楚，左持简册，训若严师，成其国器，果在下武之世，陟于艺文之科，浸渍帝恩，颉颃鸳鹭。 梁氏有后，盖夫人之力焉。	1 序：故曹州乘氏县令赠光禄少卿安定梁公之夫人 2 封赠：先君有少列之赠 3 葬：启先少卿之墓而祔焉
2 提到儿子	1 男曰鼎，进士甲科，今任开封府判官守太常博士。 2 因子得赠太子洗马，"从子贵也"。 3 见于父亲之葬：府君尝谓其子曰："嵩少伊瀍，神仙薮泽，终焉于此，诚吾志乎。"今卜东周以安宅兆，从治命也。	1 今右谏议大夫鼎之母也 2 因子得赠郡太君。 3 见于母亲事迹：先少卿之捐馆也，鼎尚幼，太君手执诗书，躬自训导，洎志学之岁，则诲以从师。故鼎于太宗朝登进士甲科，自释褐，逮阶通显，历任中外，咸著声称，皆太君教诲之力焉。
3 提到女儿	女字金华，适琅琊王骥，进士中第，尝从事永嘉，亦士林之秀茂者也。	没有提到

夫志不是没有提到寡妻，而是非常罕见地置于序言，描述丈夫逝世后寡妻如何应付家庭经济，把女儿嫁给士人，及教导儿子扬名科场和位至公卿。所花的篇幅，仅次于丈夫一生的宦业。最后一句"梁氏有后，盖夫人之力焉"是画龙点睛，所谓有后，不单指香火，更指仕宦有继。寡妻随即功成身退，轮到丈夫粉墨登场，寡妻隐身幕后，再也不见了。这个安排即便是出自撰者的匪夷所思，也至少得到寡妻和儿子的同意。反观妻志，丈夫也确实在序言出现，但只有一句，而且下接"今右谏议大夫鼎之母也"，与儿子同在镡氏左右，不是独占，此后也不见了，直到因为儿子的关系得到晋封和因妻子的死亡而启墓合葬。男性读者必须承认，亡夫在妻志里百般不如寡妻在夫志里的重要，关键在那位出色的独子。

在夫志里，独子有两项功劳。第一，让亡父得到封赠，撰者不忘强调"从子贵也"，实在有点太坦白，即使没有这四个字，也无妨读者的领会。第二，让亡父得葬洛阳福地，完成了亡父的遗愿，但这似乎是出自寡母的主意，因为父亲逝世时，儿子"尚幼"。在妻志里，独子也有两项功劳。第一，以自己的科甲和通显证明母亲教导有成，直言"皆太君教诲之力焉"。第二，让寡母生前得到封赠，这次倒是不敢直言从子荣也。他为何不提姊妹金华以再记母亲一功，又为何不写铭文再次颂赞母亲，有待智者。这也提醒研究者，有时不能单凭夫志或妻志便统计人口和探讨家庭型态。

要之，在丈夫的墓志里，男主角绝对是丈夫，所占篇幅最多，女主角是妻子，配角是独子。男女主角势均力敌，证据有三，一是妻子被罕见地安排在序言；二是所占篇幅居次；三是明言"梁氏有后，盖夫人之力焉"，既承续家嗣又能继世入仕，这应是妻子能够与丈夫分庭抗礼的最大原因。在妻子的墓志里，女主角绝对是妻子，所占篇幅最多，男主角却不是丈夫而是儿子，证据有四：一是丈夫有如跑龙套，随出随没；二是儿子在母亲的事迹里占不少篇幅；三是儿子而非丈夫让镡氏得到封赠；四是由儿子而非他人撰写母志。毫无疑问，子胜于父的原因是儿子替父亲完成了终葬洛阳的遗愿和父从子贵，后者应更为重要。在仕宦之家，除了尊重家庭伦理，有时也按照谁贵谁富来安排席次先后的。在姚奭家里，嫡长子不是至少有两次被次子越俎代庖吗？在吴蔿寡妻的墓志里，夫家只记祖、父两代，妻家却记曾、祖、父三代，难道不是因为妻之曾祖曾为州县官，尊亲尊贵优于尊夫吗？寡妾的墓志也记三代，难道不是因为曾祖及父均曾任官吗？梁鼎自幼丧父，由寡母抚养，自己也力争上游，终获富贵，把母亲和自己稍加抬举，也是人之常情吧。无论如何，读者不能死守礼法内则，也要兼顾外间现实，才能看到墓志里各种人物配搭的多彩多姿，有妻强于夫，也有子胜于父。把墓志读成铁板一块的，有时不是撰者,而是研究者。

(执笔者:林明)

(指导者:山口智哉、柳立言、李宗翰、刘祥光)

总

论

除了著名的女墓主外，女性墓志常被讥为无事可记，故研究价值不大，我们却认为大有可为。把墓志连到历史背景之后固然大可发挥，即使单是墓志本身亦可探幽寻奇，发掘各种议题。本册只针对四个：墓志笔法与史学方法、社会流动、文武交流、妇女角色。议题很大，而女志才区区二十件，当然不可能面面俱到，故我们从一开始就自我设限：只是抛砖引玉，提出问题或假说，不是提供答案。其实不少男性墓志也能对这四个议题提供论据，但为了配合各分册的主题，只有留待后用。以下只是针对本册的资料作出结论。

研究女性最好优先利用墓志和史传，因为比较"有首有尾"或故事完整，不像一些片断的资料，脉络难明，易生误解。根据两位同学的统计（附录一），《旧五代史》共有传女25人，连标点（下同）约13,000字，《新五代史》8人，约4,500字；五代墓志集中在周阿根的《五代墓志汇编》和章红梅的《五代石刻校注》，扣除重复，女性墓主共约55人，约50,000字。本册五代女志20件，约17,000字，它们的时间、地域和阶层分布尚算平均，以下不再重复说明。此外，共享相关男性墓志等约12件。

史无定法，只有较适合的方法。下文用三种书写方法：其一，"不变与变：墓志笔法与史学方法"，只说故事或分析性陈述（analytical narrative），内含论据、推论和论点。其二，"世变：社会流动与文武交流"，先说故事提出论据，让读者不必翻阅正文，然后化为表格以便统计，最后推出论点。其三，"世变下的妇女角色"，不说故事，稍为考验读者的记忆，直接以表格罗列论据，然后统计和推出论点。

一、不变与变：墓志笔法与史学方法

墓志常被批评为千篇一律、隐恶扬善、以虚为实，但有时没有想象中的严重，有时更是空穴来风，不过是研究者自己的误解，如用上适当的史学方法，将有利于正确地判读和有效地抓到墓志的重点。

作为一种旧有的文体，五代墓志承袭一定的格套（stereotype），例如女性墓志不出十个项目，大都以序言为始，然后是父家、墓主事迹（于父家为女，于夫家为媳、为妻、为母及为主妇等）、死亡、子孙、下葬，最后是撰志原委和铭文等。毫无疑问，格套限制着写作的自由，容易产生千篇一律的感觉，但是否也有一定的功用？

1.1《僧官写命妇》分析王言妻子张氏的墓志，一方面显示格套强大的约束力量，不易突破，同时指出这力量约束着男性，保障了女性。墓志撰于五代初年（928），乍看之下，可以超越格套，例如墓主是军人而非文人的妻子，可以不太遵守文人那一套；撰者是僧人而非俗人，可以不太遵守俗人那一套。另一方面，它又可以尽量利用对自己有利的传统价值观念，例如鳏夫功业正盛，让妻凭夫贵获封县君，正可发扬男尊女卑这一套。结果刚好相反，在形式上，它紧守文人和俗人的路数，在内容上，它让丈夫屈居下风，例如志文几乎看不到妻子作为贤内助，而铭文"子荣郡号，夫作重臣"竟是妇唱夫随。原因之一，应是妻子作为墓主，纵使无事可记，她的主角地位仍受到墓志格套的保障，即使是位高权重有大事可记的鳏夫，也不好超过她。二十个女墓志大致符合此发现（见附录二），有十七个（85%）是妻前夫后。概括来说，格套作用之一，是保障女墓主一如男墓主的权利，一方面作为形式上的女主角，另一方面在家庭背景、为女受教、为媳奉祀、为妻主家、为母教子，以至个人志趣等多方面留下身影，堪称男女平权。

格套亦有助于辨别人物的身份和地位。《从子之荣》和《子胜于父》

比对志内各人的地望和官职,指出墓志一方面明言妻子是京兆而非清河的张氏,大女婿是河间而非河东或江陵的俞氏,另一方面没有只言片语提到夫家的背景,连地望都不清楚,不知是陈留、河南,还是其他地方的王氏。墓志一方面张扬妻家的仕宦,另一方面没有提到亡夫的任何实职。由此推论,夫家本属布衣,寡妻是"从子之荣"而非妻凭夫贵得到封赠。丈夫因为没有带来社会流动,地位不如儿子,他在志文里四次出现,三次都加上"累赠"某官,一再显示儿子的重要。《妻也!妾耶?》本来只探讨曹氏妻志(925),其中的亡夫有姓无名,从电子全文数据库检出是后梁的工部尚书吴蔼,后来又发现周阿根《五代墓志汇考》和章红梅《五代石刻校注》都收有《吴蔼妻李氏墓志》(942)。除非极不寻常,曹、李二人应有妻妾之分,但从内容来看,很难辨别,只有乞灵于格套。透过比对二志的首题、父家、夫家、婚姻、死亡、下葬、子女等基本项目,终于确定李氏是妾不是妻。由于没有直接证据,须用间接证据,故根据史学方法的要求,一方面尽量胪列,愈多愈好,以求互相补足;另一方面同时从正反两面入手,从正面指出某项证据可以推论曹氏为妻,从反面指出某项证据(如地望和适、聘、夫人等用字)不足以推论李氏为妻。比对也要对象正确,例如李氏之家世比曹氏好,为何是妾不是妻?这就是对象不合,因为要比的不是两女,而是男女;吴蔼娶妻时是平民,纳妾时为高官,自可纳得地位较高之妾。

  1.2 格套并非一成不变,其中或有端倪,正好作为研究的切入点,在百人一面之中寻找奇花异草。顾名思义,《框架乾坤》既要探究格套下的夫妻,也要一窥格套里的玄机,主要是项目之安排。墓志撰于五代末年(955),墓主董氏也是武人之妻,鳏夫是赫赫有名的韩通,是宋太祖的重要政敌,于陈桥兵变后几乎阖门被杀。夫妻各有独志,格套几无差别,妻志虽不见家世,但在子女关系上犹胜于夫。妻子在夫志里只有"前妻某人"的角色,丈夫在妻志里也只有悼亡的角色,可谓半斤八两。奇怪的是,妻子的志文把她的无妒和善相突出,放在入门、为媳与为妻之前，有点出格，而铭文恢复正常，把无妒放回为妻之内，排在入门和为媳之后。二十个墓志只此一见，究竟有无隐情？将夫妻墓志合读，从典故、祔葬，子女的数目和年龄等，发现董氏应有可妒之对象，其中一位蒋氏甚为得宠，不但成为继室，且获封国夫人，位于董氏郡夫人之上；蒋氏和她的子女或构成董氏及其驼背长子的阴影。董志撰者自称文儒，是鳏夫的幕僚，以武夫的自言自语，追忆二三十年来的生离死别和感谢亡妻对家庭的贡献。撰者自己也替董氏发声，用"痛"表达她临死的心境，又用"悲"述说自己的感受，流下敬爱之泪。在他心目中，武门妻女不下于文家妻女，且要承受更大的风险；第一代武人成就社会流动，第二代可能胜过文人如自己，因为武二代允文允武，期待出将入相，而文士只懂文不能武。这眼光打破了旧史对五代武人的刻板印象，但是不是墓志的另一格套，必须探究文武交流的实际情况，切勿先有成见（stereotyped）。

　　同样以变更项目次序来寄托私意的，还见于《难道是不孝子与负心汉》，对象是姚奭前妻米氏的墓志，撰者是进士儿子，时间是北宋中期（1072），死者是中层文官之妻，正好用来观察五代至北宋墓志格套之传承、文人武人几无差别，以及合读夫志与妻志的重要。在基本项目上，曹志（925）、张志（928）、李志（942）、董志（955）、子撰米志（1072），还有子撰李志（姚奭后妻，1072），一概遵守传统格套，包括序言、父家、墓主事迹（为女、为媳、为妻、为母及为主妇等）、死亡、子孙、下葬，及撰志原委和铭文等。但是，在项目的优先次序上，子撰米志把子孙、死亡及下葬放在墓主事迹之前，明显违反常理，二十个墓志只此一件（附录二），应别有用意。首先，从子孙到下葬的内容，基本上是父亲在六年前（1066）替母亲所撰墓志的更新版，将其放在墓志之首，乍看是尊重父亲，细究则发现次序颠倒，儿子大胆地将自己、兄长和孙儿放在父母逝葬之前。其次，颠倒的原因正是为了表达儿子对母亲的感念，因为母亲课导幼子从事举业，却骤然早逝，不无牵挂，现在儿子仕宦有成，结婚生子，乃将之作为回报亡母的首项要事，并以较长的篇幅尽情表达幼年丧母的悲痛。它既回应父亲感慨母亲"生不待子之养"的遗憾，也实现了母亲期待儿子"传业家世"的遗愿。儿子又在篇幅居次的撰志原委里，再次表达"宜获报养"、"儿女妇孙众多"和"尊夫人之志"，前呼后应。

1.3 那么，异母弟替亲母李氏所撰墓志又如何出奇制胜，弥补李氏仅是继室的不足？它没有变动项目的次序，却在篇幅上用多与寡之分，在内容上用显与隐之别。它在父家一项大写李氏亡父和三位兄弟的仕宦，篇幅仅次于为媳奉姑，超过为妻事夫睦族、母子关系和逝葬，而米氏的父母是布衣。它也理所当然提到李氏得封县君，为米氏所无。它一共602字（不含标点，下同），完全没有留下李氏是继室的线索，自然略去了她跟米氏子女的任何互动。假如没有把夫妻墓志合读，不可能知道丈夫还有其他女人，且生了至少两位子女，却可能以为继室是元配，又可能怒责丈夫是不孝子和负心汉，因为他的独志完全不提母亲和妻子对他举业的贡献。其实姚奭墓志的重点是为臣与为己，配角是同僚而不是母、妻、子女。前妻米氏母志的重点是婆婆第一，丈夫和儿子次之，以此完成米氏的角色；后妻李氏母志的重点几乎一样，但明显看到娘家和自我，遗言竟不及丈夫，是否无情？反观姚奭，他在米氏逝世二十多年后亲手撰志，对妻子的两个"不幸"深怀歉疚。短短169字，看似无事可记，但却充满情感，那当然也是墓志的主要目的，研究者不能只看事不顾情。

1.4 当然，注意格套的变动时，不能杯弓蛇影，要分清究竟是小变、中变还是大变。

有时有夫有时无夫；志文多存夫名，但亦有不见的；丈夫明明有父祖，志文却不记；诸如此类，不一而足。要探讨它们有无特别用意，最好不要孤立来看，例如《妻弟与妾子》和《万古千秋兮识兹名氏》指出，亡夫和夫家少见地排在寡妻之前，在形式上似是抬举位高权重的丈夫和公公，但兼看篇幅与内容之后，便发现寡妻仍是主角，甚至夫家只列父祖两代而妻家列出曾祖父三代,尊亲尊贵优于尊夫。

墓志纪念死者,难免隐恶扬善,今日的讣文何尝不然。广义的隐是"没有提到",扬是张扬和夸大,如张扬自己之善和夸大对手之恶,有时以虚为实,模糊带过,等而下之便是以假为真,各有不同的情况:

2.1 一种隐可能出于无意,例如《杀兄代父枕边人》指出,墓志说冯继业有"积善余庆之祥",但《宋史》本传说他杀兄代父,是否矛盾和隐恶?首先要厘清继业有无积善,其次是撰志者宋白是否知道继业之恶。史传的特点是善恶俱陈,根据《宋史》两处和地方志一处的信息,继业在杀兄代父十七年之后(970),曾出任定国军节度使,颇有治绩,吏民立碑颂德,又根据石刻资料《重修龙兴寺东塔记》,继业颇好佛事,两者应就是积善的由来。宋白(936—1012)是一代文豪,自称"早游门下",是继业守岐之时的下属,应看到继业的治绩。墓志撰于杀兄代父之后三十年(983),尚无今日之电子全文数据库,宋白未必知情。假如不知,墓志并无隐恶,扬善则属写实;反之,则确有隐恶,但扬善仍无不当,属于只说部分而非全部的真相,尚无作假。《哭母伤目求免官》指出,墓志完全没有提到梁鼎母亲的学识,其实至少达到今日的中学程度。墓志不提之事,有时不是并无其事,而是不言自明。读者必须明白,墓志不是针对我们的问题而写的,例如女性的学识、家庭地位和夫妻角色等,没有明言不能谓之隐,更不能谓之贬抑女性。

另一种隐是故意,例如《文艺沙龙:两位枭雄的子女》指出,墓志完全不提墓主父家二百余口惨遭屠戮的冤案,但问题是究竟有无必要提出来。《虚实王妃》指出墓志没有明言墓主仅是王妃的继母、丈夫原是卖饼人、王妃曾为人妾等,但问题同上,所隐之处并非关键。

还有一种隐或扬是有意无意,例如《段元妃与邵献子》指出,前一个典故或隐喻妻子是继室,后一个隐含丈夫有残疾;《框架乾坤》认为陈平和王浚两个典故都有女方"下嫁"男方之意。《冤家聚头文武合》提到张全义长子把后梁称作"僭",自是因为改朝换代不得不然,很难说是真正的扬恶，不必拿来研究正统观。

2.2 与之相反就是不隐，例如《万古千秋兮识兹名氏》指出墓志之记事，不无违反出嫁从夫、女轻于男、夫尊妻卑等原则。《文艺沙龙：两位枭雄的子女》指出，墓志并无隐去墓主"以盗据城池，公行剽掠，因兹骇愕，遂至弥留"，不得善终；也没有隐去她的父亲联结外人对抗本朝，终于亡梁兴唐等事，反强调"书诸信史，载在丰碑"，可见五代对忠的界定与后人并不完全相同，提醒研究者不要用不合时的标准来衡量墓志有无隐恶和扬善。

2.3 有时却是隐无可隐，例如《难道是不孝子与负心汉》指出，父撰母志由次子书丹，子撰母志亦由次子执笔，都是越过没有中举和官位较低的嫡长子，反映家庭伦理的长幼有序不敌官场伦理的贵贱有分。还应注意的是隐瞒的对象，如异母弟撰母志完全不提母亲是继室，对我们来说是隐，但对家人或参加葬礼的人来说算不算隐？假如我们读到同时和同地埋葬的元配墓志和丈夫墓志，似乎又不算隐了。

3.1 虚笔有时确有隐情，但不一定不实或作假。《妻也！妾耶？》指出，撰志者并无作伪，把妾假装成妻，只是文笔高妙，例如将"爰自笄年，适聘贤彦"置于"故工部尚书赠左仆射吴公讳蔼"之前，又以"公情深偕老，志在和鸣，何期鹤算不终，鸾镜云缺"结穴，乍读宛如夫妻，其实前八字可泛指待嫁女合配（适聘）好汉，不一定嫁作妻，后几句指吴蔼情深，对妻对妾均可。李氏庶子幼年丧父，与母亲相依为命，现在贵为御史台主簿，维持父亲家业，自当高举母亲，其实也是抬举自己，反映一家之中，贵盛者有时胜于尊长如嫡母，多少影响墓志的笔法。撰志者曾是一县主簿，既不揭露为妾，也无僭越成妻，反映五代虽乱，但未斯文扫地如今日者。

3.2 事实上，有些虚词并不虚。《妻也！妾耶？》指出，墓志说吴蔼"历践华省，继登崇显"，虽无一个实例，却半句不假。《虚实王妃》也指出，墓志写于风声鹤唳之时，遗族命悬他人之手，但撰者还是勇敢揭露，鳏夫位至节度使，致仕却非寻常，又表彰女儿在前朝的显赫事功，乍看是虚的文字，如"贤赞宫闱"和"万乘之安危斯托"，其实都有所本，是撰者对史事的浓缩概括，读者不要因为一时看不到实例，便说志文是虚词。《法律人妻的欢与愁》一再提醒，读墓志不必全然接受，但也不必因为部分可疑或夸大而否定全部的可信性。究竟应先信后疑还是先考后信，视情况而定。要考证虚词或泛词的真假程度其实说易行难，无根（groundless）的怀疑亦非历史研究所应具备的理性思考。虚泛之词的确容易产生百人一面和万众一德，如男性都是忠臣孝子，女性都是贤妻良母，不过芸芸众生大都如此，不必苛求百千墓主个个非凡，尤其不要把女性弄成千面人，面面玲珑。

4.1 如何于隐虚之中求实？《妻也！妾耶？》和《虚实王妃》都以史证志或以志证志。《虚实王妃》在《新五代史》里半点不虚，个性和角色都极为鲜明。每逢关键时刻，欧阳修都让王妃走到观众眼前自行发声，若拍成电影，连对白都可省去，不知欧公写女性墓志会否吞吐其词？《难道是不孝子与负心汉》的儿子也一再让祖母和生母自行发声，说出对父亲的期待和鼓励，真可谓音容宛在，很有 3D 的感觉。有些墓志较为含蓄，女主角若隐若现，吊人胃口。《寡母心翰林笔》用设身处地（Historical empathy）的历史研究法，让母亲从幕后走到台前，现身镁光灯下，藉此提醒读者，应以墓主作为主词（subject）来理解志文的叙事。

4.2 读墓志如同读论文，应尽可能找出重点，有时撰者会清楚交代。《法律人妻的欢与愁》分析理学家邵雍替老友姚奭撰写的墓志，指出他按照一般的格套，以编年体叙述姚奭的仕宦，但故意抽出某次司法审理，独立用作盖棺论定，还特别提醒读者，"举此一事，君之一生事可知之矣，况他事又甚美于此者乎"。事实上只要把姚奭的仕宦分门别类和计算篇幅，也能发现以司法最多。以姚奭作为法律人，就是突显他与众不同之处；如不能掌握重点，就只是一般官僚，百人一面了，这不能怪邵雍，只能怪研究者自己。

4.3 重点一旦弄清,就更能体会墓志的笔法,避免误解。《成功儿子的背后》和《字里行间》指出,如只数算篇幅,作为墓主的寡妇反不如亡夫和儿子之多,似乎沦为男性的附庸,但细读内容,便能发现亡夫和儿子都是配角。撰志者是一位史官,与墓主的儿子为友,曾登堂拜见墓主,现在受托挥毫,理当体会儿子的心意。儿子是一位武臣,位至太守,一生深受母亲的影响。母亲已八十多岁,没有留在老家享福,而是随着儿子游宦,最后死在太守府第。志文说"虽太守建隼列郡,太夫人常以严正训之,太守亦如童孺增畏",儿子既授意或容许撰者写下如此卑恭畏懦的话,又怎会让母亲当配角?受委屈的可能是亡父,是一位武人,志文明言他不能守郡,就此退休。父亲做不到的,儿子做到了,成为一位良太守,并归功于母亲,"是故天子降玺书,始封乐安县太君,进封河南郡太君,改封河南郡太夫人,从子贵也",但愿读者不会把最后四字理解为儿子标榜自己,而是看到母子关系之深厚,因为丈夫没有给她的,儿子给了,回应序言的"没世有良嗣为郡守,护辒车以归,较其享遐龄、具丰福,如太夫人者鲜矣!"也就是说,儿子成为郡守是志文的重点,其实撰者也说得很清楚,他仅是"纪官、婚而已。至于惇序姻族,惠恤臧仆,立嘉言,积善行,非作传不能周叙其事"。撰志的轴心和笔法,就是描述母亲以孤儿的身份嫁入武将之家,教出良嗣为郡守,得到封赠,但愿研究者不要执着其他事情,批评墓志缺东缺西,同时也应该承认,教子是内事,但所教之事,是太守之事,是外事。如内事为一圆,外事为一圆,两圆重叠之处着实不少。即使单论内事,于女性谓之正家,于男性谓之齐家,两性均有分。

4.4 假如撰者没有明言重点为何,读者便得自行寻找,要靠一定的方法,不能单凭福至心灵,更不能误中副车。《五鬼搬运夫死从妻》指出,堂堂防御使有姓无名,在下葬二十多年之后,被寡妻刘氏挖出来跟她合葬,目的是为了促进家族的社会流动。两个问题油然而生:如何发现、如何证明。我们在此个案集中了研读墓志的主要方法,分为三个阶段：

第一阶段是解读史料，对墓志文本进行标点、分段、勾出关键字句，数算各段篇幅，目的是彻底明白墓志的文章架构和内容，并初步找出重点。

第二阶段是分解史料，主要利用两个方法：一是沿自政治学的"史学六问"，依照时（when）、地（where）、人（who/whom）、事/何者较重要（what/which）、原因/是否（why/whether）、经过（how）等，将墓志内容分门别类。墓志的主角是人，故较重要的是什么人做了什么事。二是"五鬼搬运"，把墓志内容尽可能搬到5W1H的下面，主要目的是把墓志掏空，涓滴必用。基本的假定是古人没有计算机技术协助撰文，通常也不会以量制胜，故大部分的字句都有实用价值，研究者不要辜负了撰志者的苦心造诣。发现了"营葬"的篇幅不成比例，应是墓志的重点之后，重复"六问"和"五鬼"，先将相关资料分门别类，然后把资料集中。

第三阶段是提出研究论点，可有三道过程（how）。第一，制造表格。与格套不同，表格（frame）一目了然，有助于形成论文的架构（framework）。第二，决定主题。刘志内容丰富，至少可用来研究社会流动、文武交流、家庭或家族、丧与葬、妇女角色、墓志笔法与史学方法等六个议题，必须作出取舍。最后决定以移葬和流动为主，纳入其他。第三，把表格化为文字，按照史学三论（论据+推论=论点）组织资料，例如把论点"夫随妻葬"写在段首或段末作为"主题句子"（topic sentence），盯着它铺陈证据，切勿离题，每项证据都要有逻辑关系，切勿飞跃。西方的社会学和自诩科学（scientific）的学人不研究风水，大抵不会认同福地跟社会流动有关，但我们相信研究历史首先是为了明白古人的问题，其次才是回答自己的问题。寻求福地是常见的事，但把亡夫移穴则只此一见，故寡妻墓志大花篇幅说明其正当性。

5 要之，研读墓志必须同时留意形式和内容。在形式上，格套既产生一定的限制，如束缚了写作的自由，但也有不少功用，如保障女性作为墓主的权利，有助于辨别身份和地位等。当格套有异于常，如基本项目之消失、次序之颠倒，及其篇幅之时多时寡等，都可能包藏撰者的用心。在内容上，"隐"有无意、故意和有意无意之别，亦时常看到不隐和隐无可隐。"扬"和"虚"不等于不实或作伪，有时仅是高度概括，其实字字有据，有时则是文笔高妙，外人（outsider）莫测高深，其实无一字谎言。至于传统价值观念如夫尊妻卑和男外女内等，更常见违反，其约束力量实在有限（详见"世变下的妇女角色"）。不变与变，常同见于一件墓志，绝非千篇一律或百人一面。

要正确了解墓志的笔法，不能靠灵光一闪，要凭史学方法。首先最好与相关的墓志和史传合读，求其全貌避免偏见；墓志有时也会采用互见的笔法，尤其是夫妻各有志文。其次要读出真正的重点，不能先入为主，例如把内则等传统礼法观念先往墓主身上一套，把列女变为烈女；更不要指鹿为马，或把我们的问题当作古人的问题来刑求墓志。抓出重点的方法不外是把墓志依其脉络加以分段，寻找一再出现的关键字句和数算篇幅的比例，其实跟今人的写作方式无大差异。把重点及资料分门别类时，该用"五鬼搬运"之原则，把墓志掏空为止，不要浪费撰志者的苦心经营。常谓一字褒贬或片言折狱，其性质都属"论点"或"结论"，必须建立在千言万语的"论据"之上，读者不要轻易相信缺乏证据和逻辑的论说，自己下笔时也要时时留意证据能否支持论点，如是间接证据，以多举为宜。

史学六问以"why"最为难答。大事由小事构成，故有时连小事也要追究理由。如注释作《新五代史·前蜀世家第三》卷63第796页，便应追问写下"前蜀世家第三"有何作用，如真有作用，是否应放在正文而非注释里？它为何有63卷之多，而卷63为何有796页之多，如简化为《新五代史》796页，有无影响读者的检索？如此反复思考，才能打破格套，别出新猷。读志的态度究竟应采用刑法上的无罪推定，先假定为真再求反证，还是采用民法上的先举证以明其真，有时的确系于研究经验所形成的心证。最了不起的法官都会误判，我们不必太担心犯错。

二、世变：社会流动与文武交流

任何前朝与后朝之间都有连续和断裂，唐宋变革论强调断裂，以为唐属中古，宋属近世，唐宋是连不起来的。最大和最得到学界赞同的变革之一，发生在统治阶级的构成，由门第转为科举，由封闭转为开放。它的问题明显可见：第一，科举只能说明文官的入仕，不能说明武官。第二，它只能说明阶级流动，即如何从被统治进入统治阶级，却未能说明阶层流动，即如何在阶级之内往上升。究竟哪些人在把持铨选和堂除等人事的任免权？是否仍如前代，是家族或党派？第三，它似乎高估了庶民家庭的流动，低估了士人家庭的优势。研究者以登科录和地方志为据，指出新血逐渐多于旧血，但正如把妻子与妾妇相比，对象不大对。在宋代两份新科进士名单里，非官户出身的进士占一半强，表面看来跟另一半官户出身的进士平分秋色，但前者占非官户人口（平均约八千万）的比例是多少？后者占官户人口（平均不到四十万）的比例是多少？很明显这是不符合比例的，反映仕宦家庭在科举竞争中占有相当的优势。我们不能把科举"神奇化"，仍要追问中举背后的各种条件，例如至今仍深具影响力的郝-韩论说。它从延伸性家庭（extended family）和婚姻关系等人际网络切入，指出能够参加或通过科举的人，大都来自精英家庭，流动其实有限，但因师徒对精英的定义过于宽松，遭受诸多问难，如李弘祺曾半开玩笑说，这根本不可能找到不是精英的中举者。[1] 第四，纵是郝-韩的泛精英取径，还是文武分离居多，甚少探讨两者的交流，好像文就是文，武就是武。第五，在重文轻武的二分法下，

---

[1] 柳立言：《科举、人际关系网络与家族兴衰：以宋代明州为例》，《中国社会历史评论》11（2010），1—37页。

几乎完全不问武人对变革有无贡献，或将五代之乱归究于武人之不文。第六，既云唐宋变革，那么唐代文臣与宋代文臣有何不同？夹在中间的五代究竟重视具备何种条件的文臣？

以下同时探讨武人、文人、或文或武等三种人物，一则稍补武人，二则稍补阶层流动，三则找寻流动的条件，四则探讨文武交流及其与五代治乱的关系，五则探讨五代所重视的文人，六则检讨唐末五代和北宋的连续与断裂。对这三种人物，先是各自铺陈和分析，然后综合观察三者有无共同的地方。假如某项条件在三种人物均同时出现，我们或可推论：就纵向来说，它是构成唐五代和北宋连续的条件；就横向来说，它是跨越文武和阶层的普遍条件。

（一）武人

七个例子上溯大唐末年下迄北宋初年，若重叠计算，不但北方各代都有，南方政权也有一例。主要管军不治民的军官二例，均中高层（统军 officer，2、6）；兼治军民的武臣四例，均属高层（刺史至节度使 official），更巧合的是集中了四位枭雄之家（1、3、7）。或可注意三点：第一，从他们的共同处，可观察五代与北宋的连续与转变。第二，作为高层武人，可追究他们对五代治乱的责任，尤其不能只看乱不看治。第三，高层武人也是宋太祖释兵权和期待"尽读书以通治道"的对象，但他们真的不习文或不能治吗？如不是，那太祖究竟想做什么？

1.《冤家聚头文武合》分析两个武人姻家的文武合流、世代交替和部分转型。农家子张全义（852—926）一身兼具文武并仕、并治以及通婚。他以军功进入统治阶级，但以治民和理财达到事业顶峰，并藉此三次保存个人和族人的性命，故史臣谓其"货以藩身"。他娶文官储赏之妹为次妻，又"尊儒业而乐善道，家非士族，而奖爱衣冠"。他喜欢的文人有三种：有文才、有政术，或有家世。单以文才就被他提拔的如桑维翰，后来位至宰相，因其说情，张氏得免族诛。全义司法不公，又曾冤杀不附己者，于今日诚属大恶，而《旧五代史》喻为"良玉之微瑕也"，认为不过是全义一生功业中的丁点过失，其他史料则记下称颂他的民谣如"王祷雨，买雨具，无畏之神耶，齐王（全义）之洁诚耶"。也许全义功大于过，功在被统治阶级，过在统治阶级。

第二代的张氏子弟因父辈恩荫入仕，一方面文武兼习、兼仕、兼治和通婚，另一方面既为治也为乱。全义嫡子继业位至河阳留后，墓志序言说"龚黄著美，未通于简练训齐；孙吴立名，讵闻于抚绥煦育。兼济两全之道，见于太保公（继业）之懿也"，大夸他兼通吏治与武功，但志文和铭文几乎只见文不见武，或反映继业作为张家的继承人，把发展重心放在吏治而非武功。继祚位至河阳留后，墓志也称赞他能治军民。他在朝代更易之时投机失败，全家被杀，几乎祸及全族。义子继孙由管军位至防御使，横征暴敛、虐法峻刑，又杀平民于广陌，替武人招来恶名。全义弟弟全恩应以战功往上流，位至怀州刺史。嫡长子一方面"冲澹雅符"，另一方面"擅颜高之弓矢"，看来允文允武。全恩替他娶了基层文官苏氏之女为妻，可能是看中苏家的仕宦背景：祖父是长史，父亲是节度使。三子继升曾任左神武将军，"幼而励业，长乃从戎。剑耻学于一人，书每嗤其十字"，明显兼学文武。女婿王禹也是基层文官，也有仕宦背景：曾祖、祖和父亲"佐一同三语之任，膺秩宗独座之资"，可能在礼部担任掾属。王禹"征督（赋税）有方"，正是当时政府之急需，自是文人向上流动的重要条件。全义另一位侄儿张衍"乐读书为儒"，娶文官之女为妻，凭科举进入统治阶级，并攀升至翰林学士。朱温北伐，张衍"颇以扈从间縻耗力用系意，屡干托宰执，求免是行"，其实他"巧生业，乐积聚"，却介意从征耗财，完全没有学到全义之竭力供输。他在行军途中得罪朱温被杀，也许可以代表不符时代需要的文人。由此可知，靠着文才、科举、婚姻和叔伯，或足以达成阶级流动，但要进行阶层流动，还需善于理财，乐于供输，不畏从军，方能获君主之青睐。若无吏治或吏治不佳，纵有极佳之人脉，于危急时尚不足以保全性命。

第三代的张氏子弟似乎文胜于武。继业六子，四文二武，文的不用说，武的也学文。长子右威卫大将军季澄"尊主安民之道，运筹决胜之机，咸自家传，迄光世德"，反映张家兼重文武教育。据称他的书法如王羲之，文章如陈琳，退休后"或赏玩琴罇，访玄域以怡神"。他的妻父是武臣，妻子（约910前—940）"比谢家之才辩，同王氏之神情"，似乎是位能文的才女。六子千牛备身季宣的亡妻墓志说他"颇亲诗礼，迥著谦恭，秉志不回，操心有节"，只字不提他的武事。

张全义的两个姻家亦有显著的文武交流。孙妻之祖父李罕之（842—899）先曾习儒入释，终以战功和移忠成为节度使。他虽曾学文，却治民无道，"率多苛暴，性复贪冒"，替武人留下恶名。第二代的李氏子弟文武兼习、兼仕和兼治。李顼累掌禁兵，参与政变，但治郡有声，"颇有畏爱，及卒，人甚惜之"。李颢的仕历跟李顼不相上下，并多了"衔命遐方"，应有一定的才华，始能负起专对之重任。女儿"抚朱弦而偏熟秦筝"，诚是风雅，或反映武人发迹之后，甚有能力负担林林总总而且质量上乘的教育。全义妻兄储赏是司马，力劝儿子习武。长子德充"诵书杏坛，学剑燕市，……气如卜商，志如吴起"，宛似儒将。三子曾任六军诸卫左亲事都将。长子给弟弟的遗言是"汝等恭近于礼，夙夜匪懈，无坠素风"，强调以品学作为家风以传家。其中一位习音律，以后梁之伶官出任后唐之刺史。《册府元龟》批评庄宗"失政"，似乎忽略了储家的文官背景。在《合三姓之力五家之好》里也有一位文官后人以书道晋身。

2.《僧官写命妇》里的鳏夫王言是后唐右龙武军的统军，凭军功向上流动，让妻子（868—928）得封郡君。妻子出自豪族，不知是文是武，在军衙内去世。四子均已成长，但墓志不记官名，不知是文是武，一般来说应荫补武官，但以父亲之高品，亦未尝不可荫补文官，墓志说他们"文武两全"，可能并习文武。女三人，长婿曾任县令，次婿别驾，都是文官，可见武人第二代已文武通婚，一家之中有文有武。撰志者右街内殿文章应制匡习自谓"久悉司徒（鳏夫）煦念，有异常伦，既奉言及，敢不遵依"，似乎跟夫妻颇有交情，也许这些文化僧亦能促进文武之交流。

3.《文艺沙龙：两位枭雄的子女》描述两个武人家庭的文武并举。妻子朱氏（899—949）的三代祖先均出身行伍，父亲一度沦为盗贼，后投靠藩镇，凭军功向上流动，成为朱温的义子和后梁的节度使，据说礼遇文士，百般容忍。母亲张氏"生本将家，称为贤妇"，在惨遭灭门之祸时还替仆婢求情得生，似乎胜过许多文臣妻女。到了第二代，武门之中文风已盛。朱氏的兄弟"蝇头学赡，鲤腹书精，爰从问礼之庭，皆□专征之任"，多人出任刺史和节度使，可谓文武兼习、兼仕与兼治。朱氏本人"谢公庭际，咏飞絮以称奇"，又"丝竹宫商，洞晓铿锵之妙"，似不下于文人妻女。丈夫李从曧（898—946）的父亲是大名鼎鼎的岐王李茂贞（856—924），军伍出身，靠战功向上流动，亡唐有功。不过他相当孝顺，"母终，茂贞哀毁几灭性，闻者嘉之"。他也能吏治，《新五代史》说他"以宽仁爱物，民颇安之"。他由武学文，能够容忍儒者的僻狷。妻子刘氏"学文师古，对不屈于兄言"，又"道韫篇章"，似亦学文。到了第二代，文风更盛。女婿之中，一位是判官，一位是推官，大抵都是文人。从曧乐在其中，精于笔墨，他"进退闲雅，慕士大夫之所为，有请谒者，无贤不肖皆尽其敬。镇于岐山，前后二纪，每花繁月朗，必陈胜会以赏之，客有困于酒者，虽吐茵堕帻而无厌色"。他也"爱农民而严士卒"，吏治有成，《新五代史》说"凤翔人爱之"。他能武，曾受后唐征召伐蜀，后来又平定内部的兵乱。他挑了一位以"儒墨承家"的幕员当二女婿，可见爱惜文才；三女婿曾任供奉官，四女婿统军，五女婿节院使。一门之中，齐集文、武两官和军官。弟弟从昶历任统军，应能武功，"而音律图画无不通之。……喜接宾客，以文翰为赏，曾无虚日。……凡历三镇，无尤政可褒，无苛法可贬，人用安之，亦将门之令嗣也"。短短一段文字，揭露武人要赢得文人认同所需要的重要条件：文才、品德、人际关系、吏治、传家。

4.《成功儿子的背后》较多看到母亲,因为儿子以吏治留名,且让母亲得到三次封赠,而父亲不便治郡,提早退休,没有让妻子获封。父亲石金俊(879—936)的老家"牛马谷量,世为强族",本人凭战功向上流动,但墓志也不讳言另一个有利条件是"丰沛故人",似乎是五代用人的特点。他位至后唐的北京飞胜五军都指挥使,制授刺史,却以"不达为政",退归乡里。寡妻元氏(871—953)之家据说本有族谱世系,在战乱之中全部失去,本人也成为孤儿,在叔舅之家成长,"言无先唱,容常惨如。针缕鞶囊之绩,夙夜自勤",苦况不说自明。夫妻的结缡打破门当户对和男长于女的通则,曾一度怀疑是妾婢,但墓志首题明明说是"妻",志文也说"将军府君闻其贤淑,乃纳征而授室焉",可见武人跟文人一样重视配偶的品德。独子石仁赟(?—958后)继承父亲的武,以战功节节上升,成为后晋的护圣左第六军都指挥使,成就不下于父亲,而墓志再次不讳言另一个有利条件是帝室的宗属。朝代由姓石改为刘和郭,他继续担任军职,最后外任多州刺史,在《册府元龟》牧守部以"仁惠"留名,整个五代只有十一人。[1]墓志归功寡母,说"太守建隼列郡,太夫人常以严正训之,太守亦如童孺增畏。是故天子降玺书,始封乐安县太君,进封河南郡太君,改封河南郡太夫人,从子贵也"。他"屏强暴,恤孤茕",也似乎深受母亲身世的影响。他的一位儿子在中央担任殿直,三位跟随他在义州任职,可能因荫补的缘故,全是武官。墓志撰者赵逢是朋友,幼时在一位武将家里随其子弟读书,成为进士,并曾知贡举,也颇有武风。有一次担任知州,在击退盗贼之后,"诛灭者近千家",《宋史》对他吏治的评论是"果断之士,而独尚严酷",似乎也适用于武人。

5.《框架乾坤》试图打破旧史对武人的刻板印象,进一步探讨五代的武士道,对照欧洲的骑士和日本的"侍"(武士)。鳏夫韩通(907—960)是宋太祖的大敌,不但不能轻视,而且非要释其兵权不可。《五代

---

[1] 王钦若等撰,周勋初等校订:《册府元龟》卷675,7779页。

会要》修成于太祖即位第二年（960），第一卷第一项是"帝号"，共有十三位皇帝，标明被"弑"者四人，可谓直笔。它的框架是在每位皇帝之下列出宰相和使相，唯独两处出轨：后周世宗和恭帝不但有宰相和使相，还有大将，第一人便是"今上"。增加的原因，说是"重武"亦难以反驳，但更可能是因人而设。假如没有这一款，今上难以出头。即便如此，太祖仍不敌韩通，因为韩通同列使相和大将，再次看到史臣的直笔，可惜当时不流行表格，否则一眼便能看透。[1] 韩通出身行伍，文化水平如何？得到信任的"文儒"幕僚替他的亡妻撰写墓志，留下他的悼言："吾履锋恒守于三边，长闻敛枕；跃马将行于千里，谁为牵衣。荀璨悼亡，诚难再得；管宁叹逝，恨不双全。"相信大部分读者都会赞成，大意来自韩通，文字出自撰者，这个框架自自然然地流传至今，谓之代笔。韩通历任刺史和节度使，文武兼仕和兼治，本人墓志也称赞他的吏治，如"五方异俗，更无晨饮之羊；千里同风，旋止夜吠之犬"，但无实例，《宋史》本传亦不置一词（详见第二册《尽在不言中》）。第一代武人成就社会流动，第二代便能坐享较好的教育资源。韩通长子守钧是衙内都指挥使，既"读周公孔父之书"，又"猎乐毅相如之传"，要允文允武、出将入相，但遍搜各大电子数据库都无实例。不过司马光《涑水记闻》和李焘《续资治通鉴长编》都记下他甚有智略，曾劝父亲除掉太祖，可惜韩通"刚愎无谋"，反被太祖手下所杀。[2] 假如韩通多读书，有勇亦有谋，说不定就先下手为强了。据说武人另一特点是死忠和愚忠（如岳飞），如多读多想便可能产生反效果。欧阳修《新五代史》感叹："予于五代得'全节'之士三，'死事'之臣十有五，而怪士之被服儒者以学古自名，而享人之禄、任人之国者多矣，然使忠义之节，独出于武夫战

---

[1] 王溥编撰，上海古籍出版社点校：《五代会要》卷1，1—9页。
[2] 司马光撰，张希清点校：《涑水记闻》卷1，北京：中华书局，1989年，2页。李焘：《续资治通鉴长编》卷1，6页。

卒,岂于儒者果无其人哉。"[1] 总计这十八人之中,只有李遹和孙晟是文人,武文比例是16:2,武人大胜文人。可见更需要激发忠义的是文人而非武人,可惜欧阳修没有说明文人不如武人的原因。

6.《武人何辜》反映五代武人不擅文史的看法根深蒂固,被轻视的李涛(861—932)是南方武将。一般认为南方以文治胜于北方,那是否应较北宋更早地重文轻武?不知何故,好像论者不多。一般又认为南方武力不济,其实北宋是以统一的北方对付分裂的南方。北方未必轻文,南方未必轻武,但双方的武人似乎都被后人轻视,我们却不能以后人的标准来理解五代十国的武人。李涛来自文人世家,祖父是刺史,父亲是县令,本人"涉书史。会唐末四方盗起,乃投笔从军",凭战功向上流动。一家三代合算,文武兼仕与兼治,李涛且留下忠义之名。他保持一定的文学修养,替妻子写下情感动人的墓志。妻子家里有家牒,先人曾任长史,父亲的文散官是朝议郎,似乎曾任文官。乱世的文人家庭,大抵不大介意跟条件不错的武人家庭缔婚,产生文武并举的下一代。唐末五代在政治上也许右武轻文,但是否在社会上促进了文武的结合?这情况应该是南北一致的。

7.《杀兄代父枕边人》看到一个武人家庭文武并举。父亲冯晖(894—952)行伍出身,凭军功位至朔方节度使,又以吏治留名青史,充分结合文武兼仕与兼治。为了进行家族统治,他所依赖的人,除了文武幕僚,便是一众子弟,其中应有能文之人。庶子冯继业(926—977)"敦诗阅礼,在军旅以从容;缓带轻裘,镇楚疆而暇豫",宛似儒将。他杀兄之时是衙内都虞候,类似文官的御史,负责监察军队,应属军中偏

---

[1] 欧阳修:《新五代史》卷54,611页;又见卷43,355页:"然其习俗,遂以苟生不去为当然。至于儒者,以仁义忠信为学,享人之禄,任人之国者,不顾其存亡,皆恬然以苟生为得,非徒不知愧,而反以其得为荣者,可胜数哉";卷55,633页:"五代干戈之乱,不暇于礼久矣!明宗武君,出于夷狄,而不通文字,乃能有意使民知礼。而(刘)岳等皆当时儒者,卒无所发明,但因其书增损而已"。欧阳修之取舍甚严,如《新五代史》卷18,194—195页;卷21,207页;卷34,369—370页;卷47,533—534页。批评大唐诸臣之"趋利卖国",见卷35,375—376页。

文之职。后来降宋,仍两任节度使,且出乎一般想象,子女竟得与北宋皇室及名臣联姻。他似乎努力向善,例如出任定国军节度使之时,有循良之风,"吏民立碑颂其遗爱",又大力赞助佛事,故寡妻的墓志称其"积善"。妻家三代有官,岳祖父是刺史,兼治军民,寡妻(931—983)有才学,懂诗书礼乐。长子和次子荫补得官,虽是武官,但"文武兼资"。冯氏三代,第一代戎马倥偬,可能无暇学文,但第二和第三代应兼习文武;第一和第二代从刺史位至节度使,文武兼仕和兼治,且有佳绩。入宋之前,既是家族统治,家中需有文才;归宋之后,无论是否自愿,都必须服从太祖和太宗对治理地方的要求,遵行传统儒术对吏治的规范。

将上述化为表格以一目了然:

表一:**武人**

	第一代/上代	第二代/第三代
1. 从被统治进入和保持统治阶级可凭之条件		
1.1 文才	1 张全义所喜 1 张全义孙妻李氏之祖父 14%	1 张全义所喜 1 张全义侄张衍(经学、辞科) 14%
1.2 进士		1 张全义侄张衍 14%
1.3 军功	1 a 张全义本人;孙妻李氏之祖父 b 弟全恩 c 弟敬儒 2 王言 3 李从曮父、岳父 4 石仁赟及其父 5 韩通 6 李涛 7 冯继业父 100%	

续表

	第一代/上代	第二代/第三代
1.4 恩荫	3 李从曒 4 石仁赟 7 冯继业 43%	1 张全义子、孙；孙妻李氏之父、伯父 1a 敬儒子、孙 2 王言子 4 石仁赟子 5 韩通子 7 冯继业子 71%
1.5 婚姻		1 张全义侄张衍 14%
1.6 家世	1 张全义所喜 3 李从曒（至少一代为官） 4 石仁赟（至少一代） 6 李涛（两代） 7 冯继业（至少一代） 71%	1 张全义所喜 a 张全义子侄、孙、侄孙（二三代为官），孙妻李氏（两代），孙妻高氏（至少一代），外侄储氏（至少一代）。 b 全恩长子妻苏氏（三代），女婿王禹（三代）。 c 敬儒长子前妻冯氏（至少一代）、后妻吴氏（至少一代），女婿储德雍（两代）。 d 侄张衍妻（至少一代）。 4 石仁赟子（两代） 5 韩通子（至少一代） 7 冯继业子（两代） 57%
2. 在统治阶级内层层上升可凭之条件		
2.1 文才	1 张全义所喜 14%	1 张全义所喜 1a 张全义孙妻李氏之父；b 外侄储氏（伎艺）；c 侄张衍。 14%

续表

	第一代/上代	第二代/第三代
2.2 政术	1 张全义所喜 1a 本人（吏治、理财；司法不公、冤杀）；孙妻李氏之祖父（吏治不佳） b 弟敬儒（吏治） 3 李从曮及其父（吏治） 4 石仁赟（吏治）、父（不便治郡） 5 韩通（吏治） 7 冯继业及其父（吏治） 71%	1 张全义所喜 1a 张全义二子（吏治）、义子（吏治不佳）、一孙（理财）、孙妻李氏之伯父（吏治）。 b 全恩女婿王禹（理财）。 C 敬儒长子（理财、吏治）。 d 侄张衍（吏治不佳）。 14%
2.3 军功	1 张全义本人、孙妻李氏之祖父 3 李从曮本人、父、岳父 4 石仁赟本人及父 5 韩通 6 李涛 7 冯继业本人、父 86%	1 张全义孙妻李氏之伯父 14%
2.4 封赠	2 王言妻 4 石仁赟（母） 29%	
2.5 婚姻	4 石仁赟母（恤孤茕） 14%	7 冯继业子女（与北宋皇室和民臣联姻） 14%

续表

	第一代/上代	第二代/第三代
2.6 家世	1 张全义所喜 3 李从曮（至少一代为官） 4 石仁赟（至少一代） 6 李涛（两代） 7 冯继业（至少一代） 71%	1 张全义所喜 1a 张全义子侄、孙、侄孙（二三代为官）；外侄储氏（至少一代），孙妻李氏（两代），孙妻高氏（至少一代）。 b 全恩长子妻苏氏（三代），女婿王禹（三代）。 c 敬儒长子前妻冯氏（至少一代）、后妻吴氏（至少一代），女婿储德雍（两代）。 d 侄张衍妻（至少一代）。 4 石仁赟子（两代） 5 韩通子（至少一代） 7 冯继业子（两代） 57%
2.7 人脉	4 石仁赟本人（宗属）及父（丰沛故人） 14%	
2.8 品德	1 张全义本人（移忠、尽忠）；孙妻李氏之祖父（移忠） 3 李从曮之父（孝） 4 石仁赟本人（仁惠）、母（贤淑） 6 李涛（忠义） 7 冯继业（杀兄、向善） 71%	1a 张全义次子（移忠失败）；后妻家（礼）；孙妻李氏之伯父（移忠） b 敬儒长子（仁）。 14%
2.9 其他		
3. 文武或士庶交流		

续表

	第一代/上代	第二代/第三代
3.1 文武兼学	1 张全义孙妻李氏之祖父 3 李从曮本人、父、母、弟、妻、妻之兄弟 6 李涛 7 冯继业本人、妻 57%	1a 张全义长子（?）、孙六人（文胜于武），长孙及六孙之妻亦能文；孙妻李氏之父；外甥储德充。 b 全恩长子、三子。 c 敬儒次子。 2 王言诸子 5 韩通子 7 冯继业子 57%
3.2 文武兼仕	1a 张全义本人、孙妻李氏之祖父 b 弟全恩、长子之妻苏氏之祖父。 c 弟敬儒 3 李从曮本人、父、弟、妻父、妻之兄弟 4 石仁赟 5 韩通 6 李涛本人、祖父、父 7 冯继业本人、父、妻之祖父 86%	1a 张全义长子、次子、义子；六位孙子四文二武；孙妻李氏家李氏之父及伯父；外甥储德源。 b 全恩三子。 c 敬儒长子、次子。 3 李从曮四位女婿（有文有武有军官） 4 石仁赟四子（均武）父（文武）。 7 冯继业子（均武）祖父（文武）。 57%
3.3 文武兼治	1a 张全义本人、孙妻李氏之祖父 b 弟全恩、长子之妻苏氏之祖父。 c 弟敬儒 3 李从曮本人、父、弟、妻父、妻之兄弟 4 石仁赟 5 韩通 6 李涛本人、祖父、父 7 冯继业本人、父亲、妻之祖父 86%	1a 张全义长子、次子、义子；孙妻高氏之父、孙妻李氏之父及伯父；外甥储德源。 b 敬儒长子。 14%

续表

	第一代/上代	第二代/第三代
3.4 文武或士庶通婚	1 张全义（后妻是文官姊妹） 3 李从曮（连襟二人为文官） 4 石仁赟（母识字平民） 6 李涛（妻出身文人家庭） 7 冯继业 71%	1a 张全义 b 全恩长子妻苏氏（文官女）、女婿王禹（文官）。 c 敬儒长子前妻冯氏（武官女）、后妻（文官女），女婿储德雍（武官） 2 王言二婿（文官） 3 李从曮四位女婿（有文有武有军官） 43%
3.5 文武交往	1 张全义 2 王言与撰志者 3 李从曮本人、父、弟；妻父 4 石仁赟与撰志者（赵父为牙校，本人学文） 5 韩通（与撰志者） 7 冯继业父 86%	1 张全义子侄、孙 14%

分析：

其一，社会流动

（1）从被统治进入和保持统治阶级可凭之条件

家世与恩荫、文才同时出现在第一和第二代，可见是晋身与保持统治阶级的重要条件：

家世出现在两代和六个例子（1、3、4、5、6、7），占86%，可见仕宦背景对仕途有加分作用。

恩荫也出现在两代六个例子（1、2、3、4、5、7），占86%。其中有三例（2、3、5）是两代仕宦，另三例（1、4、7）更是连续三代皆出仕，可见父祖若是高官，恩荫或有可能维持三代。

文才出现在两代和一个例子（1），占14%，比例不高，但全义本家、姻家皆有习文之人。

武人向上流动仍是以军功为主，然第一代发迹后，有较丰富的教育资源，可能会栽培子孙应举，为家族增添一条新的出路。

军功出现在第一代的七个例子，占100%，七位武人或其上代皆以军功进入统治阶级。有两例（1、6）是由文转武，可见有些文人通变识时，藉从军以求官或保家。武人的第二代有更多的入仕途径，军功减少。

进士与婚姻出现在第二代的同一个例子（1），占14%，且婚姻对科举似有一定作用。

（2）在统治阶级内层层上升可凭之条件

武人最常以军功、家世进行阶层流动，但也可凭借政术、品德、婚姻或文才获得晋升。这些因素皆同时出现在两代，可见颇为重要：

军功出现在两代和六个例子（1、3、4、5、6、7），占86%。其中四例（1、3、4、7）更是家族两代以武功维持门户。但第二代仅见一例，或是资料缺乏。

家世出现在两代和六个例子（1、3、4、5、6、7），占86%。两代分占71%和57%，他们的武功或民政经验应是得自家传，如张全义、李从曮父、冯继业父等一方枭雄，兼具武功政声，其子孙亦继承之。

政术出现在两代和五个例子（1、3、4、5、7），占71%。第一代有五例，占71%，他们大多擅于吏治或理财。第二代仅见一例，占14%，但可见全义的两位儿子和一位孙子都继承家传。

品德也出现在两代和五个例子（1、3、4、6、7），占71%。品德如忠的效果似因人时地而不同。张全义初时屡次移忠，后来全心归附朱温，却险些见疑被杀。李罕之父子不断移忠，飞黄腾达，但张继祚一旦移忠失败，便家破人亡，若非文臣和武君念及全义治洛之功，张氏一族恐无噍类，反映五代文人和武人对忠之实践，既有理想或原则性之一面，亦有现实之一面，有时难以兼顾。

婚姻两代有两例（4、7），占29%。第一代石仁赟之例，可见婚姻带来母方的教养，有助其吏治；而第二代冯继业子女与皇室联姻，也为家族发展拓展重要的人际网络。

文才于两代都见一例（1），占14%。从全义本人及其姻亲之例，可见习文有普遍性与特殊性之分。前者为因应统治需求而专习经史等，后者则是视君主喜好而修习特殊伎艺。

人脉虽仅出现在第一代的一个例子（4），占14%，但它有时与家世、婚姻等皆交互影响。

其二，文武交流

五种情况之中，文武兼学、兼治、兼仕和通婚和交往皆同时出现在两代：

文武兼学出现在两代和六个例子（1、2、3、5、6、7），占86%。第一代有四例，有两例（3、7）是武人习文，其中李从曮更是一家皆习文；另两例（1、6）则是由文转武。第二、三代也有四例（1、2、5、7），而全义家第三代更是文胜于武，或反映高级武人家庭丰富的教育资源，让子孙得以文武并进。

文武兼学反映在仕宦上，文武兼仕也同见于两代和六个例子（1、3、4、5、6、7），占86%。第一代或上代的本家与姻亲多一人兼仕。第二代除了全义的三个儿子、全恩三子与其姻亲是一人并仕外，其余三家要与父祖合看方是一家兼仕。而第三代全义长子继业的六个儿子也是一家并仕。

文武兼治亦出现在两代和六个例子（1、3、4、5、6、7），占86%，且都是一人兼治。第一代张家兄弟及其姻亲、石仁赟、韩通都是白手起家，另外三例则是两代（以上）兼治军民。而第二代仅一例，占14%，似乎不如第一代。由此可知，职位必须达到中高层以上，一人兼治的机会才较大，也有可能传于子孙。

文武通婚同样出现在两代和六个例子（1、2、3、4、6、7），占86%。第一代五例（1、3、4、6、7），如张全义本人即与文官姊妹通婚，可知武人不仅不轻文，反而藉联姻建立更多样的人际网络；有一例则是士庶通婚。第二代有三例（1、2、3），值得注意的是，李从曮一家四位女婿有文有武有军官,或有利于家族统治。

文武交往也是出现在两代和六个例子(1、2、3、4、5、7),占86%,但多集中在第一代。第一代张全义与李从曮之家除与文人联姻,其另一共通点在于礼遇文人。最有名的莫过于张全义奖用有文才、政术与家世之人,而这些人也会反馈,如桑维翰为张家子孙说情,使其免于族诛,以及杨凝式在他们落魄时,也仍为之撰志。

文武或士庶交流在第一代已相当常见,共有五项:兼仕、兼治、兼学、通婚和交往,皆超过50%。第二代也有五项,其中兼学、兼仕两项达50%以上,而兼治、通婚、交往则较少,应是资料的限制。

(二) 文人

四个例子从大唐末年横跨五代直至北宋中叶长达一百七十多年,读者可注意它们的共同点,或可看到历史的连续性。巧合的是,前三个例子的母子关系都是寡母与幼儿,不但可以看到母亲本人,也看到她的家世对维系夫家的作用;最后一例完全没有看到继室与前妻二子一女的关系,三人均未仕未嫁,所以不能说母亲培育子女有成是墓志题中应有之义,当然也不能指责继母没有做好内事。

1.《合三家之力五姓之好》除了强调婚姻关系及人际网络,还注意文武交流的盛况,以及文才(广义,含伎艺)、恩荫和家世对社会流动的重要。依照门当户对的原则,妻家高氏两代刺史三世为官,丈夫张涤(?—约903)也应来自世家大族。得到上层的赏识,他位至苏州别驾,昔日可与刺史并驾齐驱,今日却死于盗贼之手。随着大唐的沦亡,两家一蹶不振,寡妻(867—935)及未成年的三子一女"无所寄托"。靠着亡父的恩荫、寡母的督导、姨丈的提携、个人的努力等四个条件,长子从学文转为学艺,进入翰林成为书官,一路扶摇直上,为寡母赢得县太君的封号,也让位至高层文官的外姻愿意提笔撰写墓志。两弟没有父荫,仕途也大大不如;二弟两任县主簿,三弟官职不详。不过妹妹甚为显贵,得封郡君，超过母亲，因为嫁的是高层武官。事实上文武通婚已达三代四次和五姓，文官四代六人，武官四代三人，文武兼治两代三人。寡妻的刺史父亲善于理财，亡夫是一州上佐，儿子是书官，而一孙已在勤习书法，打算继续以艺进身。一门之内，有文有武也有伎术官，职位从高层到基层，也从中央到地方；既有接近天子的环卫、知制诰和翰林书官，亦有天高皇帝远的山东和辽宁县丞。张氏家声复振，人际网络也重新组成，一度失去光辉的家世（配偶家）似亦恢复作用，这是唐末至五代中叶的情况。

2.《妻弟与妾子》突出两种特殊身份对维持门户的贡献：妻之弟、妾之子，又从他们和丈夫身上看到文才、恩荫、政术、法制、婚姻、家世的重要。后梁工部尚书吴蔼（？—917）的祖父不仕，父亲曾任推官，又"积学为文，一时知名"，应以文才见长。妻子曹氏（883—924）的父亲不仕，但曾祖和祖父"皆历州县官，至有政绩"，似属文职。唐亡梁兴，朱温创立崇政院作为权力中心，设学士两员，"选有政术、文学者为之"，可见文才与政术兼具是五代文人得到重视的主要条件。吴蔼当选，成为重臣，没有死于政变，却葬身鱼腹。寡妻去世时，嫡子尚幼，妻弟不但承担家事，且誓言要让外甥"上兴堂构，渐振宗门"。甥舅依靠的条件，除了吴蔼的门荫，尤其是右千牛备身的优渥官荫，便是舅父的文才，当时是将仕郎试秘书省校书郎，替亡姊的墓志书丹，既展示自己的书法，也标明自己的角色。另一位文人是长女之婿，跟岳祖父一样，曾任推官。吴蔼之妾李氏（898—942）来自品官之家，曾祖父是尚书屯田郎中，祖父不仕，父亲是前左金吾卫长史，如是文人在军中任职，可说兼治文武，如是武人，则是文武通婚。庶子在母亲去世时位至御史台主簿，属中高层文官，时年不过二十七岁上下。他能快速上升，除了依靠个人能力，还要归功于三个条件：一，父亲的恩荫。他跟嫡子一样，得授千备。二，父亲的产业。唐代法律规定，嫡庶享有同等的财产继承权，二子既同承父荫，也应能均分父产。三，母亲的家世。一则是官宦之家，应能维护守寡女儿的各种权利；二则是家庭教育，李氏读书识字，"玉树庭前，比兴无惭于赋雪；青绫障下，讨论必解于义围"，又"言叶典经"，自能悉力教子。这是五代中期的情况，与前面重叠的是文才、恩荫、婚姻（配偶）、家世（配偶家）和文武交流。

3.《梁氏有后夫人之力》的"有后"既指继祀，也指后继有人，所凭的条件包括文才、科举、政术、婚姻和家世。亡夫梁文献（923—968）三代仕宦，曾祖是刺史，祖父是司马，父亲是监军使和关使，三人兼仕和兼治文武。文献是后蜀进士，历任掌书记和县令等职，墓志说他"虽可乐于从军，祈字民于县政"，似是允文允武，但已偏向于文。蜀亡，文献成为北宋的县令，卒于任上。寡妻镡氏（934—1003）两代仕宦，曾祖是县令，祖父不仕，父亲是学士院副使。丈夫逝世，遗下妻子和未成年的一子一女，官小无荫，但梁家没有沦为被统治阶级，反登上高层，夫妻一再获得封赠。亡夫墓志出自旧识句中正之手，罕见地在序言说："梁氏有后，盖夫人之力焉"，妻志出自独子梁鼎（955—1006）之手，以前任三司度支使的身份大书："鼎尚幼，太君手执诗书，躬自训导，洎志学之岁，则诲以从师。故鼎于太宗朝登进士甲科，自释褐，遝阶通显，历任中外，咸著声称，皆太君教诲之力焉。"寡母能够如此教子，自得力于父家的家教。除了母教，梁鼎凭进士重返统治阶级，再凭文才和政术（理财）层层上升。太宗酷爱书法，句中正凭书学成为文学侍从，梁鼎见猎心起，也勤练多种书体，并在真宗时一任知制诰，也成为词臣。他随即回任三司，成为计相，并全力改革陕西的军费和军储旧制，目的是对付强敌西夏。在只许成功不许失败的压力下，梁鼎罔顾众多官员的反对和万千百姓的不便，"曾微远图，苟狥独见，公私大扰，储峙益空，徒乱旧章，颇喧群议"，结果被免职，幸好母亲已经谢世。梁鼎三年后亦死去，才五十二岁，二子赐进士出身。这是五代末年至北宋中期的情况，与前面重叠的有文才、恩荫、政术（吏治、理财）、婚姻（配偶）、家世（夫妻两家）、文武交流。

4.《法律人妻的欢与愁》发生在北宋中后期，反映中产及以上家庭对科举趋之若鹜，但要进行阶层流动，获得上层的推荐，仍需在政术上有所表现。姚奭（1015—1071）与前妻米氏（1013—1043）都来自平民家庭，完全靠中举踏入统治阶级，而中举（1042）相当依赖母亲的投资和米氏的坚持。母亲"嫠居素俭，倾赀教子，择师友以将儒术起家"，米氏在丈夫屡试不第有意放弃时鼓励他"困不足以掩，有志者未有不至"。米氏去世前还亲自督导幼子读书，次子在十九年后中举（1061），一门父子两进士，世间少有。姚奭凭文才起家，凭政术，尤其是吏治和司法步步高升，又因屡次知军，获得军事经验，曾立下战功。他一再得到名公巨卿的赏识和推举，去世时位至提点刑狱公事，已让母亲、继室和二子分别得到封赠和荫补。继室李氏（1023—1069）是判官的女儿，三位兄弟因父亲的殉难得授县尉，也能节节上升，让亡父和母亲得到封赠。这是北宋中后期的情况，与前面重叠的有文才、科举、政术（吏治、司法）、恩荫、婚姻（母亲、妻子）和文武交流。

将文字化为表格以一目了然：

表二：**文人**

	第一代（本人）/上代	第二代/第三代
1. 从被统治进入和保持统治阶级可凭之条件		
1.1 文才	2 吴蔿（文才） 25%	
1.2 进士	3 梁文献后蜀进士 4 姚奭北宋进士　　50%	3 梁文献子北宋进士 4 姚奭子北宋进士　　50%
1.3 军功		
1.4 恩荫		1 张涤子 2 吴蔿子 3 梁文献孙 4 姚奭子　　100%

续表

	第一代（本人）/上代	第二代/第三代
1.5 婚姻	1 张涤（妻家?） 4 姚夔（母、妻）　　50%	2 吴荐二子（舅父、母家） 3 梁文献子（母家）　　50%
1.6 家世	1 张涤（?）及岳父 2 吴荐（父推官） 3 梁文献（曾祖父三代为官）　75%	3 梁文献子（高曾祖父四代，母家高、祖两代）　　25%
1.7 其他	1 一子有，二子缺父荫 3 子无荫	
2. 在统治阶级内层层上升可凭之条件		
2.1 文才	2 吴荐 4 姚夔　　　　　　　　　　50%	1 张涤子（文艺） 3 梁文献子（文才与文艺）50%
2.2 政术	1 张涤岳父（理财） 2 吴荐（政术） 4 姚夔（吏治、司法）　　75%	3 梁文献子（吏治、理财） 　　　　　　　　　　　　25%
2.3 军功	4 姚夔　　　　　　　　　　25%	
2.4 封赠	1 张涤（母） 4 姚夔（母、继室）　　　50%	3 梁文献子（父、母） 　　　　　　　　　　　　25%
2.5 婚姻	1 张涤（岳父理财） 　　　　　　　　　　　　25%	1 张涤子（姨丈） 2 吴荐二子（舅父、母家） 3 梁文献子（母家）　　75%
2.6 家世	1 张涤（?）及岳父 2 吴荐（父推官） 3 梁文献（曾祖父三代为官）　75%	3 梁文献子（高曾祖父四代，母家高、祖两代）　　25%
2.7 其他	1 张涤（因上层赏识） 4 姚夔（屡被推荐）　　　50%	2 父产 　　　　　　　　　　　　25%
3. 文武或士庶交流		
3.1 文武兼学	1 张涤妻父 3 梁文献　　　　　　　　50%	

总论　371

续表

	第一代（本人）/上代	第二代/第三代
3.2 文武兼仕	1 张涤妻家（曾祖武职、祖文、父先武后文） 3 梁文献本家（曾、祖、父、本人）　　　　　　　　50%	1 张涤两子文，一子不详，一婿武 2 吴蔼二子俱荫武官，一人转文，一人不详　　　　　　　　50%
3.3 文武兼治	1 张涤妻家（曾祖武职、祖文、父先武后文；外祖父判官） 2 吴蔼次女之夫为衙内都指挥使，姜父为左金吾卫长史 3 梁文献本家（曾、祖、父、本人） 4 姚奭（知军、知州）　100%	1 张涤两子文，一子不详，一婿武 2 吴蔼二子俱荫武官，一人转文，一人不详　　　　　　　　50%
3.4 文武或士庶通婚	1 张涤妻家三次文武婚（妻父为判官、妻子、妻妹） 2 吴蔼妻父为平民 2 吴蔼次女之夫为衙内都指挥使，姜父为左金吾卫长史（可能是武官）　　　　　　　　50%	1 张涤女儿　　　　　　　　25%
3.5 文武交往		

分析：

其一，社会流动

（1）从被统治进入和保持统治阶级可凭之条件

婚姻、家世和进士同时出现在第一和第二代，可见重要：

婚姻出现在两代和四个例子，占100%；家世出现在两代和三个例子，占75%。两者有时分离，如姚奭的妻子只是平民没有家世，有时是二合一，如梁文献的妻子来自仕宦世家，既带来自己的教养，也带来父家的官场关系等。在科举以外的晋身之途，婚姻和家世尤其有用；即使对科举也有一定作用，如梁文献同时在上表的1.2进士和1.6家世出现，他的儿子同时在1.2进士、1.5婚姻和1.6家世出现；姚奭同时在1.2进士和 1.5 婚姻出现，也许不全是巧合。

进士出现在两代和两个例子（3、4），占 50%。文才与进士其实是一事之两面，合计占 75%（2、3、4）。第一代之所以不算张涤，是因为看不到资料，他位至别驾，自需文才。第二代之所以不算张涤和吴蔼之子，是因为他们凭恩荫（见 1.4）进入，不表示没有文才。

恩荫出现在第二代的四个例子，占 100%，无疑是保持统治阶级地位的最有利条件。如是高官，一般可维持三世。

（2）在统治阶级内层层上升可凭之条件

只算前六个条件，文才、政术、婚姻、家世、封赠同时出现在第一和第二代：

文才同时出现在两代和四个例子，占 100%，可见本身就是一个很好的条件，应跟五代北方政权继续以科举取士有关，南方反不稳定。值得注意的是文才包括伎艺如书法，同时出现在五代张涤之子和北宋梁文献之子和句中正。

政术也同时出现在两代和四个例子，占 100%，以治民和理财最为显眼。

婚姻与家世出现在两代和三个例子，占 75%，依然重要，前者的作用在张涤一家最为明显。吴蔼一家同时出现在文才、政术、婚姻和家世，张涤一家在 2.1 文才、2.5 婚姻、2.6 家世、2.7 因上层赏识，梁文献一家在 2.1 文才、2.2 政术、2.5 婚姻、2.6 家世，也应非巧合。父子均中进士的竟有两家，或反映家世的作用。

封赠反映流动之成功，同时出现在两代和三个例子，占 75%。吴蔼位至尚书，只因早死，妻子未及封赠。

军功明显少见，反映文治仍是文人上升的主要条件，但不表示文人不必从戎。就宋代来说，刚出仕者通常从基层官吏做起，其中的县尉就多涉武事，即使位至知州，也可能是知军州如姚奭。北宋末年，州有

243个，军有52个，比例是4.67比1。[1] 知军如是文人，必须多管军事；如是武人，通判多派文人，可以文武交流。

其二，文武交流

五种情况之中，文武兼治、兼仕和通婚同时出现在两代：

文武兼治出现在两代和四个例子，占100%，人数也较多。一人兼治的，除了张涤岳祖父和岳父均为刺史，还有梁文献的曾祖为刺史，和姚奭知州和知军；一家合计则四家都有。由此可知，职位必须达到中高层以上，一人兼治的机会才较大。

文武兼仕同时出现在两代和三个例子，占75%。细看之下，只有张涤岳父能够一人兼仕，而且应算由武入文而非由文入武，其余都是一家合计。

文武通婚同时出现在两代和两个例子，占50%。第一代有三至四例，乱世的文人家庭，大抵不大介意跟武人缔婚；士庶通婚一例，不过吴蔼妻子的曾祖和祖父曾为吏员。第二代似乎不如第一代。

文武兼学只有一代的两个例子，占50%。第一代之张涤没有资料，吴蔼虽然以"政术"为学士，但不见武事，姚奭墓志只记习儒，其战功应来自入仕以后知军之经验。第二代似乎缺乏。

文武交往未见，自是限于资料。既有文武兼仕和兼治，自有交往。

就整体来说，首先，文武交流在第一代已相当频繁，合计四家100%，以文武兼治居首。其次，较多见于两代为刺史的张涤妻家（1，共七见）和工部尚书吴蔼家（2，共五见），可见愈是高层愈是频繁，自是因为其职位同时接触文人武人和民事武事。宋代文人若曾知军，也有机会接触武事。再次，第二代似乎不如第一代，可能是因为墓志的主角不是他们，故资料不多。

---

[1] 聂崇岐：《宋代府州军监之分析》（1941），收入聂崇岐《宋史丛考》（北京：中华书局，1980年），68—126页。

(三) 或文或武：较难界定文武者

一共四例，横跨五代，可能都是平民出身。一位始终不能进入统治阶级；一位明显靠婚姻，后来可能靠一些吏治；一位可能靠母家的家世；另一位可能靠军功。四例都或多或少看到文武交流。

1.《虚实王妃》里的后唐节度使王万荣本是卖饼人，因前妻之女嫁给高层武人为妾及为妃，得以进入统治阶级和层层高升，最后也因此而致仕。他从刺史至节度使都要兼治军民，但墓志只说"动政声于二华，显惠爱于三峰"，没有提到戎事。继室关氏（约900—942前）是文官而非武官之女；独子一方面恩荫武官，累迁内职，另一方面"传诗礼于清门"，"蕴武蕴文"。撰志者前任推官，是万荣的幕僚，"承重命以须遵"，应有不错的交情；书丹者是一位文化僧，可能也有不错的来往。从这位平民出身的节度使本人、其妻、其子，可充分看到文武交流；其子在统治阶层内的上升，也可能得力于兼习文武。

2.《段元妃遇上邰献子》里的后晋平民权氏本家不知属文属武，一父六子俱未仕。妻子崔氏（888—941）之父是大唐的银青光禄大夫左神策军都知兵马使充步军军使，即使是充数，也算是武职，可以荫补子孙进入武途。替亡妻墓志书丹的是侄女婿，应属权氏族人，时为将仕郎试太常寺协律郎，无论是实试还是虚衔，都算从文。虽然关系远了一点，本家和妻家亦可能文武交流。

3.《从子之荣》里的王玕（？—942）本家应有一定的条件，但应是平民，不知属文属武。寡妻张氏（866—950）来自唐末的世家大族，父亲是僖宗时的盐铁转运副使，懂得理财，在极盛之时，四方馈赠"常充溢于门栏，悉依归于权势"，后因王黄之乱，"重门甲第，随灰烬以无遗；玉季金昆，没戈铤而不返"，张氏只得下嫁，寄望第二代能重振家声。凭着昔日的家教等条件，张氏严训独子王筠，终成泰宁军节度副使，较偏重民事。因子之故，亡夫得以累赠太常少卿，张氏得封郡太君；长女早嫁平民，三女今嫁官员。墓志说张氏"从子之荣"和"念弓裘之已继,后事无□",将夫家之维系归功于母子二人;如此着墨,应出自儿子的授意或认可。撰者是一位巡官,属文职。妹婿是都粮料使,或跟王筠在山东时认识,负责掌管军员的廪禄和军士的粮饷,五代时多以武人担任。如是武人,便是子为文婿为武;如是文人,便是文人稍涉军务和财务;无论何者,一门三姓二等亲之内,兼涉民事、财务与军务。

4.《五鬼搬运夫死从妻》里的后晋防御使郎氏(?—约938)本家不知属文属武,本人能在陕西四战之地崛起至防御使,除非如王万荣,不然应靠军功。从刺史至防御使都要兼治军民,但未悉详情。寡妻刘氏(886—960)墓志的撰志者"久托门墉",应是得到相当信任的门客。长子曾任控鹤亲军的散员指挥使,次子曾任殿直,属于武官;三子曾任陇州别驾,跟长史和司马同属文职上佐。一家之中,文武并仕。入宋之后,三人大有可为,一是上马统天下需要武干,二是下马治天下需要文材。

将文字化为表格以一目了然:

表三:

	第一代		第二代	
1. 从被统治进入和保持统治阶级可凭之条件				
1.1 文才			3 王玕子(?)	33%
1.2 政术			3 王玕子(民事)	33%
1.3 军功	4 郎氏(?)	33%		
1.4 恩荫			1 王万荣子 4 郎氏子	66%
1.5 婚姻	1 王万荣(婿)	33%	3 王玕子(母)	33%
1.6 家世			3 王玕子(母家)	33%
2. 在统治阶级内层层上升可凭之条件				
2.1 文才			3 王玕子王筠(?)	

续表

	第一代	第二代
2.2 政术	1 王万荣（暂无实例） 3 王玗妻父（理财） 66%	3 王玗子（民事） 33%
2.3 军功	4 郎氏（？） 33%	
2.4 封赠	1 王万荣家 3 王玗夫妻因子之故 4 郎氏妻 100%	
2.5 婚姻	1 王万荣（亦败） 33%	3 王玗子（母） 33%
2.6 家世		3 王玗子（母家） 33%
2.7 其他		1 王万荣子乃忠乃孝 33%
3. 文武或士庶交流		
3.1 文武兼学		1 王万荣子允文允武 4 郎氏一子文两子武 66%
3.2 文武兼仕	1 王万荣 4 郎氏 66%	3 王玗子为节度副使，婿为都粮料使 4 郎氏一子文两子武 66%
3.3 文武兼治	1 王万荣 4 郎氏 66%	3 王玗子为节度副使，婿为都粮料使 4 郎氏一子文两子武 66%
3.4 文武或士庶通婚	1 王万荣后妻为文官女 2 权氏妻为武官女 3 王玗妻为文官女 （算四家）75%	2 权氏侄女婿为文官 3 王玗婿为都粮料使（？） （算四家）25—50%
3.5 文武交往	1 王万荣与墓志撰者及文化僧 4 郎氏与墓志撰者 66%	

分析：

资料缺乏，只能概述不能细论。例 2 权氏并无进入统治阶段，统计时只算其文武或士庶交流。

其一，社会流动

(1) 从被统治进入和保持统治阶级可凭之条件

总论 377

婚姻最为显眼，不但同见于第一和第二代，且各占33%，合计共两家占66%。

军功和婚姻可以是平民晋身统治阶级的单一条件。

恩荫在第二代最为突出，占66%，高于文才、政术、婚姻和家世等条件。然而，例3王筠并无恩荫，其余四个条件较为重要。他最后位至节度副使，大抵早有文才。

第二代的条件优于第一代，第二代占五项：文才、政术、恩荫、婚姻和家世，第一代只占两项：军功和婚姻。

(2) 在统治阶级内层层上升可凭之条件

政术最为显眼，主要是理财和民事，不但同见于第一和第二代，且各占66和33%，合计共两家占66%。

婚姻次之，亦同见于两代，各占33%，合计共两家占66%，不过王万荣亦因婚姻受累早退。

文才、政术、婚姻、家世和忠孝等五个条件同见于第二代，都是33%，难分轻重。看来忠孝等品德有一定的重要性。例3王筠同具文才、政术、婚姻、家世。他位至节度副使，当有一定的政术，且可能来自曾经担任盐铁转运副使的外祖父，多于来自不见家庭背景的父家，显示婚姻和姻亲家世的功用，如母亲所带来的教养。

无论如何，三例都能上升，反映在100%的封赠，例3是因为儿子不是本人。

第二代拥有的条件稍优于第一代，前者四至五项（文才、政术、婚姻、家世和忠孝），后者三项（政术、军功、婚姻）。

其二，文武交流

文武兼仕和兼治的情况相同，均见于两代，分占66%，合计共三家占100%。第一代王万荣和郎氏两例都是一身兼仕和兼治，自是因为他们经历刺史到防御使或节度使；第二代的职位未及，目前只能一家兼仕和兼治。

文武通婚对衡量文武交流应最为客观，也相当耀眼，同见于两代合占颇高的比例。四例合算，第一代75%，第二代25%—50%，合计三家占75%。值得注意的是例2权氏，虽仍是布衣，但一族之中，有妻为武官之女，有婿为文官，或反映文武通婚遍及统治和被统治阶级。

文武兼学只见于第二代，占66%，其中王万荣之子是一人兼学，郎氏是一家兼学；王玙之子和婿亦勉可算一家兼学。

文武交往只见于第一代，占66%。与武人交往者有文化僧（另一例见《僧官写命妇》），或可促进文武之交流。例4之撰志者与墓主夫妻关系匪浅，应在平日已有交往。第二代未见，应是资料所限。

文武或士庶交流在第一代已相当常见，共有四项：兼仕、兼治、通婚和交往，俱达或超过66%。第二代亦有四项，其中兼学、兼仕和兼治三项达66%，通婚较少。比较第一和第二代，相差不大，纵使第一代较少文武兼学，但与文化人士的来往亦达66%。

总结：武人、文人、或文或武三者的综合观察
第一代

	武人	文人	文或武
1. 从被统治进入和保持统治阶级可凭之条件			
1.1 文才	14%（1）	25%（2）	
1.2 进士		50%（3、4）	
1.3 军功	100%（1、2、3、4、5、6、7）		25%（4）
1.4 恩荫	43%（3、4、7）		
1.5 婚姻		50%（1、4）	25%（1）
1.6 家世	71%（1、3、4、6、7）	75%（1、2、3）	
1.7 其他			

续表

	武人	文人	文或武
2. 在统治阶级内层层上升可凭之条件			
2.1 文才	14%（1）	50%（2、4）	
2.2 政术	71%（1、3、4、5、7）	75%（1、2、4）	50%（1、3）
2.3 军功	86%（1、3、4、5、6、7）	25%（4）	25%（4）
2.4 封赠	29%（2、4）	25%（1）	75%（1、3、4）
2.5 婚姻	14%（4）	25%（1）	25%（1）
2.6 家世	71%（1、3、4、6、7）	75%（1、2、3）	
2.7 其他	86%（4人脉；1、3、4、6、7品德）	50%（1赏识、4被荐）	
3. 文武或士庶交流			
3.1 文武兼学			
一人兼学	43%（1、6、7）	50%（1、3）	
一家兼学	14%（3）		
3.2 文武兼仕			
一人兼仕	29%（4、5）		50%（1、4）
一家兼仕	57%（1、3、6、7）	50%（1、3）	
3.3 文武兼治			
一人兼治	29%（4、5）	25%（4）	50%（1、4）
一家兼治	57%（1、3、6、7）	50—75%（1、2、3）	
3.4 通婚			
士庶通婚	14%（4）	25%（2）	25%（1）
文武通婚	57%（1、3、6、7）	25—50%（1、2）	不明（2、3）
3.5 交往	86%（1、2、3、4、5、7）		50%（1、4）

第二代

	武人	文人	文或武
1. 从被统治进入和保持统治阶级可凭之条件			
1.1 文才	14%（1）		0—25%（3）
1.2 进士	14%（1）	50%（3、4）	
1.3 军功			
1.4 恩荫	71%（1、2、4、5、7）	100%（1、2、3、4）	50%（1、4）
1.5 婚姻	14%（1）	50%（2、3）	25%（3）
1.6 家世	57%（1、4、5、7）	25%（3）	25%（3）
1.7 其他			25%（3 民事）
2. 在统治阶级内层层上升可凭之条件			
2.1 文才	14%（1）	50%（1、3）	0—25%（3）
2.2 政术	14%（1）	25%（3）	25%（3）
2.3 军功	14%（1）		
2.4 封赠		25%（3）	
2.5 婚姻	14%（7）	75%（1、2、3）	25%（3）
2.6 家世	57%（1、4、5、7）	25%（3）	25%（3）
2.7 其他	14%（1 品德）		25%（1 忠孝）
3. 文武或士庶交流			
3.1 文武兼学			
一人兼学	43%（2、5、7）		25%（1）
一家兼学	14%（1）		25%（4）
3.2 文武兼仕			
一人兼仕			
一家兼仕	57%（1、3、4、7）	50%（1、2）	50%（3、4）
3.3 文武兼治			
一人兼治			

续表

	武人	文人	文或武
一家兼治	14%（1）	50%（1、2）	50%（3、4）
3.4 通婚			
士庶通婚			
文武通婚	43%（1、2、3）	25%（1）	不明（2、3）
3.5 交往	14%（1）		

因资料不多，不能细算，以下只看文人、武人、或文或武三者对上表左栏各种条件的共同情况：

1. 从被统治进入和保持统治阶级可凭之条件

第一代

三者共有：0 项

两者共有：文才、军功、婚姻、家世

第二代

三者共有：恩荫、婚姻、家世

两者共有：文才（进士）

所以，两代都有的是文才、婚姻、家世；军功对第一代较为重要；恩荫对第二代较为重要。

2. 在统治阶级内层层上升可凭之条件

第一代

三者共有：政术、军功、封赠、婚姻

两者共有：文才、家世

第二代

三者共有：文才、政术、婚姻、家世

两者共有：品德

所以，两代都有的是文才、政术、婚姻、家世；军功对第一代较为重要；品德在第二代成为有利条件。

综合 1 和 2，文才、政术、婚姻、家世四者仍是五代社会流动的重要条件，不下于军功。

3. 文武或士庶交流武人

第一代

三者共有：一人兼治文武、士庶通婚

两者共有：一人兼学文武、一人及一家兼仕文武、一家兼治文武、文武通婚、文武交往

第二代

三者共有：一家兼仕文武、一家兼治文武

两者共有：一人和一家兼学文武、文武通婚

所以，两代都有的是文武兼学、兼仕、兼治、通婚，反映五代文武交流是普遍和同时发生在文人和武人的家庭。第二代成为统治阶级后，跟庶民通婚可能减少。

门阀政治和门第社会在唐末五代大受打击，产生社会流动的良机。有能力聘人撰写和树立篇幅较大的墓志的，大都是条件较佳的家庭，其中的白身，应有不少有志于社会流动，如已是统治阶级，大多有意维持和更上一层。有些武人家庭还会期待允武允文，出将入相；已经割据一方的，要进行家族统治，家中自须兼学文武，进而兼仕文武，并治军民。文人家庭习武较为不易，但往有权有势的武人靠拢，可靠通婚，亦能促进文武交流。也就是说，在社会流动和文武交流的场合，文武有不少相同的地方。

在唐末五代尚武之世，要从被统治进入统治阶级，武人主要靠军功，文人主要凭文才和科举，后者应跟北方政权继续以科举取士有关，南方反不稳定。然而，贯穿文武的共同条件，竟是婚姻和家世。即使在中举也看到两者的作用，如张全义奖爱衣冠，所擢用的张濛、王禹、左庭训，皆出自仕宦之家。他受客将之托，帮助其子桑维翰中举。侄儿张衍初举

不中，跟文官之家联姻并接受其建议改以词应选，便一举登第。姚暐和梁鼎两家父子均中进士，或反映家世的作用。如是，除靠军功和少有之机缘外，一般的平民入仕难占优势，流动有限，五代的文官可能有不少是唐代士大夫的余脉。

文人进入统治阶级后，要进行阶层流动，最常见的是靠政术。朱温创立崇政院作为权力中心，设学士两员，"选有政术、文学者为之"；张全义喜欢有文才、有政术，或有家世的文人；可见文才与政术兼具是五代文人得到重视的主要条件。文才包括伎艺，如五代张涤之子仅是翰林书官，也能在品秩上达到高层，名列三公九卿；这在五代是制度使然，属于常态。北宋梁文献之子和句中正等，都以书法争取上流，但作用有多大，视乎帝王好尚而定。政术不一定包括军事才能，主要指治民和理财，且要乐于供输，不畏从军。若无吏治或吏治不佳，纵有极佳之人脉，于危急时尚不足以保全性命。必须一提的是，与北宋中叶以后不同，五代之文治少见文教事业如兴办官学之类。就此来说，五代文才之养成继承唐代，加上战乱，文士之来源不如宋代之广和多，也间接证明了家世和婚姻之仍然重要，因为主要的教育资源仍掌握在既得利益者手里（established group），多由家世和婚姻所构成。无论如何，五代文人在地方为干吏，于中央为能臣，有些能兼管文武两政，似与唐宋无异。

武人要进行阶层流动，亦常靠吏治。有名的例子如张全义以理财保身、李顼和李从曭受民爱戴、石仁赟得史家青睐和冯继业由杀兄代父改头换面，"吏民立碑颂其遗爱"，又得与帝室和名族联婚。缺乏吏治则有各种负面作用，如出身豪族的石金俊因不便治郡而早退，不能继续上升，没有让妻子得到封赠，名声也大大不如能够治郡的儿子。曾经学儒的李罕之更留下"率多苛暴，性复贪冒"的恶名。当然，武人治民有一定的困难。石金俊婉拒出任刺史的理由有四：一，用非所长，弓马才是他的强项；二，性情刚果，不适合民事；三，不懂为政之道，恐连累地方；四，有一定年纪不易转变。其实，延揽有才能的文士为幕属和充分授权，可补武人之不足。武人要得到文人认同,除吏治外,还可靠文才、品德、人脉和传承门户。军功对第一代较为重要,品德在第二代成为有利条件,人脉有"丰沛故人"和宗属等。第一代武人成就社会流动,第二代便能坐享较好的教育资源,有志者不难允文允武,在文艺沙龙与文士打成一片,互相拉抬。

不管是文是武,要在统治阶级之内维持既有地位并更上一层,可凭借的方法包括:一,文职和武职两途并进;二,中央和地方双向发展;三,谋求接近皇帝的职位;四,善用恩荫的特权;五,婚姻;六,家世;七,有时相当讲究风水。婚姻和家世有时合而为一,且是沟通文武的桥梁。张全恩是全义之弟,出身农家,凭军功向上流,成为一方刺史,要网罗人才兼治军民。他替嫡长子娶了基层文官苏氏之女为妻,可能是看中苏家的仕宦背景:祖父是长史,父亲是节度使。他的女婿王禹既是基层文官,也有仕宦背景:曾祖、祖和父亲"佐一同三语之任,膺秩宗独座之资",可能在礼部担任掾属。

阶级和阶层流动直接影响最高统治者的构成,应可作为一个重要的切入点,探讨朝代的连续和断裂。我们可以不赞成唐宋变革论,但仍要探究历史的分期,即变与不变。以武人家庭来说,阶级流动的条件跟宋代似无太大差别,主要有军功、家世、恩荫、文才(科举)、婚姻。阶层流动的条件也跟宋代似无太大差别,主要有军功、恩荫、家世、政术、品德、婚姻和文才,其中的政术和婚姻,简称婚宦,一向是研究热点。以文人家庭来说,多个流动条件反复出现:

时间	恩荫	婚姻	家世	文才	科举	政术	文武交流
1. 唐末至后唐	v	v	v	v			
2. 唐末至后晋	v	v	v	v			v
3. 后梁至宋真宗初	v	v	v	v	v	v	v
4. 宋真宗后至神宗初	v	v					

不但反映五代至北宋的连续可能大于断裂，且可看到恩荫、婚姻和家世三者合一的重要。

唐末五代虽有门第消融，但未完全消失。众多世家大族不得死所，其阴魂徘徊不去，昔日用来维系世官世禄之条件，今日仍然持续，只是效用打了折扣。明显者如恩荫制度，至少在两代甚至三代之内保障了官和禄，还带来种种法律和赋役上的特权。又如因家世所带来的家庭教育、婚姻关系和人际网络等，都有利于进入和保持统治阶级的地位，也同样有利于在统治阶层内的上升。纵使吴蔼骤逝，但二子仍享各种优势：一是堂堂尚书的家产足以支持后代的教育和社交等开销，可维持家学（文学）和家门。二是儿子的母家本属仕宦，或其成员受父家提携，现在可以回馈。三是恩荫不但可以延后向下流动，还可选择较佳之仕进入口，可文可武。张涤一家透过重重的婚姻关系，结合文官、武官、伎官于一堂，职位从高层到基层，也从中央到地方；既有接近天子的环卫、知制诰和翰林书官，亦有天高皇帝远的山东和辽宁县丞，上下远近无所不有，提供各种机会。他们有一天也许不再是统治阶级（ruling class），但还是特权或优势阶级（privileged class），再不然仍是精英阶级（elite class）。

既然恩荫、婚姻、家世仍是五代社会流动的重要条件，自然对精英家庭较为有利。有学人相继指出，从后唐开始，文武官员均大量留任，呈现高度承袭性，而五代至宋初已有较为固定之精英集团，或反映五代的阶级流动较为活泼，但阶层流动还是有限，最高且真有实权的职位仍然掌握在少数家族的手里。它们是文人还是武人？凭常识可知，既是五代，自以武人居多，但武人家庭是否右武轻文甚至不文？这就要看文武交流。

五代的文武交流超乎想象。无论是武人或文人家庭，不少都文武兼学、兼仕、兼治和通婚，而且超过两代。通婚应最为客观，武人达86%、文人50%、或文或武75%。大唐的世家大族几无噍类，又逢世变，社会应较为不介意文武通婚，且为宋代所继承。[1]

武人为何有文或需文？原因很多，包括：一，本人或家庭原是学文，因战乱投笔从戎，但家中仍然习文。二，本人原是武人，发迹之后，希望子弟不再冒矢石之险，转而向文发展。三，习文和仕文亦可为家族增添一条新的出路；若要出任与闻机要的皇帝近臣（如翰林学士），更需文学和各种知识。四，希望子弟继承武人传统，允文允武，出将入相，[2] 若要掌握中央的朝政大权，也要熟悉军、民、财诸政。五，希望女儿嫁得较好之夫家，而传统妇女教育大都偏文，有些武家女儿毫不逊色于文人妻女。六，在地方上进行家族统治，既要兼治军民，自需训练部分子弟习文，或与文人联婚。

武人接触文事和取得文资之途径亦多，愈是高层愈是易得，包括：一，职位愈高，愈能同时接触文人武人和民事武事。二，能聘请最好的师资和购买最好的文教资材。三，幕下不乏文士，甚至纳为女婿。四，要纳文臣的子弟为婿也不困难。五，武人亦会重视妻子之品行和持家，不难替自己和子弟娶得文人家庭的女儿。六，文人和武人都会好佛，文化僧不但是两者的桥梁，而且可能较文人更有效地让武人向善和文质化。七，可充分利用恩荫之特权，让子弟先行转为文官，然后出任文职。

文武交流的结果多姿多彩。首先，有些武人宛似儒将，如杀兄代父的庶子冯继业，"敦诗阅礼，在军旅以从容；缓带轻裘，镇楚疆而暇豫"。张全义的外甥储德充"诵书杏坛，学剑燕市，……气如卜商，志如吴起"。其二，武人第二代有明显的文武兼学，可能接受儒家的价值观念。反观文人，有些亦颇沾武风。如石仁赟之友和墓志撰者赵逢，既是进士，又曾知贡举，是不折不扣的文人。有一次担任知州，在击退盗贼之后，"诛灭者近千家"，《宋史》对他吏治的评论是"果断之士，而独

---

[1] 尤東進：《北宋における武將の婚姻（宋代武人的婚姻）》，宋代史から考える編集委員会編《宋代史から考える》（东京：汲古书院，2016年），81—110页。

[2] 姜勇：《允文允武——北宋家族文武转化探析》，邓小南、范立舟主编《宋史会议论文集2014》（北京：中国社会科学出版社，2016年），259—280页。

尚严酷",可能跟他自幼在一位武将家里随其子弟读书和交游有关。其三,即使只是一家而非一人兼学文武,一家之内文武并存,仍有助于彼此的了解、尊重和交换治理经验。其四,通婚不但让背景多元之人物共聚一堂,而且较易产生文武并举的下一代。五代是否在社会上促进了文武的结合?这情况应该是南北一致的。其五,文武互相扶持,同在一张人际网络。张涤之子仅是翰林书官,兄弟和姻亲却不乏现任文官和武官,合起来竟有三姓之力和五家之好。张全义奖用文人,文人亦会反馈,如桑维翰为张家子孙说情,使其免于族诛,杨凝式在他们落魄之时,仍为之撰志。其六,也许最为重要,是武人家族资源充沛,财才兼备,构成文武齐全的人际网络,加上恩荫特权,子孙继世出仕,形成一股新兴势力,或不如唐代门阀,但亦足可畏。它们既可致治,亦可生乱。

我们不能以后人的标准而应回到五代的实际情况来理解五代武人的治乱。张全义借刀杀人,枉杀下属,今日或难以饶恕,当时的史臣却视为玉石之微瑕。他的大功,在被统治阶级,他的大过,在统治阶级。五代武人最受人诟病之事有二:欠品德与不能文,前者如移忠不断,后者如治民无方,故宋太祖要他们多读书和以文牧代替武守。我们所见稍有不同。

1. 品德

不少武人以忠和孝留名青史。事实上《新五代史》感叹文人不如武人之忠,例如说"士之被服儒者以学古自名,而享人之禄、任人之国者多矣,然使忠义之节,独出于武夫战卒,岂于儒者果无其人哉",可见饱读儒书跟实践忠义无必然关系。武人之读书者如李罕之,反不如张全义之忠心。评论任何时代的忠义都不能抽空,应回到现实需要。张全义初时屡次移忠,后来全心归附朱温,却险些见疑被杀。李罕之父子不断移忠,竟能飞黄腾达,而张继祚一旦移忠失败,便家破人亡,若非文臣和武君念及全义治洛之功,张氏一族恐无噍类。尽忠与移忠都不无风险,尤其是移忠,应非容易之选择。无论是文人或武人,他们对忠之实践,既有理想或原则性之一面,亦有现实之一面,有时难以兼顾。无论如何,如读书可长忠义，宋太祖理应放心武人的子孙，因为他们已多读书。其实太祖要后周的将相先移忠，再尽忠于北宋，两者有点矛盾。

2. 能文与能治

武人家庭文武兼学、兼仕、兼治和通婚者比比皆是。愈是高层愈要负上治乱之责任，而愈是高层的武人，便愈有能力进行文武交流。他们本人、家人、姻亲、朋僚其实文武混杂，要轻武也不知从何轻起。许多第二和第三代武人允文允武，正是北宋开国所需的人才，一是上马统天下需要武干，二是下马治天下需要文材。如冯晖和继业父子，入宋之前进行家族统治，家中需有文才；归宋之后，无论是否自愿，都必须服从太祖和太宗对治理地方的要求，遵行传统儒术对吏治的规范。既能符合要求，太祖用之，太宗婚之，何忧之有。既然品德和文才并非武人所缺，太祖所忧心的，可能不是武人的个人而是他们的家族势力，尤其是文武合流的势力。

总之，自唐末五代到北宋，旧日门第破败，新兴武人家族崛起，他们有些文武兼学、兼仕、兼治和通婚，连绵数代，与新兴文人相互扶持，在五代时一起为治也为乱，也一起走入宋代，却蒙受污名。其实愈是高层的武人家庭便愈是文武混合体，治乱的责任实难分文武。他们不如想象中的不文，反可以成为北宋文治的推动或执行者。较让朝廷担心的，是无论在中央或地方，武人家族文武结合，又有着盘根错节的人际关系，宛如唐代门阀，或会构成对皇权和政权的威胁，故必削其治权而后得安枕。然而，防得了武人却防不了文人，五代降臣的第二代凭科举晋身中央要职，以笔杆代替枪杆，逐渐将政权由北人移到南人和北人的手里，从以北统南过渡至南北人共治。

三、世变下的妇女角色

女墓主是否多属配角？是否无所作为？是否百人一面？她与其他人

物的相对重要性为何？她/他们凭什么条件成为主角或最佳配角？这些条件反映时人的什么价值观念？这些观念与传统礼法是否相符？

古往今来，妇女的家庭角色几乎不变，如孝女、贤妻、良母，问题是昔日对孝、贤和良的要求，到今日有些已经过时，有些已经不足，未能应付新时代的需要。要扮演五代世变中的贤妻良母，除了具备传统的美德，恐怕还要帮助夫家的社会流动和文武交流，合称两流。有些妇女继承旧角色，有些转变成新角色，两者如何反映在墓志里？

一个墓志有时人物众多，活动也不少，必须分辨主从和先后，避免反客为主。较客观的分辨方法，莫如数算篇幅之多寡和量度关系之亲疏。依此，仍分文人、武人、文或武人三类，将重要人物及重要活动列出，作为论据，然后加以分析，得出论点。以下所说社会流动，有时指进入统治阶级，有时指维持其地位，有时指在其中上升，请详见各个案研究，在此不赘。又须重申，下文所谓各种人物的重要性，是指相对而非绝对，例如在姚奭妻米氏墓志里，长子的重要性相对不如次子，但不表示长子不重要，例如在他本人的墓志里就重要了。

（一）武人

甲，论据

墓志	各人之作用或特点				
	女墓主	父母等	丈夫	子女等	其他
1. 张季宣亡妻《冤家聚头文武合》	善筝	家世、仕宦	家世、仕宦，目前因事无官		张李联姻占最多篇幅
2. 王言亡妻《僧官写命妇》		豪族	仕宦，让妻得封和荫子	1 三位儿子号称文武两全 2 两位女婿文官	

续表

墓志	各人之作用或特点					
3. 李从曤寡妻《文艺沙龙：两位枭雄的子女》、《万古千秋兮识兹名氏》	文才、音乐，未得善终	父皇族（高于夫家），母将家女为贤妇	父封王、仕宦，让妻得封和荫子；由偏武转为文武（转型）	1 女婿二文一武一军官 2 文官女婿撰志	1 兄弟允文允武 2 寡妾主理夫家
4. 石金俊寡妻《成功儿子的背后》、《字里行间》	孤女，训子	家破	强族、仕宦，不能守郡，但应能荫子	1 子能守郡，让父加赠和母得封 2 孙四人为官	子友文官撰志
5. 韩通亡妻《框架乾坤》	不妒，夫征战在外时主家		仕宦，让妻得封和荫子，悼妻谓不再娶	子允文允武	夫幕僚儒士撰志
6. 李涛亡妻《武人何辜》	志文残缺	家世、仕宦	家世、仕宦，让妻得封和荫子，以武将撰志		
7. 冯继业寡妻《杀兄代父枕边人》	文才、助夫、教子女、阴德	家世、仕宦	家世、仕宦，让妻得封和荫子，积善	1 子允文允武 2 三位女婿为皇子及名族子弟	

乙，分析

1. 六位女墓主（不算例6），有两位（例1、2）较属形式上的女主角，其余四位较接近实质。例1和例3懂音乐，例3和例7有文才，均不见于其他四例，不能谓之墓志应有之义或格套。例3未得善终，例4孤女和家破，例5不妒，例7积阴德（应是多做佛事）均属墓主的重要特点，均只一见，不能说百人一面。

2. 七位女墓主，一位有豪族（例2）和四位有仕宦的家世（例1、3、6、7）支持她们在夫家的地位，一位则明言家破。例3优于夫家，大抵是皇族之故，墓志不敢不记，不能推论尊亲（妻之父祖）尊贵（官位）多于尊夫。

3. 七位丈夫，有五位能让妻得封，六位能荫子，对社会流动有贡献。例1本来应有封赠和恩荫，因叔父张继祚叛变被褫夺；例4因为丈夫不接受刺史之任，失去机会。

4. 女主角之外的其他主角或最佳配角：例1不是鳏夫张氏（59字 vs 墓主李氏生前事迹91字和卒葬149字），而是李张联姻（210字）及其安排者张氏祖父张全义（120字）和墓主父亲（83字，以下不再列出篇幅，请见各个案研究）。全义以治理河南留名青史，几近家族统治，需要文武人才，家中早已文武兼学和通婚。例2是鳏夫和子女等，前者是武将，三位儿子号称文武双全，二婿是中级文官，可见武二代可能文武兼学，且已文武通婚。例3是父家朱氏、亡夫李氏、妾妇蔡氏和女婿兼撰者张氏。父亲和兄弟的作用是让朱家从偏武转向文武合一；亡夫的作用相同，让李家文武合一；妾妇的作用是"辛勤分率励诸子，菲食薄衣兮送归蒿里"，负起持家的责任；撰者本身经历文武交流和社会流动，以它们作为撰志主轴。例4不是亡夫而是儿子。亡夫武将不能守郡，不能让妻子得封，儿子在母教之下成为良太守，让母亲得封，再次看到第二代武人允文允武。例5是鳏夫和儿子。丈夫亲口表达对亡妻的伤悼，大抵知道她有些妒忌另一位爱人，乃说出不愿再娶的话。因丈夫征战在外，由兼习文武的儿子负责葬母。例6是鳏夫，以文官的后人习武，凭战功让妻子得封，现在亲自撰写墓志表达哀悼，说"其□如□，其人如玉。霜陨秋兰，风惊晓烛。懿范空存，感伤亲族"，可见允文允武，相信他的子孙亦兼习文武。例7是子女和亡夫。前者其实是婚姻，得与太宗和名宦联婚，他们不嫌弃亡夫曾经杀兄代父，可能因为亡夫后来颇能治民，赢得吏民树立的遗爱碑，又积极奉献佛事，为自己和妻子积善和阴德。一如张全义，亡夫的父亲以家族治理地方，需要文武人才，故家中早就兼习文武。

丙，论点

1. 一般情况产生一般的女墓主，百人一面，与 21 世纪并无不同；特殊情况塑造特殊的女墓主，不是百人一面。

2. 相对墓志内其他人物，71%的女墓主有一定的重要性，即使是余下的29%（例1、2），仍有家世的支持。女性与男性、妻子与丈夫有时分庭抗礼。

3. 武人家族，尤其是第二代所面临的重要问题有二：社会流动、文武交流。妇女的角色或重要性即在能否促进两流。六个墓主（不算例6），本身能文的有例1、3、7，让子能文治的有例4，占66%。其他人物的共同点，亦在对两流已作贡献。

4. 谁人对两流有贡献便多写谁人，一时不管性质、尊卑和贵贱，乃出现婚事胜于人物（例1、7）、子胜于父（例4）；父家不下于夫家（例3）、兄弟不下于丈夫（例3）、子与婿不下于父亲（例2、3、5、7），甚至妾不下于妻（例3）。

(二) 文人

甲，论据

墓志	各人之作用或特点				
	女墓主	父母等	丈夫	子女等	其他
1. 张涤寡妻《合三家之力五姓之好》、《寡母心翰林笔》	夫丧归葬、持家、训子（尤其让长子习艺入仕）	家世、仕宦（高于夫）	仕宦、荫子	1 子仕宦有成让母得封及维持父家 2 女因夫为郡君 3 孙儿习艺书丹	1 妹夫家帮助姊夫家，外甥参与营葬 2 外姻以知制诰撰志
2. 吴蔿寡妻《妻也！妾耶？》、《妻弟与妾子》		家世（多夫家一世）、仕宦	家世、仕宦、荫子	女婿任官	弟受姊遗命训甥以振兴门户，又书丹

总论 393

续表

墓志	各人之作用或特点				
3. 吴蔼寡妾，同上	训子	家世、仕宦	仕宦、荫子	子仕宦有成维持父家	撰者将妾写成妻
4. 梁文献寡妻《哭母伤目求免官》、《梁氏有后夫人之力》	夫丧归葬未成、买田营家、训子、嫁女	家世、仕宦（高于夫）	家世、仕宦	1 子仕宦有成，让母得封、父加赠、父葬洛阳，及二子赐出身，撰志。2 女婿任官	
5.1 姚奭亡妻米氏（夫撰）《法律人妻的欢与愁》、《难道是不孝子与负心汉》	从夫仕宦而亡		仕宦有成撰志	1 长子未中举，次子中举入仕代长子书丹。2 女婿任官	
5.2 姚奭亡妻米氏（子撰），同上	奉姑、助夫及子之举业、从夫仕宦而亡		仕宦有成让母得封及荫子	1 长子未中举，次子中举且仕宦有成代长子撰志。2 女婿任官	1 婆婆持家、助子举业
6. 姚奭亡妻继室李氏，同上	奉姑、侍夫、好佛、孝女	家世、仕宦；三兄任官，让母得封	仕宦有成让妻得封及荫子	独子侍母归宁，听遗言，撰志	婆婆持家

乙，分析

1. 六位女墓主，只有一位（例2）较属形式上的女主角，其余五位较接近实质。例1让嫡长子从文转艺以入仕，例2遗命弟弟教子，例3以妾仿妻，例4夫丧归葬未成和买田营家教子嫁女，例5.2助夫及子之举业，例6好佛和以孝女的身份死在父家等，均属重要事情，均只一见，不能说百人一面。较多见的是训子入仕，共四例（例1、3、4、5.2），志文均有明言，例4和5.2更出自儿子自述。理应注意，为母训子一事不明见于三例（例2、5.1、6），占43%，故不可谓之墓志题中应有之义或格套，也许在特别指出之时，有实质上而非形式上的意义。

2. 六位女墓主，五位都有仕宦的家世支持她们在夫家的地位。例1、2和4都优于丈夫，墓志照记不讳，可以推论尊亲（妻之父祖）尊贵（官位）有时多于尊夫。

3. 四位丈夫，只有一位（例6）能让妻得封，但有三位能够荫子（例1一位，2、3一位，5、6一位），对社会流动有贡献。

4. 女主角之外的其他主角或最佳配角：例1不是亡夫，而是儿子和妹家。儿子仕宦有成，品阶超过亡父，让墓主得封；妹家帮忙儿子入仕和协办墓主丧事。例2不是亡夫而是妻弟，后者是文官，替墓主书丹和扶助未成年的外甥读书以维持门户。例3不是亡夫而是妾子，后者仕宦有成，维持家门，并让母亲以父妻而非妾的身份出现。例4不是亡夫而是儿子，后者仕宦远远超过父亲，让父亲葬在洛阳了却遗愿，又让父亲加赠和母亲得封。例5.1是鳏夫，仕宦有成，亲手撰志悼念墓主，并命中举的次子而非未中举的嫡长子书丹。例5.2是婆婆、鳏夫和次子。婆婆助子举业，鳏夫仕宦有成，次子亦仕宦有成，亲手撰志追思母亲，特别强调她对父亲和自己举业的贡献，冷落了没有中举的嫡长子。例6是婆婆、鳏夫和父家。婆婆是持家，鳏夫仕宦有成，父家可能是以其家世弥补墓主仅是继室的身份和说明为何死在父家。他/她们的最大共同点是已促进女墓主夫家的社会流动，其他人物的作用亦同，如例1的女儿、例2、4和5.2的女婿。

丙，论点

1. 一般情况产生一般的女墓主，百人一面，与21世纪并无不同；特殊情况塑造特殊的女墓主，不是百人一面。

2. 相对墓志内其他人物，66%的女墓主有一定的重要性，即使是余下的33%（例2和6），仍有仕宦家世的支持。女性与男性、妻子与丈夫有时分庭抗礼。

3. 她们和其他重要人物的共同点，是对夫家的社会流动已作贡献。

4. 谁人对社会流动有贡献便多写谁人，一时不管性别、尊卑和长幼之序，乃出现子胜于父（例1、3）、妹家和父家胜于夫家（例1、6）、弟胜于夫（例2）、弟胜于兄（例5.1、5.2），甚至庶子不下嫡子（例3），和侧室媲美正室（例3）。

(三) 或文或武：较难界定文武者

甲，论据

墓志	各人之作用或特点				
	女墓主	父母等	丈夫	子女等	其他
1. 王万荣亡妻《虚实王妃》	理家	家世、仕宦	仕宦，让妻得封和荫子	女为王妃	
2. 权氏亡妻《段元妃遇上邰献子》		家世、仕宦	始终平民	六子均平民	1 侄女婿以文官身份书丹 2 撰者详记风水
3. 王玗寡妻《从子之荣》、《子胜于父》	训子与维持夫家，好佛	家世、仕宦	始终平民	1 子仕宦有成让父及母均得封赠 2 女婿任官	
4. 郎氏寡妻《五鬼搬运夫死从妻》	主家二十余年、移葬		仕宦，让妻得封和荫子	三子均任官	撰者详记风水

乙，分析：

1. 四位女墓主，只有一位（例2）较属形式上的女主角，其余三位较接近实质。例3好佛，颇见个人特色，为其他三位所无，不能说百人一面。例4把亡夫移来合葬，更见个人特色，也看到寡妻作为主家者的地位，决定对家庭有利的事情。

2. 四位女墓主，三位都有仕宦的家世支持她们在夫家的地位。特别是例 2 和 3，似乎都是妻优于夫，不但是女性胜于男性，也是卑胜于尊。

3. 四位丈夫，例 1 其实是因为女儿才上升，例 4 对社会流动可算有贡献，例 2 和 3 默默无闻，连配角都不算，男不如女，夫不如妻。

4. 女主角之外的其他主角或最佳配角：例 1 自是作为王妃的女儿，是女胜于父，卑优于尊。例 2 似是风水，不是丈夫，是物胜于人。例 3 是儿子，是子胜于父，亦是卑优于尊。例 4 是风水，不是丈夫，亦是物胜于人。四者的共同点是对社会流动已有或将作贡献。其他人物的功用亦相同，如例 2 的侄女婿和例 4 的三子。

丙，论点

1. 一般情况产生一般的女墓主，百人一面，与 21 世纪并无不同；特殊情况塑造特殊的女墓主，不是百人一面。

2. 相对墓志内其他人物，75% 的女墓主有一定的重要性，即使是余下的 25%（例 2），仍有仕宦家世的支持。女性与男性、妻子与丈夫有时分庭抗礼。

3. 她们和其他重要人、物的共同点，是对夫家的社会流动已作或将作贡献。

4. 谁人对社会流动有贡献便多写谁人，暂时不管性别（例 1）和尊卑（例 1、3），有时甚至是写风水（例 2、4）多于写人物。

从上可知，影响妇女角色或重要性的因素相当多，可粗分形式与实质两种。在形式上，受墓志格套的保障，大多数女墓主都是女主角，但如果不能兼具实质条件，便是徒有其名（figurehead），不过比例不大（武人 1/3，文人 1/6，文或武 1/4）。在实质上，较重要的因素当数女墓主死亡前所拥有的资本和在家中的相对地位，举凡家世之高下、教育之高低、嫁妆之厚薄、本人有无子嗣、是否家长、夫家的家庭结构、父家是否兴旺、兄弟是否出仕、兄弟之才能是否为夫家所需等，不一而足。这些因素多元并峙，有时压倒性别，不是生为女性就注定是配角。

值得一提的是情感因素。五代乱世，男性自愿或被逼从军者众，刀刃无情，民间应有不少寡妇，但此情况似未出现在统治阶级，尤其是中高层，寡妻与亡妻几乎各半。亡妻的墓志多由鳏夫处理，他们愿意屈居下风，一方面可能是尊重墓志的传统形式，另一方面可能是敬爱妻子和肯定她们的贡献。寡妻的墓志多由子女等人张罗，可能更偏向敬爱和肯定。寡妻有时身兼母职和父职，对她们来说，亡夫的贡献已成过去，将来的社会流动要靠自己、子女、夫家姻亲，甚至父家姻亲，而在单亲家庭成长的幼年子女，对寡母的恩情可能大于亡父，并流露在墓志里。

当我们感同身受，用设身处地的研究法，走进这十多个墓志，按照剧本扮演墓主之时，不难发现她们大都各有特点，绝非百人一面。她们有时是在节度使丈夫主办的文艺沙龙上即席演奏，有时是在前节度使府第的病榻上被抢夺家财的乱兵吓死，有时是看着年轻貌美的宠妾赖在丈夫身上撒娇，有时是劝着杀兄代父的丈夫为己为民多种善果，有时是手执藤条课子举业，有时是口念佛号诸事莫管，有时是回首前尘缅怀父家的荣华富贵，有时是以垂死的双目看到白头老母的泪光……这些不但是个人的经历，也反映着历史的转变。

在唐末五代的转变当中，有些女墓主仍以扮演传统的贤妻良母作为她们的主要角色和任务，让今天的读者深觉无聊，讥为老套，但请不要漠视她们的贡献，今日谓之基础建设，更要看到藏在墓志里她们家人的复杂情感。读者不但要分析墓志，更要感受墓志。墓志本是用来表达当时人的关怀，不是为了回答今人的问题，但愿研究者不要再对墓志提出一些莫须有的问题和刑求逼供了。

有些女墓主回应世变，扮演新时代的角色，促进夫家的社会流动和文武交流。她们可有各种活动，如好佛、吟诗、抚琴、归宁，但最为重要的，除了基本的侍奉公婆和敦亲睦族，主要不外是帮助丈夫和子侄的举业和宦业。她们发觉，一些旧日的条件，如得自父家的文化教育和人际网络等，现在仍然有用，对武人丈夫和子女进行文武交流尤其有用。

为了增加出嫁的条件，武人家庭也会讲究女训。昔日被视为普通的条件，今日找到用武之地，变得较为重要。科举在五代的北国并未停摆，到宋代更形成"科举社会"，举业成为家庭事业，文化妻更为吃香。随着角色的加重，妇女的地位也得以提高。对她们来说，不管外事内事，能促进社会流动的就是好事。

另一方面，她们的另一半就可能被比下去了。他们不一定能促进本家的两流，或与其他人物半斤八两。如依照尊卑、贵贱、长幼和男女等传统次序来安排角色，自是父胜于子、子胜于女、兄胜于弟、嫡胜于庶、父胜于舅，如此类推；但若按照他们对两流的贡献多寡来排，便可能是子婿胜于父、女胜于子、弟胜于兄、弟胜于夫、庶子不下嫡子、妹家和父家胜于夫家、舅胜于父，甚至事物（婚事和风水）胜于人物。特别值得注意的是，寥寥二十个女志，竟出现两位妾妇，一位媲美正室。她/他们也因对两流贡献的大小，扮演第二主角或第一配角。

当社会流动的主题如举业和宦业，代替或比肩传统的女德如无才和无事，成为撰志的一个重心后，不单女性墓志，连男性墓志也渐会百人一面万众同心；但是，谁人能够成为第二主角或最佳配角，及其对传统礼法框架的超越，仍让它们不那么千篇一律。无论如何，从唐末直至北宋中期的北方，男性也好，女性也好，都生活在同一套法律规范的家庭制度里，要求父母子女同居共财，把家庭主义置于个人主义之上。为了家庭的社会流动，把亡夫挖出来跟自己合葬，变成夫死从妻而非三从四德，也被称赞为"伟哉"了。在墓志里，社稷、社会、家庭和家族的重要性在个人之上，反是题中应有之义。

（执笔者：邱敬、林明、林思吟、陈昱宗、张庭瑀）

（指导者：山口智哉、李宗翰、柳立言、刘祥光）

附录一： 墓志之篇幅及时地人分析

一、本册所用女性墓志（字数含标点，下同），按墓志撰写年代排列

1. 南吴武官左右拱圣军统军李涛之妻颍川／歙州县君汪氏墓志铭并序

1.1 首题：□□□〔义〕赞□□□〔明功臣〕□左右拱圣军统军光禄大卿检校太□〔傅〕□□□□〔上柱国〕赵郡开国□〔伯〕食邑七百户李涛□□□□〔故妻颍川／歙州〕县君汪氏墓志铭并序

1.2 时代：南吴

1.3 撰者：夫，南吴武官左右拱圣军统军李涛（861—932），约撰于924年。

1.4 死者及层级：李涛妻汪氏（873—924）；颍川／歙州县君，统治阶级之中高层。

1.5 生卒地：生：不详（志文漫漶）；死：大吴江都府。

1.6 字数：漫漶，无法估算。

2. 后梁武官洛京留守张全义之妻天水郡夫人姜氏墓志铭

2.1 首题：梁故天水郡夫人姜氏墓志铭

2.2 时代：后梁

2.3 撰者：门吏，后梁文官将仕郎前守孟州济源县令崔希举，约撰于

916年。

2.4 死者及层级：张全义前妻姜氏（849—916）；天水郡夫人，统治阶级之高层。

2.5 生卒地：生：临濮；死：洛阳。

2.6 字数（含标点）：546

3. 后梁文官工部尚书吴蔼之妻曹氏墓志铭并序

3.1 首题：大唐故赠尚书左仆射长沙吴府君夫人谯郡曹氏墓志铭并序

3.2 时代：后梁

3.3 撰者：门吏，后梁文官监察御史崔匡，约撰于925年。

3.4 死者及层级：吴蔼妻曹氏（883—924）；无封号，夫为工部尚书，统治阶级之高层。

3.5 生卒地：生：洛阳；死：洛阳。

3.6 字数：674

4. 后梁武官怀州刺史张全恩长子之妻苏氏墓志铭并序

4.1 首题：唐银青光禄大夫检校尚书右仆射兼御史大夫上柱国清河张公故夫人武功苏氏墓志铭并序

4.2 时代：后唐

4.3 撰者：后唐文官将仕郎检校尚书屯田员外郎守河南府司录参军赐绯鱼袋王禹，约撰于925年。

4.4 死者及层级：张全恩长子妻苏氏（876—925）；无封号，统治阶级之高层。

4.5 生卒地：生：不详；死：洛阳。

4.6 字数：785

5. 后唐武官右龙武统军王言之妻清河郡君张氏墓志铭并序

5.1 首题：故清河郡君张氏墓铭并序

5.2 时代：后唐

5.3 撰者：僧人，后唐文官右御内殿文章应制僧匡习，约撰于 928 年。

5.4 死者及层级：王言妻张氏（868—928）；清河郡君，统治阶级之高层。

5.5 生卒地：生：不详；死：洛阳。

5.6 字数：692

6. 唐文官苏州别驾张涤之妻后唐渤海县太君高氏墓志铭并序及盖

6.1 首题：唐故渤海县太君高氏墓志铭并序

6.2 时代：后唐

6.3 撰者：姻亲，后唐文官知制诰李慎仪，约撰于 936 年。

6.4 死者及层级：张涤妻高氏（867—935）；渤海县太君，统治阶级之中高层。

6.5 生卒地：生：长安；死：洛阳。

6.6 字数：909

7. 后晋平民张季宣之妻李氏墓志并序

7.1 首题：大晋故陇西李氏夫人墓志铭并序

7.2 时代：后晋

7.3 撰者：后晋文官前守怀州获嘉县主簿胡熙载，约撰于 940 年。

7.4 死者及层级：张季宣妻李氏（约 910 前—940）；无封号，为被统治阶级。

7.5 生卒地：生：洛阳；死：洛阳。

7.6 字数：1145

8. 后晋平民权氏之妻崔氏墓志铭并序

8.1 首题：大晋故博陵崔氏夫人墓志铭并序

8.2 时代：后晋

8.3 撰者：后晋文人乡贡进士颖至，约撰于941年。

8.4 死者及层级：权氏妻崔氏（888—941）；无封号，为被统治阶级。

8.5 生卒地：生：洛阳；死：洛阳。

8.6 字数：1122

9. 后梁文官工部尚书吴蔼之妾李氏墓志铭并序

9.1 首题：晋故陇西李氏夫人墓志铭并序

9.2 时代：后晋

9.3 撰者：后晋文官文林郎前□河南府长水县主簿崔禹文，约撰于942年。

9.4 死者及层级：吴蔼妾李氏（898—942）；无封号，统治阶级之高层。

9.5 生卒地：生：不详；死：洛阳。

9.6 字数：861

10. 后唐武官前镇国军节度使王万荣之妻后晋陇西郡夫人关氏墓志铭并序

10.1 首题：晋故陇西郡夫人关氏墓志铭并序

10.2 时代：后晋

10.3 撰者：后晋文官前淄青登莱观察推官守弘文馆校书郎杨敏升，约撰于942年。

10.4 死者及层级：王万荣妻关氏（约900—942前）；陇西郡夫人，统治阶级之高层。

10.5 生卒地：生：陕西同州；死：洛阳。

10.6 字数：1408

11. 后晋平民王玕之妻后汉清河郡太君张氏墓志

11.1 首题：清河郡太君张氏墓志并序

11.2 时代：后晋

11.3 撰者：后汉文官前泾州观察巡官王德成，约撰于951年。

11.4 死者及层级：王玕妻张氏（866—950）；清河郡太君，统治阶级之高层。

11.5 生卒地：生：洛阳；死：洛阳。

11.6 字数：1016

12. 后周武官北京飞胜五军都指挥使石金俊之妻河南郡太夫人元氏墓志铭并序

12.1 首题：大周故北京飞胜五军都指挥使银青光禄大夫检校司空兼御史大夫上柱国赠左骁卫将军石公妻河南郡太夫人元氏墓志铭并序

12.2 时代：后周

12.3 撰者：后周文官直史馆赵逢，约撰于955年。

12.4 死者及层级：石金俊妻元氏（871—953）；河南郡太夫人，统治阶级之高层。

12.5 生卒地：生：怀州；死：乂州。

12.6 字数：1624

13. 后周武官彰信军节度使曹单等州观察处置等使韩通之妻陇西郡夫人董氏墓志铭并序

13.1 首题：彰信军节度使曹单等州观察处置等使韩通故陇西郡夫人董氏墓志铭并序

13.2 时代：后周

13.3 撰者：幕僚：后周文官节度推官王伾，约撰于955年。

13.4 死者及层级：韩通妻董氏（913—955）；陇西郡夫人，统治阶级之高层。

13.5 生卒地：生：不详；死：曹南。

13.6 字数：1144

14. 后晋武官凤翔节度使李从曮之妻楚国夫人朱氏墓志铭并序

14.1 首题：故凤翔节度使秦王赠尚书令李公楚国夫人高平朱氏墓志铭并序

14.2 时代：后晋

14.3 撰者：女婿：后周文官行秦州成纪县令许九言，约撰于958年。

14.4 死者及层级：李从曮妻朱氏（899—949）；楚国夫人，统治阶级之高层。

14.5 生卒地：生：凤翔府；死：凤翔府。

14.6 字数：1201

15. 后晋武官陇州防御使之妻北宋彭城郡君刘氏墓志铭

15.1 首题：□□□□〔彭城郡君〕刘氏□□□〔合附故〕忠力保定功臣光禄大夫检校太保陇州防御使郎公墓志铭

15.2 时代：北宋

15.3 撰者：前门客：北宋文人姓某，名楷。约撰于961年。

15.4 死者及层级：郎氏妻刘氏（886—960）；彭城郡君，统治阶级之高层。

15.5 生卒地：生：凤翔府阳平县；死：洛阳。

15.6 字数：798

16. 北宋武官定国军节度使冯继业之妻某氏墓志

16.1 首题：大宋故□□□

16.2 时代：北宋

16.3 撰者：北宋文官中书舍人或翰林学士宋白（《全宋文》；拓片右侧中下部份阙文，不见撰文者，铭文前"以白早游门下，备籍家声，见托摛词，直书无愧"，仅知作者姓某，名白），约撰于983年。

16.4 死者及层级：冯继业妻程氏（932—983）；疑广平郡君或广平郡夫人，统治阶级之高层。

16.5 生卒地：生：不详（志文漫漶）；死：开封。

16.6 字数：906

17. 北宋文官乘氏县令梁文献之妻临海郡太君镡氏墓志

17.1 首题：皇宋故临海郡太君墓志

17.2 时代：北宋

17.3 撰者：子：北宋文官三司度支使梁鼎，约撰于1003年。

17.4 死者及层级：梁文献妻镡氏（934—1003）；临海郡太君，统治阶级之高层。

17.5 生卒地：生：四川；死：开封。

17.6 字数：460

18. 北宋文官简州军事推官姚奭之妻米氏墓志铭

18.1 首题：无首题

18.2 时代：北宋

18.3 撰者：夫：北宋文官开封推官姚奭，约撰于1066年。

18.4 死者及层级：姚奭妻米氏（1013—1043）；无封号，夫为简州军事推官，统治阶级之中层。

18.5 生卒地：生：河南；死：四川。

18.6 字数：198

19. 北宋文官简州军事推官姚奭之前妻米氏墓志铭并序

19.1 首题：宋故度支郎中姚府君夫人米氏墓志铭并序

19.2 时代：北宋

19.3 撰者：儿子，北宋文官前陈州宛丘令姚焕，约撰于1072年。

19.4 死者及层级：姚奭前妻米氏（1013—1043）；无封号，统治阶级之中层。

19.5 生卒地：生：河南；死：四川广汉官舍。

19.6 字数：984

20. 北宋文官梓州路提点刑狱公事姚奭之后妻崇德县君李氏墓志铭并序

20.1 首题：宋故度支郎中姚府君夫人崇德县君李氏墓志铭并序

20.2 时代：北宋

20.3 撰者：儿子，北宋文官太庙斋郎姚煇，约撰于1072年。

20.4 死者及层级：姚奭后妻李氏（1023—1069）；崇德县君，统治阶级之中高层。

20.5 生卒地：生：平原；死：平原。

20.6 字数：720

二、比对其他史料：人数、时代、阶层、篇幅

	旧五代史（附件一）	新五代史（附件二）	周阿根（附件三）	本册以死亡为准
南吴	0	0	3人，高层2、中高层1	1人，中高层1
吴越	0	0	2，中低层1、被统治1	0
南唐	0	0	3，高层1、中高层2	0
后梁	3人，高层	0	7，高层3、中高层2、中层1、平民1	1，高层1

续表

	旧五代史（附件一）	新五代史（附件二）	周阿根（附件三）	本册以死亡为准
后唐	11，高层	5人，高层	10，高层9、中低层1	4，高层3、中高层1
后晋	4，高层	1，高层	9，高层6、被统治3	4，高层2、被统治2
后汉	1，高层	1，高层	6，高层5、中高层1	2，高层2
后周	6，高层	1，高层	3，高层2、中层1	2，高层2
从五代至宋				3，高层3
合计				
字数含标点	12,713字	4,226字	41,658字	15,799字
阶层	高层25人	高层8人	高层28人、中高层6人、中层2人、中低层2人、被统治5人	高层13人、中高层2人、被统治2人

此外，为探讨五代至北宋之连续和转变，本册用了3件北宋女墓志（18—20），共2人；中高层1人、中层1人；含标点约1,902字。与五代合计，本册共有19人；高层13人、中高层3人、中层1人、被统治2人；约17,193字。

三、地

地区	生	卒	迁移
山东菏泽	2	13	迁出：1人（2） 不详：1人（13）
山东德州	20	20	无迁移：1人（20）
河南洛阳	3、7、8、11	2、3、4、5、6、7、8、9、10、11、15	无迁移：4人（3、7、8、11） 迁入：5人（2、4、6、9、10、15） 不详：1人（5）

续表

地区	生	卒	迁移
河南开封		16、17	迁入：1人（17） 不详：1人（16）
河南沁阳	12		迁出：1人（12）
河南	18、19		迁出：1人（18、19同为米氏）
陕西宝鸡	14、15	14	无迁移：1人（12） 迁出：1人（15）
陕西西安	6		迁出：1人（6）
陕西大荔	10		迁出：1人（10）
陕西华亭		12	迁入：1人（12）
四川成都	17		迁出：1人（17）
四川广汉		18、19	迁入：1人（18、19同为米氏）
江苏扬州		1	不详：1人（1）

说明：

3.1 生地不详，仅记卒地者共6人

a 江苏扬州：1人，李涛妻汪氏

b 河南洛阳：3人，张全恩长子之妻苏氏、王言妻张氏、吴蔿之妾李氏

c 河南开封：1人，冯继业妻程氏

d 山东菏泽：1人，韩通妻董氏

3.2 有生地卒地，共13人

3.2.1 无迁移，共6人

a 河南洛阳：4人，吴蔿妻曹氏、张季宣妻李氏、权氏妻崔氏、王珏妻张氏

b 陕西宝鸡：1人，李从曮妻朱氏

c 山东德州：1人，姚奭之后妻李氏

3.2.2 有迁移，共7人（以迁入地为准）

a 河南洛阳：4人，张全义之妻姜氏（山东菏泽→河南洛阳）、张涤妻高

氏（陕西西安→河南洛阳）、王万荣妻关氏（陕西大荔→河南洛阳）、郎氏妻刘氏（陕西宝鸡→河南洛阳）
b 河南开封：1 人，梁文献妻镡氏（四川成都→河南开封）
c 陕西华亭：1 人，石金俊妻元氏（河南沁阳→陕西华亭）
d 四川广汉：1 人，姚奭妻米氏（河南→四川广汉）

综合二和三，结果如下：
1. 篇幅：《旧五代史》12,713 字，《新五代史》4,226 字；周阿根共 41,658 字，章红梅扣除重复后约 8000 字；本册共 17,193 字。由此可知，研究五代妇女，必须利用墓志。
2. 人数：两《五代史》共 33 人；周阿根 43 人，章红梅 27 人（一人为辽），扣除重复后合计 55 人；本册共 19 人。
3. 时代：两《五代史》资料近半数集中后唐，共 16 例（约 48%），后汉最少，仅 2 例（约 6%）。周阿根亦以后唐最多，共 10 例（约 23%），后周最少仅 3 例（约 0.7%），惟后汉竟有 6 例（约 14%），另有十国 8 例（19%）。章红梅亦以后唐最多共 9 例（33%），后汉最少共 2 例（0.7%），另有十国 10 例（37%）。本册从后唐至后周案例分布尚算平均，惟死在后梁者仅 1 例，横跨五代至宋者 3 例，又有十国 1 例及北宋 3 例。
4. 地域：本册最多人生于河南，共 6 人；陕西次之，共 4 人；山东再次，共 2 人；四川最少，仅 1 人；其他 6 人不详。死于河南者亦最多，共 13 人；陕西、山东较少，分别各 2 人，共 4 人；四川、江苏最少，仅 1 人。在曾经迁徙的 7 人当中，河南迁入人口最多，共 5 人（约占 71%），或因为政治、经济中心；陕西迁出人口最多，共 3 人（占 43%），或因战乱之故。
5. 阶层：两《五代史》俱为高层，周阿根高层 28 人、中高层 6 人、中层 2 人、中低层 2 人、被统治 5 人，本册高层 13 人、中高层 3 人、中层

1人、被统治2人。四者的高层都偏高，是研究者无可避免之事。相对周阿根而言（大抵已集中现存的大多数墓志），本册统治与被统治阶级之比为17∶2，尚可；统治阶级中，高层、中高层与中层之比为13∶3∶1，尚可。

附件一：《旧五代史》（北京：中华书局，1976年）女性传记篇幅统计：共25人，俱高层，含标点约12713字。

1. 卷11《梁书》155—156页《后妃列传》文惠皇太后，约550字。
2. 卷11《梁书》156—157页《后妃列传》元贞张皇后，约430字。
3. 卷11《梁书》157页《后妃列传》张德妃，约500字。
4. 卷49《唐书》671—672页《后妃列传》贞简曹太后，约756字。
5. 卷49《唐书》672—673页《后妃列传》刘太妃，约432字。
6. 卷49《唐书》673—674页《后妃列传》魏国夫人陈氏，约334字。
7. 卷49《唐书》674—675页《后妃列传》神闵刘皇后，约628字。
8. 卷49《唐书》675页《后妃列传》韩淑妃，约115字。
9. 卷49《唐书》675页《后妃列传》伊德妃，约403字。
10. 卷49《唐书》676页《后妃列传》昭懿夏皇后，约198字。
11. 卷49《唐书》676页《后妃列传》和武曹皇后，约131字。
12. 卷49《唐书》676—677页《后妃列传》宣宪魏皇后，约858字。
13. 卷49《唐书》677—678页《后妃列传》孔皇后，约130字。
14. 卷49《唐书》678—679页《后妃列传》刘皇后，约833字。
15. 卷86《晋书》1131—1132页《后妃列传》李皇后，约1295字。
16. 卷86《晋书》1133页《后妃列传》安太妃，约98字。
17. 卷86《晋书》1133页《后妃列传》张皇后，约88字。
18. 卷86《晋书》1133—1134页《后妃列传》冯皇后，约746字。
19. 卷104《汉书》1381—1383页《后妃列传》李皇后，约1071字。
20. 卷121《周书》1599—1600页《后妃列传》圣穆柴皇后，约660字。

21. 卷 121《周书》1600—1601 页《后妃列传》杨淑妃，约 531 字。

22. 卷 121《周书》1601 页《后妃列传》张贵妃，约 327 字。

23. 卷 121《周书》1602—1603 页《后妃列传》董德妃，约 616 字。

24. 卷 121《周书》1603 页《后妃列传》贞惠刘皇后，约 124 字。

25. 卷 121《周书》1603—1604 页《后妃列传》宣懿符皇后，约 859 字。

附件二：《新五代史》（北京：中华书局，1974 年）女性传记篇幅统计：共 8 人，俱高层，含标点约 4226 字。

1. 卷 14 页 141—143《唐太祖家人传》正室刘氏次妃曹氏，约 823 字。

2. 卷 15 页 157《唐明宗家人传》皇后曹氏皇后夏氏，约 151 字。

3. 卷 16 页 171《唐废帝家人传》皇后刘氏，约 278 字。

4. 卷 17 页 175—179《晋家人传》高祖皇后李氏，约 2214 字。

5. 卷 18 页 191—192《汉家人传》皇后李氏，约 652 字。

6. 卷 19 页 197《周太祖家人传》皇后柴氏，约 108 字。

附件三：周阿根《五代墓志汇考》（合肥：黄山书社，2012 年）女性墓志篇幅统计：

共 43 人，含标点约 41658 字。

1. 35 页《韩恭妻李氏墓志》，约 1019 字，高层。

2. 38 页《韩仲举妻王氏墓志》，约 606 字，中高层。

3. 46 页《乐君妻徐氏墓志》，约 304 字，中层。

4. 61 页《郭君妻李氏墓志》，约 634 字，高层。

5. 71 页《王君妻李氏墓志》，约 446 字，高层。

6. 76 页《萧章妻陆氏墓志》，约 90 字，被统治。

7. 83 页《任君妻高氏墓志》，约 530 字，高层。

8. 115 页《崔君妻李珩墓志》，约 800 字，中高层。

9. 143 页《王审知夫人任内明墓志》，约 2290 字，高层。

10. 148 页《李涛妻汪氏墓志》，约 428 字，中高层。

11. 150 页《吴君妻曹氏墓志》，约 742 字，高层。

12. 162 页《张君妻苏氏墓志》，约 854 字，高层。

13. 179 页《刘君妻寻阳长公主杨氏墓志》，约 1797 字，高层。

14. 194 页《王言妻张氏墓志》，约 739 字，高层。

15. 205 页《王延钧妻刘华墓志》，约 2291 字，高层。

16. 210 页《李仁宝妻破丑氏墓志》，约 428 字，高层。

17. 217 页《李君妻聂慕闻墓志》，约 824 字，中低层。

18. 227 页《孟知祥妻福庆长公主李氏墓志》，约 2003 字，高层。

19. 238 页《赵思虔妻王氏墓志》，约 601 字，高层。

20. 239 页《毛璋妻李氏墓志》，约 1077 字，高层。

21. 277 页《张涤妻高氏墓志》，约 953 字，高层。

22. 279 页《王君妻关氏墓志》，约 1481 字，高层。

23. 298 页《安万金妻何氏墓志》，约 754 字，高层。

24. 308 页《恭穆王后马氏墓志》，约 100 字，高层。

25. 326 页《张季宣妻李氏墓志》，约 1180 字，被统治。

26. 331 页《李仁福妻渎氏墓志》，约 1163 字，高层。

27. 334 页《权君妻崔氏墓志》，约 1172 字，被统治。

28. 357 页《吴蔼妻李氏墓志》，约 890 字，高层。

29. 362 页《李章妻金氏墓志》，约 454 字，被统治。

30. 393 页《钱君义妻殷氏墓志》，约 404 字，被统治。

31. 398 页《李茂贞妻刘氏墓志》，约 2014 字，高层。

32. 403 页《王氏夫人墓志》，约 1010 字，中高层。

33. 412 页《昭容吉氏墓志》，约 432 字，高层。

34. 459 页《王建立妻田氏墓志》，约 1294 字，高层。

35. 462 页《李彝谨妻里氏墓志》，约 1658 字，高层。

36. 481 页《王玗妻张氏墓志》，约 1054 字，中高层。

37. 552 页《石金俊及妻元氏合祔墓志》，约 1694 字，高层。
38. 565 页《韩通妻董氏墓志》，约 1227 字，高层。
39. 592 页《李诃妻徐氏墓志》，约 539 字，中低层。
40. 596 页《麻君妻王氏墓志》，约 769 字，中层。
41. 600 页《李从曮妻朱氏墓志》，约 1269 字，高层。
42. 603 页《钟君妻王氏墓志》，约 624 字，中高层。
43. 608 页《梁氏夫人墓志》，约 1020 字，高层。

（制作者：邱敬、林明、林思吟、张庭瑀）

附录二： 墓志格套一览及分析

墓主（撰志时间）	1序言	2父家	3本人	4夫家	5死亡	6子女	7下葬	8撰因及铭
1 南吴左右拱圣军统军武官李涛妻颍川／歙州县君汪氏（924）	1	2	3	4	5	06	7	8
2 后梁武官洛京留守张全义之妻姜氏（916）	1	2	3	04	5	6	7	8
3 后梁文官工部尚书吴蔼之妻曹氏（925）	1	2	4	3	5	6	7	8
4 后梁武官怀州刺史张全恩长子之妻苏氏（925）	1	2	3	4+3	5+7	6	07	8
5 后唐武官右龙武统军王言之妻清河郡君张氏（928）	1	02	3	4	5	7	6	8
6 唐文官苏州别驾张涤之妻后唐渤海县太君高氏（936）	1	2（加母家）	4	3+6（与长子从生至死之关系）	5	6（先述妹家）	3+7	8

续表

墓主（撰志时间）	1 序言	2 父家	3 本人	4 夫家	5 死亡	6 子女	7 下葬	8 撰因及铭
7 后晋平民张季宣之妻李氏（940）	1	2	3	4+3	5	06	7	8
8 后晋平民权氏之妻崔氏（941）	1	2	3	04	6	5	7（加风水）	8
9 后唐武官前镇国军节度使王万荣之妻后晋陇西郡夫人关氏（942前）	1	2	3	4	6+3	5	7	8
10 后梁文官工部尚书吴蔼之妾李氏（942）	1	2	3	4+3	6	5	7	8
11 后晋平民王玗之妻后汉清河郡太君张氏（951）	1	2	3	04	6	3+5	7	8
12 后唐武官北京飞胜五军都指挥使石金俊妻元氏（955）	1	2	3	4	6	5	7+3+6	8
13 后周武官彰信军节度使韩通之妻陇西郡夫人董氏（955）	1	02	3	04	5	6	7	8
14 后晋武官凤翔节度使李从曮之妻楚国夫人朱氏（958）	1	2	4	3	5	6	7	8

续表

墓主（撰志时间）	1 序言	2 父家	3 本人	4 夫家	5 死亡	6 子女	7 下葬	8 撰因及铭
15 后晋武官陇州防御使郎氏之妻北宋彭城郡君刘氏（961）	1	2	3	04	5	6	7（觅新墓+风水）	8
16 北宋武官定国军节度使冯继业之妻某氏（983）	1	2	3	4	6	5	7	8
17 北宋文官乘氏县令梁文献之妻临海郡太君镡氏（993）	1	2	3	04	5	06	7	8（缺铭）
18 北宋文官简州军事推官姚奭之前妻米氏（夫撰，1066）	01	02	3	04	5	6	7	8
19 北宋文官简州军事推官姚奭之前妻米氏（次子姚焕，1072）	1	2	6	04	5	7	3	8
20 北宋文官梓州路提点刑狱公事姚奭之后妻李氏（子姚辉撰，1072）	1	2	3	04	5	7	6	8

（注：数目字前加 0 字表示无此项）

总论　417

先看各项的顺序：

项目	比例
1. 符合顺序（从1至8）：1、2、7、13、15、17、18，七件	约35%
2. 不符合顺序	
2.1 第5死亡与第6子女颠倒：8、9、10、11、12、16	约30%
2.2 第3本人与第4夫家颠倒：3、6、14	约15%
2.3 第6子女与第7下葬颠倒：4、5、20	约15%
2.4 第6置于3、4、5之前，3置于5、6、7之后：19	约5%

再看格套各项（1—8）是否齐备

项目	比例
都不缺：第3项本人事迹、第5项死亡、第7项下葬	约100%
缺第1项序言（即01）：18	约5%
缺第2项父家：5、13、18	约15%
缺第4项夫家：2、8、11、13、15、17、18、19、20，九件之多	约45%
缺第6项子女：1、7、17。前两件可能是因为墓主没有子女，后一件可能是由独子梁鼎撰志，不必再列。	约15%
缺第8项之铭文：17，原因不明。	约5%

综合两表，可得论点如下：

1. 就墓志格套来说：

1.1 各项目的次序，有两条主流：一是序言、父家、本人、夫家、死亡、子女、下葬、撰志原委及铭文（见上两表之1，35%），二是死亡跟子女或前或后（见2.1，30%）；两者其实相差不大。其他如夫家置于女墓主之前，下葬置于子女之前，子女置于女墓主之前，都属少数甚至特例。

1.2 必备项目或所谓题中应有之义，最主要是女墓主本人事迹、死亡和下葬；其次是序言和铭文；再次是父家和子女（如有的话）；最后是夫家（含丈夫事迹），缺者竟达45%。除去第6项子女和第4项夫家，都不缺的约 17 件约 85%（缺的是 5、13、18）。

　　由此可知，墓志格套的主要次序应是：序言、父家、本人、夫家、死亡/子女、下葬、撰志原委及铭文，其中的夫家并非必备项目。

2. 就女墓主形式上的地位来说：
2.1 相对于丈夫，首先，妻 3 在夫 4 前的有 17 件（1、2、4、5、7、8、9、10、11、12、13、15、16、17、18、19、20），约占 85%，夫在妻前的只有 3 件（3、6、14），约占 15%。其次，父家在夫家之前的占 100%。
2.2 相对其他人物，只有一件是子女置于女墓主之前（19），约占 5%，理由涉及墓志的实质内容而非形式格套，请见个案研究。子女之外的其他人物的相对重要性，亦见各个案研究。

　　由此可知，墓志格套作用之一，是保障女墓主作为形式上的女主角，丈夫和儿子等男性位于她之前的甚为少数。

（制表及分析：邱敬、周余沾、林明、张庭瑀）